广视角·全方位·多品种

权威·前沿·原创

皮书系列为
"十二五"国家重点图书出版规划项目

滨海金融蓝皮书

BLUE BOOK OF
FINANCE IN BINHAI

滨海新区金融发展报告（2014）

ANNUAL REPORT ON THE DEVELOPMENT OF FINANCE IN BINHAI NEW AREA (2014)

主　编／王爱俭　张锐钢

社会科学文献出版社
SOCIAL SCIENCES ACADEMIC PRESS (CHINA)

图书在版编目(CIP)数据

滨海新区金融发展报告.2014/王爱俭,张锐钢主编.—北京:社会科学文献出版社,2014.9
（滨海金融蓝皮书）
ISBN 978-7-5097-6508-1

Ⅰ.①滨… Ⅱ.①王… ②张… Ⅲ.①地方金融事业-经济发展-研究报告-滨海新区-2014 Ⅳ.①F832.721.3

中国版本图书馆 CIP 数据核字（2014）第 214410 号

滨海金融蓝皮书
滨海新区金融发展报告（2014）

主　　编 / 王爱俭　张锐钢

出 版 人 / 谢寿光
项目统筹 / 恽　薇
责任编辑 / 许秀江

出　　版 / 社会科学文献出版社·经济与管理出版中心（010）59367226
　　　　　地址：北京市北三环中路甲29号院华龙大厦　邮编：100029
　　　　　网址：www.ssap.com.cn

发　　行 / 市场营销中心（010）59367081　59367090
　　　　　读者服务中心（010）59367028

印　　装 / 北京季蜂印刷有限公司

规　　格 / 开　本：787mm×1092mm　1/16
　　　　　印　张：20　字　数：322千字

版　　次 / 2014年9月第1版　2014年9月第1次印刷

书　　号 / ISBN 978-7-5097-6508-1
定　　价 / 79.00元

皮书序列号 / B-2014-393

本书如有破损、缺页、装订错误，请与本社读者服务中心联系更换

▲ 版权所有 翻印必究

学术指导委员会

主　　任　宗国英　张嘉兴　李维安　杜　强　郭庆平
　　　　　　王广谦　佟家栋　高正平　王国刚

副 主 任　史建平　李克强　林铁钢　余龙武　郭左践
　　　　　　张海文　梁　琪　庞　镭　金中夏　宗　良

委　　员（按姓氏笔画排序）
　　　　　　王小宁　王俊寿　车德宇　巴曙松　付　钢
　　　　　　兰　莉　任海东　华耀纲　刘　宁　刘宝凤
　　　　　　刘通午　刘锡良　李　健　李宗唐　李建军
　　　　　　肖红叶　宋　刚　张　杰　陈雨露　范小云
　　　　　　周立群　庞金华　赵　峰　赵世刚　姚　峰
　　　　　　袁福华　徐红霞　高德高　郭　林　唐云崧
　　　　　　崔炳文　游　勤　谭万刚　戴金平

编委会

主　　编　王爱俭　张锐钢

副 主 编　王璟怡　李向前　刘通午　王文刚　赵　峰
　　　　　　于　泳　刘　宇　马亚明

参编人员　（按姓氏笔画排序）
　　　　　　马　欣　马　娜　王学龙　邓黎桥　刘　旸
　　　　　　刘建鹏　孙　刚　孙　旭　严　彬　李熙函
　　　　　　杨　帆　张　蒙　林　远　林文浩　林章悦
　　　　　　孟　昊　徐文琪　高晓燕　郭　强　梁　迪
　　　　　　温博慧

摘　要

"滨海新区金融发展报告"是对天津滨海新区每年的金融发展状况和发展态势进行综合分析和前瞻预测的社科类咨询出版物，既有滨海新区详尽的金融发展数据，又有重大金融事件评析，既有前沿的理论分析研究，又有现实发展的对策分析，对于长期关注滨海新区发展和研究区域金融的理论工作者和相关政府决策部门，具有重要的参考价值。

《滨海新区金融发展报告（2014）》以天津滨海新区金融创新改革发展为主线，由总报告、分报告、专题报告三部分共10篇研究报告。总报告重点围绕滨海新区的金融运营、金融创新、金融开放、金融稳定进行了综合性分析；分报告重点围绕滨海新区的金融机构发展、金融市场发展、金融产品创新、金融生态环境、外汇改革、私募股权基金、金融租赁发展等六个方面进行了发展现状描述、发展评价和改革展望；专题报告重点围绕滨海新区金融发展的重大战略问题进行专题研究，包括滨海金谷——滨海科技金融模式构建、滨海新区与浦东新区、深圳特区产融结合比较研究以及于家堡金融区建设发展评价指标体系研究等。

关键词：滨海新区　金融创新　金融运营　科技金融　金融租赁

Abstract

"Annual Report on the Development of Financial in Binghai New Area", a consultative social science publication, conducts a comprehensive analysis and prospective prediction of the status and trend of the annual financial development of Tianjin Binhai New Area. With detailed data on financial development, objective evaluation of major financial events, cutting-edge theoretical study and practical countermeasure analysis, the report boasts of great reference value to the theorists studying regional finance and the relevant governmental decision-making departments.

With the financial innovation, reform and development of Tianjin Binhai New Area as its main line, *Report on the Financial Development of Tianjin Binhai New Area*, 2014 consists of 10 research reports under 3 parts, namely, The General Report, The Sub Reports and The Special Reports. The General Report mainly analyses the financial operation, financial innovation, financial opening and financial stability. The Sub Reports describes and evaluates the status quo and prospects of the financial development of Binhai New Area, focusing mainly on the development of financial institutions, the development of financial markets, the innovation of financial products, the financial ecology, foreign exchange reform, private equity funds and financial lease. The Special Report centers on the monographic studies of the major strategic issues, including the study of the construction of Binhai Jingu—Binhai Technology finance model, the comparative study of the combination of industry and finance between Binhai New Area and Pudong New Area as well as Shenzhen Special Economic Zone, and the study of the evaluation index system of the construction and development of Yujiabao Financial District, etc.

Keywords: Binhai New Area; financial innovation; financial operation; technology finance; financial lease

目录

天津滨海新区行政区设立以来的创新发展与今后三年经济工作打算 …… / 001

₿Ⅰ 总报告

B.1 滨海新区金融创新运营引领发展 …………………………………… / 001
  一 滨海新区金融运营 ……………………………………………… / 002
  二 滨海新区金融创新 ……………………………………………… / 018
  三 滨海新区金融开放 ……………………………………………… / 023
  四 滨海新区金融稳定 ……………………………………………… / 038

₿Ⅱ 上篇 滨海金融业的发展

B.2 分报告1 2013年的滨海新区金融机构 ………………………… / 044
B.3 分报告2 2013年的滨海新区金融市场 ………………………… / 061
B.4 分报告3 2013年的滨海新区金融产品创新 …………………… / 080
B.5 分报告4 2013年的滨海新区金融生态环境 …………………… / 092

₿Ⅲ 下篇 滨海金融改革创新

B.6 分报告5 2013年的滨海新区外汇改革 ………………………… / 109
B.7 分报告6 2013年的滨海新区私募股权基金 …………………… / 122
B.8 分报告7 2013年的滨海新区金融租赁 ………………………… / 137

B Ⅳ 专题篇 滨海金融创新研究

B.9 专题报告1 滨海金谷：滨海科技金融运行模式构建 …………… / 153
B.10 专题报告2 滨海新区、浦东新区、深圳特区之比较 ………… / 205
B.11 专题报告3 于家堡金融区建设发展评价指标体系的研究 …… / 260

B.12 后　记 …………………………………………………………… / 296

CONTENTS

Innovation and development of Tianjin Binhai New Area Administrative Region since Establlishment and the working plan of the future three years / 001

B I General Report

B.1 The financial innovation and operation in Binhai New Area leads the development / 001
    1. Financial Operations in Binhai New Area / 002
    2. Financial Innovation in Binhai New Area / 018
    3. Financial opening of Binhai New Area / 023
    4. Financial Stability of Binhai New Area / 038

B II Development of Finance in Tianjin Binhai New Area

B.2 Sub-Report 1 Tianjin Binhai New Area Financial Institutions in 2013 / 044

B.3 Sub-Report 2 Financial Markets in Tianjin Binhai New Area in 2013 / 061

B.4 Sub-Report 3 Financial Product Innovation inTianjin Binhai New Area in 2013 / 080

B.5 Sub-Report 4 Financial Ecological Environment in Tianjin Binhai New Area in 2013 / 092

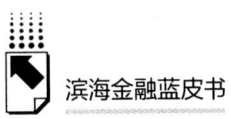

₿Ⅲ Financial Reform and Innovation in Binhai Tianjin New Area

₿.6 Sub-Report 5   Foreign exchange Reform of Tianjin Binhai New Area in 2013 / 109

₿.7 Sub-Report 6   Private Equity Funds of Tianjin Binhai New Area in 2013 / 122

₿.8 Sub-Report 7   Financial Leasing of Tianjin Binhai New Area in 2013 / 137

₿Ⅳ Special Topics

₿.9   Special Topic 1   Binhai Jingu: Operation Mode of Technology Finance Construction / 153

₿.10 Special Topic 2   Comparison among Binhai New Area, Pudong New District and Shenzhen Special Economic Zone / 205

₿.11 Special Topic 3   Research on Evaluation system of Construction and Development in the financial district YuJiabao / 260

₿.12 Postscript / 296

天津滨海新区行政区设立以来的创新发展与今后三年经济工作打算

宗国英*

一 行政区设立以来的创新发展

天津滨海新区自2009年设立行政区以来,以"十大战役""十大改革"为突破口,继往开来,凝心聚力,力克时艰筑牢基础,创新探索寻求突破,全区经济社会发展取得令人瞩目的成就。全区生产总值由2009年的3810亿元增长到2013年的8000亿元以上,增长1.1倍,年均增长20.4%;财政一般预算收入由315.5亿元增长到878亿元,增长1.8倍,年均增长29.2%;社会消费品零售总额由451亿元增长到1158亿元,增长1.6倍,年均增长26.6%;外贸进出口总额达到894亿美元,年均增长19.5%。累计固定资产投资1.65万亿元,年均增长21.1%。累计实际利用外资364亿美元,年均增长17.9%;累计实际利用内资2203亿元,年均增长30.3%。城乡居民人均可支配收入年均分别增长12%和13%。万元生产总值能耗累计下降16%,全面完成市下达的各项减排任务。

1. 实施区域统筹战略,联动发展态势强劲

功能区支撑作用日益增强。各产业功能区坚持建设与招商同步,功能与产业融合,争分夺秒、科学推进,形成了谋划启动一片、开发建设一片、收益见效一片的良好态势。开发区生产总值年均增长20.4%,东区加快推进产业升级,西区完成整体开发,南港工业区一批项目竣工投产。保税区生产总值年均增长25.1%,空港商务园建成运营。滨海高新区生产总值年均增长27.4%,

---

* 宗国英,天津市副市长,天津市滨海新区副书记。本文发表在《港口经济》2013年第12期。

渤龙湖总部基地基本建成,未来科技城基础设施加快建设。东疆保税港区10平方公里整体封关运作,注册各类企业超过1600家。中新天津生态城起步区8平方公里基本建成,成为全国首个绿色发展示范区,国家动漫园、3D影视园等产业园区进展顺利。临港经济区完成造陆120平方公里,双向10万吨级航道竣工通航。中心商务区7栋商务楼宇建成使用,铁狮门金融广场、罗斯洛克金融中心等一批楼宇加快推进,滨海商业中心开工建设。滨海旅游区完成21平方公里土地吹填,5平方公里起步区初具规模。海洋高新区、轻纺、北塘、中心渔港等经济区保持良好开发态势。

区域发展更加均衡。紧紧围绕"一城双港、三片四区"的空间布局,构建了"东港口、南重工、西高新、北旅游、中服务"五大产业聚集板块,产业集中度大幅提升。城区、功能区、国有控股集团紧密合作、各展所长,合力推进南部新兴产业园、南港港区、北塘和轻纺等经济区开发,共同建设了茶淀、中塘等一批示范小城镇。功能区和城区、街道紧密对接,实现了经济职能和社会职能的双向延伸。深入实施"强街强镇"计划,街镇经济实力显著增强。加快推进新城区开发,扎实搞好老旧城区改造,全力发展各项社会事业。

2. 着力优化经济结构,发展方式进一步转变

先进制造业聚集效应显著增强。累计实施566项重大工业项目,全区工业总产值突破1.62万亿元,比2009年增长1.2倍。八大优势产业占全区工业比重达到90%,汽车及装备制造规模突破5000亿元,石油化工突破3300亿元,电子信息突破2600亿元,粮油轻纺突破1600亿元,航空航天、新材料新能源等战略性新兴产业突破1500亿元。建成5个国家级新型工业化示范基地。培育超百亿级企业集团21个,其中超千亿级企业集团3个,126家世界500强外资企业落户。

科技创新能力不断提升。积极推进国家创新型城区、国家知识产权试点城区、国家863计划产业化伙伴城区建设,实施国家重大科技项目110项,"天河一号""曙光星云"超级计算机等一批国际领先水平的科技成果投入使用,14项成果获国家科技奖。建成7个国家高新技术产业基地、10个行业技术中心、15个产业技术联盟,新增96家国家级和省部级工程中心、企业技术中心和重点实验室。大力实施科技小巨人计划,科技型中小企业达到1.4万家,小巨人企业715家，上市科技企业26家。有效专利2.3万件，比2009年增长3倍。科技进步对经济增长的贡献率达到61%。新增中国驰名商标15件、市级著名商标131件、市级名牌产品72个。

服务业发展步伐加快。以10个服务业聚集区为载体，实施重大服务业项目550项，服务业增加值年均增长18.3%。90座商务楼宇投入使用，98座商务楼宇加快建设，总部企业达到245家。2013年旅游接待量突破1750万人次，综合收入达到115亿元。9个国家级文化产业基地初具规模。成功举办了四届滨海生态城市论坛暨博览会、中国天津滨海国际文化创意展交会和两届中国国际直升机博览会，以及一大批国际性重大会展活动。航运物流快速发展，天津港贸易往来扩大到180多个国家和地区的500多个港口，内陆无水港增至23个。港口旅客吞吐量超过25万人次。机场旅客吞吐量达到1000万人次。

设施农业规模扩大。基本建成3个市级农业科技园和13个农业标准化生产示范基地，累计新增设施农业3.7万亩，建成放心菜基地7400亩，形成一批地理标志性农产品品牌。

3. 深化综合配套改革，创新活力显著增强

加快经济领域改革。建立了股权、碳排放、金融资产等10个创新型交易市场，股权投资企业及其管理机构数量全国领先。成为全国非上市公司场外交易市场首批扩容试点区。东疆建设北方国际航运中心核心功能区方案获国务院批复，船舶登记制度、国际航运税收、离岸金融、租赁业务和商业保理等改革措施先行先试。融资租赁业务总量占全国1/4。意愿结汇、离岸金融在中新天津生态城和东疆保税港区实现双向拓展。实施公交集团等一批资产重组，经营性国有资产实现统一监管。

加快社会领域改革。深化城乡一体化改革，推进城乡就业、社会保障、公共服务等二元并轨。全面实施医疗重组计划，推行大医院整合社区医疗服务中心，构建了新型医疗服务模式。创新食品药品监管机制，"滨海经验"在全国推广。建立了多层次住房保障体系，以订单生产、阳光交易等方式与企业和群众直接对接。建立了"五位一体、三调联动"机制，妥善解决了一批历史遗留问题和行政争议案件。创新流动人口管理模式，近7000名优秀外来建设者落户新区。成为全国社会管理创新综合试点区、全国构建和谐劳动关系综合试

验区。

加快推进行政领域改革。承接4批269项市级审批权限和职能事权，大幅精简申请要件，实行重大项目联席会议、联合审批、代办服务等工作制度。先后实施两轮行政管理体制改革，有效整合区域行政资源，初步建立了"行政区统领、功能区支撑、街镇整合提升"的管理架构，为新区开发开放提供了更加有力的体制机制保障。

4. 提升城市载体功能，环境面貌明显改善

规划和交通体系日趋完善。系统提升58个专项规划，实现了控制性详规和核心城区城市设计全覆盖。实施重点建设工程259项，竣工88项，累计完成投资4050亿元。国际邮轮母港、南港等港区相继开港，天津港30万吨级航道二期、滨海国际机场二期工程进展顺利。地铁9号线、津秦客运专线滨海段建成通车，京津城际延伸线、于家堡高铁站、海河隧道加快推进。新建扩建4条高速公路、3条城市快速路和27条主干道路。以"两港、两高、三快"为骨架的综合交通体系基本形成。

公用设施加快建设。建成引黄入区供水工程，改扩建汉沽水厂、大港聚酯水厂，供水能力达到124万吨/日。推进3座集中热源建设，改造290公里老旧供热主干管网。积极推进光纤入户工程，光纤入户110万户。实施212个节能项目和135个污染物减排治理项目。新建改造8座污水处理厂，全区污水处理能力达到75万吨/日。建成2个垃圾焚烧发电厂，城镇生活垃圾无害化处理率达到92.7%。

生态环境建设全面推进。连续四年开展大规模市容环境整治，整修道路101条、社区91个，治理河道152公里，新增城市绿化面积2750万平方米，新建改造公园20个，建成区绿化覆盖率达到35%，城乡面貌发生显著变化。创建2个国家级绿色社区、5所绿色学校和5个国家生态镇。

二　今后三年的经济工作

滨海新区应紧紧围绕做好"新"这篇大文章，创新体制机制、提升产业层次、改善生态环境、完善城市功能，加快建设美丽滨海，统筹推动经济、政治、文化、社会和生态文明建设，为实现滨海新区功能定位打下坚实基础。

全区经济社会发展的总体目标是：全面完成"十二五"规划提出的目标任务，到2016年全区生产总值超过1.2万亿元，规模以上工业总产值2.3万亿元，财政一般预算收入达到1300亿元，城乡居民人均可支配收入年均分别增长12%和15%以上，全社会研发经费支出占生产总值的比重提高到3.1%，一次能源消费中煤炭比例力争降至53%以下，万元生产总值能耗比"十一五"末下降20%，PM2.5比2012年下降25%。

1. 深入推进改革开放

坚持以开放促进改革，加快实施综合配套改革第三个三年计划，在一些重点领域和关键环节取得决定性突破。

推动改革向更宽领域更深层次迈进。加快建设北方金融改革创新基地，发展意愿结汇、离岸金融和国际保理等业务，完善对外资、民营金融机构公平开放的发展环境，形成股权基金、融资租赁、资金结算、要素市场、商业保理五个中心。推进海关特殊监管区功能整合，推动东疆保税港区向自由贸易试验区转型。完善人民币跨境使用和境外投资服务体制，鼓励跨境电子商务创新发展，继续深入探索租赁业准入政策、税收政策、融资渠道、租赁资产交易等。充分发挥市场配置资源的决定性作用，市场能做的交予市场，民营企业能做的交予民营企业，国有企业积极从一般性竞争领域中退出。大力实施国有资产资本化，探索组建国有资本运营公司，增强国有资产社会保障职能和公共服务职能。推进公用事业行业重组。实施商事登记制度改革，放宽市场准入条件，破除制约民营经济健康发展的各种障碍，培育引进龙头民营企业和民营经济领军人才。完善产权保护制度。建立城乡统一的建设用地市场。稳妥推进户籍制度改革。进一步提高出入境服务水平。深化行政审批制度改革，成立行政审批局，理清政府和市场的关系，构建全区统一的行政执法平台、公共资源交易平台、效能投诉平台，推动市场准入管理由事前审批向事中事后监管转变。

实施更加积极的开放战略。提高利用外资、内资质量，推动引资、引技、引智相结合，引导资金投向优势产业、战略性新兴产业、现代服务业和节能环保等领域。深入推进国家进口贸易促进创新示范区建设，加快转变外贸发展方式，提高贸易便利化水平。积极鼓励和支持企业"走出去"。加强与各省区市

交流，推进环渤海地区务实合作，借重用好首都资源，促进开放型经济转型升级，进一步增强北方对外开放门户功能。

2. 大力发展实体经济

坚持走新型工业化道路，促进信息化与工业化深度融合，同步提升现代服务业，调优第一产业，率先打造经济腾飞升级版。

实施高端制造业领军计划。重点建设10个国家级、市级新型工业化产业示范基地，构筑24条高端制造产业链。大力引进龙头项目和配套企业，保持大项目好项目接续落地态势。加快南港工业区、临港经济区开发建设，推动石油、石化、冶金等传统产业转型升级，进一步扩大重装产业规模，注重产业链延伸拓展，形成一批具有集聚效应的产业链群。以开发区、空港经济区、滨海高新区为载体，以大规模聚集创新要素、建设国家自主创新示范区为驱动，壮大电子信息、航天航空、生物医药等产业，培育新能源、新材料、节能环保、海洋科技产业，努力成为全国战略性新兴产业主要聚集地，战略性新兴产业产值占工业总产值比重超过40%。

加快建设与制造业相适应的服务体系。聚焦中心商务区，广泛聚集各类金融服务机构，大力发展产业金融、创新型交易市场，建设金融改革创新基地、现代产业金融中心和承接北京高端服务业转移基地。实施"引爆东疆"计划，建设国际飞机、船舶和大型设备租赁聚集地，建成国际航运融资中心。完善汽车、电子、钢材、棉花等保税物流中心，发展多种形式的保税大宗商品交易市场，培育航运中介服务体系，做大做强国际贸易、国际配送和国际中转业务，打造北方国际贸易中心。大力发展总部经济、楼宇经济、文化创意、服务外包等新兴业态，抢占服务业发展制高点。加快发展海滨休闲旅游和邮轮游艇产业，促进文商旅游融合发展，不断提升旅游业发展的层次和水平。加快建设农业科技园和示范园，大力发展高水平设施农业。未来三年，全力引进一批行业领先的大项目好项目，建成一批国家级产业基地，建立起层次更高、效益更好的现代产业体系。

3. 全面提升科技创新能力

紧紧围绕国家自主创新示范区建设，加快聚集国内外高端科技资源，找准科技和经济结合点，激发各类创新主体活力，实现创新驱动、内生增长。深化与国家部委、科研院所和科技企业集团合作,建成一批重大科技创新平台、科技创新孵化器、工程中心和企业技术中心,显著提升研发转化服务能力。积极吸引国内外研发机构、跨国公司在新区设立研发平台、大数据中心、创新基地,支持区内企业新建技术中心。加快推进未来科技城建设,尽快形成更多的创新型产业集群。加快发展科技型中小企业,着力培育更多技术水平高、发展潜力大、拥有杀手锏产品的科技小巨人企业。鼓励企业和研发机构围绕大数据、新一代信息技术、3D打印等高端制造领域前沿技术,实施一批重大科研专项,突破一批关键技术、核心技术,提高原始创新、集成创新和引进消化吸收再创新能力。累计建成国家级、省部级研发中心300家以上,培育形成科技型中小企业2.3万家、科技小巨人企业1000家、"杀手锏"产品150个。创天津市名牌产品累计达到200个。在全社会大力营造创新创业氛围,完善创新创业机制,增强对人才的吸引力和凝聚力,成为我国重要的科技创新高地和人才聚集高地。

4. 加快建设美丽滨海

把美丽滨海建设作为未来三年滨海新区的一号工程,使新区天更蓝、水更净、地更绿、景更美。

优化提升城市基础设施。高标准制定功能区分区规划,调整细化核心城区、北部宜居生态片区、中部新城等规划,形成有机衔接、协调联动的卫星城和城市组团。着力提升城市设计、建筑设计和景观设计水平,形成独具魅力的标志区。进一步完善海空港及配套设施,提升航运物流功能。港口货物吞吐量达到6亿吨,集装箱吞吐量达到1700万标准箱。机场旅客吞吐量突破1500万人次。加快构建"十字形"铁路路网,建设大北环、进港三线、南港一线等铁路货运通道。推进"1环11射"高速路网建设,建成西外环、唐津高速拓宽、津港高速二期等高速货运通道。完善轨道交通体系,建设B1、Z4和Z2三条轨道线。整顿出租车市场,规范停车场管理,建立全区统一的交通管理体系。新开30条公交线路,新增400部节能环保公交车,开展纯电动公交试点,基本建成智慧公交系统。整合供热、供气等公用资源。加快建设北环、津沽高压管道和燃气管网配套工程,建设北塘、南疆、北疆二期等热电联产项目,增强供电、供热保障能力。加快建设智能电网,打造一流的信息化基础设施。新

建、改扩建一批海水淡化厂、污水处理厂和再生水厂，城镇污水集中处理率达到95%。

优化提升城市生态环境。实施清新空气、清水河道、清洁村庄、清洁社区和绿化美化"四清一绿"行动，下大力量防治PM2.5污染。坚决关停并转严重污染企业，打击查处污染环境违法犯罪，铁腕治理"三黑"。实施城区雨污分流，完善配套管网建设，加强骨干河道治理。加大河口生态系统修复力度。强化海域使用管理，保护海洋生态环境。推进城市绿地、郊野公园、路网水系绿色廊道建设，构建和谐共生的生态网络体系。充分发挥中新天津生态城的示范效应，推广生态城指标体系，形成一批各具特色的生态片区。对全部城区道路、社区进行综合整治，重点整治66条主干道路、147个社区、922万平方米旧楼区。下大力量打造于家堡、响螺湾、MSD商业商务建筑集群和海河两岸景观带，形成大气洋气、清新靓丽的城市形象。

5. 加快实施强街强镇计划

调整街镇区划和定位，提升规划建设水平，强化街镇发展经济、维护稳定、改善民生、综合执法等职能。以都市工业园、现代农业产业园、楼宇经济为着力点，加大投入力度，完善基础设施，形成"镇镇有品牌、街街有特色"的产业发展模式。建设4个农业聚集区，做精10个市级农业科技园区，做大10个区级农业产业示范园区，提升农业现代化水平。加快推进农村城市化、城镇化和新农村建设，促进城乡一体化发展。

总报告
General Report

B.1 滨海新区金融创新运营引领发展

摘　要： 2013年，滨海新区各金融机构认真贯彻落实稳健的货币政策和一系列宏观预调微调政策，积极应对国内外宏观经济环境变化和利率市场化改革，金融运营服务状况良好，金融运营环境有序优化，传统金融机构取得不俗业绩，吸引更多机构在滨海新区开设分支机构，金融改革创新稳步推进，新型金融机构受到大力扶持，业绩攀升；为了更好地满足金融行业自身的发展，以及促进金融业为实体经济服务，滨海新区各部门均做出积极的努力，不仅为金融生态的建设奠定的基础，也在金融风险控制方面做出了全面的部署，整体金融行业稳定有序。

关键词： 金融稳定　区域发展　滨海新区

近一段时期，天津滨海新区迎来京津冀协同发展、自由贸易区申报、服务

经济体系建设和多领域深化改革的政策叠加机遇,为天津滨海新区金融先行先试在多年征途中,蓄积实力再出发创造了极为难得的条件。立足区域金融创新和运营中心功能,2014年5月,天津市委书记孙春兰同志在全市加快现代服务业发展工作会议上前瞻性地提出了"构建与北方经济中心和滨海新区开发开放相适应的现代金融服务体系和金融创新运营中心"的思路。2014年7月,孙春兰书记在中共天津市委十届五次全会上提出,按照中央统一部署,积极参与顶层设计,完善天津市功能定位,突出北方经济中心、现代制造中心、国际航运中心、金融创新运营中心等功能。金融创新运营中心的建设是下力量推进自由贸易试验区申报、加快综合改革创新区建设的重要抓手,是新阶段天津滨海新区金融业扩大开放、深化改革的历史必然,也是天津滨海新区金融业发展过程中应对新形势所带来的各种挑战的重要举措。

一 滨海新区金融运营

(一)金融运营服务状况

2013年,新区各金融机构认真贯彻落实稳健的货币政策和一系列宏观预调微调政策,积极应对国内外宏观经济环境变化和利率市场化改革,保持了货币信贷合理适度增长,为经济发展奠定了坚实基础。

1. 金融运营服务总体和分项状况

(1) 本外币金融运行总体平稳,存贷款增长均有所提速

2013年新区各项存贷款增长均有所提速,存款稳步增长,贷款持续增长。截至12月末①,新区金融机构本外币各项存款余额4699.01亿元,增长10.48%,全年平均增速②较上年同期上升10.46个百分点,余额较年初增加434.28亿元,同比少增126.08亿元;新区金融机构本外币各项贷款余额

---

① 自2013年初起,金融租赁公司纳入新区金融统计范围。文中所涉及的相关数据均为纳入金融租赁公司后的可比口径数据。
② 文中平均增速为几何平均增速,算法采用对2013年1~12月同比增速之积进行开12次方的处理方法。

6425.27亿元，增长15.52%，增速较上年同期上升5.40个百分点，余额较年初增加846.63亿元，同比多增733.19亿元。同期，新区金融机构（含非在地金融机构①）本外币各项存贷款余额分别为5192.43亿元和7978.03亿元，分别增长11.19%和15.48%，占天津市比重分别为22.27%和38.25%。

（2）人民币各项存款在波动中保持增长

2013年新区人民币存款余额虽然有所起伏，但仍保持着较高的增速。截至12月末，新区金融机构人民币各项存款余额4487.26亿元，增长10.86%。从增量看，月度环比增长额较高的月份有3月、5月、8月、11月，较以往季末出现高增量的情况出现了前移特征；月度环比增长额在2月、7月、9月、10月出现负值，累计下降528.16亿元；全年新区人民币存款新增428.37亿元，同比少增43.59亿元，其中12月同比少增达288.38亿元。从增速来看，新区人民币存款增速虽有所波动但仍保持着较高水平，平均增速15.76%，较2012年平均增速高出10.94个百分点，其中2月增速4.88%为全年最低，但仍高出2012年平均增速。

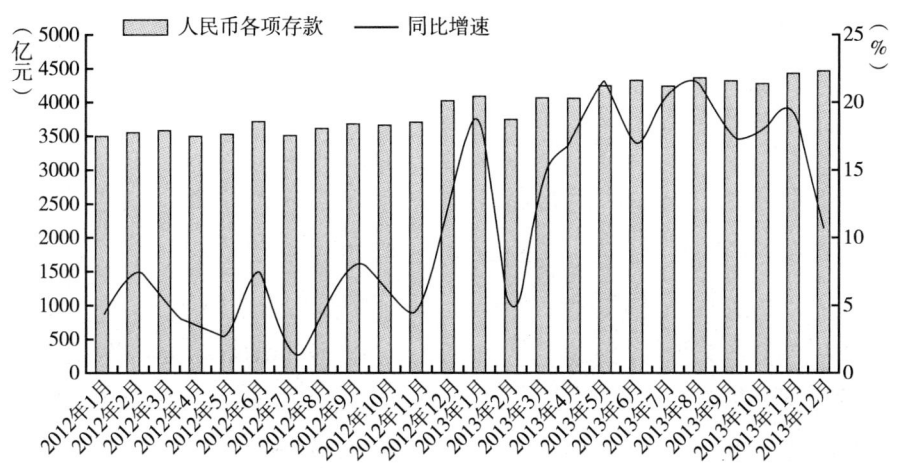

图1　滨海新区金融机构人民币各项存款变化趋势图

资料来源：中国人民银行塘沽中心支行。

---

① 非在地金融机构是指坐落在天津市以内、滨海新区以外对滨海新区注册企业提供金融服务的金融机构。

第一，新增人民币存款中八成以上集中在中小型银行和农村商业银行。其中，新增单位存款主要分布在中小型银行和农村商业银行，所占比重分别为43.56%和38.92%；新增个人存款的分布仍有六成以上集中在大型银行，但其占比有所下降，个人存款中出现了向中小型银行和农村商业银行分流的趋势。

第二，单位存款在波动中不断增长且以定期为主。据调查，新增单位存款主要集中在上半年，上半年新增单位存款占全年新增的74.06%，主要来源仍为建设开发类，投资类企业以及大型国有企业。截至12月末，新区人民币单位存款余额3177.26亿元，较年初新增318.64亿元，同比少增19.17亿元，增长11.60%，高出上年同期0.21个百分点。新增单位存款以定期存款为主，同时结构性存款和协定存款也出现了明显增长。全年新区新增单位定期存款233.62亿元，在新增人民币单位存款中占到73.32%，新增单位结构性存款和单位协定存款近300亿元，而同期单位通知存款下降278.54亿元。

第三，个人存款稳中有增，结构性存款增长突出。全年新区人民币个人存款余额呈现出季后首月回落，其他月份稳步增长的特点，增速逐步趋稳且较上年有所提高。截至12月末，新区人民币个人存款余额1399.58亿元，较年初新增146.86亿元，增长11.72%，全年平均增速13.49%，较上年同期上升1.2个百分点。其中，个人结构性存款呈爆发式增长，全年新增54.51亿元，主要为各金融机构吸收的结构性代客理财资金。截至12月末，新区个人结构性存款余额81.81亿元，同比增长超2倍，较2011年增长超6倍。

（3）人民币贷款稳中有增、结构向好

2013年新区货币信贷增长合理适度，信贷投向和期限结构不断优化，总体呈现出稳中有增、结构向好的态势。中长期贷款增速有所回升，信贷着力投向实体经济，侧重扶持中小微企业，融资租赁发展迅速，截至12月末，新区人民币各项贷款余额5986.50亿元，同比增长13.04%。增速较2012年同期上升2.74个百分点，全年新增674.23亿元，同比多增565.25亿元。

第一，从期限看，新增贷款仍以短期为主，但中长期贷款增速出现回升。2013年，新区人民币中长期贷款和短期贷款之间的差距继续缩小，短期贷款增速大幅领先于长期贷款。截至12月末，新区人民币短期贷款余额1489.83

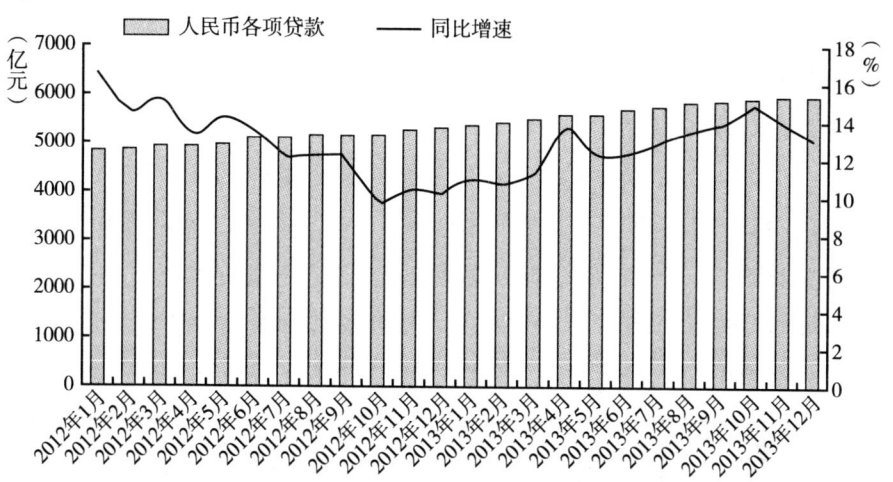

图2　滨海新区金融机构人民币各项贷款变化趋势图

资料来源：中国人民银行塘沽中心支行。

亿元，较年初增加273.10亿元，同比多增86.12亿元，增长23.50%，增速较2012年同期上升5个百分点；人民币中长期贷款余额2437.17亿元，较年初增加44.37亿元，同比多增133.17亿元，增长2.11%，增速较2012年同期上升5.65个百分点。

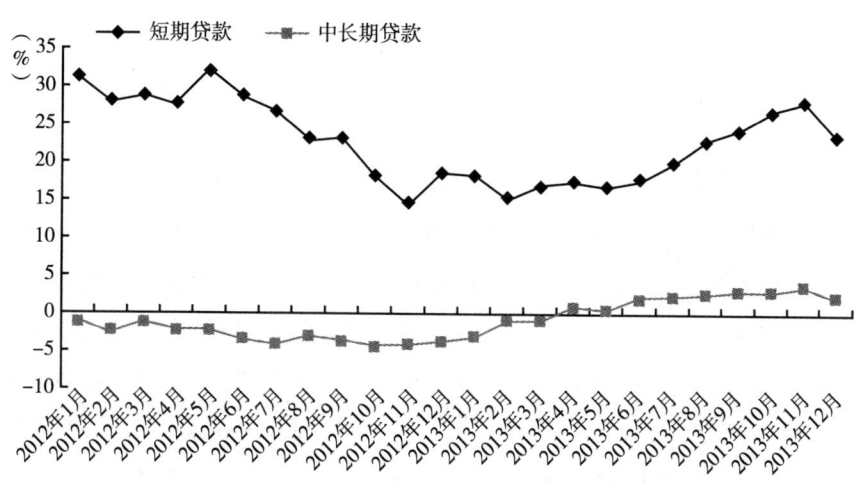

图3　滨海新区人民币中长期贷款与短期贷款增速变动趋势

资料来源：中国人民银行塘沽中心支行。

第二，从分布看，中小企业贷款占比继续提高，质量不断优化。据中国人民银行金融统计监测管理信息系统显示，截至12月末，新区金融机构中小微企业贷款余额逾1900亿元，增长17.97%，高出同期大型企业贷款11.25个百分点；中小微企业贷款余额占企业贷款余额的比重近六成，较2012年高出2.46个百分点；中小微企业贷款的不良率0.6%，较2012年下降0.39%。此外，分企业类型来看，微型企业贷款增速最高，同比增长203%；中型企业新增贷款最多，较年初新增187.92亿元；中型企业和微型企业贷款质量最优，不良率分别为0.34%和0.51%，分别较2012年下降1.1和1.48个百分点。

第三，从投向看，新增贷款集中投向实体经济，侧重支持第三产业发展。据中国人民银行金融统计监测管理信息系统显示，2012年新区金融机构投向三次产业的信贷占比分别为：第一产业占0.67%、第二产业占32%、第三产业占60.78%，投向个人和境外的信贷占比6.55%。全年新增贷款最多的前七大行业包括第二产业全部行业即制造业，采矿业，电力、热力、燃气及水生产和供应业，建筑业；还包括第三产业中的交通运输、仓储和邮政业，水利、环境和公共设施管理业，批发和零售业；上述行业的新增贷款占全部新增贷款的近八成，且除水利、环境和公共设施管理业外，其他行业贷款增速均超出新区人民币贷款的总增速，信贷支持实体经济发展和产业结构调整的力度不断加大。

第四，从用途看，人民币贷款主要用于融资租赁和短期单位经营性贷款。从存量上看，12月末，新区金融机构人民币融资租赁、中长期单位固定资产贷款和短期单位经营性贷款余额分别为2008.1亿元、1661.36亿元、1263.53亿元，在人民币各项贷款余额中的占比分别为33.54%、27.75%、21.11%；从增量上看，新区金融机构全年融资租赁、短期单位经营性贷款和短期贸易融资分别新增402.91亿元、211.32亿元、35.6亿元，在新增人民币贷款中的占比分别为59.76%、31.34%、5.28%。此外，个人贷款全年新增86.06亿元，同比多增45.5亿元，主要用于短期个人经营性贷款和中长期个人住房贷款。

第五，从信贷供给看，金融租赁公司已经成为新区信贷增长的主要来源，融资租赁业务发展势头良好，形成了一定规模的集聚优势。截至12月末，新区金融租赁公司已达5家，集中了全国近1/5的金融租赁公司；人民币融资租赁余额2008.1亿元,占全国融资租赁余额的近三成;人民币融资租赁余额较年初增长402.91亿元,占到新区人民币新增信贷的六成。此外,四家大型国有银行和农村商业银行的新增信贷规模也较大,分别占新区人民币新增信贷的17.62%、11.74%。

(4)外汇信贷快速增长,结售汇总规模有所下降

第一,外汇存款稳步增长,增速有所放缓。截至12月末,新区外汇各项存款余额34.73亿美元,增长6.05%,较2012年放缓69.64个百分点,全年新增1.98亿美元,同比少增12.13亿美元。新增外汇存款的来源以单位定期存款和保证金存款为主。

第二,外汇贷款快速增长,增速不断冲高。截至12月末,新区外汇各项贷款余额71.97亿美元,增长69.82%,较2012年上升63.68个百分点,全年新增29.59亿美元,其中境内短期贸易融资增加18.40亿美元,增长111.04%,主要投向了批发零售业和制造业;融资租赁增加11.23亿美元,增长152.32%,主要投向了交通运输、仓储和邮政业。

第三,新区银行代客结售汇总规模有所下降,结售汇规模变动分化,其中结汇规模增长,售汇规模回落明显,结售汇逆差大幅收窄。2013年,新区银行代客结售汇总额222.48亿美元,同比下降11.21%,其中,结汇90.86亿美元,增长12.89%,创下2008年以来的最高水平;售汇131.63亿美元,下降22.61%;结售汇逆差40.77亿美元,收窄54.5%,为2008年以来的最小逆差规模。

2. 金融运营服务值得关注的情况

(1)中长期贷款增长缓慢,金融支持经济发展作用有待加强

与全国和天津市相比,新区中长期贷款增速过慢,金融对经济发展的持续性支持作用有待加强。12月末,新区金融机构本外币中长期贷款余额2533.93亿元,增长1.71%,分别低于全国和天津市11.06和6.87个百分点,低于新区短期贷款28.3个百分点;全年新增36.58亿元,较短期贷款少增349.63亿元。从行业贷款来看,全年新区人民币信贷投放最多的前七大行业,除水利、环境和公共设施管理业的新增贷款期限结构中中长期贷款占比超五成外,其他行业的贷款均以短期为主,特别是制造业,电力、热力、燃气及水生产和供应

业的中长期贷款下降较多，值得关注。

（2）新增存款稳定性不高，流动性风险管理面临挑战

2013年，新区存款的增长虽有所提速，但存款来源的稳定性不高，各金融机构流动性风险管理值得关注。首先，存款波动的频率和幅度仍然较大，金融机构本外币存款余额在2月、7月、9月、10月均出现了存款回落，累计回落503.49亿元，较2012年多回落61.27亿元；全年单月新增存款的极差达到694.61亿元，较2012年扩大173.37亿元。其次，新增存款的来源有一定的局限性，主要为建设、开发、投资类企业及某些大型国有企业，部分银行受大型重点企业生产、经营、投资情况等的影响较为明显，其流动性风险管理面临着新挑战。最后，随着利率市场化步伐的加快，同业往来更为频繁，截至2013年末，新区金融机构本外币同业往来（来源方）余额59亿元，同比增长超一倍。

（3）结构性存款迅速增长，理财产品管理亟待加强

2013年新区结构性存款快速增长，据中国人民银行金融统计监测管理信息系统显示，12月末，新区金融机构本外币单位结构性存款余额超200亿元，同比增长超5倍。本外币个人结构性存款余额82.23亿元，同比增长超2倍，较2011年增长超6倍，主要为各商业银行吸收的嵌入金融衍生工具的结构性代客理财产品。2014年，中国人民银行已建立金融机构表外业务专项统计制度，及时、全面地监测表外业务发展情况。银行表内、表外的各类代客理财产品的统计管理和风险管理有待加强。

（4）中间业务占比仍较低，金融改革创新力度不够

2013年，新区银行业中间业务收入在其利润总额中的占比仅为18.23%，较天津市低7.08个百分点，加之多数银行业务创新的研发和推广主要集中在总行级别，而新区机构的层级不高，业务创新能力有限，业务发展不够灵活多元，在一定程度上限制了新区银行业金融改革创新的力度。

3. 应对金融运营服务状况的对策

（1）优化信贷资金投向，促进经济结构调整升级

新区金融机构应进一步加强信贷资金与产业政策的协调配合，积极扶持新区经济的重点领域和薄弱环节，继续推动产业结构向高端化方向发展。把握信

贷投入的总量、重点和节奏，关注信贷资金的期限结构，加大金融对实体经济的支持力度；加强对新区重点在建续建项目、现代服务业、科技创新、战略性新兴产业等经济社会发展重要领域的金融支持，把劳动力强的重点项目和高端制造业、现代服务业作为提升产业规模、调整产业结构的重要抓手；整合金融资源支持小微企业发展，鼓励商业银行发行金融债券专项用于小微企业贷款；发展绿色信贷；拓展科技信贷；严格贯彻落实好差别化住房信贷政策。

（2）精细流动风险监测，健全风险防范管理体系

在复杂的经济金融新形势下，新区金融机构要继续强化对流动性风险分析、判断的系统性和前瞻性，进一步加强流动性风险管理的精细化程度和专业化水平。应高度关注因宏观环境变化和业务结构调整所带来的风险特征变化，审慎、及时地完善风险管理体系和方法。应继续优化资产负债结构，提高资产的流动性和负债的稳定性；应将流动性风险的监测管理方法精细化，及时根据新区特色和各行实际改进流动性结算方法。此外，应认真贯彻落实《关于商业银行理财产品进入银行间债券市场有关事项的通知》，进一步规范理财产品进入银行间债市的行为，严格规范理财产品投资，合理把控资产风险，建立健全风险管理体系。

（3）探索差异化经营，提升金融服务实体经济能力

依据《中共滨海新区委员会关于全面深化改革的实施意见》和《关于加快推进滨海新区金融改革创新发展的实施方案》，滨海新区金融机构应不断深化金融创新改革，充分发挥金融改革先行先试优势，积极探索差异化经营，切实提高金融服务实体经济的能力，一要积极应对利率市场化，既要完善贷款利率定价体系、细化存款成本核算体系，又要加快调整业务结构，大力发展中间业务、资金业务和资本市场业务，逐步降低对存贷款业务的过分依赖。二要拓展金融业务新领域，丰富金融市场层次和产品，加快跨境金融业务创新，促进产业资本和金融资本紧密结合。三要积极发展专业金融业态，设立服务科技企业和小微企业的专营机构，成立航运金融中心，设立专门从事资金结算、支付清算、商业保理、电子商务和互联网金融等业务的非法人业务部。四要探索和鼓励非银行保理业务、中小微企业信贷风险补偿基金、小额贷款公司信贷资产转让试点、财政和国有出资融资性担保公司整合、村镇银行和农业贷款公司等

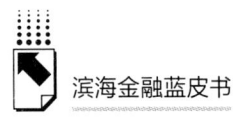

的开展、设立和发展。努力争取在航运金融、融资租赁、私募基金、产业金融等重点领域取得新的重大突破,加快构建和完善现代金融服务体系。

(二)金融运营服务载体

1. 传统金融运营机构

(1) 银行机构

截至2013年末,新区拥有滨海农村商业银行1家地方法人银行、4家一级分行(渤海银行天津滨海新区分行、天津银行滨海分行、天津农商银行滨海分行、瑞穗实业银行天津分行)、17家二级分行在内的530余家银行网点。2013年,新区银行实现利润总额125.58亿元,同比下降3.17%,占天津市银行利润的比重为23.33%。

(2) 证券机构

截至2013年6月末,天津滨海新区共有证券法人机构1家(天津凤凰财富基金销售有限公司),券商营业部17家;期货公司1家(象屿期货有限责任公司),期货营业部3家(鲁证期货天津营业部、北京首创期货天津营业部、一德期货公司滨海新区营业部)。

(3) 保险机构

截至2013年6月末,滨海新区共有各类保险分支机构107家,其中,财产保险分支机构60家,人身保险分支机构32家,保险中介机构7家,保险机构客服中心2家,社会保险管理中心6家。

2. 新型金融运营机构

(1) 租赁公司

作为我国金融改革创新实验基地和最大的融资租赁聚集区、示范区、先行区和领航区,滨海新区融资租赁业务发展迅猛。截至2013年末,总部在滨海新区的各类融资租赁公司超过180家,约占全国的24.8%,注册资金总计约800亿元人民币,约占全国的35%,融资租赁合同余额4600亿元,约占全国的24.2%。其中,新区注册的金融租赁公司共5家,分别为工银金融租赁有限公司、民生金融租赁股份有限公司、兴业金融租赁股份有限公司、中国金融租赁有限公司、邦银金融租赁有限公司。

（2）股权基金

2006年，我国第一只契约型产业投资基金——渤海产业投资基金在滨海新区成立，开创了我国资本市场直接投融资的新模式和新渠道。此后，我国第一只合伙制船舶产业投资基金、第一只航空产业基金也相继落户滨海新区。截至2013年12月末，新区注册的私募股权投资基金企业1190家，注册资本超过3000亿元。

（3）信托公司

截至2013年末，新区注册的信托公司有1家，即北方国际信托股份有限公司，于1987年10月经中国人民银行天津分行批准成立，现注册资本约10亿元，公司股东27家，控股股东为天津泰达投资控股有限公司。

（4）财务公司

截至2013年末，新区共有天津港财务公司和天保财务有限公司2家企业集团财务公司、天津港财务公司于2006年11月获准成立，注册资金5亿元人民币。天保财务公司于2012年10月获批成立，注册资金10亿元人民币。

（5）保理公司

新区是国内最早登记注册保理机构的地区。截至2013年末，滨海新区已有100多家商业保理企业落户，其中外商投资商业保理企业40家，注册资本达6.99亿美元；内资商业保理企业72家，注册资本达59.32亿美元。

（6）消费金融公司

2009年，银监会发布《消费金融公司试点管理办法》，并启动了北京、天津、上海、成都四地消费金融公司的试点审批工作。滨海捷信消费金融公司是国内首家外商独资消费金融公司，于2010年2月获批筹建，注册资本3亿元人民币。截至2012年6月末，总资产2.81亿元，消费贷款余额1.27亿元，同比增长232%。

（7）小额贷款公司

2009年3月，新区第一家小贷公司获批成立，截至2013年12月末，共有39家小贷公司在新区注册开业，注册资本总额47.1亿元。

（8）融资性担保公司

截至2013年12月末，新区金融性担保机构共28家，注册资本约34.21

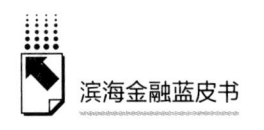

亿元，在保余额107.6亿元，2013年全年担保金额达到87.6亿元。

3. 新型金融要素市场

（1）天津股权交易所

2008年9月，天津股权交易所在新区挂牌成立，是天津市政府批准设立、唯一获准从事"两高两非"公司股权和私募股权基金份额交易的机构。截至2013年末，该所累计挂牌企业达412家，挂牌企业覆盖28个省市，直接融资63.3亿元，间接融资153.75亿元，总计217.05亿元。表1和表2反映了天津股权交易所在我国区域性股权交易市场中的地位和特征。

表1 主要区域性股权交易市场规模、投资者准入及交易机制对比

名称	天津股权交易所	上海股权托管交易中心	齐鲁股权托管交易中心
注册地	滨海新区	张江高科技园区	山东淄博市
覆盖省市	28	上海、长三角及其他地区	—
投资者准入（自然人）	个人金融资产10万元以上	2年以上证券投资经验且拥有100万元以上金融资产	
交易机制	"集合竞价+报价商双向报价+协商定价"的混合型交易定价	协议转让	协议转让
财税支持	对初始融资额达到500万元以上的挂牌企业，给予50万元的一次性专项补助		

资料来源：长江证券研究报告：《多元金融：金改系列之辨析新三板扩容真假受益股》，2013-9-16。

表2 全国各区域性股权交易市场成立时间、挂牌数及股东情况

名称	成立时间	注册资本（亿元）	挂牌家数	股东
天津股权交易所	Sep-08	—	326	天津产权交易中心、天津开创投资
齐鲁股权托管交易中心	Dec-10	—	156	淄博市金融办
上海股权托管交易中心	Feb-12	1.2	77	上海国际集团31%、上交所29%、张江高科23.25%、上海联合产权交易所16.75%

续表

名称	成立时间	注册资本（亿元）	挂牌家数	股东
广州股权交易中心	Aug-12	1.8	384	广州国际控股集团（万联证券股东）、广东粤财投资
浙江股权交易中心	Oct-12		132	浙商、财通证券各10%
重庆股份转让中心	Feb-13	1.56	100	西南证券53%、渝富集团、深圳证券信息公司
大连股权交易中心	Feb-13	0.5	—	大连港集团、华信信托、大通证券
辽宁股权交易中心	Apr-13	—	50	信达证券33%、大通证券10%、中天证券4%
前海股权交易中心	May-13	5.55	1835	中信27.027%、国信22.5225%、安信18.018%
海峡股权交易中心	Jul-13	1.9	49	兴业证券23.68%（第一大股东，负责日常经营管理）
广东金融高新区股权交易中心	Jul-13	1	—	广发、招商证券各32.5%
江苏股权交易中心	筹建中	2	—	华泰证券52%、东吴、南京、东海、国联分别12%

资料来源：长江证券研究报告：《多元金融：金改系列之辨析新三板扩容真假受益股》，2013-9-16。

（2）天津金融资产交易所

2010年5月注册设立，注册资本1568万元人民币，是全国首家正式成立的金融资产交易所，为金融资产特别是不良金融资产的交易构建了更具公信力的平台。截至2013年12月底，累计挂牌项目（企业）15741宗，累计成交额超过14033375万元。

（3）渤海商品交易所

2009年9月揭牌成立，是国内第一家现货商品交易所。以全球首创的现货连续交易制度为核心，通过构建市场服务网、资金结算网、商品物流网和价格发现网，实现了商品贸易、商品投资和价格发现三大功能。

（4）天津滨海柜台交易市场

市场建设和运营主体为天津滨海柜台交易市场股份有限公司，该公司于2010年8月注册成立，注册资金3亿元人民币，主要为股权、债券、信托产

品、创业投资基金和产业投资基金等提供交易场所、设施和服务。2013年上半年，融资服务平台新增注册企业、机构会员等180多家，企业会员总数超过千家。建成以来，帮助企业融资50多亿元，并为股份转让平台培育输送了十多家改制中的拟挂牌企业。

（5）天津滨海国际股权交易所

2008年10月开业成立，是专业从事国际间企业股权投融资信息交易的第三方服务平台，也是国内首家专业从事为拟融资的企业通过出让部分股权进行直接融资的信息交易场所。

（6）天津排放权交易所

2008年9月成立，是全国第一家综合性排放权交易机构。该所借鉴芝加哥气候交易所运营模式，经营范围涵盖排放权初始分配的一级市场和排放权交易二级市场。

（7）天津贵金属交易所

2008年12月由天津产权交易中心发布成立，2012年2月正式成立，是目前国家唯一批准的做市商模式的黄金、白银等贵金属交易市场，目前上市交易的品种有铂、钯、白银等三种贵金属。

（8）天津铁合金交易所

2009年7月9日正式注册成立，注册资金1亿元人民币，是全球首家铁合金现货电子交易平台。主要以铁合金及相关产品现货电子交易、市场信息资讯、融资担保和仓储物流为服务重点，组织引导国内外的铁合金交易商通过现代科学的营销方式进行铁合金的采购和销售。

（9）天津滨海国际知识产权交易所

2011年6月正式揭牌，是国内首家专业化、市场化、国际化的公司制知识产权交易服务机构，注册资本1000万元。目前，已设立生物医药、新能源新材料、现代制造、信息工程、现代农业、文化创意、移动互联及城市创新"7+1"专业服务平台，形成逾2500项项目资源库，其中天津市项目约65%，国内其他省市项目约35%，在建专利池3个，涉及各个领域、各个行业。

（10）天津矿业权交易所

天津矿业权交易所（以下简称天矿所）是一个国际矿业综合服务平台，

设有矿业权交易市场、国际矿业融资市场、矿产品现货交易市场、风险勘查资本市场四大业务板块,为矿业企业和投资者提供交易、结算、融资、咨询等全产业链综合服务。天矿所秉承"服务矿业、创新发展"的理念,逐步建立引导社会资金有序投入矿产资源勘查开发领域,架起有特色的金融服务实体经济的桥梁,助力全球矿业企业持续健康发展。

(11) 天津文化艺术品交易所

2009年9月注册成立,从事的创新业务主要是文化艺术品的"份额化",即以对文化艺术品实物进行严格鉴定、评估、托管和保险等为前提,发行并上市交易拆分化的、非实物的艺术品份额合约。

(三) 金融运营服务环境

2013年,天津市滨海新区(以下简称新区)坚持稳中求进、稳中求优,积极开展"促发展、惠民生、上水平"活动,经济快速发展,信贷稳步增长,成为全市经济增长的重要引擎。2013年,新区经济运行总体呈现积极向好态势,产业结构不断优化,产业布局调整加快①。全年累计完成地区生产总值8020.40亿元,同比(下同)增长17.5%。其中,第一产业实现生产总值10.07亿元,下降0.6%;第二产业实现生产总值5403.03亿元,增长17.8%;第三产业实现生产总值2607.30亿元,增长16.7%。

1. 各功能区联动发展,区域产业布局更加均衡

各功能区相互依托、联动发展,支撑作用日益增强。临港经济区工业总产值连续三年翻番,普罗旺斯等55个项目签约,总投资额824亿元;益同创鑫等30个项目开工,总投资额233亿元;斯瑞特等40个项目投产运营,总投资额225亿元。东疆保税港区全年新注册企业超过600家,增长38.89%,注册资本达187.89亿元,增长38.24%。中新天津生态城成为全国首个绿色发展示范区,国家动漫园、3D影视园等产业园区进展顺利,科技园全部竣工。中心商务区7栋商务楼宇建成使用,铁狮门金融广场、罗斯洛克金融中心等一批

---

① 经济运行基本情况参考资料来源:滨海新区政务网、滨海政务信息、《滨海时报》、《滨海新区政府工作报告》等。

楼宇加快推进，滨海商业中心开工建设。此外，海洋高新区等其他经济区均保持良好开发态势。各区域紧紧围绕"一城双港、三片四区"的空间布局，构建了"东港口、南重工、西高新、北旅游、中服务"五大产业聚集板块，产业集中度大幅提升，产业布局更加均衡。

2. 先进制造业聚集效应增强，现代产业体系基本形成

新区坚持狠抓大项目、小巨人、楼宇经济，不断提升企业核心竞争力，先进制造业聚集效应显著增强，基本形成了高端高质高新化现代产业体系。2013年新区实现规模以上工业总产值1.61万亿元，增长13.2%，其中八大优势产业占比近九成，汽车及装备制造业实现产值5084.64亿元，石油化工业实现产值3327.64亿元，电子信息业实现产值2688.23亿元，轻纺工业实现产值1668.62亿元，航空航天、新能源新材料等战略性新兴产业产值合计超千亿元。截至2013年末，新区建成5个国家级新型工业化示范基地，培育超百亿级企业集团21个，其中超千亿级企业集团3个，126家世界500强外资企业落户。

3. 财政收入稳步增长，社会民计民生持续改善

2013年新区财政总收入1862亿元，其中税收收入1434.3亿元。按照现行财政体制，新区地方一般预算收入878.9亿元，增长20.1%，增收147.1亿元，占全市增收额的46.2%。新区坚持统筹经济社会协调发展，财政每年用于民生领域的支出达八成左右。2013年总投资300亿元的"十大民生工程"三年行动计划全面实施，涵盖了教育、卫生、文化、民政、市政配套及环境改善、保障性住房等社会事业和民生领域。全年，新区共开工建设保障性住房140万平方米，共计1.5万套，保障能力惠及近5万人。此外，自2009年以来，新区城乡居民人均可支配收入年均分别增长12%、13%；累计新增就业岗位38.7万个，城镇登记失业率控制在3%以内；职工基本养老、基本医疗等保险覆盖率居领先水平，累计发放各类救助金3.2亿元[①]。

4. 招商引资态势良好，外资集中投向第三产业

新区持续推进管理体制、行政审批体制改革，加快涉外经济体制改革，推动融资租赁、国际船舶登记、离岸业务等试点，提升国际自由贸易港区功能，

---

① 数据来源为天津政务网。

打造吸引外资新优势,及时调整产业结构思路,通过为企业打通上下游产业链、全方位保姆式服务、提供研发平台等方式,加大对新能源、融资租赁企业、服务外包企业和全国总部进行有针对性的招商。2013年,新区新签内资实际合同数693个,国内招商引资实际到位额786.50亿元,增长30.0%;新增外资企业239户,实际利用外资110.0亿美元,增长12.0%。其中,外资企业中第三产业的比重占据明显优势,截至2013年底,外资企业注册第三产业共210户,占所有注册外资近九成,注册资本178.36亿元,占所有外资注册企业的99.01%,主要分布在租赁和商务服务业、金融业、科学研究技术服务和地质勘察业、制造业、房地产业。

5. 科技创新能力继续提升,经济驱动作用有效显现

新区积极推进国家创新型城区、国家知识产权试点城区、国家"863"计划产业化伙伴城区建设,近四年来,累计实施国家重大科技项目百余项,"天河一号""曙光星云"超级计算机等一批国际领先水平的科技成果投入使用,多项成果获国家科技奖;累计建成283个国家级和省部级研发中心,支持"天河一号"等168项国家重大科技项目和全市自主创新重大项目,突破了100余项代表行业制高点的关键技术。2013年新区专利申请量24087件,增长62.7%,占全市比重为41.2%,较2012年提高5.3个百分点,提前实现了到"十二五"末专利申请量占全市四成的目标;截至2013年底,新区有效专利总量24510件,每万人口发明专利拥有量达到13件;大力实施科技小巨人计划,科技型中小企业和科技小巨人企业分别达到14600多家和715家,上市科技企业26家。科技进步对经济增长的贡献率达到61%,形成了创新驱动、内生增长的良好发展态势。

6. 服务业发展提速提质,现代服务体系逐渐建成

2013年以来,新区紧密结合实体产业发展的重点领域与主要方向,以十个服务业聚集区为载体,大力发展能够支撑实体产业发展的航运物流、金融创新、总部经济、服务外包、旅游会展、科技信息、文化创意、商贸流通、中介服务、房地产等现代服务业,充分发挥其功能效应,助推其与先进制造业有机融合、互动发展①。一是航运物流快速发展,大物流体系基本形成。天津港贸

---

① 参考资料:中国投资咨询网,《滨海新区提速提质现代服务业》。

易往来扩大到180多个国家和地区的500多个港口；内陆无水港增至23个；天津港货物吞吐量5亿吨，集装箱吞吐量1301.22万标准箱，分别增长5%和5.8%；机场旅客吞吐量1003.58万人次，货邮吞吐量21.44万吨，分别增长23.3%和10.4%。二是金融创新力度不断加大。新设商业保理企业稳健增长，且呈现出股东背景优质、经营领域涉及面广、区域聚集效应显著等特点；债权交易服务平台项目等一批金融创新项目集体落户；国银、工银等金融租赁公司与多家国内外大型航空制造企业签署合作协议；滨海农村商业银行发行全国首只银行二级资本债券15亿元；开发区"风险补偿专项资金"启用，为中小企业实现融资近6000万元。全年实现金融业产值326.1亿元，增长24.4%。三是总部经济、旅游会展、文化创意等产业发展提速。90座商务楼宇投入使用，98座加快建设，总部企业达到245家。全年旅游接待量突破1750万人次，综合收入达到115亿元。9个国家级文化产业基地初具规模。

二 滨海新区金融创新

（一）金融创新发展状况

1. 现代金融服务体系成型

（1）组织体系更加健全，信贷服务水平持续提升

2013年末，天津滨海新区共有8家银行业法人金融机构、4家一级分行，17家二级分行和530余家银行金融机构网点，3家村镇银行正在积极筹建中，总部服务功能部门日益完善，目前已有农行客户服务中心、渣打科技营运中心、滨海农商行现金整理中心等多家总部级金融服务机构落户天津滨海新区。

（2）信贷规模逐步扩大，投向结构逐渐趋向合理

截至2013年末，新区金融机构本外币各项存款余额4699.01亿元（另，非在地本外币各项存款余额493.42亿元），同比增长10.5%；本外币各项贷款余额6425.27亿元（非在地本外币各项贷款余额1552.76亿元），同比增长15.5%，新区银行业金融机构信贷投放结构渐趋均衡，第二、第三产业贷款余额占比分别为34.3%和65.0%，较上年同期21.4%、78.0%的占比有明显改

善,信贷投放更符合国家宏观调控政策的要求,新区主导产业制造业贷款比重提升3.61个百分点,体现现代服务业功能的交通运输、仓储业贷款比重提升6.45个百分点,限制类房地产业贷款比重下降1.85个百分点。

2. 外汇改革创新成效突出

(1) 跨境人民币结算业务快速发展

2013年,在外债和直接投资项目业务发展的带动下,天津滨海新区跨境人民币结算量进一步提升。全年结算额达570.06亿元,同比增长76.5%,占天津市的44.8%。自2010年6月试点启动至2013年末,共有628家企业办理了跨境人民币业务,境外结算地域涉及52个国家和地区,累计结算金额突破千亿元,占天津市的49.3%。

(2) 资本金意愿结汇改革不断深化

2013年末,中新天津生态城和东疆港保税港区资本金意愿结汇改革试点运行平稳,意愿结汇企业数量和资金规模继续稳步增长,企业类型逐渐丰富。截至2013年末,意愿结汇企业合计37家,意愿结汇金额合计7.54亿美元。其中2013年新增意愿结汇企业7家,意愿结汇金额1.70亿美元。意愿结汇试点企业由单一的房地产企业拓展到融资租赁、航运、物流等多种类型企业,粗略估算企业节约的财务成本最高可达0.81亿美元,政策试点效果显著。

(3) 外汇管理创新举措日益丰富

2013年,天津滨海新区充分发挥先行先试政策优势,不断丰富外汇管理扶持举措,支持特色产业持续发展,支持东疆保税港区完成国内首笔飞机联合租赁模式交易,进一步巩固了区域融资租赁产业聚集优势。2013年,融资租赁业新企业注册、借用外债资金规模等均居天津保税监管区域各行业首位,融资租赁产业跨境收支规模达86.70亿美元,同比增长1.3倍。此外,推动天津滨海新区首笔人民币对外汇期权备案业务成功开展,拓展了辖区银行产品链,丰富了企业外汇避险工具。

(二)金融改革创新特征

1. 新型金融载体加快聚集

2013年末,天津滨海新区共有小额贷款公司39家、融资性担保公司28

家、财务公司 2 家、金融租赁法人机构 5 家、融资租赁法人机构 167 家、股权投资企业及其管理机构 1197 家，并相继设立了消费金融、汽车金融、资产管理、登记结算、票据经济、金融外包、第三方支付等新型金融机构，与此同时，天津排放权交易所、天津矿业权交易所、天津金融资产交易所、天津滨海柜台交易市场股份公司、天津股权交易所、天津文化艺术品交易所、天津贵金属交易所、天津铁合金交易所、天津滨海国际知识产权交易所等 9 家创新型交易所成立，多元化多层次金融服务体系初显。

2. 金融创新特色鲜明

融资租赁、商业保理等金融创新行业领跑全国，截至 2013 年 9 月末，天津滨海新区全市融资租赁合同余额 4600 亿元，约占全国的四分之一，"东疆模式"聚集优势显现，全年新注册融资租赁公司 207 家，行业年税收贡献达 7.32 亿元，其中绝大部分公司的注册地在滨海新区。作为全国首个商业保理试点城市，天津滨海新区拥有第一家商业保理公司、第一家外资商业保理公司、中国第一批国际保理商会协会会员。全年新增商业保理公司 49 家，增幅将近一倍，累计注册达 102 家，注册资本金超过 90 亿元人民币。2013 年，中国贸易委员会商业保理专业委员会创新发展基地在天津滨海新区成立，为商业保理创新发展提供更多支持。

3. 产业金融不断推进

天津滨海新区发挥产业资源与金融资本融合优势，航运金融、科技金融等产融结合成效显著。东疆保税港区探索飞机、船舶融资租赁业务发展。截至 2013 年末，各类租赁公司累计达 559 家（含单机公司 375 家、单船公司 97 家、总部型公司 78 家），注册资本达 134 亿元，累计完成 281 架飞机、9 台飞机发动机、50 艘船舶、3 座海上石油钻井平台租赁业务，租赁资产总额约 160 亿美元。滨海新高作为"新三板"首批扩容试点区域之一，通过搭建企业债券融资、企业股权融资和股改上市服务三大融资服务平台，逐步形成较为完善的科技金融服务体系。截至 2013 年末，已有 21 家企业在新三板挂牌，共计发行各类债券 375 亿元。其中 2013 年新增 14 家，增长达 2 倍。

4. 创新型金融市场健康发展

天津滨海新区各类创新型金融市场规模逐步扩大，融资服务功能持续提升。截至2013年末,天交所累计挂牌企业412家,挂牌企业分布在全国28个省115个地市,实现直接融资63.30亿元,带动实现间接融资153.75亿元,实现增信信贷融资121.52亿元。铁合金交易所2013年成交金额81.87亿元,累计成交金额594.31亿元。

(三)金融改革创新展望

1. 支持金融机构创新

第一,发起设立金城银行,按照公开择优原则,筛选符合国家产业政策、主业突出、社会认同度高、具有风险抵补和持续增资能力的优秀民营企业作为金城银行主发起人和出资人,将金城银行总部设立在于家堡金融区。第二,争取银行、保险等金融机构设立为科技企业和小微企业服务的专营机构,设立专门从事资金结算、资金交易、支付清算、融资租赁、航运金融、商业保理、资产管理、基金投资、投资银行、票据专营、电子商务和互联网金融等的非法人业务部。第三,支持有关企业设立金融租赁公司、融资租赁公司、财务公司、结算中心、金融资产管理公司等。第四,支持各类产业金融机构发展。支持天津津融投资服务集团有限公司发起设立小贷管理集团。支持天弘基金管理有限公司与浙江阿里巴巴电子商务有限公司合作,在互联网金融领域更快更好发展。支持渤海银行与华泰汽车集团有限公司合作设立华泰汽车金融公司。支持天津雷沃重工集团股团有限公司发展金融业务。支持大连万达集团股份有限公司设立财务公司等金融机构。第五,综合运用金融、财政和政府服务手段支持村镇银行拓宽资金渠道,按照本土化、民营化、专业化战略发展村镇银行。第六,继续推动财政出资担保机构整合重组工作,对各区县财政出资担保机构资源进行整合,集中优势资源做大做强天津市融资担保有限公司,解决中小企业融资难问题。第七,发挥金融创新支持先进高端制造业发展的作用,推动产融结合,支持先进高端制造业企业参股设立银行、财务公司、租赁公司、小额贷款公司等金融机构或金融服务机构;推广专利权、商标权、股权和应收账款质押贷款等符合先进高端制造业发展需求的金融产品,大力发展金融租赁、融资租赁等间接融资方式;支持先进高端制造业企业通过上市和挂牌融资,发行中小企业私募债等融资工具,拓宽直接融资渠道。

2. 加快金融制度创新

第一，促进投资与服务贸易便利化金融改革创新。研究上海自由贸易区总体方案和国家有关部门出台的金融改革创新相关支持政策，梳理细化天津市金融改革创新政策，做好向国家金融监管部门的沟通争取工作。第二，与境外人民币离岸中心合作发展人民币业务。研究开展人民币离岸业务及人民币回流的政策需求和操作方式，积极争取国家支持政策，力争在资本项下人民币回流方面取得突破，选择在滨海新区开展试点；支持台资在天津市设立金融机构，提高与中国台湾金融业合作水平；加大宣传、政策引导和产品创新力度，扩大台资企业跨境人民币结算和台湾企业人民币直接投资规模。第三，中新天津生态城开展跨境人民币创新试点。研究制定中新天津生态城跨境人民币创新试点方案和企业融资方案。中新天津生态城管委会会同中国人民银行天津分行尽快与中国人民银行总行进行衔接，争取做成第一单金融产品。第四，搞好外汇管理改革试点。争取将资本金结汇改革试点范围扩大到滨海新区；争取跨国公司进行外汇集中运营管理试点、银行利用外汇储备进行委托贷款试点。第五，支持于家堡金融区金融业聚集发展。将于家堡金融区纳入中国天津自由贸易试验区的覆盖范围，研究制定天津于家堡金融创新支持现代产业发展方案，在国家发改委征求国家有关部门意见修订后报请国务院批准实施；加强各有关单位之间的协调沟通，积极实施《滨海新区中心商务区招商引资和管理服务工作方案》（津政办发〔2013〕78号），解决招商急难问题；抓好重点项目，全力做好推动和服务，促进项目尽快落地。

3. 优化金融生态环境

第一，支持动产权属登记和应收账款融资服务平台发展，支持中征（天津）动产融资登记服务有限责任公司继续优化完善动产融资统一登记平台，提高服务质量，推动法定登记机构与该平台积极开展合作，实现动产融资统一公示和查询。支持平台开展宣传，树立公信力，面向全国提供服务。第二，实施社会信用体系建设工作方案，研究建立统一的信用信息交换平台，培育和促进社会信用信息服务市场，扩大中小企业信用试验范围。在小额贷款公司、融资担保公司、商业保理公司准入，以及纳入碳排放权交易企业和发行企业债券中，引入信用评级制度、信用承诺制度。第三，支持天津国际经济金融仲裁中心、天津海事仲裁中心和天津海损理算中心加快发展，推介仲裁业务知识，扩展仲裁业务范围，加强仲裁知识培训，营造适合金融仲裁业务发展的良好环境。做好仲裁机构迁入于家堡金融区相关工作。第四，建立政府债务监管长效机制。严格执行以还定贷、适度负债和"借用管还"原则，严格执行新增政府性债务预算审批制度，严控新增债务规模，逐步消化存量债务。第五，加强对金融工作的组织领导。制定完善股权投资基金、中介咨询、融资租赁、商业保理、小额贷款公司、融资性担保机构、交易场所等具体行业的监管办法，强化资质和准入审查，实行客观、审慎的审查审批，强化非现场监管和监督检查。健全非法集资案件处置责任制度，做好处置非法集资工作，坚决打击金融犯罪。

三 滨海新区金融开放

（一）自贸区与金融开放

1. 天津申报自贸区的历史背景

2007年12月，天津东疆保税港区一期封关后，天津将建设自由贸易港区作为未来发展方向，并提上重要的议事日程。2008年3月，国务院批复的《天津滨海新区综合配套改革试验总体方案》明确表示，东疆保税港区在"条件成熟时，进行建立自由贸易港区的改革探索"，为天津建设自由贸易区开辟了道路。2011年，国务院批复的《天津北方国际航运中心核心功能区建设方案》，再次重申在天津东疆保税港区进行自由贸易区改革探索的目标。2012年天津市委十届二次会议，以及2013年初天津市推进滨海新区新一轮开发开放的十大任务，均将建设自贸区列为2013年市委市政府的重点工作。

党的十八届三中全会《中共中央关于全面深化改革若干重大问题的决定》明确提出"在推进现有试点基础上，选择若干具备条件的地方发展自由贸易园（港）区"，建立中国天津自由贸易试验区是落实上述要求的一项重大举措。2013年6月，商务部收到国务院办公厅批转的天津市人民政府建设自由贸易园区的有关请示。张高丽副总理、汪洋副总理等国务院领导同志先后批示

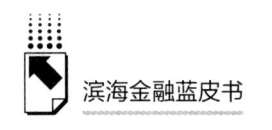

要求商务部研究办理。2013年12月27日，李克强总理在天津听取建设自由贸易园区的有关汇报后表示，天津具备探索促进投资和服务贸易便利化的条件。

建设自贸区需要具备三个条件：一是要有海陆空交通枢纽，有保税区试验经验，有较强的物流聚集和配送能力，以及超前的金融服务能力；二是具有较大的辐射效益，天津所在的环渤海经济圈辐射的经济总量可以达到6万亿元；三是地方政府有远见和魄力，有相应的人才和技术，制定了详尽的发展规划。从目前情况看，天津具备了上述条件。

2. 天津申报自贸区的总体布局

（1）指导思想

高举中国特色社会主义伟大旗帜，以邓小平理论，"三个代表"重要思想，科学发展观为指导，紧紧围绕完善和发展中国特色社会主义制度，推进国家治理体系和治理能力现代化的总目标，坚持以开放促改革、促发展、促转型的方针，着力推进体制机制改革创新，发挥市场在资源配置中的决定性作用，探索转变政府职能新途径，探索进一步扩大开放新模式，探索形成区域经贸合作新引擎，为我国新一轮改革开放积累有益经验，为实现中华民族伟大复兴的中国梦做出贡献。

（2）基本原则

第一，坚持深化改革与扩大开放更好结合。按照转变政府职能的要求，加快推进经济体制改革和行政管理体制改革，加快完善现代市场体系，构建开放型经济新体制，营造对各类投资主体公平透明的制度化环境，形成改革开放新高地。

第二，坚持按照国际标准建设高水平试验区。借鉴《京都公约》、世界贸易组织自由贸易原则和相关规则、多双边自由贸易区政策设计与安排，以贸易自由、投资便利、金融开放为方向，实施国际自由贸易园区通行的制度、政策与措施，提升试验区的国际竞争力，助推中国经济和世界经济的深度融合。

第三，坚持先行先试打造改革创新试验田。按照明确重点、分步推进、逐步完善、风险可控的路径，在转变政府职能、创新管理模式、扩大投资领域开放、促进产业转型升级、深化金融领域改革等方面，探索新思路和新途径，形成可复制、可推广的经验与模式。

第四,坚持发挥区域开放引领带动作用。立足环渤海地区、面向世界,打造世界北方对外开放新平台,加强区域经济合作,推进京津冀地区加快优化产业布局,科学调整城市功能,推动内陆腹地在贸易、投资、技术创新等方面协调发展,深入参与国际分工,加快经济转型升级。

(3) 总体目标

中国天津自由贸易试验区经过三至五年的改革探索,将试验区建设成为贸易自由、投资便利、高端产业集聚、金融服务完善、法制环境规范、监管高效便利、辐射带动效应明显的国际一流自由贸易园区,在我国经济转型发展中发挥示范引领作用。

(4) 主要特征

自贸试验区具有以下特征:第一,体制机制创新。切实转变政府职能,深化行政体制改革;试点负面清单管理模式,推进投资体制改革;借鉴国际自由贸易园区和国内特殊经济区域建设经验,提出有利于促进贸易转型升级,提升人员资金等要素流动便利化程度的制度创新措施;推进金融领域开放创新;结合天津特色着力发展租赁业、国际航运业等;复制、推广部分中国上海自由贸易试验区内有利于实现中国天津自由贸易试验区建设目标的举措。第二,投资领域开放。结合天津产业基础和发展导向,扩大金融业等服务业领域开放,同时放宽先进制造业准入限制。第三,强化区域辐射带动功能。通过密切区域经济合作、大物流体系建设、构筑科技创新和人才聚集高地,带动环渤海协同发展和实现京津冀地区优化产业布局,科学调整城市功能,带动内陆腹地深入参与国际分工,加快经济转型升级。第四,加强监管防控风险。就试验区全区域和区内海关特殊监管区域,分别设计监管措施,创新监管模式。结合金融领域改革创新内容,专项设计建立健全金融风险防控体系的有关内容。

3. 天津申报自贸区的金融准备

根据天津市政府及市金融服务办关于做好支持天津自由贸易试验区相关政策文件起草工作的要求,中国人民银行天津分行、国家外汇管理局天津分局高度重视,召开专题会议研究部署,结合工作职责,参照支持上海自由贸易试验区建设的相关政策,形成如下5份政策文件讨论稿:

（1）中国人民银行天津分行关于印发《天津自由贸易试验区放开小额外币存款利率上限的实施细则》的通知（讨论稿）。

（2）中国人民银行天津分行关于印发《天津市支付机构开展跨境人民币支付业务的实施意见》的通知（讨论稿）。

（3）中国人民银行天津分行关于支持天津自由贸易试验区扩大人民币跨境使用的通知（讨论稿）。

（4）中国人民银行天津分行关于切实做好天津自由贸易试验区反洗钱和反恐怖融资工作的通知（讨论稿）。

（5）国家外汇管理局天津市分局关于印发《国家外汇管理局天津市分局支持天津投资和服务贸易便利化试验区建设外汇管理实施细则》的通知（讨论稿）。

在上述5份文件中的部分文字内容，我们将待国务院、中国人民银行总行和国家外汇管理局相关文件出台后作替换调整，同时，文件中一些政策内容一并根据国务院、中国人民银行总行和国家外汇管理局文件精神，进行相应调整修改。

（二）金融开放推进状况

1. 自贸区的金融逻辑

自贸区的金融形态，实质上是境内的离岸金融市场（连平，2013）。自贸区处于境内关外的有利位置，使其在管理上与国际市场高度接轨。对银行而言，将来既有离岸金融业务的概念，又有离岸金融区域的概念。未来中国（上海）自贸区的金融开放创新将有望在以下方面实现突破，这为日后中国（天津）自贸区的金融开放创新提供了有益的经验借鉴。

第一，资本金融项目可兑换。自贸区作为开展与国际高度接轨的投资贸易业务的试验区，将为资本金融项目下国际资金流动提供兑换便利。进入自贸区的美元、欧元可以兑换为人民币或其他货币。满足资本金融项目可兑换，符合国际自由贸易区的通行做法，否则会降低对于企业的吸引力。

第二，汇率改革。自贸区要与国际金融市场接轨，汇率的自由化程度就会大大提升。例如人民币对美元的汇率会受到中国香港市场和中国内地外汇交易中心这两个市场的影响，并且这两个市场上的汇率水平是存在差价的。汇率受哪个市场的影响多一些，则要由外汇市场供求状况决定。

第三，外汇管理和外债管理制度将与国际接轨。目前境内的外汇管理条例将不能完全适用于自贸区的外汇管理，外债管理也是如此。例如，在自贸区内商业银行的资金管理上，区内银行可以在自贸区内吸收存款，或到国际金融市场上筹集资金，但是不允许区内银行从境内区外吸收存款。

第四，存款利率的市场化。在自贸区内，利率市场化改革将跨过最后一道门槛。由于自贸区内与香港金融市场之间没有严格的管制，区内人民币存款利率由供求关系和金融机构自由定价。自贸区的利率市场化以后，区内人民币利率会形成一个价格，该价格既不同于非常低廉的香港利率价格，也不同于境内市场利率价格，其价格可能介于两者之间。

第五，金融管理将按照国际通行规则进行。例如，自贸区内的金融管理不一定实施存款准备金制度。区内银行也不需要区外境内的总行或上一级金融机构提供流动性，其流动性依靠区内机构解决。对于缺少流动性的银行，可以从国际金融市场拆入资金，而不能从境内金融市场拆入。由于在国际金融市场拆入的资金具有成本优势，这样保证了区域贷款利率水平比较低，这代表了金融开放程度稳步提升条件下的趋势。尽管如此，不排除一些金融机构在区内设立分支机构时，一次性提供资本金或者营运资金，但此后就不再有资金往来；也不排除在运营困难、出现危机等特殊情形下，可以通过央行批准为区内机构提供流动性。

第六，推进人民币国际化。在自贸区内的人民币属于离岸货币，现在香港和伦敦市场上的人民币就是离岸货币，如果自贸区发展起来，人民币国际化就有了更坚实的基础。例如，贸易支付结算功能会发展起来，自贸区内的许多中资企业，为了规避汇率风险，更多的人愿意用人民币；同时，人民币作为投资货币也会得到发展，目前我国鼓励企业使用人民币对外投资，那么将来在自贸区设立的企业，只要备案，就可以进行对外投资，区内大量的中资企业，将有动力使用人民币开展境外投资；此外，人民币作为一种交易货币也会有所发展，因为区域金融是自由化的，会有大量金融衍生产品出现，人民币作为一种交易货币的业务机会也会快速发展。

2. 涉外金融运行状况

2013年，滨海新区涉外经济平稳运行，跨境收支大幅增长，支出增速大于收入增速，逆差进一步扩大。结汇金额及结汇率双增，售汇金额及售汇率双减，结售汇逆差大幅下降，流入压力明显。进出口金额稳步增长，进口增速大于出口。年内各阶段流入压力大幅波动，子项目资金以流入为主，但已出现分化。

（1）涉外金融运行总体情况

第一，跨境收入平稳上升，涉外经济活跃、支出及逆差大幅增加。

2013年，新区跨境收支总额为1155.16亿美元，同比增长35.75%，涉外经济活跃，跨境收入418.38亿美元，同比增长19.17%；支出736.78亿元，同比大增47.39%，逆差31834亿美元，同比增长率达114.02%，若剔除中海石油（中国）有限公司（以下称"中海油"）2月份90亿美元超大额利润汇出，支出和逆差的增长率分别为29.39%和53.52%。

第二，结汇金额与结汇率双升，售汇金额和售汇率双降，结售汇逆差大幅收窄，购汇变化主导结售汇净额变化。

2013年，新区结售汇总规模为222.49亿美元，同比下降11.21%，结售汇规模呈现分化走势，其中结汇连续五年递增，同比增长12.89%，收回规模降幅更为明显，同比下降22.61%，逆差规模同比收窄54.5%。

2013年，新区结汇率62.01%，同比上升5.21个百分点，售汇率37.08%，剔除中海油大额对外支付未在辖区银行购汇的影响，售汇率变为49.67%，同比下降11.27个百分点。售汇率和售汇金额的变化显著大于结汇率和结汇金额变化，显示主导结售汇净额变化的因素是境内企业应对汇率变化及预期的购汇替代而非资金主动流入的结汇增加。

第三，进出口金额稳健增长，出口同比基本持平，进口增幅较大。

2013年，新区进出口总额903.17亿美元，同比增长10.7%，其中出口311.45亿美元，同比下降0.91%；进口591.72亿美元，同比增长17.42%；进出口逆差280.27亿美元，同比扩大43.65%。

（2）涉外金融运行主要特点

第一，时序特点：2013年全年流入压力波动明显。

2013年，新区跨境资金总体呈流入态势，全年不同阶段流入压力存在较大差异，波动明显。1~4月，在全球经济缓慢复苏和美联储及日本央行大力实施QE的背景下，新区跨境资本流入压力较大；5月，总局出台了《国家外汇管理局关于加强外汇资金流入管理有关问题的通知》（汇发［2013］20号），严控热钱流入，叠加市场对美联储提前减码甚至退出QE的强烈预期，资金流入压力大幅下降，这一态势持续到8月；9~12月，受中国经济增速稳定超预期、三中全会改革利好提振以及美联储QE减码晚于市场预期等因素影响，资金流入压力重新上升。

1月至4月，流入压力较大。首先，1~4月，同比结汇率上升，售汇率下降，结售汇逆差大幅收窄。1~4月，新区银行代客结汇率为61.84%，同比提升12.77个百分点，售汇率为59.5%，同比下降3.4个百分点，结售汇逆差为13.65亿美元，同比大幅下降54.18%。其次，货物贸易总量差额及差额率较大。1~4月，新区企业货物贸易总量差额（不包含保税监管区域）高达11.45亿美元，总量差额率高达2.96%，显示除货物贸易项下的巨大流入压力。最后，转口贸易净流入激增。1~4月，新区企业转口贸易收入9.24亿美元，同比增长129.85%，转口贸易支出3.69亿美元，同比下降20.13%，转口贸易净流入额5.55亿美元，而上年同期为逆差0.6亿美元。

5月至8月，流入压力下降。首先，银行代客结售汇逆差逐月增加，月均逆差超1~4月。5~8月，新区银行代客结售汇逆差一改1~4月逐月收窄的态势，变为逐月增加，5~8月平均结售汇逆差为4.11亿美元，高于1~4月的3.3亿美元。其次，货物贸易总量差额转负。5~8月，新区企业货物贸易总量差额（不包含保税监管区域）较1~4月显著下降，为-0.23亿美元。

9月至12月，流入压力重新增大。月均银行代客结售汇逆差较5~8月显著下降，出现数年来首次月度顺差，售汇率降低明显。9~12月，月均银行代客结售汇逆差为2.47亿美元，较5~8月下降40%，其中10月份更是出现2.58亿美元的顺差，为2008年以来首次；售汇率为39.07%，较5~8月，大幅下降16.48个百分点。

第二，业务子项特点：多数子项目以流入为主，部分子项目流出明显，结构出现分化。

主要项目多呈流入状态。首先,货物贸易总量差额为正。2013年,新区企业货物贸易总量差额达130.66亿美元,剔除保税监管区域数据后,新区企业总量差额为8.15亿美元,总体呈现流入态势。其次,转口贸易顺差大幅增长,企业高度集中。2013年,新区转口贸易收入34.85亿美元,同比增长13.37%,转口贸易支出21.68亿美元,同比下降20.09%,转口贸易顺差达13.17亿美元,同比大增264.82%。微观主体方面,嘉里粮油(天津)有限公司和益海嘉里(天津)国际贸易有限公司两家企业的转口贸易收入达24.64亿美元,占新区企业转口贸易总收入的70.71%,两企业转口贸易顺差共计11.11亿美元,占新区企业转口贸易顺差的84.35%。最后,资本与金融项目总体呈现净流入加速态势,净结汇增加;投资资本金汇入、资本金及外债结汇大幅增加。2013年,新区资本与金融项目流入56.45亿美元,同比增长28.59%;流出34.41亿美元,同比增加9.77%;净流入22.02亿美元,同比大幅增加75.58%,呈现加速流入的态势。资本与金融项目结汇20.77亿美元,同比增长85.05%;售汇10.82亿美元,同比下降42.46%;资本与金融项目结售汇顺差9.95亿美元,而上年同期为逆差7.58亿美元。外商投资企业权益性流入增加74.76%,其中投资资本金汇入15.28亿美元,同比增长61.86%,外商投资企业增资3.14亿美元,同比增两倍以上。投资资本金及外债结汇量分别为11.61亿美元、7.87亿美元,同比分别增长40.87%、521.69%。

部分项目流出加大。首先,收入及经常转移项下,利润汇出大幅增长。收入及经常转移项下,利润汇出金额最为引人注目,2013年外商直接投资企业利润汇出大幅增加,共汇出141.37亿美元,其中包括中海油90亿美元利润巨额汇出,除去该笔业务,仍然汇出51.37亿美元,同比增长44.7%。其次,专有权利使用费和特许费支出大幅增加。服务贸易项下,受大型外企快速发展带动,专有权利使用费和特许费支出金额达16.2亿美元,同比增长53.0%。最后,外债项下,关联企业借贷流入减少,流出增加,总体呈现净流出。外债项下,关联企业借贷流入9.34亿美元,同比大减51.26%,流出15.98亿美元,同比增长30.05%,逆差6.64亿美元,而上年同期为顺差7.3亿美元。

(3)地区重要涉外产业运行概况

第一,融资租赁业持续快速发展,成熟度提升,创新模式层出不穷,外汇支持与时俱进。

2013年，新区融资租赁产业保持快速增长，新企业注册成立、借用外债资金规模等均居各行业首位，仅保税监管区域融资租赁企业跨境收支规模便达到86.7亿美元，同比大增1.3倍。

业务模式上，转关模式，资产包模式逐渐成熟；出口租赁、联合租赁离岸租赁、转租赁等新模式不断涌现。同时，外汇政策支持也与时俱进：2013年，塘沽中心支局支持企业开展了联合租赁，资产包无关单收付汇和境外外债及金融产品承接，子公司集中使用母公司外债额度等创新型资产和负债业务，促进了产业发展。

第二，通信、计算机及其他电子设备制造业：进出口总体呈现扩张态势，加工贸易收支结构调整。

辖区行业龙头"三星系"企业在三星手机持续热销全球的带动下，获得良好发展，对外贸易持续增加，其中作为主要贸易方式的加工贸易收支同比增长达25%。也由于中国市场对于三星手机的需求显著快于外部市场，企业加工贸易收支结构相应调整，加工贸易支出增长快于收入增长。

新注册大企业下游需求稳定，产能逐渐释放，跨境贸易有望持续增加。落户天津时间不长的鸿富锦精密电子（天津）有限公司、伟创力电子制造（天津）有限公司等大型电子信息加工制造企业尚处于初始投资和产能形成阶段，产量较低，但其母公司实力强大，下游需求稳定，据了解，随着前期投资逐步完成，其产能将持续释放。

第三，汽车行业：整车进口显著下降，汽车零件进出口稳中有升，进口强于出口。

受经济、政策、市场及偶发重大事件影响，整车及与整车生产相关进口明显降低，新区三家主要经营汽车进口、国内生产销售的公司——大众、一汽丰田、中冀斯巴鲁，2013年进口量同比均回落，三家公司合计回落近20%。据了解，汽车进口量降低的原因一是宏观经济增速回落，消费需求受到抑制；二是受节能减排、限购及政府压缩"三公"经费等政策因素影响，高档进口车需求明显得到控制；三是国产汽车发展迅猛，分散了部分客户需求；四是受"购岛"等偶发重大事件影响，日本车在国内的销售受到重击。

汽车零件的境内市场强于境外，相关企业多呈现进口增长、出口回落的态势。据生产销售汽车零部件的天津摩比斯汽车零部件有限公司和大陆汽车系统（天津）有限公司反映，2013年以来，国内市场复苏强于境外，国内销售好于出口，两家公司均加大了境外原材料的进口量，提升了产量和境内销量，同时出口降低。

（4）形势预测

第一，短期内仍将维持较为明显的流入压力。

一是在经济稳健快速增长的大背景下，货币需求持续旺盛，货币环境易紧难松，高利率环境不会轻易改变；二是美国QE推出难以一蹴而就，短期人民币汇率持续坚挺；三是欧美日等发达经济体呈现不同程度复苏，且复苏具有一定可持续性，对货物出口构成支撑；四是地方招商引资力度不减，各行政部门纷纷简政放权优化了投资环境，为外资流入创造了良好条件。以上因素共同作用，将导致短期内新区仍将维持较为明显的跨境资金流入压力。

第二，存在跨境资金流向及力度大幅波动风险。

一是美国QE退出正式启动，退出的进程存在一定的不确定性，将成为国际金融市场的一个不稳定因素，进而增加跨境资金流的波动性，这一过程中的汇率波动，将影响企业的财务运作，从而进一步强化波动。而国内宏观经济政策的重中之重在"保增长"和"调结构"之间转换，也将增加国内经济增长和货币环境的波动性，从而影响跨境资金流入。

（5）值得关注的问题

第一，外债项下结构分化值得关注。

2013年，以主体而言，外债项下出现结构分化，其中企业与境外金融机构借贷项下流入15.95亿美元，同比增长52.69%，支出5.39亿美元，同比降低22.64%，关联企业借贷项下，流入9.34亿美元，同比大减51.26%，流出15.98亿美元，同比增长30.05%，这种变化显示关联借贷受到控制，而外债更多地服务实体经济，展示了外汇局加强外债入口管理的阶段性政策效果，这种变化是否持续值得关注。

第二，持续关注贸易融资规范政策出台后的政策效果。

12月6日，外汇局发布《关于完善银行贸易融资业务外汇管理有关问题的通知》，旨在加强贸易融资外汇管理，打击虚假贸易融资。需持续关注银行外汇政策执行效果，结合现场检查，外汇检查，加大对银行、企业违规行为的处罚力度，对辖内银行形成政策履职评估反馈机制，保证银行从了解客户、审慎监管的原则出发，切实履行好代为监管职责。同时，要关注并研究政策执行后，对银行、企业经营环境的影响。

第三，关注中韩贸易额显著下降。

韩国由上年的对新区贸易收支第一名降到2013年的第三名，收支总额较2012年相比，同比下降26.26%，金额减少44.16亿美元，应高度关注这一现象，了解其直接原因，并探求其中深层次原因，并力争有针对性地采取措施。

3. 自贸区申报金融推进重点

依托自贸区申报契机，天津滨海新区将积极深化金融领域开放创新。深化金融体制改革，培育新型金融市场，坚持风险可控、稳步推进，率先实现人民币国际化、利率市场化等方面的创新措施，做大做强租赁业，服务实体经济发展。

（1）推进金融制度创新

以中国天津自贸区申报为契机，开展金融市场利率化和人民币资本项目可兑换试点。率先开展利率市场化试点。提高跨境资本融资便利化程度，改革外汇管理体制，创新外债管理模式，逐步放开外债指标管理。开展外商投资企业资本金结汇管理改革试点，支持跨国公司外汇资金集中运营管理。在人民币跨境使用方面先行先试，允许金融机构开展人民币跨境双向贷款业务；探索离岸人民币回流机制；允许企业开展离岸人民币贷款业务和债务融资，额度不纳入外债指标管理；允许区内企业的境外母公司可按规定在境内市场发行人民币债券。对区内注册的属于同一集团的关联企业，实行外债额度总额管理。企业境外融资不调入境内使用的，额度不纳入外债指标管理。支持符合一定条件的单位和个人按照规定双向投资境内外证券期货市场。

（2）增强金融服务功能

大力发展民营金融机构，培育跨境人民币结算、商业保理、消费金融、货币互换等新兴业态。推动金融服务业对符合条件的民营资本和外资金融机构全面开放。支持设立民营和外商独资金融机构，简化市场准入程序，对民营银行

和中小型金融机构实行差别化管理。培育资产金融行业组织，促进存量债权类资产有效有序交易流转。支持商业保理业务发展，允许商业保理公司参照外资融资租赁公司的外债管理办法在境外融资，探索适合保理业务发展的外汇和外债管理模式。开展人民币跨境再保险业务，培育发展再保险市场。试点设立有限牌照银行，探索设立海洋开发、航运发展专业化银行。探索开展国际金融资产交易。支持设立适应大宗商品中远期期货市场发展需要的金融机构，逐步允许境外企业参与商品期货交易。依法合规设立跨境贵金属交易平台。着力发展与现代大物流体系相适应的交易结算和物流金融。创新发展农村金融，坚持本土化、民营化、专业化方向，拓展村镇银行服务功能，完善农村金融服务体系。

(3) 提升租赁发展水平

在自贸区申报背景下，实施融资租赁业政策创新，发挥改革引领作用，形成与国际接轨的租赁业发展政策环境。在海关特殊监管区内，建设服务国内外的租赁资产交易平台，推进租赁资产权属登记、建立退出机制、租赁资产证券化、租赁资产流转等试点，完善与租赁业发展相适应的会计、税收政策。支持包括金融租赁公司在内的各类融资租赁公司设立专业子公司。内资租赁在国内可参照外资融资租赁公司借用外债。扩大租赁品种和经营范围，鼓励各类融资租赁公司的项目子公司经营大型设备和成套设备租赁业务，支持各类融资租赁公司设立项目子公司并开展境内外租赁业务，试点租赁单一项目公司汇总缴纳企业所得税，允许租赁企业开展主营业务范围内的保理业务和福费廷业务。对融资租赁企业进出口飞机、船舶、海洋工程结构等大型设备涉及跨境、跨关区的，按物流实际需要，实行海关异地委托监管。加快设立为租赁业提供代理、融资、保险、评估、法律、会计、报关等各类配套业务的综合服务平台。

(4) 构筑风险防控体系

建立跨行业、跨市场的金融风险监测评估机制，加强对重大风险的识别和系统性金融风险的防范，特别关注重点行业信用风险、存款资金流动性风险、利率市场化改革对银行经营的影响、新型城镇化建设融资进程、量化宽松退出和人民币汇率波动加大对跨境资金流动的影响。完善对持有各类牌照金融机构的分类监管机制。严格实行金融机构经营离岸业务分账管理、独立核算。探索建立跨境资金流动风险监管机制，对企业跨境收支进行全面监测评分，实施分类管理。

（三）金融开放远景展望

1. 加快金融制度创新

在风险可控前提下，在自贸区内对人民币资本项目可兑换、金融市场利率市场化、人民币跨境使用等方面创造条件进行先行先试，在自贸区内实现金融机构资产方价格实行市场化定价。探索面向国际的外汇管理改革试点，建立与自贸区相适应的外汇管理体制，全面实现贸易投资便利化。在风险可控的前提下，通过分账核算方式，创新业务和管理模式。鼓励天津银行业机构加强和国内外战略合作伙伴的联系，研究探索离岸业务和在岸业务，参照上海自贸区资金吸收、管理、使用等方面的国家政策和监管规定，预先研究离岸、在岸业务分账式管理，努力成为金融机构了解国际金融创新的窗口桥梁。鼓励企业充分利用境内外两种资源、两个市场，实现跨境融资自由化。深化外债管理方式改革，促进跨境融资便利化。根据经营需要，注册在自贸区内的中外资企业、非银行金融机构以及其他经济组织，可按规定从境外融入本外币资金，完善全口径外债的宏观审慎管理制度，采取有效措施切实防范外债风险。稳步推进利率市场化。根据相关基础条件的成熟程度，推进自贸区利率市场化体系建设：完善区内居民自由贸易账户和非居民自由贸易账户本外币资金利率的市场化定价监测机制；将区内符合条件的金融机构纳入优先发行大额可转让存单的机构范围，在区内实现大额可转让存单发行的先行先试；条件成熟时，放开区内一般账户小额外币存款利率上限。建立自贸区金融改革创新和北方国际航运中心、北方对外开放门户建设的联动机制。

2. 增强金融服务功能

加快金融租赁业发展。大力发展融资租赁，扩大租赁品种和业务范围，建设服务全国的租赁资产交易平台，努力创建国家租赁业创新示范区。规范发展创新型交易市场，推动市场服务多元化和业务创新，促进各类资源合理配置、有效流转。完善航空租赁政策环境，进一步在全国发展航空租赁产业；允许和支持各类融资租赁公司在自贸区内设立项目子公司并开展境内外租赁服务。项

目子公司纳入融资租赁出口退税试点范围，降低融资租赁门槛，放宽经营范围，鼓励跨境租赁，推进区内融资租赁国际化。发展金融租赁创新，发展要素市场，完善基金管理，做好金融风险防范，积极推进民营金融机构发展。积极引进租赁机构和人才，真正形成聚集效应。积极争取新机构来津发展。引导和鼓励工银、民生、兴业等全国性租赁公司在津设立核心业务部门或分部，加强租赁专业人才队伍建设。加快国家产业金融中心建设。加快于家堡国家级产业金融中心建设，积极创建国家产业金融综合改革示范区，搭建产业金融服务平台。争取科技企业境外投资外汇管理创新试点。积极参与"新三板"扩容发展，推动"四板"建设，健全要素市场。多渠道推动股权融资，提高直接融资比重。支持天津互联网金融创新中心建设。完善保险经济补偿机制。落实地方金融监管职责和风险处置责任。健全政府性债务"借用管还"机制，防范化解金融和债务风险。

3. 鼓励金融产品创新

鼓励天津银行业机构，建立以国际业务为发展定位的分支机构，开展离岸金融、国际贸易融资、外汇结算与结售汇等业务创新，结合未来自贸区相关客户群的潜在需求，为其量身定做专门的信贷政策、产品服务和业务流程。提供多样化风险对冲手段。自贸区内金融机构可按规定基于真实的币种匹配及期限匹配管理需要在区内或境外开展风险对冲管理。允许符合条件的区内企业按规定开展境外证券投资和境外衍生品投资业务。自贸区分账核算单元因向区内或境外机构提供本外币自由汇兑产生的敞口头寸，应在区内或境外市场上进行平盘对冲。自贸区分账核算单元基于自身风险管理需要，可按规定参与国际金融市场衍生工具交易。经批准，自贸区分账核算单元可在一定额度内进入境内银行间市场开展拆借或回购交易。鼓励保险产品创新。鼓励自贸区内保险机构开展人民币跨境再保险业务，支持研究探索巨灾保险机制。

4. 扩大金融服务业开放

在金融服务领域，允许符合条件的外资金融机构设立外资银行，符合条件的民营资本与外资金融机构共同设立中外合资银行，在条件具备时，适时在自贸区内试点设立有限牌照银行。支持符合条件的民营资本在区内设立自担风险的民营银行、金融租赁公司和消费金融公司等金融机构。鼓励符合条件的外资银行在自贸区内设立子行、分行、专营机构，允许区内外资银行支行升格为分行，研究推进适当缩短区内外资银行代表处升格为分行，以及外资银行分行从事人民币业务的年限要求。同时，在完善相关管理办法，加强有效监管的前提下，允许自贸区内符合条件的中资银行开办离岸业务。试点设立外资专业健康医疗保险机构，支持国际著名的专业性保险中介机构等服务机构以及从事再保险业务的社会组织和个人在区内依法开展相关业务，为保险业发展提供专业技术配套服务。融资租赁公司在自贸区内设立的单机、单船子公司不设最低注册资本限制。允许融资租赁公司兼营与主营业务有关的商业保理业务。

5. 加大外贸转型的金融支持

努力提供优质高效的金融、保险、支付等配套服务，支持多种贸易方式发展。研究完善跨境贸易电子商务外汇监管等服务，探索多部门联合推动跨境贸易电子商务通关服务综合试点，积极深化和推进货物贸易、服务贸易外汇管理改革措施。深化跨国公司总部外汇资金集中运营管理试点，促进跨国公司设立区域性或全球性资金管理中心。深化国际贸易结算中心试点，拓展专用账户的服务贸易跨境收付和融资功能。积极推动国际贸易、仓储物流、加工制造等基础业务转型升级，发展离岸贸易、国际贸易结算、国际大宗商品交易、融资租赁、期货保税交割、跨境电子商务等新型贸易业务。鼓励自贸区内企业统筹开展国际国内贸易，鼓励内外贸一体化发展。加强进出口融资服务。鼓励银行加强与保险、融资性担保机构合作，鼓励各地建立进出口贷款风险分散和补偿机制；鼓励已建立中小企业贷款风险补偿资金的地区，对银行业金融机构、融资性担保机构的中小企业进出口贷款损失和担保代偿给予一定补偿。积极支持进出口企业通过首发上市、再融资、发行债券和私募债、融资租赁、信托、商标专用权质押、动产抵押等渠道扩大融资规模。提高贸易融资服务水平。金融主管部门引导支持金融机构按照风险可控、商业可持续的原则，为外贸龙头企业、高新技术出口企业以及有订单、有效益的中小企业及项目提供贷款。引导外贸企业灵活运用债务融资工具开展直接融资。支持发展着重为外贸企业提供增信服务的融资性担保机构。推动金融机构积极开办远期结售汇、人民币外汇掉期和人民币外汇期权等业务，帮助企业有效规避汇率波动风险。支持境内外租赁业务。取消金融类租赁公司境外租赁等境外债权业务的逐笔审批，实行登

记管理。经批准，允许金融租赁公司及中资融资租赁公司境内融资租赁收取外币租金，简化飞机、船舶等大型融资租赁项目预付货款手续。扩大信用保险支持。扩大出口信用保险覆盖面，加大进出口小微企业支持力度，对部分小微企业出口信用保险保费补贴实行直拨。进一步加大对企业出口新兴市场的限额支持，不断创新保险产品，加快案件处理速度。

6. 加快金融"走出去"步伐

支持自贸区内银行业金融机构推进跨境投资金融服务，包括但不限于跨境并购贷款和项目贷款、内保外贷、跨境资产管理和财富管理业务、房地产信托投资基金等。支持自贸区内银行业金融机构发展跨境融资业务，包括但不限于大宗商品贸易融资、全供应链贸易融资、离岸船舶融资、现代服务业金融支持、外保内贷、商业票据等。支持自贸区内保险机构开展境外投资试点，积极研究在自贸区试点扩大保险机构境外投资范围和比例。便利个人跨境投资，允许自贸区内就业并符合条件的个人按规定开展包括证券投资在内的各类境外投资。鼓励在自贸区设立专业从事境外股权投资的项目公司，支持有条件的投资者设立境外投资股权投资母基金。促进企业跨境直接投资便利化。自贸区内企业开展跨境直接投资，可按天津市有关规定与前置核准脱钩，直接向银行办理所涉及的跨境收付、兑换业务。

四 滨海新区金融稳定

（一）金融体系稳健运行

2013年，天津滨海新区（以下简称新区）产业结构持续优化升级，经济平稳较快增长，综合经济实力进一步增强。新区金融机构认真贯彻落实稳健的货币政策，金融支持实体经济工作稳步推进，金融业保持良好发展态势，为新区经济又好又快发展提供有力支持。

1. 宏观经济平稳运行

（1）经济增长

2013年，新区经济金融运行总体平稳。全年实现地区生产总值8020.40

亿元，同比增长17.5%，三次产业增加值占比分别为0.12%、67.37%和32.51%。其中，第一产业增加值10.07亿元，同比下降0.6%；第二产业增加值5403.03亿元，同比增长17.8%；第三产业增加值2607.30亿元，同比增长16.7%；规模以上工业总产值16136.49亿元，同比增长13.2%；固定资产投资5036.68亿元，同比增长13.1%；社会消费品零售总额1192.06亿元，同比增长15.0%。

（2）涉外经济

2013年，新区克服外部不利因素影响，对外经济继续保持较快增长，实现外贸进出口总额903.17亿美元，同比增长10.7%。其中，进口总额591.72亿美元，同比增长17.3%；出口总额311.45亿美元，同比增长0.1%，直接利用外资合同金额166.21亿美元，同比增长16.6%；实际利用外资110.00亿美元，同比增长12.0%。

2. 金融生态环境建设与稳健性评估

（1）支付体系建设稳步推进，系统安全性不断增强

2013年，银行结算账户管理持续加强，组织13家银行机构开展了人民币银行结算账户管理系统等相关系统的应急演练，提高了处置突发事件的应急工作水平，依法开展违规支票行为行政处罚，严控支票账户违规透支风险。全年共核准办理各类人民币银行结算账户业务14689笔，下发违法签发支票行政处罚告知书580笔，结案285笔，处罚96笔，收缴罚金52.55万元，有效净化了新区支付环境，有力维护了新区金融安全与稳定。

（2）征信体系建设不断完善，金融环境显著优化

2013年，新区信用体系建设继续加强，征信系统应用规范化增强，法人主体信用意识显著增强，全年征信业务量达到4万多笔，同比增长57.8%，企业贷款卡业务量8351笔，增长12.9%个人征信业务量31830笔（含个人异议处理），增长82.4%，在强化风险管理、全面分析判断借款人信用状况、提高融资效率等方面发挥了重要作用。此外，开展《征信业管理条例》系列活动，进一步提高了社会公众信用意识，营造了良好的金融环境。

（3）反洗钱工作持续深入，金融秩序保持稳定

2013年，新区反洗钱工作持续深入，为维护金融秩序发挥了积极作用，

进一步加大反洗钱调查及监管力度，组织反洗钱培训，对新区17家金融机构2012年反洗钱工作进行测评，为更好履行执法检查和非现场监管奠定良好基础，对维护金融秩序起到了积极作用。

（4）反假币工作成效显著，金融流通环境改善

2013年，新区加强市场流通人民币券别结构的调剂，推动小面额残损币回笼工作，保证了现金流动性需求，打击假币犯罪与反假币督查宣传工作机制进一步强化，建立了内部会议制度、信息交流平台、资源共享措施等工作机制，形成共同打击假币违法犯罪活动的合力，假币收缴力度显著增强，群众反假币意识明显提高，维护了新区人民币正常流通秩序。

（5）稳定管理机制逐步完善，金融和谐生态显现

2013年，新区进一步强化金融稳定职能，有效发挥窗口指导作用，共向商业银行下发3期《信贷政策与金融稳定风险提示》，组织召开新区金融稳定工作联席会，督促商业银行完善内控制度，把维护金融稳定关口前移，实行突发事件报告应急预案管理，初步形成了"以基层央行窗口指导为手段，以稳定工作联席会为载体，以日常监督分析为抓手，以突发事件报告为重要内容"的金融稳定工作机制。

（二）金融稳定关注问题

2013年，在外部经济环境复杂多变的背景下，新区经济持续保持稳定较快发展，金融体系保持稳定，金融市场秩序规范有序，金融改革取得积极进展，金融体系资源配置、风险分数等关键功能正常发挥，但仍有以下影响金融稳定的因素值得关注。

1. 关注重点行业信用风险

2013年新区加强对房地产差别化信贷政策的实施，积极调整贷款结构，严控"两高一剩"行业贷款，但从中长期看，重点领域和行业的信贷风险管理压力仍然较大。一是新区银行业贷款总量增长较快，本年度同比增速达15.52%，增幅较上年同期上升5.40个百分点。在经济周期波动等因素影响下，贷款质量可能下滑。二是受经济下行周期和国家产业政策调整等因素的影响，光伏、钢铁、水泥等行业普遍存在资金流动性问题，据调查，新区商业银

行普遍调整了贷款投放比重，并开展了关注类贷款风险化解和保全工作，但部分银行对高风险行业贷款占比的调整仍需时日，钢贸等重点行业及相关市场的下行态势对金融机构信贷资产质量的影响值得关注。

2. 关注存款资金流动性风险

银行业金融机构存款增速放缓、波动幅度较大现象依然明显。2013年，新区金融机构本外币各项存款月均增速为0.81%，较2012年下降0.38个百分点。银行业金融机构注重月末季末市场排名，存款季末冲高、季初回落的情况仍较为普遍。此外，近年来理财和信托等融资性表外业务发展迅猛，银行表内存款业务向表外分流趋势明显。部分业务依靠短期资金滚动对接长期投资。存在期限错配问题，流动性风险逐渐显现。

3. 关注利率市场化改革对银行经营的影响

利率市场化改革步伐加快，给银行业经营管理带来了新的挑战。根据对新区商业银行的抽样调查，近六成的商业银行表示取消金融机构贷款利率0.7倍下限将在一定程度上缩小利差空间，在市场竞争加剧、利率波动加大的影响下，利率风险和流动性风险增加，对其业务经营及风险管理能力提出了更高的要求，尤其是中小银行定价能力不高，面临的考验更加严峻。应加强对利率定价机制和盈利水平的监测，引导商业银行适应利率市场化改革要求，优化存贷款品种、结构和质量，加强利差管理和中间业务管理，审慎开展综合化经营。

4. 关注新型城镇化建设融资进程

2013年，新区新型城镇化建设步伐加快，系统提升58个专项规划，实施重点建设工程259项，竣工88项，累计完成投资4050亿元。新区金融机构以合理信贷投放支持地方经济发展，为保证重点行业和重大项目资金需求发挥了重要作用。随着新区开发建设的深入推进，新型城镇化建设过程普遍存在融资难、融资成本高等问题。银行信贷作为新型城镇化建设的主要资金来源，应在做好常规风险防控的基础上，支持符合条件的新区城镇化在建续建项目的合理融资需求。

5. 关注QE退出对跨境资金流动的影响

2013年，受国内外宏观经济和政策环境变化的影响，新区结售汇逆差规模大幅收窄，跨境资金流入压力加剧。结汇率上升、售汇率下降，结售汇逆差

同比下降54.54%；外汇贷款余额71.97亿美元，同比增长69.8%，替代购汇强化了流入压力，随着QE渐进式退出预期的明朗，需持续关注跨境资金流动的趋势变化，特别是QE退出后对跨境人民币结算、结售汇规模的影响，加强跨境资金流动监测，防范跨境收支风险。

（三）维护金融稳定建议

1. 加强窗口指导，引导金融机构把握信贷投放节奏

继续落实稳健货币政策，将提高信贷政策的针对性、灵活性和有效性作为执行货币政策的切入点，保持金融对实体经济的支持力度，把握好国家产业政策及地方产业结构调整方向，引导新区金融机构准确把握信贷投放总量、节奏和结构，保持贷款总量适度增长，权衡好宏观调控与支持区域经济发展的关系，引导信贷资金服务区域实体经济发展。

2. 强化风险管理，把好区域资金流动性风险关口

引导商业银行统筹兼顾流动性与盈利性的经营目标，引导商业银行按宏观审慎要求合理安排资产负债总量和期限结构，合理把握一般贷款、票据融资等的配置结构和投放进度，谨慎控制信贷等资产扩张偏快可能导致的流动性风险，加强同业业务期限错配风险防范。同时，重点关注新增地方法人金融机构流动性监测指标的变动趋势及特点，及时发现并防控风险点。

3. 丰富完善监测手段，强化区域金融风险预警能力

一是完善应急处置预案，研究建立新区商业银行自营贷款期限超过十年、异地贷款、异地房地产开发项目贷款等报备制度，完善新区商业银行金融稳定重大事项报告制度和相关应急预案，为防范和化解重点领域和行业的借贷风险做好应对准备。二是继续开展风险提示工作，针对重点性、苗头性问题对商业银行及时下发风险提示。督促商业银行建立完善内控制度，积极防范重点企业与行业的信贷风险，提高资产质量。三是进一步完善信贷数据监测体系，细化主体结构和指标设置，增强信贷数据监测的实用性和针对性，加强信贷数据监测分析等日常性工作。

4. 完善协调机制，维护区域金融平稳有序运行

随着新区各类金融业态的繁荣发展，金融综合化经营趋势继续深化，地方性金融机构不断增加,跨市场、跨系统、跨行业经营模式更加普遍,区域性、系统性金融风险的监测难度逐渐增大,为此,应进一步完善金融稳定协调机制,加强对流动性的日常监测,探索地方法人金融机构宏观审慎评估体系和流动性预警方案。同时,关注地方政府融资平台和房地产等重点领域潜在风险,维护区域金融平稳有序进行。

上篇　滨海金融业的发展

Development of Finance in Tianjin Binhai New Area

B.2
分报告1
2013年的滨海新区金融机构

摘　要：
　　滨海新区依托京津冀协同发展、综合改革创新区建设和自由贸易试验区申报的政策优势和服务优势，加快建设具有行业领先水平和国际竞争力的多元化金融机构体系，传统金融机构、特色金融机构和新型金融机构等快速发展，取得了显著成效，金融机构在服务滨海新区开发开放中发挥了积极作用。2013年，滨海新区各金融机构认真贯彻落实稳健的货币政策和一系列宏观预调微调政策，积极应对国内外宏观经济环境变化和利率市场化改革，保持了货币信贷合理适度增长，有力支持了新区的率先示范发展。2013年，滨海新区金融业对全区经济贡献度进一步提高。

关键词：
　　金融机构　保理　租赁

近一段时期，滨海新区依托京津冀协同发展、综合改革创新区建设和自由贸易试验区申报的政策优势和服务优势，加快建设具有行业领先水平和国际竞争力的多元化金融机构体系，取得了显著成效，金融机构在服务滨海新区开发开放中发挥了积极作用。2013年，滨海新区各金融机构认真贯彻落实稳健的货币政策和一系列宏观预调微调政策，积极应对国内外宏观经济环境变化和利率市场化改革，保持了货币信贷合理适度增长，有力地支持了新区的率先示范发展。2013年滨海新区金融业增加值达到326.14亿元，同比增长24.4%，比GDP增速高约7个百分点，占新区GDP的4.1%，比2012年提升0.7个百分点，滨海新区金融业对全区经济贡献度进一步提高。

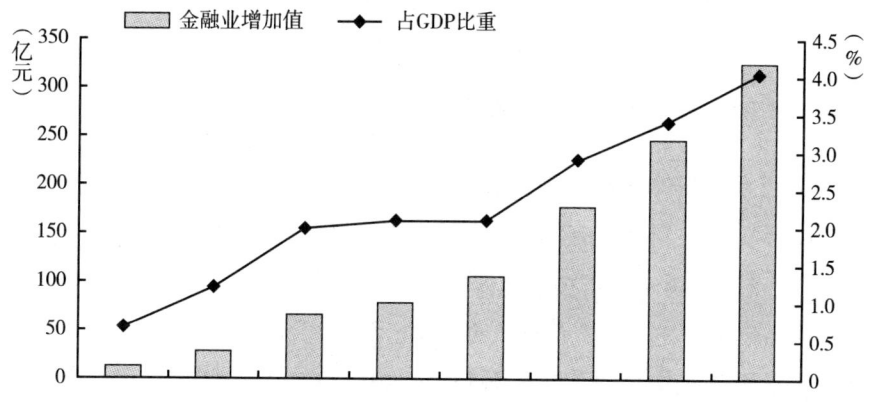

图1　2006~2013年滨海新区金融业增加值及占GDP比重增长情况

资料来源：历年《滨海新区统计年鉴》。

2013年，新区拥有滨海农村商业银行1家地方法人银行，4家一级分行（渤海银行天津滨海新区分行、天津银行滨海分行、天津农商银行滨海分行、瑞穗实业银行天津分行），17家二级分行在内的530余家银行网点。注册融资租赁法人机构167家，租赁合同余额4600亿元，约占全国的四分之一。注册股权投资企业及其管理机构1190家，注册（认缴）资本超过3000亿元，在全国率先形成比较完善的股权投资基金政策制度和监管服务体系。

2013年，滨海新区各项存贷款增长均有所提速，存款稳步增长，贷款持续增长。截至 2013 年 12 月末①，滨海新区金融机构本外币各项存款余额 4699.01 亿元，增长 10.48%，全年平均增速②较上年同期上升 10.46 个百分点，余额较年初增加 434.28 亿元，同比少增 126.08 亿元；滨海新区金融机构本外币各项贷款余额 6425.27 亿元，增长 15.52%，增速较上年同期上升 5.40 个百分点，余额较年初增加 846.63 亿元，同比多增 733.19 亿元。同期，滨海新区金融机构（含非在地金融机构③）本外币各项存贷款余额分别为 5192.43 亿元和 7978.03 亿元，分别增长 11.19% 和 15.48%，占天津市比重分别为 22.27% 和 38.25%。

一 2013 年滨海新区传统金融机构发展

（一）滨海新区银行业机构发展

1. 银行业组织体系更加健全

2013 年，滨海新区拥有 8 家银行业法人金融机构、4 家一级分行、17 家二级分行，3 家村镇银行正在积极筹建中，总部服务功能部门日益完善，目前已有农行客户服务中心、渣打科技营运中心、滨海农商行现金整理中心等多家总部级金融服务机构落户天津滨海新区。2013 年滨海新区拥有 530 余家银行金融机构网点，其中，中国工商银行、中国农业银行、中国银行、中国建设银行、中国邮政储蓄银行、中信银行、光大银行、华夏银行、广东发展银行、平安银行、招商银行、上海浦东发展银行、兴业银行、民生银行、浙商银行、渤海银行、北京银行、天津银行、盛京银行、大连银行、哈尔滨银行、上海银行、齐鲁银行、威海银行、天津滨海农村商业银行、天津农村商业银行等近 30 家中资商业银行；汇丰银行、东亚银行、恒生银行、渣打银行、花旗银行、

---

① 自 2013 年初起，金融租赁公司纳入新区金融统计范围。文中所涉及的相关数据均为纳入金融租赁公司后的可比口径数据。
② 文中平均增速为几何平均增速，算法采用对 2013 年 1～12 月同比增速之积进行开 12 次方的处理方法。
③ 非在地金融机构是指坐落在天津市以内、滨海新区以外对滨海新区注册企业提供金融服务的金融机构。

三井住友银行、瑞穗实业银行、三菱东京日联银行、外换银行、新韩银行、华一银行、中德住房储蓄银行等十多家外资商业银行，以及农业发展银行1家政策性银行在滨海新区设立分支机构。

2. 银行业机构信贷服务优化

2013年，滨海新区各项存贷款增长均有所提速，存款稳步增长，贷款持续增长。截至2013年12月末①，滨海新区金融机构本外币各项存款余额4699.01亿元（另：非在地本外币各项存款余额493.42亿元），同比增长10.48%，余额较年初增加434.28亿元，同比少增126.08亿元；滨海新区金融机构本外币各项贷款余额6425.27亿元（另：非在地本外币各项贷款余额1552.76亿元），同比增长15.52%，余额较年初增加846.63亿元，同比多增733.19亿元。同期，新区金融机构（含非在地金融机构②）本外币各项存贷款余额分别为5192.43亿元和7978.03亿元，分别增长11.19%和15.48%，占天津市比重分别为22.27%和38.25%。同时，滨海新区银行业金融机构信贷投放结构渐趋均衡，第二、三产业贷款余额占比分别为34.3%和65.0%，较上年同期21.4%、78.0%的占比有明显改善，信贷投放更符合国家宏观调控政策的要求，新区主导产业制造业贷款比重提升3.61个百分点，体现现代服务业功能的交通运输、仓储业贷款比重提升6.45个百分点，限制类房地产业贷款比重下降1.85个百分点。2013年，新区银行实现利润总额125.58亿元，同比下降3.17%，占天津市银行利润比重为23.33%。

3. 银行业组织和业务创新活跃

第一，组织架构改革。2009年以来，先后有中信银行、招商银行、光大银行、华夏银行等多家银行积极整合滨海新区网点机构，升格成立二级分行统辖滨海新区业务，并赋予其更大的业务权限和金融创新权限。第二，结合滨海新区融资租赁、保理公司、要素市场等优势金融资源，大力发展专门从事资金结算、资金交易、支付清算、租赁融资、航运金融、商业保理、资产管理、基

---

① 自2013年初起，金融租赁公司纳入新区金融统计范围。文中所涉及的相关数据均为纳入金融租赁公司后的可比口径数据。

② 非在地金融机构是指坐落在天津市以内、滨海新区以外对滨海新区注册企业提供金融服务的金融机构。

金投资、投资银行、票据专营、电子商务和互联网金融等非法人业务部,并与其他金融业态开展合作,推出创新业务扶持战略性新兴产业、中小微企业发展。第三,结合新区外向型经济特点,大力开展离岸业务、人民币跨境投资结算等跨境金融服务。截至2013年底,滨海新区共有628家企业办理跨境人民币业务,境外结算地域涉及52个国家和地区,累计结算金额突破1000亿元。同时,中新天津生态城和东疆保税港区资本金意愿结汇改革试点运行平稳。截至2013年末,滨海新区意愿结汇企业合计37家,意愿结汇金额合计7.54亿美元。完成首笔人民币对外汇期权备案业务,推进了新区金融避险工具创新,为支持自贸区和综合改革创新区建设打下良好基础。

(二)滨海新区证券业机构发展

作为唯一一家注册在天津滨海新区的综合类证券公司,渤海证券设有上海分公司和北京办事处。截至2013年12月31日,公司在全国重要省市和地区共有48个证券营业部。2013年,面对不利的市场环境,渤海证券通过加快业务转型和产品创新,实现了进一步发展壮大。截至2013年末,渤海证券资产总额140.80亿元,比年初增加24.64亿元,增长率达21%。全年实现营业收入11.51亿元,同比增长26.9%。其中,代理买卖证券手续费净收入4.51亿元,同比增长30.7%;证券承销收入1.29亿元,同比增长94.5%。2013年,渤海证券盈利能力大幅提高,全年实现盈利3.04亿元,同比增长65.2%。

截至2013年6月末,滨海新区拥有天津凤凰财富基金销售有限公司一家证券法人机构,券商营业部17家。截至2012年12月末,新区的16家券商营业部的空间分布如下:大港3家、汉沽1家、塘沽5家、开发区7家。

截至2013年末,滨海新区在上海证券交易所和深圳证券交易所的上市企业达到28家。2012年,滨海新区A股交易总额约为1084亿元。作为"新三板"首批扩容试点区域之一,截至2013年末,滨海新区拥有21家企业在"新三板"挂牌,共计发行各类债券375亿元。其中2013年新增14家,增幅达2倍。

期货公司1家(象屿期货有限责任公司),期货营业部3家(鲁证期货天津营业部、北京首创期货天津营业部、一德期货公司滨海新区营业部)。

分报告1　2013年的滨海新区金融机构

表1　滨海新区证券业机构占天津市的比重

类别	指标名称	单位	滨海新区	天津市	占比(%)
上市公司指标	上市公司数	家	28	38	73.7
	新三板挂牌公司数	家	21	22	95.5
证券公司、证券营业部指标	证券公司数	家	1	1	100.0
	辖区证券营业部数	家	17	107	15.9
期货公司、期货营业部指标	期货公司数	家	1	6	16.7
	辖区期货营业部数	家	3	25	12.0

资料来源：天津证监局。

（三）滨海新区保险业机构发展

截至2013年6月末，滨海新区共有各类保险分支机构107家，其中，财产保险分支机构60家，人身保险分支机构32家，保险中介机构7家，保险机构客服中心2家，社会保险管理中心6家。

2013年滨海新区保险分支机构快速发展。2013年5月，阳光人寿保险股份有限公司天津分公司设立滨海新区第一营销服务部；2013年7月，大童保险销售服务有限公司设立天津滨海新区营业部；2013年9月，阳光产险天津市分公司滨海新区支公司开办车险店面直销业务。

天津保险公估行业紧密贴合滨海新区各企业"走出去"发展战略，创新业务发展。一方面，加强为进出口企业港口货物运输提供海运监装监卸、货物出险后的查勘、检验、估价理算及残值处理服务；另一方面，积极为滨海新区各生产型企业和公共服务类场所提供风险管理咨询、风险评估及出险后估损等服务。2012年，累计开展上述业务1200余件，估损金额2000余万元，服务滨海新区重点企业200余家，促进了新区进出口贸易、海外投资额稳步增长。

二　2013年滨海新区特色金融机构发展

2013年，滨海新区新型金融业态加快聚集，共有小额贷款公司39家，融资性担保公司28家，财务公司2家，并相继设立了消费金融、汽车金融、资

产管理、货币兑换、登记结算、票据经纪、金融外包、第三方支付等新型金融机构。

（一）滨海新区租赁业机构发展

近年来，滨海新区凭借良好的政策优势、服务优势和产业发展环境，逐步积聚了大批优质融资租赁公司，业务规模不断扩大，经营效益持续提高，集聚发展优势凸显，成为我国金融改革创新实验基地和最大的融资租赁聚集区、示范区、先行区和领航区。

1. 融资租赁业务快速发展

截至 2013 年末，总部在新区的各类融资租赁公司已超过 180 家（包括金融租赁企业），约占全国的 24.8%；注册资金总计约 800 亿元人民币，约占全国的 35%；租赁合同余额 4600 亿元，约占全国的 24.2%；融资租赁业新企业注册、借用外债资金规模等均居各行业前列，融资租赁产业跨境收支规模达 86.7 亿美元，同比增长 1.3 倍。其中，在新区注册的内资租赁公司达到 10 家，企业总数约占全国 123 家的 8.13%，注册资金合计 130.82 亿元，占全国内资租赁公司的 23.74%。与此同时，在新区注册的外资租赁公司达到 191 家，全年新增 81 家，企业总数约占全国 880 家的 21.70%，注册资金折合人民币约 451.26 亿元（按 1∶6.3 的平均汇率折算），占全国外资租赁公司的 25.93%。第一，行业发展环境持续优化。天津滨海新区为国家金融改革试验区，拥有先行先试的政策优势。国家有关管理部门及天津市政府从政策吸引、市场培育等方面对于融资租赁业的发展给予大力扶持和引导，为天津融资租赁业的发展奠定了坚实的基础。第二，行业快速高质量发展。2013 年在以注册资金为序的中国租赁十强企业排行榜中，天津占到 5 家。东疆港保税区利用自身政策优势，率先在国内探索飞机船舶融资租赁业务，并将港区政策优势与单项目公司（SPV）运作相结合，探索出飞机船舶租赁的"东疆模式"。第三，融资租赁业务取得多项突破。天津先后创新推出保税租赁、境外资产包转让租赁、飞机发动机租赁、离岸租赁、出口租赁等多种模式，创造了多个国内租赁行业"第一单"。

2. 金融租赁规模逐渐扩大

截至2013年末,滨海新区注册的金融租赁公司共5家,分别为工银金融租赁有限公司、民生金融租赁股份有限公司、兴业金融租赁股份有限公司、中国金融租赁有限公司、邦银金融租赁有限公司。企业总数约占全国23家的21.7%,注册资本合计241亿元,合同余额2550亿元,分别约占天津融资租赁企业注册资金的28.6%和业务总量的44.3%,占全国金融租赁公司注册资金的31.3%和业务总量的29.7%。资产总额达3531亿元,实现净利润49亿元,在天津成为我国融资租赁业聚集地方面发挥了重要作用。一是形成专业化经营模式。金融租赁公司以服务地区特色产业为基本立足点,结合自身优势,逐步形成"专业化、差异化"的发展格局。分别定位于航空、航运和各类大型设备租赁;占据公务机业务领域的市场优势;开展住宿餐饮、医疗卫生、交通设施等创新型融资租赁业务;着力服务三农和中小微企业。二是创新步伐不断加快。金融租赁公司不断推动业务模式、融资模式、资产管理、风险管理等方面多项创新转型工作。实施了一系列租赁创新项目,完成国内金融租赁公司飞机融资租赁业务、飞机改装金融租赁、保税港区金融租赁创新等多项业务,引领了行业发展。三是资产质量总体良好。金融租赁公司不断健全资金管理体系,形成了比较完善的内控管理制度和风险防范体系,资产质量总体良好。

3. 租赁服务实体经济效果突出

金融租赁公司已经成为新区信贷增长的主要来源,融资租赁业务发展势头良好,形成了一定规模的集聚优势。截至2013年12月末,新区金融租赁公司已达5家,集中了全国近1/5的金融租赁公司;人民币融资租赁余额2008.1亿元,占全国融资租赁余额的近三成;人民币融资租赁余额较年初增长402.91亿元,占到新区人民币新增信贷的六成。超过四家大型国有银行和农村商业银行的新增信贷规模,后者分别占到新区人民币新增信贷的17.62%、11.74%。

(二)滨海新区基金业机构发展

2006年,我国第一只契约型产业投资基金——渤海产业投资基金在滨海新区成立,开创了我国资本市场直接投融资的新模式和新渠道。2009年12

月，船舶产业投资基金成立，作为中国十大产业投资基金之一，该基金批准的募集规模为200亿元人民币。自成立以来，以投资国家急需的大型、特种船舶为主，带动航运产业链。目前已经投资了60余条国内外船舶，船舶总载重吨级超过500万吨。此后，第一只航空产业基金也落户滨海新区。燕山飞机租赁基金使滨海新区融资租赁、股权基金这两大优势叠加。物联网产业基金、生物医药产业基金等各类专业产业基金为现代制造业和现代服务业提供了资金保障。

在产业基金引导下，天津私募股权投资基金得到快速发展。截至2013年12月末，新区注册的私募股权投资基金企业1190家，注册资本超过3000亿元。表2反映了注册于天津及滨海新区，并在中国证券投资基金业协会登记的（部分）私募基金管理人名录。

2014年7月4日，国家外汇管理局下发《关于在部分地区开展外商投资企业外汇资本金结汇管理方式改革试点有关问题的通知》，在天津滨海新区等16个区域开展外商投资企业资本金结汇管理方式改革试点。该试点政策突破外商投资企业资本金结汇不能进行股权投资的限制。

表2 注册于天津市及滨海新区的私募基金管理人（部分）名录

序号	私募基金管理人名称	序号	私募基金管理人名称
1	长城(天津)股权投资基金管理有限责任公司	12	鑫牛润瀛(天津)股权投资基金管理有限公司
2	弘毅投资管理(天津)(有限合伙)	13	滨海天地(天津)投资管理有限公司
3	华菱津杉(天津)产业投资管理有限公司	14	鼎晖宇泰地产投资管理(天津)有限公司
4	巨申源(天津)股权投资基金管理有限公司	15	东方万通(天津)投资管理有限公司
5	融源广达(天津)股权投资管理合伙企业(有限合伙)	16	东源(天津)投资管理有限公司
6	天津汉红股权投资基金管理有限公司	17	工银海航(天津)股权投资基金管理有限公司
7	天津鸿道投资管理有限责任公司	18	和才(天津)股权投资基金管理有限公司
8	天津龙沙时代股权投资管理有限公司	19	华金(天津)投资管理有限公司
9	天津市优势创业投资管理有限公司	20	加华裕丰(天津)股权投资管理合伙企业(有限合伙)
10	威盛(天津)股权投资基金管理有限公司	21	建银财富新城(天津)股权投资基金管理有限公司
11	维思捷宏(天津)股权投资基金管理合伙企业(有限合伙)	22	天津百富源股权投资基金管理有限公司

续表

序号	私募基金管理人名称	序号	私募基金管理人名称
23	天津滨海新区创业风险投资引导基金有限公司（合伙）	51	天津工银国际资本经营合伙企业（有限合伙）
24	天津金海胜创业投资管理有限公司	52	天津和君企业管理咨询有限公司
25	天津久德股权投资基金管理有限公司	53	天津津融投资服务集团有限公司
26	天津天士力创业投资有限公司	54	天津科源创业投资管理有限公司
27	天津仙童投资管理有限责任公司	55	天津民晟资产管理有限公司
28	天津燕山投资管理有限公司	56	天津盘古海达创业投资管理有限公司
29	天津易鑫安资产管理有限公司	57	天津普拓股权投资基金管理有限公司
30	天津远津绿洲股权投资基金管理有限公司	58	天津水晶石股权投资基金管理有限公司
31	新沃股权投资基金管理（天津）有限公司	59	天津文化产业股权投资基金管理有限公司
32	信保诚（天津）股权投资基金管理公司	60	天津祥同企业管理咨询合伙企业（有限合伙）
33	信融（天津）股权投资基金管理有限公司	61	稳盛（天津）投资管理有限公司
34	永昌源（天津）股权投资基金管理合伙企业（有限合伙）	62	中信资本（天津）投资管理合伙企业（有限合伙）
35	中传金控（天津）股权投资基金管理有限公司	63	中兴合创（天津）投资管理有限公司
36	卓优（天津）股权投资管理合伙企业（有限合伙）	64	钜石（天津）股权投资基金管理合伙企业（有限合伙）
37	博信（天津）股权投资管理合伙企业（有限合伙）	65	鼎晖股权投资管理（天津）有限公司
38	和达（天津）股权投资基金管理合伙企业（有限合伙）	66	富鼎和股权投资基金管理（天津）有限公司
39	虎童股权投资基金管理（天津）有限公司	67	凯鹏华盈（天津）股权投资管理合伙企业（有限合伙）
40	联银恒通（天津）股权投资基金管理有限公司	68	天津东方高圣股权投资管理有限公司
41	暖流（天津）资产管理有限公司	69	天津国通股权投资管理有限公司
42	瑞安（天津）股权投资基金管理有限公司	70	天津海昇股权投资基金管理有限公司
43	天津保障性住房投资基金管理有限责任公司	71	天津海泰戈壁创业投资管理有限公司
44	华彬加华（天津）股权投资基金管理合伙企业（有限合伙）	72	天津乔博投资咨询管理有限公司
45	凯龙瑞（天津）科技发展有限公司	73	天津市晟乾投资管理有限公司
46	茂庸股权投资基金管理（天津）有限公司	74	天津远策投资管理有限公司
47	明智合信（天津）股权投资基金管理有限公司	75	天津中银中盛股权投资管理有限公司
48	瑞阳（天津）股权投资基金管理有限公司	76	万基泰盛融股权投资基金（天津）合伙企业（有限合伙）
49	天津富海股权投资基金管理中心（有限合伙）	77	新远景佑成（天津）股权投资管理合伙企业（有限合伙）
50	天津歌斐资产管理有限公司	78	银宏（天津）股权投资基金管理有限公司

续表

序号	私募基金管理人名称	序号	私募基金管理人名称
79	永安信(天津)股权投资基金管理有限公司	108	昶源(天津)股权投资基金管理有限公司
80	艾格(天津)股权投资基金管理有限公司	109	诚柏(天津)投资管理有限公司
81	博弘数君(天津)资产管理有限公司	110	春晖资本(天津)股权投资管理有限公司
82	光大金控不动产投资管理(天津)有限公司	111	光大金控(天津)投资管理有限公司
83	和玉股权投资基金管理(天津)有限公司	112	海银(天津)股权投资基金管理有限公司
84	华人文化(天津)投资管理有限公司	113	环信(天津)股权投资基金管理有限公司
85	建银国际医疗保健股权投资管理(天津)有限公司	114	建银国际资本管理(天津)有限公司
86	天津安泰盘实投资管理有限公司	115	天津创业投资管理有限公司
87	天津海灏投资管理有限公司	116	天津高和股权投资基金管理有限公司
88	天津汇融股权投资基金管理合伙企业(有限合伙)	117	天津歌石股权投资管理有限公司
89	天津雷石合安股权投资管理合伙企业(有限合伙)	118	天津硅谷天堂股权投资基金管理有限公司
90	天津赛富盛元投资管理中心(有限合伙)	119	*天津鸿福股权投资基金管理有限公司
91	天津众和一达投资有限责任公司	120	天津汇鑫创富股权投资基金管理有限公司
92	信保(天津)股权投资基金管理有限公司	121	天津兰馨投资管理有限公司
93	中金佳合(天津)股权投资基金管理有限公司	122	天津裕丰股权投资管理有限公司
94	春华(天津)股权投资管理有限公司	123	远景万方(天津)股权投资管理企业(有限合伙)
95	宏达天健(天津)股权投资管理有限公司	124	正欣昌(天津)股权投资基金管理有限公司
96	华物(天津)投资管理有限公司	125	中建投资本管理(天津)有限公司
97	加华伟业(天津)投资管理合伙企业(有限合伙)	126	春华秋实(天津)股权投资基金管理有限公司
98	加华原龙(天津)投资管理合伙企业(有限合伙)	127	光大金控(天津)产业投资基金管理有限公司
99	天津滨海海胜股权投资基金管理有限公司	128	海祥(天津)创业投资管理有限公司
100	天津渤海海胜股权投资基金管理有限公司	129	红杉资本股权投资管理(天津)有限公司
101	天津科技发展投资总公司	130	天津畅和股权投资基金管理有限公司
102	天津泰达科技风险投资股份有限公司	131	天津海泰优点创业投资管理有限公司
103	天津天惠股权投资基金管理有限公司	132	天津景民股权投资基金管理有限公司
104	天仁景泰(天津)股权投资基金管理合伙企业(有限合伙)	133	天津尚道投资有限公司
105	英泰格瑞(天津)股权投资基金管理有限公司	134	银河达华低碳产业(天津)基金管理有限公司
106	中城赋比兴(天津)股权投资基金管理合伙企业	135	中南成长(天津)股权投资基金管理有限公司
107	众享石天(天津)股权投资基金管理有限公司	136	子川天丰(天津)能源投资有限公司

续表

序号	私募基金管理人名称	序号	私募基金管理人名称
137	加华中南（天津）资产管理合伙企业（有限合伙）	155	宝亿（天津）股权投资基金管理有限公司
138	天津凯洛格股权投资基金管理有限公司	156	天津赛象创业投资有限责任公司
139	天津蓝水股权投资基金合伙企业（有限合伙）	157	建银国际财富管理（天津）有限公司
140	天津雷石泰合股权投资基金管理合伙企业（有限合伙）	158	天津宝盛财富投资管理有限公司
141	天津瑞澜河谷投资管理有限公司	159	天津闳实股权投资基金管理有限公司
142	天津鼎盛天成股权投资基金管理有限公司	160	天津海航渤海股权投资基金管理有限公司
143	东兆长泰（天津）股权投资基金管理有限公司	161	英卓（天津）投资合伙企业（有限合伙）
144	惠申（天津）股权投资基金管理有限公司	162	陈盛仁和（天津）股权投资基金管理有限公司
145	天津贝弗利股权投资基金管理有限公司	163	华信金安（天津）股权投资基金管理有限公司
146	天津汇鑫诚通投资管理有限公司	164	天津昊盛投资管理有限公司
147	天津泰达股权投资基金管理有限公司	165	春晖策略（天津）股权投资管理合伙企业（有限合伙）
148	天时（天津）股权投资基金管理合伙企业（有限合伙）	166	天津吉天股权投资基金管理有限公司
149	周氏王朝（天津）股权投资基金有限公司	167	天津赢联股权投资基金管理合伙企业（有限合伙）
150	天津翘然方宇股权投资基金管理有限公司	168	天津框图投资管理有限公司
151	中铁德闳（天津）投资管理有限公司	169	社科锦瑞达（天津）股权投资基金合伙企业（有限合伙）
152	天津三奇投资管理有限责任公司	170	中盛邮信投资管理（天津）有限公司
153	天津同汇股权投资基金管理有限公司	171	天津银宏连横投资管理有限公司
154	天津中兴资本管理有限公司	172	天津滨海新区建投股权投资基金管理有限公司

（三）滨海新区保理业机构发展

保理业务是一项集贸易融资、商业资信调查、应收账款管理及信用风险担保于一体的新型综合性金融服务。天津滨海新区作为国内保理业的亮点地区之一，在保理业发展上取得了显著成就。

作为最先在全国试点保理业务的滨海新区，一直把加快推进保理业发展作为金融改革创新的重点工作之一，新区也是国内最早登记注册商业保理机构的地区，第一家商业保理公司，第一家外资商业保理公司和中国第一批国际保理

商会协会会员等都出自滨海新区。截至2012年末，新区独立商业保理公司达到46家，占全国的65%。2013年新区新设立商业保理企业49家，累计注册102家，注册资本金超过90亿元。新区成为名副其实的"中国保理之都"。

2013年7月，中国服务贸易协会商业保理专业委员会与天津滨海新区中心商务区签订战略合作协议，举行"中国服务贸易委员会商业保理专业委员会创新发展基地"揭牌仪式，共同推进"中国商业保理公共信息服务平台"建设。为推进商业保理业持续健康发展，做好滨海新区商业保理业试点工作，健全商贸信用服务和融资体系，促进商贸流通进一步发展，天津市人民政府于2013年12月对《天津市商业保理业试点管理办法》进行了修改，将审批和监管权由天津市下放到滨海新区。

三 2013年滨海新区新型金融机构发展

（一）滨海新区信托业机构发展

截至2013年末，新区注册的信托公司有1家，即北方国际信托股份有限公司，于1987年10月经中国人民银行天津分行批准成立，现注册资本约10亿元，公司股东27家，控股股东为天津泰达投资控股有限公司。

2013年，我国信托业发展的外部环境充满了前所未有的不确定性。经济下行增加了信托公司经营的宏观风险，利率市场化加大了信托公司经营的市场风险，年中和年末的两次"钱荒"引发了对流动性风险的担心，频繁发生的个案风险事件引起了对信托业系统性风险的担忧；继2012年"资产管理新政"以来，2013年商业银行和保险资产管理公司资管计划的推出，全面开启了"泛资产管理时代"，进一步加剧了竞争；财政部等四部委2012年底发布的规范地方政府融资行为的"463号文"以及2013年3月份银监会发布的规范商业银行理财业务投资运作的"8号文"，增加了信托公司政信合作业务和银信合作业务的不确定性。

北方国际信托经受住了严峻外部环境的考验，继续保持了良性的发展态势。一方面，信托资产规模再创历史新高。截至2013年末，北方国际信托资产总规模达到2942.32亿元，与上年相比分别增加1336.13亿元，增长率达到

83.19%。北方国际信托在全国信托公司信托资产总额排名中位列第十名。另一方面，经营效果持续保持良好势头。2013 年，北方国际信托实现营业收入 11.38 亿元，同比增长 24.35%；实现净利润 5.22 亿元，同比增长 20.59%。

表3　2013 年信托公司信托资产总额排名

单位：万元

排名	信托公司简称	2013.12.31	2012.12.31	同比增长
1	中信信托	72766079.78	59134914.18	23.39%
2	兴业信托	56500216.70	33604933.68	68.13%
3	中融信托	47853490.39	29948632.18	59.79%
4	华润信托	36430423.90	18651922.24	95.32%
5	中诚信托	35721118.26	27136745.55	31.63%
6	建信信托	32581638.82	35077667.25	-7.12%
7	外贸信托	31737693.65	21518617.76	47.49%
8	山东信托	29942135.15	18970041.52	57.84%
9	华能贵诚	29856830.62	17363029.67	71.96%
10	北方信托	29423228.00	16061876.56	83.19%

数据来源：信托网。

（二）滨海新区财务公司发展

截至 2013 年末，新区共有天津港财务公司和天保财务有限公司 2 家企业集团财务公司。天津港财务公司于 2006 年 11 月获准成立，注册资金 5 亿元人民币。天保财务公司于 2012 年 10 月获批成立，注册资金 10 亿元人民币。

1. 天津港财务公司运营情况

截至 2012 年末，公司各项存款余额为人民币 856722.45 万元，活期存款、定期存款、通知存款和保证金存款所占比例分别为 46.43%、8.65%、44.90% 和 0.02%。从存款结构上看除活期存款外通知存款占比较大，是因为成员单位更偏好于期限灵活且收益相对较高的通知存款所致。2012 年公司实现信贷业务收入 3.86 亿元，较上年同期增加了 46.13%，实现信贷收入大幅增长。截至 12 月末为 31 家成员单位办理 115 笔贷款业务，金额达 50.07 亿元；信贷业务未出现过一笔不良贷款。在确保流动性的前提下，适当扩大了传统贷款业务、应收账款保理和银行承兑汇票贴现业务的规模。2012 年办理 5

笔应收账款保理业务，金额4378万元；办理376笔票据贴现，金额4.70亿元。信贷规模比上一年同期增加了9.17亿元，增长了17.69%。

2. 天保财务公司运营情况

截至2012年末，吸收成员单位存款余额为11.65亿元，公司开业以来累计对成员单位发放自营贷款16.4亿元，其中短期贷款10.4亿元，中长期贷款6亿元。同时办理成员单位之间委托贷款12亿元。贷款以对经营情况优良的核心成员单位发放的信用贷款为主，对个别企业发放了抵押贷款。

（三）滨海新区消费金融公司发展

2009年，银监会发布《消费金融公司试点管理办法》，并启动了北京、天津、上海、成都四地消费金融公司的试点审批工作。滨海捷信消费金融公司是国内首家外商独资消费金融公司，于2010年2月获批筹建，注册资本3亿元人民币。截至2012年6月末，总资产2.81亿元，消费贷款余额1.27亿元，同比增长232%。

（四）滨海新区小额贷款公司发展

2009年3月，新区第一家小贷公司获批成立，截至2013年12月末，共有39家小贷公司在新区注册开业，注册资本总额47.1亿元。2013年，滨海新区小额贷款公司占天津市小额贷款公司总数的39%。

（五）滨海新区融资性担保公司发展

截至2013年12月末，新区金融性担保机构共28家，注册资本约34.21亿元，在保余额107.6亿元，2013年全年担保金额达到87.6亿元。

四 2014年滨海新区金融机构发展展望

（一）深化金融改革创新，完善现代金融机构体系

依据《中共滨海新区委员会关于全面深化改革的实施意见》和《关于加

快推进滨海新区金融改革创新发展的实施方案》，滨海新区金融机构应不断深化金融创新改革，充分发挥金融改革先行先试优势，积极探索差异化经营，切实提高金融服务实体经济的能力。一要积极发展专业金融业态，设立服务科技企业和小微企业的专营机构，成立航运金融中心，设立专门从事资金结算、支付清算、商业保理、电子商务和互联网金融等业务的非法人业务部。二要探索和鼓励非银行保理业务、中小微企业信贷风险补偿基金、小额贷款公司信贷资产转让试点、财政和国有出资融资性担保公司整合、村镇银行和农业贷款公司等的开展、设立和发展，努力争取在航运金融、融资租赁、私募基金、产业金融等重点领域取得新的重大突破，加快构建和完善现代金融服务体系。三要拓展金融业务新领域，丰富金融市场层次和产品、加快跨境金融业务创新，促进产业资本和金融资本紧密结合。

（二）发挥租赁业务优势，支持实体经济快速发展

为引导融资租赁业务健康可持续发展，下一步应加强对租赁业行业战略规划与发展的研究与管理，制定天津租赁业发展长期规划，有效发挥融资租赁业务支持实体经济发展的作用。一是融资租赁公司要围绕天津的发展定位和规划，以滨海新区发展战略为依托，加大对天津具有辐射带动作用的优势产业和行业的服务支持力度。通过融资租赁的聚集和领先优势支持实体经济加快发展，增强天津经济的辐射带动作用。二是融资租赁公司要进一步深入挖掘融资租赁本质特征，充分利用融资租赁的功能和特点，从满足企业的多形式、多层次需求出发，开拓创新，实现租赁方式的多样化、专业化，不断满足市场需求。三是进一步提高风险防范能力。融资租赁正处在快速发展时期，既要抓住机遇加快发展，又要关注发展中面临的挑战，实现健康可持续发展。要从租赁业务流程、风险决策机制等方面着手，不断完善风险控制制度，提高风险预警和防范处置能力，坚守不发生系统性风险的底线。

（三）优化信贷资金投向，促进经济结构调整升级

新区金融机构应进一步加强信贷资金与产业政策的协调配合，积极扶持新区经济的重点领域和薄弱环节，继续推动产业结构向高端化方向发展；把握信

贷投入的总量、重点和节奏，关注信贷资金的期限结构，加大金融对实体经济的支持力度；加强对新区重点在建续建项目、现代服务业、科技创新、战略性新兴产业等经济社会发展重要领域的金融支持，把劳动力强的重点项目和高端制造业、现代服务业作为提升产业规模、调整产业结构的重要抓手；整合金融资源支持小微企业发展，鼓励商业银行发行金融债券专项用于小微企业贷款；发展绿色信贷；拓展科技信贷；严格贯彻落实好差别化住房信贷政策。

分报告2
2013年的滨海新区金融市场

摘　要： 2013年，滨海新区各种类型市场发展有序，信贷市场作为传统金融市场，稳健提升、风险可控，为新区社会经济发展奠定扎实基础。货币信贷市场运行总体平稳，人民币存款在波动中保持增长。证券、期货市场发展稳中有升，涉外经济活跃、支出及逆差大幅增加，外汇市场改革取得突出成效；场外交易市场、产权交易市场、要素等新兴市场创新发展，为日后进一步聚集金融资源奠定了基础。未来新区的金融市场，还将进一步拓展金融业务新领域，丰富金融市场层次和产品，加快跨境金融业务创新，促进产业资本与金融资本紧密结合。

关键词： 金融市场　资本密集　稳中有升

近年来，滨海新区依托政策叠加和机遇叠加的发展优势，加快建设国内外投资者共同参与具有国际影响力的金融市场体系，取得积极进展，为新时期天津建设与北方经济中心和滨海新区开发开放相适应的现代金融服务体系和金融创新运营中心打下坚实基础。2013年，滨海新区认真贯彻落实稳健的货币政策和一系列宏观预调微调政策，积极应对国内外宏观经济环境变化和利率市场化改革，推动新区货币信贷市场、证券期货市场、外汇市场和创新型市场的快速健康发展。

一 2013年滨海新区货币信贷市场发展

2013年,新区各金融机构认真贯彻落实稳健的货币政策和一系列宏观预调微调政策,保持了货币信贷合理适度增长,为新区社会经济发展奠定扎实基础。

(一)货币信贷市场运行总体平稳

2013年新区各项存贷款增长均有所提速,存款稳步增长,贷款持续增长。截至12月末①,新区金融机构本外币各项存款余额4699.01亿元,增长10.48%,全年平均增速②较上年同期上升10.46个百分点,余额较年初增加434.28亿元,同比少增126.08亿元;新区金融机构本外币各项贷款余额6425.27亿元,增长15.52%,增速较上年同期上升5.40个百分点,余额较年初增加846.63亿元,同比多增733.19亿元。同期,新区金融机构(含非在地金融机构③)本外币各项存贷款余额分别为5192.43亿元和7978.03亿元,分别增长11.19%和15.48%,占天津市比重分别为22.27%和38.25%。

(二)人民币存款在波动中保持增长

2013年新区人民币存款余额虽然有所起伏,但仍保持着较高的增速。截至12月末,新区金融机构人民币各项存款余额4487.26亿元,增长10.86%。从增量看,月度环比增长额较高的月份有3月、5月、8月、11月,较以往季末出现高增量的情况出现了前移特征;月度环比增长额在2月、7月、9月、10月出现负值,累计下降528.16亿元;全年新区人民币存款新增428.37亿元,同比少增43.59亿元,其中12月同比少增达288.38亿元。从增速来看,

---

① 自2013年初起,金融租赁公司纳入新区金融统计范围。文中所涉及的相关数据均为纳入金融租赁公司后的可比口径数据。
② 文中平均增速为几何平均增速,算法采用对2013年1~12月同比增速之积进行开12次方的处理方法。
③ 非在地金融机构是指坐落在天津市以内、滨海新区以外对滨海新区注册企业提供金融服务的金融机构。

分报告2　2013年的滨海新区金融市场

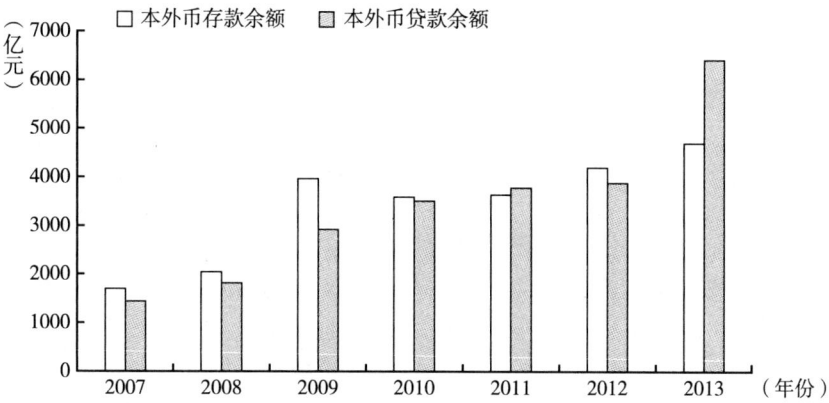

图1　2007~2013年滨海新区金融机构本外币存贷款余额

资料来源：《天津滨海新区统计年鉴》。

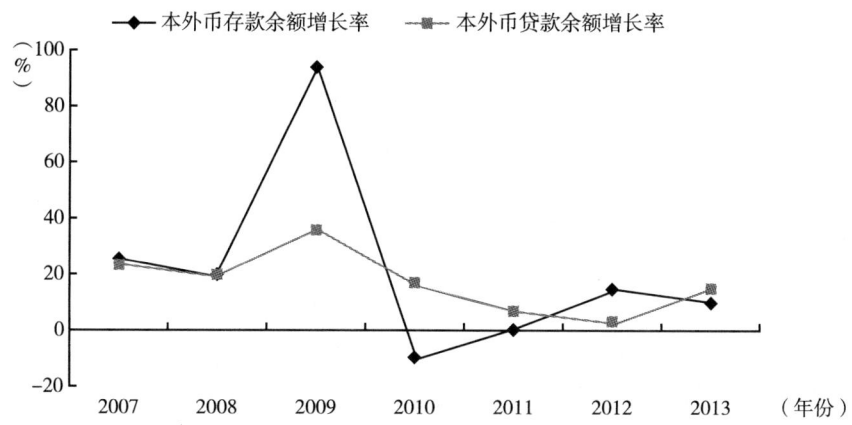

图2　2007~2013年滨海新区金融机构本外币存贷款余额增长率

资料来源：《天津滨海新区统计数据》。

新区人民币存款增速虽有所波动但仍保持着较高水平，平均增速15.76%，较2012年平均增速高出10.94个百分点，其中2月增速4.88%为全年最低，但仍高出2012年平均增速。

第一，新增人民币存款中八成以上集中在中小型银行和农村商业银行。其中，新增单位存款主要分布在中小型银行和农村商业银行，所占比重分别为43.56%和38.92%；新增个人存款的分布仍有六成以上集中在大型银行，但其占

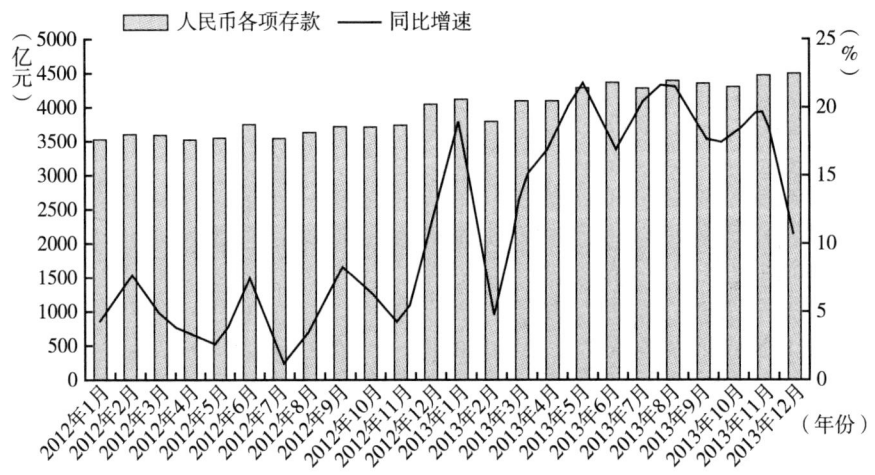

图3 滨海新区金融机构人民币各项存款变化趋势图

资料来源：中国人民银行塘沽中心支行。

比有所下降，个人存款中出现了向中小型银行和农村商业银行分流的趋势。

第二，单位存款在波动中不断增长且以定期为主。据调查，新增单位存款主要集中在上半年，上半年新增单位存款占全年新增的74.06%，主要来源仍为建设开发类，投资类企业以及大型国有企业。截至12月末，新区人民币单位存款余额3177.26亿元，较年初新增318.64亿元，同比少增19.17亿元，增长11.60%，高出上一年同期0.21个百分点。新增单位存款以定期存款为主，同时结构性存款和协定存款也出现了明显增长。全年新区新增单位定期存款233.62亿元，在新增人民币单位存款中占到73.32%，新增单位结构性存款和单位协定存款近300亿元，而同期单位通知存款下降278.54亿元。

第三，个人存款稳中有增，结构性存款增长突出。全年新区人民币个人存款余额呈现出季后首月回落，其他月份稳步增长的特点，增速逐步趋稳且较上一年有所提高。截至12月末，新区人民币个人存款余额1399.58亿元，较年初新增146.86亿元，增长11.72%，全年平均增速13.49%，较上一年同期上升1.2个百分点。其中，个人结构性存款呈爆发式增长，全年新增54.51亿元，主要为各金融机构吸收的结构性代客理财资金。截至12月末，新区个人结构性存款余额81.81亿元，同比增长超2倍，较2011年增长超6倍。

（三）人民币贷款稳中有增、结构向好

2013年新区货币信贷增长合理适度，信贷投向和期限结构不断优化，总体呈现出稳中有增，结构向好的态势。中长期贷款增速有所回升，信贷着力投向实体经济，侧重扶持中小微企业，融资租赁发展迅速，截至12月末，新区人民币各项贷款余额5986.50亿元，同比增长13.04%。增速较2012年同期上升2.74个百分点，全年新增674.23亿元，同比多增565.25亿元。

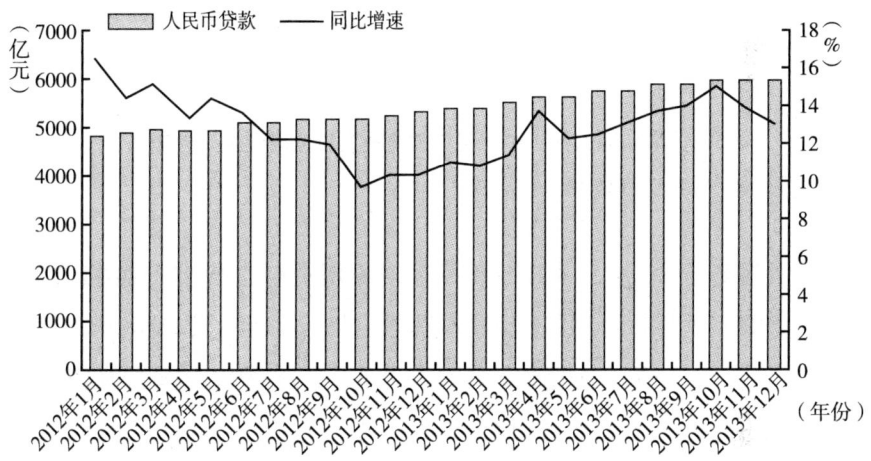

图4 滨海新区金融机构人民币各项贷款变化趋势图

资料来源：中国人民银行塘沽中心支行。

第一，从期限看，新增贷款仍以短期为主，但中长期贷款增速出现回升。2013年，新区人民币中长期贷款和短期贷款之间的差距继续缩小，短期贷款增速大幅领先于长期贷款。截至12月末，新区人民币短期贷款余额1489.83亿元，较年初增加273.10亿元，同比多增86.12亿元，增长23.50%，增速较2012年同期上升5个百分点；人民币中长期贷款余额2437.17亿元，较年初增加44.37亿元，同比多增133.17亿元，增长2.11%，增速较2012年同期上升5.65个百分点。

第二，从分布看，中小企业贷款占比继续提高，质量不断优化。据中国人民银行金融统计监测管理信息系统显示，截至12月末，新区金融机构中小微

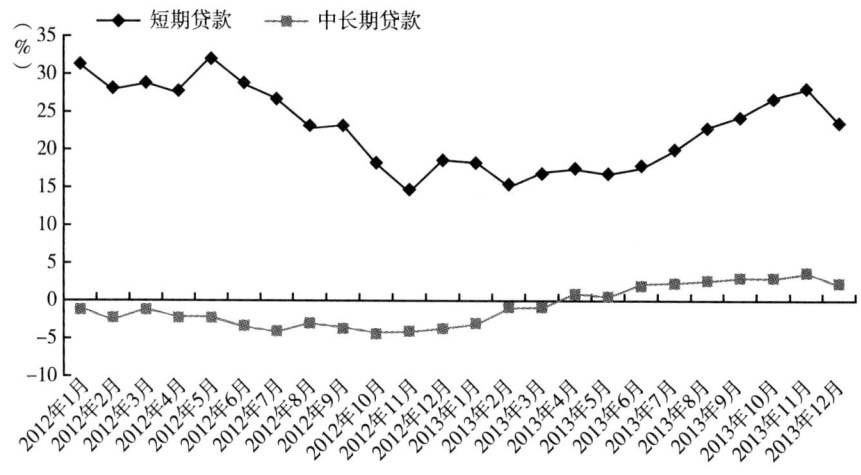

图 5　滨海新区人民币中长期贷款与短期贷款增速变动趋势图

资料来源：中国人民银行塘沽中心支行。

企业贷款余额逾 1900 亿元，增长 17.97%，高出同期大型企业贷款 11.25 个百分点；中小微企业贷款余额占企业贷款余额的比重近六成，较 2012 年高出 2.46 个百分点；中小微企业贷款的不良率 0.6%，较 2012 年下降 0.39%。此外，分企业类型来看，微型企业贷款增速最高，同比增长 203%；中型企业新增贷款最多，较年初新增 187.92 亿元；中型企业和微型企业贷款质量最优，不良率分别为 0.34% 和 0.51%，分别较 2012 年下降 1.1 和 1.48 个百分点。

第三，从投向看，新增贷款集中投向实体经济，侧重支持第三产业发展。据中国人民银行金融统计监测管理信息系统显示，2012 年新区金融机构投向三次产业的信贷占比分别为：第一产业占 0.67%、第二产业占 32%、第三产业占 60.78%，投向个人和境外的信贷占比 6.55%。全年新增贷款最多的前七大行业包括了第二产业全部行业即制造业，采矿业，电力、热力、燃气及水生产和供应业，建筑业；还包括了第三产业中的交通运输、仓储和邮政业，水利、环境和公共设施管理业，批发和零售业；上述行业的新增贷款占到全部新增贷款近八成，且除水利、环境和公共设施管理业外，其他行业贷款增速均超出新区人民币贷款的总增速，信贷支持实体经济发展和产业结构调整的力度不断加大。

第四，从用途看，人民币贷款主要用于融资租赁和短期单位经营性贷款。从量上看，12月末，新区金融机构人民币融资租赁、中长期单位固定资产贷款和短期单位经营性贷款余额分别为2008.1亿元、1661.36亿元、1263.53亿元，在人民币各项贷款余额中的占比分别为33.54%、27.75%、21.11%；增量上看，新区金融机构全年融资租赁、短期单位经营性贷款和短期贸易融资分别新增402.91亿元、211.32亿元、35.6亿元，在新增人民币贷款中的占比分别为59.76%、31.34%、5.28%。此外，个人贷款全年新增86.06亿元，同比多增45.5亿元，主要用于短期个人经营性贷款和中长期个人住房贷款。

第五，从信贷供给看，金融租赁公司已经成为新区信贷增长的主要来源，融资租赁业务发展势头良好，形成了一定规模的集聚优势。截至12月末，新区金融租赁公司已达5家，集中了全国近1/5的金融租赁公司；人民币融资租赁余额2008.1亿元，占全国融资租赁余额的近三成；人民币融资租赁余额较年初增长402.91亿元，占到新区人民币新增信贷的六成。此外，四家大型国有银行和农村商业银行的新增信贷规模也较大，分别占到新区人民币新增信贷的17.62%、11.74%。

（四）外汇信贷快速增长，结售汇总规模有所下降

第一，外汇存款稳步增长，增速有所放缓。截至12月末，新区外汇各项存款余额34.73亿美元，增长6.05%，较2012年放缓69.64个百分点，全年新增1.98亿美元，同比少增12.13亿美元。新增外汇存款的来源以单位定期存款和保证金存款为主。

第二，外汇贷款快速增长，增速不断冲高。截至12月末，新区外汇各项贷款余额71.97亿美元，增长69.82%，较2012年上升63.68个百分点，全年新增29.59亿美元，其中境内短期贸易融资增加18.40亿美元，增长111.04%，主要投向了批发零售业和制造业；融资租赁增加11.23亿美元，增长152.32%，主要投向了交通运输、仓储和邮政业。

第三，新区银行代客结售汇总规模有所下降，结售汇规模变动分化，其中结汇规模增长，售汇规模回落明显，结售汇逆差大幅收窄。2013年，新区银行代客结售汇总额222.48亿美元，同比下降11.21%，其中，结汇90.86亿美

元，增长12.89%，创下自2008年以来最高水平；售汇131.63亿美元，下降22.61%；结售汇逆差40.77亿美元，收窄54.5%，为自2008年以来最小逆差规模。

二 2013年滨海新区证券期货市场发展

（一）证券市场发展

2013年末，滨海新区证券市场运行良好。截至2013年末，滨海新区在上海证券交易所和深圳证券交易所的上市企业达到28家。2012年，滨海新区A股交易总额约为1084亿元。作为全国中小企业股份转让系统（新三板）首批扩容试点区域之一，截至2013年末，滨海新区拥有21家企业在"新三板"挂牌，共计发行各类债券375亿元。其中2013年新增14家，增幅达2倍。

2013年，滨海新区深化投融资体制改革，鼓励中小企业通过发行短期债券、中期票据和资产支持证券等从债券市场上获得直接融资，不断拓宽直接融资渠道。2013年3月，天津滨海新区建设投资集团有限公司完成公司债券簿记建档工作。簿记建档结果显示，本期债券之品种一（5年期）最终发行总规模为20亿元，期限为5年期，基本利差为0.60%，最终票面年利率5.00%；本期债券之品种二（7年期）最终发行总规模为30亿元，期限为7年期，基本利差为0.79%，最终票面年利率5.19%。

渤海证券是注册于天津滨海新区的唯一一家综合类证券公司。截至2013年12月31日，该公司在全国重要省市和地区共开设48个证券营业部。2013年，面对不利的市场环境，渤海证券通过加快业务转型和产品创新，实现了进一步发展壮大。截至2013年末，渤海证券资产总额140.80亿元，比年初增加24.64亿元，增长率达21%。全年实现营业收入11.51亿元，同比增长26.9%。其中，代理买卖证券手续费净收入4.51亿元，同比增长30.7%；证券承销收入1.29亿元，同比增长94.5%。2013年，渤海证券盈利能力大幅提高，全年实现盈利3.04亿元，同比增长65.2%。

截至2013年6月末，滨海新区拥有天津凤凰财富基金销售有限公司1家证券法人机构，券商营业部17家。截至2012年12月末，新区的16家券商营业部的空间分布如下：大港3家、汉沽1家、塘沽5家、开发区7家。

（二）期货市场发展

2013年，滨海新区期货市场运营平稳。截至2013年末，滨海新区拥有期货公司1家（象屿期货有限责任公司），期货营业部3家（鲁证期货天津营业部、北京首创期货天津营业部、一德期货公司滨海新区营业部）。新区拥有期货交割库27家，涉及豆油、棉花、小麦等大宗商品和线型低密度聚乙烯等交割品种；天津港继成为焦炭期货交割库和国内焦煤期货指定交割库后，于2013年11月22日成为铁矿石交割库，该交割库是大连期货交易所指定交割库，也是滨海新区乃至天津市历史上的首个铁矿石交割库。

三 2013年滨海新区外汇市场发展

2013年，滨海新区涉外经济平稳运行，跨境收支大幅增长，支出增速大于收入增速，逆差进一步扩大。结汇金额及结汇率双增，售汇金额及售汇率双减，结售汇逆差大幅下降，流入压力明显。进出口金额稳步增长，进口增速大于出口。年内各阶段流入压力大幅波动，子项目资金以流入为主，但已出现分化。

（一）外汇市场发展总体情况

1. 跨境收入平稳上升，涉外经济活跃、支出及逆差大幅增加

2013年，新区跨境收支总额为1155.16亿美元，同比增长35.75%，涉外经济活跃，跨境收入418.38亿美元，同比增长19.17%，支出736.78亿元，同比大增47.39%，逆差318.34亿美元，同比增幅达114.02%，若剔除中海石油（中国）有限公司（以下称"中海油"）2月份90亿美元超大额利润汇出，支出和逆差的增幅分别为29.39%和53.52%。

2. 结汇金额与结汇率双升，售汇金额和售汇率双降，结售汇逆差大幅收窄，购汇变化主导结售汇净额变化

2013年，新区结售汇总规模为222.49亿美元，同比下降11.21%，结售

汇规模呈现分化走势，其中结汇连续五年递增，同比增长 12.89%，售汇规模降幅更为明显，同比下降 22.61%，逆差规模同比收窄 54.5%。

2013 年，新区结汇率 62.01%，同比上升 5.21 个百分点，售汇率 37.08%，剔除中海油大额对外支付未在辖区银行购汇的影响，售汇率变为 49.67%，同比下降 11.27 个百分点。售汇率和售汇金额的变化显著大于结汇率和结汇金额变化，显示主导结售汇净额变化的因素是境内企业应对汇率变化及预期的购汇替代而非资金主动流入的结汇增加。

3. 进出口金额稳健增长，出口同比基本持平，进口增幅较大

2013 年，新区进出口总额 903.17 亿美元，同比增长 10.7%，其中出口 311.45 亿美元，同比下降 0.91%；进口 591.72 亿美元，同比增长 17.42%；进出口逆差 280.27 亿美元，同比扩大 43.65%。

（二）外汇市场运行主要特征

1. 时序特点：2013 年全年流入压力波动明显

2013 年，新区跨境资金总体呈流入态势，全年不同阶段流入压力存在较大差异，波动明显。1～4 月，在全球经济缓慢复苏和美联储及日本央行大力实施 QE 的背景下，新区跨境资本流入压力较大；5 月，总局出台了《国家外汇管理局关于加强外汇资金流入管理有关问题的通知》（汇发〔2013〕20 号），严控热钱流入，叠加市场对美联储提前减码甚至退出 QE 的强烈预期，资金流入压力大幅下降，这一态势持续到 8 月；9～12 月，受中国经济增速稳定超预期、三中全会改革利好提振以及美联储 QE 减码晚于市场预期等因素影响，资金流入压力重新上升。

1 月至 4 月，流入压力较大。首先，1～4 月，同比结汇率上升，售汇率下降，结售汇逆差大幅收窄。1～4 月，新区银行代客结汇率为 61.84%，同比提升 12.77 个百分点，售汇率为 59.5%，同比下降 3.4 个百分点，结售汇逆差为 13.65 亿美元，同比大幅下降 54.18%。其次，货物贸易总量差额及差额率较大。1～4 月，新区企业货物贸易总量差额（不包含保税监管区域）高达 11.45 亿美元，总量差额率高达 2.96%，显示出货物贸易项下的巨大流入压力。最后，转口贸易净流入激增。1～4 月，新区企业转口贸易收入 9.24 亿美元，同比增长129.85%，转口贸易支出3.69亿美元，同比下降20.13%，转口贸易净流入额5.55亿美元，而上一年同期为逆差0.6亿美元。

5月至8月，流入压力下降。首先，银行代客结售汇逆差逐月增加，月均逆差超1～4月。5～8月，新区银行代客结售汇逆差一改1～4月逐月收窄的态势，变为逐月增加，5～8月平均结售汇逆差为4.11亿美元，高于1～4月的3.3亿美元。其次，货物贸易总量差额转负。5～8月，新区企业货物贸易总量差额（不包含保税监管区域）较1～4月显著下降，为-0.23亿美元。

9月至12月，流入压力重新增大。月均银行代客结售汇逆差较5～8月显著下降，出现数年来首次月度顺差，售汇率降低明显。9～12月，月均银行代客结售汇逆差为2.47亿美元，较5～8月下降40%，其中10月更是出现2.58亿美元的顺差，为2008年以来首次；售汇率为39.07%，较5～8月份，大幅下降16.48个百分点。

2. 业务子项特点：多数子项目以流入为主，部分子项目流出明显，结构出现分化

主要项目多呈流入状态。首先，货物贸易总量差额为正。2013年，新区企业货物贸易总量差额达130.66亿美元，剔除保税监管区域数据后，新区企业总量差额为8.15亿美元，总体呈现流入态势。其次，转口贸易顺差大幅增长，企业高度集中。2013年，新区转口贸易收入34.85亿美元，同比增长13.37%，转口贸易支出21.68亿美元，同比下降20.09%，转口贸易顺差达13.17亿美元，同比大增264.82%。微观主体方面，嘉里粮油（天津）有限公司和益海嘉里（天津）国际贸易有限公司两家企业的转口贸易收入达24.64亿美元，占新区企业转口贸易总收入的70.71%，两企业转口贸易顺差共计11.11亿美元，占新区企业转口贸易顺差的84.35%。最后，资本与金融项目总体呈现净流入加速态势，净结汇增加；投资资本金汇入、资本金及外债结汇大幅增加。2013年，新区资本与金融项目流入56.45亿美元，同比增长28.59%；流出34.41亿美元，同比增加9.77%；净流入22.02亿美元，同比大幅增加75.58%，呈现加速流入的态势。资本与金融项目结汇20.77亿美元，同比增长85.05%；售汇10.82亿美元，同比下降42.46%；资本与金融项目结售汇顺差9.95亿美元，而上年同期为逆差7.58亿美元。外商投资企业权益性流

入增加74.76%，其中投资资本金汇入15.28亿美元，同比增长61.86%，外商投资企业增资3.14亿美元，同比增两倍以上。投资资本金及外债结汇量分别为11.61亿美元、7.87亿美元，同比分别增长40.87%、521.69%。

部分项目流出加大。首先，收入及经常转移项下，利润汇出大幅增长。收入及经常转移项下，利润汇出金额最为引人注目，2013年外商直接投资企业利润汇出大幅增加，共汇出141.37亿美元，其中包括中海油90亿美元利润巨额汇出，除去该笔业务，仍然汇出51.37亿美元，同比增长44.7%。其次，专有权利使用费和特许费支出大幅增加。服务贸易项下，受大型外企快速发展带动，专有权利使用费和特许费支出金额达16.2亿美元，同比增长53.0%。最后，外债项下，关联企业借贷流入减少，流出增加，总体呈现净流出。外债项下，关联企业借贷流入9.34亿美元，同比大减51.26%，流出15.98亿美元，同比增长30.05%，逆差6.64亿美元，而上一年同期为顺差7.3亿美元。

（三）外汇市场改革成效突出

1. 跨境人民币结算业务快速发展

2013年，在外债和直接投资项目业务发展的带动下，天津滨海新区跨境人民币结算量进一步提升。全年结算额达570.06亿元，同比增长76.5%，占天津市的44.8%。自2010年6月试点启动至2013年末，共有628家企业办理了跨境人民币业务，境外结算地域涉及52个国家和地区，累计结算金额突破千亿元，占天津市的49.3%。

2. 资本金意愿结汇改革不断深化

2013年末，中新天津生态城和东疆港保税港区资本金意愿结汇改革试点运行平稳，意愿结汇企业数量和资金规模继续稳步增长，企业类型逐渐丰富。截至2013年末，意愿结汇企业合计37家，意愿结汇金额合计7.54亿美元。其中2013年新增意愿结汇企业7家，意愿结汇金额1.70亿美元。意愿结汇试点企业由单一的房地产企业拓展到融资租赁、航运、物流等多种类型企业，粗略估算企业节约的财务成本最高可达0.81亿美元，政策试点效果显著。

3. 外汇管理创新举措日益丰富

2013年，天津滨海新区充分发挥先行先试政策优势，不断丰富外汇管理扶持举措，支持特色产业持续发展，支持东疆保税港区完成国内首笔飞机联合租赁模式交易，进一步巩固了区域融资租赁产业聚集优势。2013年，融资租赁业新企业注册、借用外债资金规模等均居天津保税监管区域各行业首位，融资租赁产业跨境收支规模达86.70亿美元，同比增长1.3倍。此外，推动天津滨海新区首笔人民币对外汇期权备案业务成功开展，拓展了辖区银行产品链，丰富了企业外汇避险工具。

四 2013年滨海新区新型交易市场发展

（一）场外交易市场

1. 天津股权交易所

2008年9月，天津股权交易所在新区挂牌成立，是天津市政府批准设立、唯一准许从事"两高两非"公司股权和私募股权基金份额交易的机构。为满足众多非上市公司筹集资金的需要以及达到资金使用的优化配置，天津股权交易所允许非上市公司在这里挂牌交易，为以高新技术企业为代表的中小企业开辟更多的直接融资渠道；同时，这也有利于促进企业市场竞争力的提高以及内部管理的合理化。非上市公司通过股权交易所本身具有的筛选机制会得到进一步的优化，从而为我国主板、中小板、创业板市场提供可靠的后备力量。截至2013年末，该所累计挂牌企业达412家，挂牌企业覆盖28个省市，直接融资63.3亿元，间接融资153.75亿元，总计217.05亿元。表1和表2反映了天津股权交易所在我国区域性股权交易市场中的地位和特征。

表1 主要区域性股权交易市场规模、投资者准入及交易机制对比

名称	天津股权交易所	上海股权托管交易中心	齐鲁股权托管交易中心
注册地	滨海新区	张江高科技园区	山东淄博市
覆盖省市	28	上海、长三角及其他地区	—
投资者准入（自然人）	个人金融资产10万元以上	2年以上证券投资经验且拥有100万元以上金融资产	

续表

名称	天津股权交易所	上海股权托管交易中心	齐鲁股权托管交易中心
交易机制	"集合竞价+报价商双向报价+协商定价"的混合型交易定价	协议转让	协议转让
财税支持	对初始融资额达到500万元以上的挂牌企业,给予50万元的一次性专项补助		

资料来源:长江证券研究报告:《多元金融:金改系列之辨析新三板扩容真假受益股》,2013-9-16。

表2 全国各区域性股权交易市场成立时间、挂牌数及股东情况

名称	成立时间	注册资本（亿元）	挂牌家数	股东
天津股权交易所	Sep-08	—	326	天津产权交易中心、天津开创投资
齐鲁股权托管交易中心	Dec-10	—	156	淄博市金融办
上海股权托管交易中心	Feb-12	1.2	77	上海国际集团31%、上交所29%、张江高科23.25%、上海联合产权交易所16.75%
广州股权交易中心	Aug-12	1.8	384	广州国际控股集团(万联证券股东)、广东粤财投资
浙江股权交易中心	Oct-12		132	浙商、财通证券各10%
重庆股份转让中心	Feb-13	1.56	100	西南证券53%、渝富集团、深圳证券信息公司
大连股权交易中心	Feb-13	0.5	—	大连港集团、华信信托、大通证券
辽宁股权交易中心	Apr-13	—	50	信达证券33%、大通证券10%、中天证券4%
前海股权交易中心	May-13	5.55	1835	中信27.027%、国信22.5225%、安信18.018%
海峡股权交易中心	Jul-13	1.9	49	兴业证券23.68%(第一大股东,负责日常经营管理)
广东金融高新区股权交易中心	Jul-13	1	—	广发、招商证券各32.5%
江苏股权交易中心	筹建中	2	—	华泰证券52%、东吴、南京、东海、国联分别12%

资料来源:长江证券研究报告:《多元金融:金改系列之辨析新三板扩容真假受益股》,2013-9-16。

2. 天津滨海柜台交易市场

该市场建设和运营主体为天津滨海柜台交易市场股份有限公司，该公司于2010年8月注册成立，注册资金3亿元人民币，主要为股权、债券、信托产品、创业投资基金和产业投资基金等提供交易场所、设施和服务。2013年，依托两大业务平台的功能体系和系统设施，成功推出私募债权融资业务和小额贷款公司资产转让业务，帮助企业和小贷公司获得更多发展资金，进一步支持实体经济发展。天津OTC已建成一站式融资服务平台和非上市股份公司股份转让平台。2013年上半年，融资服务平台新增注册企业、机构会员等180多家；截至2013年末，累计企业会员规模总数超过千家。融资服务平台汇集企业、金融、投资和中介机构等会员单位近两千家，累计举办各类培训会、行业融资洽谈会、企业专场融资对接会等60多场，通过传统融资方式和私募债创新业务，帮助企业融资50多亿元，同时为股份转让平台培育储备了大量挂牌项目资源，并为股份转让平台培育输送了十多家改制中的拟挂牌企业。

3. 天津滨海国际股权交易所

2008年10月开业成立，是专业从事国际间企业股权投融资信息交易的第三方服务平台，也是国内首家专业从事为拟融资的企业通过出让部分股权，进行直接融资的信息交易场所。同时，天津滨海国际股权交易所依托分布在国内各地的近千家商业银行、信托公司、担保公司、金融租赁公司等金融机构建立的战略合作关系，为挂牌的融资企业提供多种间接融资服务。

（二）产权交易市场

1. 天津金融资产交易所

天津金融资产交易所（以下简称天金所）于2010年5月注册成立，注册资本1568万元人民币，是全国首家成立的金融资产交易所，为金融资产特别是不良金融资产的交易构建了更具公信力的平台。天金所致力于建设成为具有国际化、专业化、规范化、权威性的金融资产交易平台；逐步建成立足天津、覆盖全国、服务世界的中国最大的金融资产交易市场，通过交易所的专业化运作，促进中国资本市场的发育和现代化金融工具创新。截至2013年12月底，累计挂牌项目（企业）14741家，累计成交额超过14033375万元。

2. 天津矿业权交易所

天津矿业权交易所（以下简称天矿所）是一个国际矿业综合服务平台，设有矿业权交易市场、国际矿业融资市场、矿产品现货交易市场及风险勘查资本市场四大业务板块，为矿业企业和投资者提供交易、结算、融资、咨询等全产业链综合服务。天矿所秉承"服务矿业、创新发展"的理念，逐步建立引导社会资金有序投入矿产资源勘查开发领域，架起有特色的金融服务实体经济的桥梁，助力全球矿业企业持续健康发展。

3. 天津排放权交易所

天津排放权交易所于2008年8月成立，是全国第一家综合性排放权交易机构。该所借鉴芝加哥气候交易所的运营模式，经营范围涵盖排放权初始分配的一级市场和排放权交易的二级市场。2013年1月8日，天津排放权交易所正式获批成为温室气体自愿减排指定交易机构，顺利获得了自愿碳交易平台国家牌照。2013年3月13日，天津排放权交易所为北京稻香湖景酒店提供的12000吨碳中和交易服务顺利完成。2013年12月26日，天津市碳排放权交易正式启动。

4. 天津滨海国际知识产权交易所

天津滨海国际知识产权交易所（以下简称知交所）于2011年6月正式揭牌，是国内首家专业化、市场化、国际化的公司制知识产权交易服务机构，注册资本1000万元。目前，已成立生物医药、新能源新材料、现代制造、信息工程、现代农业、文化创意、移动互联网及城市创新"7+1"专业服务平台，形成逾2500项项目资源库，其中天津市项目约65%，国内其他省市项目约35%，在建专利池3个，涉及各领域、各行业。知交所以市场需求为出发点，积极开发新的交易品种和交易模式，以期将资金配置到具有自主知识产权的优质企业及个人，使资本与技术有效对接；广泛吸纳国内外资金及利用政府基金对科技型企业进行支持，促进知识成果向现实生产力转化，带来实际的经济效益。

5. 天津文化艺术品交易所

天津文化艺术品交易所于2009年9月注册成立，从事的创新业务主要是文化艺术品的"份额化"，即以对文化艺术品实物严格的鉴定、评估、托管和保险等程序为前提，发行并上市交易拆分化的、非实物的艺术品份额合约。

（三）要素市场

1. 渤海商品交易所

渤海商品交易所于2009年9月揭牌成立，是国内第一家现货商品交易所。该所以全球首创的现货连续交易制度为核心，通过构建市场服务网、资金结算网、商品物流网和价格发布网，实现了商品交易、商品投资和价格发现三大功能。

2. 天津贵金属交易所

天津贵金属交易所在2008年12月由天津产权交易中心发布成立，2012年2月正式成立，是目前国家唯一批准的做市场模式的黄金、白银等贵金属交易市场，目前上市交易的品种有铂、钯、白银等三种贵金属。

3. 天津铁合金交易所

天津铁合金交易所于2009年7月注册成立，注册资金1亿元人民币，是全球首家铁合金现货电子交易平台，主要以铁合金及相关产品现货电子交易、市场信息咨讯、融资担保和仓储物流为服务重点，通过组织引导国内外的铁合金交易商通过现代科学的营销方式进行铁合金的采购与销售。

五 2014年滨海金融市场展望

2014年，滨海新区将拓展金融业务新领域，丰富金融市场层次和产品，加快跨境金融业务创新，促进产业资本与金融资本紧密结合。

（一）加快完善多层次资本市场体系，进一步丰富市场功能

积极支持新建股份制公司和企业股份制改造，切实提升公司治理水平和持续盈利能力。密切关注发行上市政策信息，有针对性地开展政策业务培训，支持符合条件的公司上市。主动对接上海证券交易所和深圳证券交易所，引导上市公司通过增发、配股和发行公司债券等方式拓展再融资渠道，引导小微企业通过中小企业私募债等方式解决融资难问题，引导风险公司和经营困难公司通过并购重组创造发展条件，引导控股股东和实际控制人整合重组有关资源实现

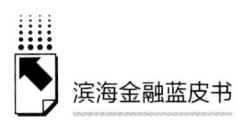

整体上市。以天津津联集团和渤海国资公司为基础，建设香港红筹股上市公司与内地A股上市公司联动机制，打造支持企业集团上市发展平台。支持符合条件的企业在全国中小企业股份转让系统和天津股权交易所挂牌，探索加强合作共同建设多层次场外交易市场的路径。

（二）推进保税港区向自贸区发展，促进区域离岸业务的发展

首先，国内保税港区向自贸区转型，使区内形成大量的非居民企业，这些企业从事贸易、运输和服务贸易进口和出口，具有两头在外的离岸公司特点，存在离岸资金流的进出和沉淀，需要相应的结算、融资、保值避险等离岸金融配套服务，因而可产生大量的离岸金融业务。其次，国内保税港区向自贸区转型，可以最大限度地简化货物流通过程中的手续，加速中转货物的流通，降低成本，提高国际物流服务效率。由此聚集大批境外知名班轮公司以及国际海上运输和辅助企业。这些公司一般是境外非居民离岸企业，通常要求提供相应的全球离岸金融服务，主要业务包括航运结算业务、船舶融资业务、航运金融衍生业务和离岸保险等业务。支持在新区内设立外资银行和中外合资银行，允许金融市场在新区内建立面向国际的平台交易，逐步允许境外企业参与商品期货交易。

（三）支持新区开展境外投资，鼓励企业充分利用境内外两个市场

首先，鼓励新区内的银行业等金融机构推进跨境投资金融服务，比如跨境并购贷款和项目贷款、内保外贷、跨境资产管理和财富管理业务等。鼓励新区内银行业金融机构发展跨境融资服务，比如大宗商品贸易融资、全供应链贸易融资、离岸船舶融资、现代服务业金融支持、外保内贷、商业票据等。其次，鼓励在新区内设立了专业从事境外股权投资的项目公司，支持有条件的投资者设立境外投资股权投资母基金。再次，在新区内就业并符合条件的个人可按规定开展包括证券投资在内的各种境外投资，个人在新区内获得的合法所得可在完税后向外支付，从而便利化个人跨境投资。新区内个体工商户可根据业务需要向其在境外经营主体提供跨境贷款。在新区内就业并符合条件的境外个人可

按规定在区内金融机构开立非居民个人境内投资专户,按规定开展包括证券投资在内的各种境内外投资。

(四)扩大人民币跨境使用范围,推动人民币国际化

天津地区银行金融机构可在"了解客户"、"了解业务"和"尽职审查"基础之上,凭新区内金融机构和个人提交的首付款指令,直接办理经常项下、直接投资的跨境人民币结算业务;可与区内持有《支付业务许可证》且许可业务范围包括互联网支付的支付机构合作,按照支付机构有关管理政策,为跨境电子商务提供人民币结算服务。区内金融机构和企业可从境外借用人民币资金,借用的人民币资金不得用于投资证券、衍生品,不得用于委托贷款。区内企业可根据自身经营需要,开展集团内双向人民币资金池业务,为其境内外关联企业提供经常项下集中收付业务。

B.4
分报告3
2013年的滨海新区金融产品创新

摘　要： 滨海新区金融产品体系的发展与创新成为滨海新区金融改革的亮点，金融产品创新进入蓬勃发展的快车道。在传统产品领域，信贷、理财等新产品蓬勃发展；在租赁、保险产品领域，也都根据区域发展的特点，推出相关的产品。同时，为融资困难的中小企业提供了股权交易、私募交易等诸多渠道产品。另外，要素市场产品、产权市场产品也纷纷被推出，百花齐放。未来的进一步创新中，滨海新区可以依托自贸区申报优势，推动跨境离岸业务发展，发挥新区政策服务优势，扩展金融产品服务功能，加大金融改革创新力度，提升机构中间业务比重。

关键词： 金融产品　离岸产品　中间业务

党中央、国务院高度重视滨海新区的经济社会发展，将滨海新区作为第一个国家综合改革创新区，将推进天津滨海新区开发开放作为京津冀地区发展的重点。2006年国务院推出了《国务院关于推进天津滨海新区开发开放有关问题的意见》（国发〔2006〕20号），明确了推进天津滨海新区开发开放的重大意义、指导思想、功能定位和主要任务，鼓励天津滨海新区进行金融产品的改革与创新，批准天津滨海新区为全国综合配套改革试验区。2006年以来天津滨海新区经济高速发展，金融产业与金融服务体系也逐步完善，特别是金融产品体系的发展与创新成为滨海新区金融改革的亮点，金融产品创新进入蓬勃发展的快车道。

一 2013年滨海新区金融机构产品创新

（一）银行产品创新

1. 信贷产品创新

为更好地满足个体经营者和小微企业主的金融服务需求，渤海银行天津分行推出了针对个体经营者和小微企业主的创服贷款客户专属产品——"微笑卡"。"微笑卡"除具备渤海银行标准借记卡的基本功能外，还为持卡人提供涵盖个人、家庭和企业等全方位的金融优惠服务。微笑卡立足客户体验，为最大程度地减少客户成本，依据个体工商户和小微企业主的不同特点，为他们提供了多种优惠服务。同时，微笑卡客户在取款、汇款、购买保险产品、办理结算业务和持卡消费时，也可享受多重优惠。此外，渤海银行在2014年首次尝试为个人生产经营客户提供名为"渤信贷"无抵押贷款。这类个人生产经营非抵押类产品是面向渤海银行现有抵押类个人经营贷款客户和有结算量的客户，并将其业务结算量等作为主要考量指标，给予借款人一定授信额度的全新贷款产品。它无需提供抵押物，只需提供小微企业或企业合伙人担保。同时"渤信贷"可分次提取、循环使用、随借随还。渤海银行为最大程度节约客户成本，还专门为"微笑卡"持卡人升级省息账户，即"省利通Ⅱ代"，提高了抵扣比例。渤海银行接下来还将推出"微笑人生"等小微业务综合金融服务平台，平台将渤信贷个人非抵押经营贷款、储蓄、资金规划、POS收单和电子商务运营集为一体，成为线上线下结合、贷款结算结合、储蓄理财结合的综合性服务平台。

在中国银行业监督管理委员会召开的全国小微企业金融服务评优表彰大会上，天津银行推出的流动资金循环贷款是天津地区唯一获得全国表彰的小微企业金融服务特色产品。流动资金循环贷款是指天津银行与符合条件的中小企业借款人一次性签订借款合同，在合同约定的授信额度和期限内，允许其多次提取、逐笔归还、循环使用的人民币流动资金贷款业务。该产品比较适合于一些具有周期性、季节性融资需求的中小企业，授信期限根据企业的实际需求而

定，最长可达 3 年。授信额度根据借款人资信情况、经营状况、发展预期以及抵、质押物价值等因素综合确定。

中信银行天津分行"信捷贷"荣获"天津银行业 2013 年度小微企业金融服务特色产品"奖。小微企业是中国经济的基本细胞，在稳增长、促就业等方面具有不可替代的作用。但受国际金融危机的影响，国内小微企业也受到较大的冲击。中信银行天津分行于 2013 年国庆后正式推出了"信捷贷"在内的一揽子针对小微企业的金融产品计划。"信捷贷"主要适用于经营情况及信用情况良好、有固定营业场所的小企业、个体工商户和小企业主，最高授信额度可达 1000 万元。为了保证小微企业金融服务的专业化水平，中信银行在风险控制方面，积极引入量化的风险控制技术，完善小微企业评分卡，建立了更为科学的风险管理体制。

中信银行天津分行将重点扶持单户贷款金额 500 万元以下的小微企业，并将小企业客户对象从制造业向服务业、从大宗商品原材料向消费品、从生产服务向生活服务转变，进一步支持天津市实体经济发展。

2. 理财产品创新

为满足客户不同理财需求，渤海银行和天津银行均推出个性化的理财产品。渤海银行推出个人封闭式理财产品，有渤鑫系列、渤盈系列、渤盛系列，投资期限灵活，选择性多样、多渠道、多优惠。其中渤鑫系列为保本保收益理财产品，投资期限短，收益稳健，适合于承担较低风险投资的短期理财客户。渤盈系列为保本浮动收益理财产品，是一款结构性理财，理财资金通过购买期权、互换等方式参与衍生产品运作，其收益通常表现为与国际市场可交易标的挂钩的理财产品。投资方向广泛灵活（包括金融各类工具和实物产品或相关指数等）、产品资产配置结构多样、风险较低，适合有投资经验的投资者。渤盛系列为非保本浮动收益理财产品，期限灵活，具有较高的潜在收益。该系列产品投资于渤海银行理财产品资产池，包括债券类资产、同业借款、同业存款、同业拆借、债券回购、信托类资产等金融资产或金融工具，适合中、短期投资需求，有投资经验的投资者。

针对高校教职工群体改善生活条件的实际需求，天津银行推出个贷业务新产品——"师乐贷"。"师乐贷"是针对高校教职工这一特殊群体成功研发的消费贷款新产品。该产品将高校教职工作为目标客户群体,为其购房提供融资服务,同时延伸到为产生的相关装修费用提供资金支持。该产品贷款额度根据贷款用途确定,最高可达到7成,贷款期限最长30年,担保方式灵活多样,不仅解决了高校人才居住的问题,同时有助于促进储蓄、信用卡等个人金融产品的交叉销售,将服务范围拓展至个人金融以外的其他领域,更加紧密了天津银行与高校的合作关系。

(二)租赁产品创新

2012年,滨海高新区被批准为全国非上市公司场外交易市场首批扩容试点。2013年中国融资租赁50强中,天津的融资租赁企业占32强。融资租赁由飞机、船舶拓展到动车组、地铁车辆等领域,业务总量占全国四分之一。航运物流企业免征营业税、融资租赁货物出口退税等政策试点实现突破,转口贸易快速发展。

天津租赁行业协会的报告显示,作为天津滨海新区金融改革先行先试重要内容之一的融资租赁业,近年来,业务总量一直占全国20%以上,名列全国第一。2012年6月,作为国内融资租赁行业首次大型专业性论坛,由滨海新区政府和中国国际商会租赁委员会主办的2012天津滨海新区融资租赁发展论坛在天津市梅江会展中心举行。天津滨海新区已成为中国最大的融资租赁聚集地和示范区。2013年总部设在天津的各类融资租赁公司将达到200家,比年初的116家增加约84家,约占全国各类融资租赁企业总数1006家的19.9%;在津的总部企业注册资金将超过830亿元人民币,约占全国3040亿元的27.3%;全市融资租赁合同余额约为5200亿元人民币,比上年初3700亿元增加约1500亿元,增长40.5%,增长速度高于全国平均水平35.5%共5个百分点。2013年,天津融资租赁业务总量约占全国21000亿元的24.8%,而滨海新区的融资租赁业务占天津融资租赁业务量的63.4%。

天津银行贸易融资业务以"金链条"贸易融资系列产品为特色,提供保理融资链、进口贸易链、国内贸易链、保函融资链以及信保融资链五大综合服务产品解决方案。针对不同类型客户以"本外币一体化、内外贸相结合"为理念,为广大内外贸客户提供结算、融资、避险、增值等多方位金融服务产品,为客户制定个性化产品解决方案。

（三）保险产品创新

2012年，保监会发布《保险资金参与金融衍生产品交易暂行办法》，其中规定，保险资金投资渠道可投资银行理财、信托计划和券商理财等产品。业内人士认为，这是首次保险资金投资渠道面向金融衍生品，此举有望拓宽保险公司的收益来源。该《办法》规定，未来保险资金可以投资境内依法发行的商业银行理财产品、银行业金融机构信贷资产支持证券、信托公司集合资金信托计划、证券公司专项资产管理计划、保险资产管理公司基础设施投资计划、不动产投资计划和项目资产支持计划等金融产品。

二 2013年滨海新区金融市场产品创新

（一）证券产品创新

1. 中小企业债创新

中小企业发债这种"捆绑式发债模式"打破了只有大企业才可发债的霸权模式，开创了新型中小企业融资模式。国家在政策上积极倡导发展债券市场，缓解中小企业融资难题。其中，《中华人民共和国国民经济和社会发展第十二个五年规划纲要》指出"要积极发展债券市场，推进债券品种创新和多样化。"发改委、央行、证监会等部门近年来也都发布了制度规定，降低中小企业发债门槛，推动中小企业债券市场的发展。与传统融资工具相比，中小企业债券融资以具有"集小成大、化劣为优"的特点受到中小企业的青睐。天津滨海新区在中小企业债券融资方面不断探索，于2010年正式启动了天津首个中小企业集合票据融资试点，直到2012年天津滨海高新技术中小企业第一期集合票据才正式发行，由上海浦东发展银行作为主承销商，由包括天津亚安科技股份有限公司、天津海泰数码科技有限公司等在天津高新区内注册的5家企业共同发行，发行额共1亿元，发行期限3年，票面利率8.68%。这是天津中小企业首次涉足银行间债券市场，对天津债券市场具有里程碑式的意义。

2. 私募股权基金创新

国务院在政策上积极鼓励滨海新区进行金融产品创新，《国务院推进天津滨海新区开发开放有关问题的意见》明文鼓励天津滨海新区进行金融改革和创新。天津滨海新区作为国家综合配套改革试验区，将发展私募股权投资作为金融改革的重要内容。截至2013年底，在国家发改委备案的31家基金管理机构和基金企业中天津有21家、北京有10家，天津市股权基金备案办共备案128家基金管理机构和基金企业。天津已成为私募股权投资基金的聚集地，无论是政策的研究、推出、落实还是后续的专业化服务方面，天津都走在了前列。

（二）场外市场产品创新

1. 天津股权交易所产品创新

天津股权交易所自2008年9月设立运营以来，把提供面向中小企业、科技创新型企业的专业化金融服务作为工作的核心。针对中小微企业、科技创新企业规模小、信用低、发展快的特点，天交所建立了"小额、多次、快速、低成本"的融资模式。截至2013年12月，天交所市场为挂牌企业实现各类融资合计210.91亿元。其中，挂牌企业通过首次定向私募和挂牌后增发实现直接融资60.43亿元；81家挂牌企业实现股权质押融资28.96亿元。2008~2013年，五年时间中，已经有80余家挂牌企业经过天交所市场的孵化培育后，达到创业板上市标准。目前，已有15家挂牌企业从天交所市场摘牌，启动上市程序，发力境内和境外的更高层次资本市场。

天交所为挂牌企业提供的业务服务包括：一为企业完成股权增发融资提供协助；二为企业办理股权质押融资提供帮助；三为企业分红派息提供流程指导；四为组织投资人与企业见面会，为企业引入战略投资者创造机会；五为企业组织路演推介会提供策划方案；六为企业高管人员提供专项培训服务；七为企业发展需要的其他咨询服务。

随着市场服务功能日趋完善，天交所正得到全国越来越多的中小微企业认可，这得益于天交所推出的"小额、多次、快速、低成本"的成长型中小微企业特色股权融资模式。具体见下表：

表1 天津股权交易所服务方式

项目	服务模式
融资时间	不存在烦琐的层层审批,通过专业化的服务为企业高效完成股权融资,一般从项目启动到完成融资用时3个月左右,努力将企业融资的时间成本降到最低。
融资金额	一般每次融资不超过5000万元,而且考虑到企业挂牌后的增发,以及带动的银行授信额度增加和股权质押融资,总融资额仍较为可观;中小企业按需融资,资金使用效率高,有利于市场理性健康发展。
融资成本	天交所对市场专业中介服务机构的收费进行管理,有效控制企业的融资成本。
融资效率	融资方式灵活,已挂牌的企业一年内可以通过天交所市场实现多次股权融资,融资效率较高。

2. 天津滨海国际股权交易所产品创新

目前,滨交所已建立起覆盖全国的300余家专业会员、4000余家合作渠道、六大洲400多家主流投资机构,并与全国220余家银行、券商等金融机构,逾300家政府及协会组织保有战略关系。正式运营以来,滨交所项目挂牌总数近400个,已为百家企业提供深度融资咨询,融资总额近5亿元。股交所交易产品覆盖股权融资、债券融资、并购重组等多项服务,具体见下表:

表2 滨海国际股权交易所服务方式

交易产品	服务方式
新三板配套服务	1. 滨海高新区区外企业: (1)帮助企业进行入区手续办理(在滨海高新区内存续两年以上的企业允许申报新三板); (2)如果企业着急上新三板可协助企业进行区内壳资源的寻找与整合服务(可实现短时间内申报新三板); (3)企业的改制与辅导服务; (4)券商、会所和律所等专业中介服务机构资源的低成本整合服务; (5)申报新三板相关政府部门的沟通与协调服务; (6)新三板挂牌后的并购重组服务; (7)新三板挂牌后的再融资等。 2. 滨海高新区区内企业: (1)企业的改制与辅导服务; (2)券商、会所和律所等专业中介服务机构资源的低成本整合服务; (3)申报新三板相关政府部门的沟通与协调服务; (4)新三板挂牌后的并购重组服务; (5)新三板挂牌后的再融资等。

续表

交易产品	服务方式
并购重组服务	整合滨交所独有资源——全国工商联并购公会和母公司万盟并购集团的产业链资源和专业优势,提供独具竞争力的并购与重组服务。
股权交易服务	1. 为企业在出让股权融资或转让股权套现中提供专业服务; 2. 提供资本运作方案策划与操作,产业与资本通盘考虑,并使财务与产业投资者准确对接; 3. 在内部重组、关系协调、交易结构、价值评估、谈判策略、报告协议等方面参与支持; 4. 在必要情况下可依托旗下基金提供过渡性投资。
债权融资服务	1. 利用金融机构与投资渠道的长期积淀与维系,以市场化手段遴选最优债务融资对象与方式; 2. 涉及担保、信托、短拆、融资租赁、信用贷款、上市公司股权质押、矿权质押等领域; 3. 充分匹配可力求利率成本、质押物折扣优于市场条件,且可使借款难企业融资成为可能。

(三) 要素市场产品创新

1. 渤海商品交易所产品

渤海商品交易所是全国最大的综合性现货商品交易所。截至2013年8月底,在渤海商品交易所挂牌销售的品牌商品已将近60个,覆盖工农业各个领域,包括PTA、聚酯切片、聚乙烯、聚丙烯、PVC等化工产品,焦炭、动力煤、神华块煤等煤炭产品,螺纹钢、热轧卷板、线材等钢铁产品,电解镍、阴极铜、金属镁锭等有色产品,以及棉花、白糖、脂松香、烟台苹果、五粮液酒等农林产品。按照天津市人民政府对渤海商品交易所的定位和要求,渤海商品交易所将推出包括石油及化工商品、金属商品、煤炭等能源商品、农林商品等专业领域的标准现货交易产品。目前渤商所提供的现货品种包括石油化工类产品8种、金属产品21种、煤炭能源类5种以及农林产品8种。除此之外渤商所还为交易商打造了以交易所的存货凭证为基础的贸易融资业务"渤海融通",包括存货凭证质押融资、买方融资、卖方融资、海经融资以及中间仓交易商融资。

2. 天津铁合金交易所产品

天津铁合金交易所是由铁合金行业内的相关企业为发起人成立铁合金电子交易市场,是全球唯一的一家专业性的铁合金产品电子交易所。交易所主要开展部分铁合金及相关矿产品现货电子交易,以融资担保、仓储物流和产品交易为服务重点,目前交易所已经开通了硅铁、硅锰、锰铁、锰矿产品的现货和中远期交易。

天津铁合金交易所搭建铁合金电子交易平台,提供铁合金及矿产品的现货

即期、现货中远期、现货挂牌交易。提供货物的交易、交收,货物质量、资金等风险的控制,货物的配送等一站式的服务。在金融物流服务中,天津铁合金交易所致力于服务铁合金行业,提供货物质押,代理采购等金融服务,帮助企业解决资金难题。

3. 天津贵金属交易所产品

天津贵金属交易所是天津滨海金融重要的金融交易所,投资者可以现货全额交易和现货延期交收交易两种方式参与"实物黄金投资金条"和"实物白银投资银条"业务。2012年底,天津贵金属交易所由中信集团控股。自2013年开始,天津贵金中信成为天津贵金属交易所第一大股东,天津产权交易中心、中国黄金集团公司等企业参股。天贵所以现货全额交易和延期交收交易为主。

(四)产权市场产品创新

1. 天津金融资产交易所

天津金融资产交易所(以下简称天金所)于2010年5月注册成立,注册资本1568万元人民币,是全国首家成立的金融资产交易所,为金融资产特别是不良金融资产的交易构建了更具公信力的平台。天金所致力于建设成为具有国际化、专业化、规范化、权威性的金融资产交易平台;逐步建成立足天津、覆盖全国、服务世界的中国最大的金融资产交易市场,通过交易所的专业化运作,促进中国资本市场的发育和现代化金融工具创新。截至2013年12月底,累计挂牌项目(企业)14741家,累计成交额超过14033375万元。

2. 天津排放权交易所产品

作为中国首家综合性环境能源交易平台,天津排放权交易所致力于将国际上成熟的环境能源服务产品引入国内市场,旨在为对环境能源市场具有前瞻性认识以及富有强烈社会责任感的企业、组织和个人提供专业、便捷的服务,助力客户实现节能减排效率最大化、成本最小化。交易所提供的产品服务包括碳中和综合服务以及合同能源管理服务。

碳中和是指企业、团体或个人测算其在一定时间内的碳排放总量,通过购买等量的碳减排指标(Carbon Credits)并注销(即碳减排指标不再转让),从而抵消自身产生的碳排放总量。2013年天津排放权交易所启动碳排放权交易。

继深圳、上海、北京、广东之后，天津成为我国第五个启动碳排放权交易试点的城市。其中，8家企业签订碳配额交易协议，以每吨28元出售碳配额指标。

交易所主要从事以下四个方面的服务：节能服务公司及节能技术的推介服务、项目融资服务、咨询服务及减排量核证登记服务。交易所创新性地引入合同能源管理（EPC），有效解决传统合同能源管理项目存在的一些瓶颈问题，减轻节能减排项目投资压力，促进节能减排项目的节能效果评价。EPC通过从事能源服务的节能服务公司（Esco）与客户签订节能服务合同，为客户提供包括能源审计、项目设计、项目融资、设备采购、工程施工、安装调试、人员培训、节能量确认等系统的节能服务，并从客户节能改造后获得的节能效益中，收回投资和取得利润的一种商业运作模式。

2013年，天津排放权交易所已经试点建立"保证保险、节能项目保理、收益买断、抵押融资、融资租赁、信托计划"六大类型的合同能源管理融资模式。成功案例包括宁夏石化蒸汽透平项目、宁夏石化乏汽回收项目等。

3. 天津矿业权交易所

天津矿业权交易所（以下简称天矿所）是一个国际矿业综合服务平台，设有矿业权交易市场、国际矿业融资市场、矿产品现货交易市场及风险勘查资本市场四大业务板块，为矿业企业和投资者提供交易、结算、融资、咨询等全产业链综合服务。天矿所秉承"服务矿业、创新发展"的理念，逐步建立引导社会资金有序投入矿产资源勘查开发领域，架起有特色的金融服务实体经济的桥梁，助力全球矿业企业持续健康发展。

4. 天津滨海国际知识产权交易所

天津滨海国际知识产权交易所（以下简称知交所）于2011年6月正式揭牌，是国内首家专业化、市场化、国际化的公司制知识产权交易服务机构，注册资本1000万元。目前，已成立生物医药、新能源新材料、现代制造、信息工程、现代农业、文化创意、移动互联网及城市创新"7+1"专业服务平台，形成逾2500项项目资源库，其中天津市项目约65%，国内其他省市项目约35%，在建专利池3个，涉及各领域、各行业。知交所以市场需求为出发点，积极开发新的交易品种和交易模式，以期将资金配置到具有自主知识产权的优质企业及个人，使资本与技术有效对接；广泛吸纳国内外资金及利用政府基金对科技

型企业进行支持，促进知识成果向现实生产力转化，带来实际的经济效益。

5. 天津文化艺术品交易所

天津文化艺术品交易所于 2009 年 9 月注册成立，从事的创新业务主要是文化艺术品的"份额化"，即以对文化艺术品实物严格的鉴定、评估、托管和保险等程序为前提，发行并上市交易拆分化的、非实物的艺术品份额合约。

三 2014 年滨海新区金融产品创新展望

（一）依托自贸区申报优势，推动跨境离岸业务发展

依托自贸区申报优势，深化金融制度创新，稳步扩大金融开放，推动人民币国际化、利率市场化和离岸金融市场发展。第一，在未来的自贸区内（以下简称区内），率先开展利率市场化试点。第二，推动人民币跨境业务发展。允许区内金融机构开展人民币跨境双向贷款业务。探索离岸人民币回流机制，允许区内企业开展离岸人民币贷款业务和债务融资，额度不纳入外债指标管理。允许区内企业的境外母公司可按规定在境内市场发行人民币债券。对区内注册的属于同一集团的关联企业，实行外债额度总额管理。企业境外融资不调入境内使用的，额度不纳入外债指标管理。开展人民币跨境再保险业务。第三，加快培育离岸金融市场，鼓励境内外符合条件的金融机构设立离岸业务机构，简化离岸账户审批流程，探索金融机构账户管理新模式，发展信贷、保险、证券、基金、信托、货币、同业、黄金和衍生品等多种离岸业务。第四，支持符合一定条件的单位和个人按照规定双向投资于境外证券期货市场。

（二）发挥新区政策服务优势，扩展金融产品服务功能

发挥天津金融业比较优势和政策优势，拓展租赁、基金、市场等运营功能和服务范围。第一，以自贸区申报为契机，营造与国际接轨的租赁业政策服务环境，在海关特殊监管区域内，建立租赁综合服务平台①和资产交易平台，试

---

① 综合服务平台为租赁业提供代理、融资、保险、评估、法律、会计、报关等各类配套业务。

点租赁资产权属登记、退出机制、资产证券化和资产流转,完善租赁业会计、税收政策。第二,依托毗邻首都"全国科技创新中心"的优势,加强政府、企业、大学、科研机构在技术、理念、资金上的交互促进,培育壮大区域创新生态系统,为基金运营服务提供充足的项目基础。第三,以新"国九条"出台为契机,加快金融要素市场建设;探索开展国际金融资产交易;支持设立适应大宗商品中远期期货市场发展需要的金融机构,逐步允许境外企业参与商品期货交易;依法合规设立跨境贵金属交易平台;探索外商股权投资企业在资本金结汇、投资、基金管理等方面的新模式;发展人民币海外投贷基金,为国内企业海外投资并购提供操作平台和综合服务。

(三)结构性存款迅速增长,理财产品管理亟待加强

2013年新区结构性存款快速增长,据中国人民银行金融统计监测管理信息系统显示,12月末,新区金融机构本外币单位结构性存款余额超200亿元,同比增长超5倍。本外币个人结构性存款余额82.23亿元,同比增长超2倍,较2011年增长超6倍,主要为各商业银行吸收的嵌入金融衍生工具的结构性代客理财产品。2014年,更需要充分发挥金融机构表外业务专项统计制度,及时、全面地监测表外业务发展情况,同时对于银行表内、表外的各类代客理财产品的统计管理和风险管理都需要进一步加强。

(四)加大金融改革创新力度,提升机构中间业务比重

2013年,新区银行业中间业务收入在其利润总额中的占比仅为18.23%,较天津市低7.08个百分点,加之多数银行业务创新的研发和推广主要集中在总行级别,而新区机构的层级不高,业务创新能力有限,业务发展不够灵活多元,在一定程度上限制了新区银行业金融改革创新的力度。在未来一段时间的发展中要积极应对利率市场化,既要完善贷款利率定价体系、细化存款成本核算体系,也要加快调整业务结构,大力发展中间业务、资金业务和资本市场业务,解决金融产品创新不足的问题。

B.5
分报告4
2013年的滨海新区金融生态环境

摘　要： 金融制度对于维护金融秩序、保障金融交易、规范金融业务、防范金融风险、促进金融创新等方面均起着十分重要的作用。2013年滨海新区在金融法律制度环境的优化方面进行了积极探索、深入推进，以制度创新为先导，带动新区全方位创新而努力。行政审批制度建设成效显著、科技金融支持力度逐步增强，在财政税收方面，突出支持滨海新区中小企业发展、支持新区现代服务体系发展。金融基础设施建设不断完善，新兴金融服务力量逐渐壮大。未来还将进一步完善滨海金融制度环境，推动新区金融法制建设，发展新区金融中介体系，健全现代金融服务体系。

关键词： 金融生态　行政审批　财政税收

《天津市滨海新区国民经济和社会发展第十二个五年规划纲要》指出，在机遇和挑战并存的条件下，滨海新区必须"坚持率先发展""坚持创新发展""坚持可持续发展""坚持互动发展""坚持和谐发展"。目前滨海新区正处于历史发展的关键时期，要利用好政策和区位上的优势，把握历史发展趋势，抓住发展机遇，实现滨海新区更好更快发展。实现上述目标，离不开金融对实体经济的大力支持，而金融改革必不能离开优良的金融生态环境，因此，如何优化金融生态环境将成为滨海新区"十二五"期间重点研究的课题。推进滨海新区开发开放是党中央、国务院从我国经济社会发展全局出发做出的重要战略部署。近几年，天津市委市政府积极响应和落实《关于推动天津滨海新区开发开放有关问题的意见》的精神，并结合滨海新区发展的现实，积极推进新区法制环境、财税政策环境、金融服务体系等方面的建设，取得了令人鼓舞的进展，营造了良好的金融生态环境，为实现滨海新区经济的长足发展提供了强有力的保障。

金融生态环境，又称金融生态体系，是各种金融组织为了生存和发展，与其生存环境之间及内部金融组织相互之间在长期的密切联系和相互作用过程中通过分工、合作所形成的具有一定结构特征、执行一定功能作用的动态平衡系统。任何一种金融生态都是在一定的环境条件下形成的。我们把作用和影响金融生态的这些环境条件称为金融生态环境。广义上的金融生态环境是指宏观层面的金融环境，是与金融业生存、发展具有互动关系的社会、自然因素的总和，包括政治、经济、文化、地理、人口等一切与金融业相互影响、相互作用的方面。狭义上的金融生态环境是指微观层面的金融环境，包括法律制度、行政管理体制、社会诚信状况、会计与审计准则、中介服务体系、企业的发展状况及银企关系等方面的内容。金融生态环境对金融机构和金融市场的运行至关重要，甚至关系到金融机构和金融市场的生存与发展。

一 2013年滨海新区金融制度环境发展

金融制度在维护正常的金融秩序、保证金融交易的顺利完成、规范金融业务、防范金融风险、促进金融创新方面均起着十分重要的作用。因此，优化金融法制环境成为滨海新区改革的一项重要内容。优化法制环境是一个加强法制环境建设的问题。天津滨海新区金融法律制度环境的优化，需要在市委市政府、区委区政府的领导下，积极探索，深入推进，以制度创新为先导，带动新区全方位创新而努力。

（一）行政审批制度建设成效显著

2013年5月20日上午，筹备已久的天津滨海新区行政审批局正式挂牌成立。这是天津市4月份推出行政许可"权力清单"后，滨海新区深入推进行

政许可制度改革的重要举措,也是滨海新区打造投资和服务贸易便利化综合改革创新区的关键一步。滨海新区行政审批局整合了新区发展改革委、经济信息委员会、建设交通局、教育局等原有18个办事部门的216项审批职责,实行一个窗口办理,现场审批率达到100%。有超过150项事项,在要件齐全的情况下,可在一个工作日内完成审批。

滨海新区对企业设立实行"一口式"审批,大幅提高了审批服务效率。通过现场建立企业注册电子信息交换平台,实现工商、质监、国税、地税和公安等信息共享。从正式受理企业申请开始,可在1个工作日内完成营业执照等事项,比原先的3天办结"四证一章"又减少了2天时间,为全国最快速度。此外,滨海新区行政审批局还创新建立了网上办事大厅"直通车"办事渠道。建设专门网站,申请人在互联网上直接登记申报审批事项,审批人员网上审核,批准后通知申请人到行政许可服务中心一次性领取证件,极大地方便了企业和群众办事,目前,此类网上办理事项达200项。

(二)科技金融支持力度逐步增强

2013年滨海新区相继出台了《滨海新区支持科技型中小企业上市融资加快发展办法》等三个文件,从制度角度进一步支持新区科技金融发展。在这些制度出台后,新区的财税、金融部门专门安排财政拨款和政府引导基金,引导银行、证券、保险和私募等各类社会资金为新区的科技型中小企业提供融资支持。2013年,新区新建立3只创投基金,每只5000万元,专门支持科技型中小企业科技创新。此外,新区政府还牵头整合金融服务资源,加大对新区的科技型中小企业的上市培训力度,形成企业与融资平台良性对接的局面。

(三)航运金融改革创新方兴未艾

2013年5月13日滨海新区提交的经市政府常务会议审议通过的《天津东疆保税港区2013~2017年经济发展规划方案》,指出要把东疆港打造成中国第一个实施国际船舶登记的改革创新基地。该法案的通过,意味着东疆港海事园区改革建设正式纳入规划,并作为滨海新区综合改革的重点项目之一。该法案通过后,天津海事局与滨海新区政府签署合作协议,共建东疆港综合海事保障基地。东疆港的建设，将有力推动各类产业要素向滨海新区聚集与整合，这也是滨海新区航运金融改革的重要一环，以此为支点，带动滨海新区包括保险、外汇在内的综合配套改革创新。2013年，东疆港海事园区将建设集识别管理、宣传教育、技术鉴定、保障检测、政策研究为一体的综合海事服务基地，整合科技、人才、信息和保障功能于一身的综合性后勤保障基地。

二 2013年滨海新区财政税收环境发展

天津滨海新区东疆保税港区以国际税收、融资租赁等为代表的涉外经济体制改革正逐步推进。2013年，滨海新区金融生态环境建设不断完善，相关部门在财税政策方面做出很大努力。具体情况如下。

（一）支持滨海新区中小企业发展

科技型中小企业是加快培育和发展战略性新兴产业的重要载体。为推动天津市科技型中小企业实现突破性发展，天津市人民政府全面落实各项财税优惠政策，进一步完善财税扶持政策，加大财政科技投入力度，鼓励科技创新，支持产业升级，加大高新技术企业研发经费加计扣除等创新政策的落实力度，积极引进优秀科技人才组成高水平研发团队，打造以企业技术中心及工程技术研究中心为主的科技创新平台。滨海新区融资租赁业务在全国处于领先地位，国际船舶登记、国际航运税收、航运金融和租赁业务等试点已于2011年启动实施。财税体制改革的进一步完善，极大地推动了滨海新区先行先试的政策优势，强化了东疆保税港区、中新天津生态城、中心商务区等功能区域的建设力度，促进了新区引进世界先进高端产业，实现区域示范效应，提升服务辐射功能。

2013年滨海新区新增科技型中小企业3500家、新增科技小巨人企业150家，新增孵化载体10家；加快培育"杀手锏"项目，新增国内领先的"杀手锏"技术产品30多项，新增孵化面积30万平方米。目前滨海新区已建设为全国具有很强影响力的科技创新基地。2013年，滨海新区在科技型中小企业的直接债权性融资方面取得全新突破，其中福丰达和三英新技术两家中小企业成

功挂牌,并由此获得银行债权融资1100万元,开启了科技型中小企业债权性融资先河。天津滨海柜台交易市场在直接融资业务开展后的半年内,积极服务实体经济发展,发挥专业特长,促进金融与科技的紧密对接,使金融创新与科技创新紧密结合在一起,截至2013年已累计支持中小企业融资超过1亿元,为中小企业的资金需求提供了强有力的支持。

(二)支持新区现代服务体系发展

自从天津滨海新区被纳入国家发展战略以来,滨海新区一直努力建成我国北方经济中心、北方国际航运中心、国际物流中心,为实现上述目标,滨海新区积极发展现代服务业,加强财税优惠政策向服务业倾斜,增强财税政策服务金融创新的能力。2013年,区内私募基金、小额信贷机构、融资租赁及滨海商品交易所等交易机构运营规模不断扩大,加快了滨海新区资本市场的发展。今后滨海新区将更大力度地发挥区域财税政策优势,加快中介咨询、文化创意等服务业的发展步伐,进一步完善滨海新区现代服务体系。

自2008年渤海产业投资基金设立以来,2013年,国家发展和改革委员会相继批准滨海新区设立了三只创业投资引导基金,共计7.5亿元。创业投资引导基金由中央、地方和社会共同出资设立,其中,中央财政配套5000万元,新区配套5000万元,社会募集1.5亿元。创业引导基金的设立,重点支持实体经济发展,资金投向集中于高新技术产业、装备制造业。此外,新区召开新三板扩容工作推动会,为积极推动功能区内的企业上市融资提供必要的支持和帮助,效果显著。

2013年天津港集团斥资人民币25亿元在建的全国最大规模的保税港,在该年内完成一期工程。东疆港展销中心占地面积86000平方米,分地下一层和地上四层。建成后将重点展示高端进口车及高档红酒等,将来会成为各种保税商品展示交易的平台。东疆保税港同时具备集装箱枢纽港、保税区、出口加工区、保税物流园区和国际游轮母港的功能。该中心作为大规模免税店也将成为该港的观光卖点,具体而言,可能采用海南省"离岛免税"方式。"离岛免税",是指从海南岛乘坐飞机离岛(不包括出境)的旅客实行限次、限值、限量和限品种免除进口税(关税、进口环节增值税和消费税)的政策。

（三）融资租赁税收制度的改革创新

按照税法规定，融资租赁货物出口贸易不满足出口退税条件，因此抬高了融资租赁的成本，融资租赁业务只能局限于国内贸易，这成为融资租赁发展的一大瓶颈。2012年出台的东疆港融资租赁退税改革条例，无疑是给滨海新区的发展打开了枷锁。通过整合纳税申报系统、出口退税的交叉集合比对系统等，融资租赁的出口退税办公效率取得历史性突破。此外，滨海新区积极利用"营改增"后的政策优势，将融资租赁业纳入营业税改征增值税试点。"营改增"后，新区财税部门明确规定，改革前后的税收优惠政策将延续下去。这对于生产性企业的积极性的提升大有裨益，为做大做强滨海融资租赁高地添砖加瓦。

三 2013年滨海新区金融服务体系发展

根据滨海新区金融服务局的数据，2013年，新区全面深化改革，探索金融创新，全区金融业增加值326.14亿元，同比增长24.4%，高于GDP增速近7个百分点，占生产总值比重由3.4%增长到4.1%。金融业作为金融生态的核心，其高速增长无疑给整个生态环境的优化提供了原动力。

（一）金融基础设施建设不断完善

2013年，中心商务区将围绕"一个基地，五个中心"的定位，加快金融改革创新基地、融资租赁中心、商业保理中心、股权基金中心、要素市场中心、资金结算中心的建设，加强招商引资力度，形成产业聚集，发挥集聚效应。"十二五"以来，中心商务区紧密围绕天津滨海新区"一核双港、九区支撑"总体规划，充分发挥滨海新区综合配套改革和金融创新先行先试的政策优势，进一步加快区域基础设施建设，不断完善投资环境。中心商务区根据"一个基地，五个中心"的定位，努力打造滨海新区的商务商业和行政文化中心、中国的金融创新基地、世界一流的中心商务区，塑造滨海新区金融改革创新基地和未来城市形象标志区。

作为滨海新区金融改革的核心区域，于家堡金融区在2013年进一步完善基础设施和相关配套设施建设，尽快建成一期工程起步区。滨海新区通过一系列政策优惠，鼓励于家堡金融区实施高质量招商引资，吸引广泛的高端金融企业、金融从业人才。滨海新区还制定推行了一系列鼓励政策，吸引和招揽国内外各类创新型要素以及资本市场向区域内集聚，促进新区现有创新型市场向金融创新运营转移。2013年新区实施了金融改革创新第二个专项方案，着力实行金融政策聚焦，重点推进新型金融业务的拓展，探索动产权属登记试点改革等。一系列的政策支持，将逐步把于家堡金融区打造成国家金融改革创新高地。

（二）新兴金融服务力量逐渐壮大

新兴金融服务机构不但是金融服务体系的组成部分，更是一个金融市场发达与否的决定性因素，滨海新区自从"十二五"规划以来在新兴金融服务方面积极探索，锐意创新，概括起来主要有以下几方面。

1. 天津股权交易所

在直接融资中，股权融资最为典型。滨海新区针对中小企业的股权融资平台在近两年来已经搭建完毕。2013年天津股权交易所累计挂牌企业455家，涉及28个省市，总市值达到382.4亿元，累计发行私募债10只。铁合金交易所主要采用现货交易模式，交易硅铁、硅锰、金属镁和锰矿四个品种，累计成交金额达到512亿元。

天交所紧紧抓住金融服务实体经济的核心不放松，积极改进各类金融服务。截至2013年底，已有近百家各类综合服务机构入驻滨海新区。天交所积极探索具有中国特色的场外交易市场，打造集融资、规范、孵化、培育等多功能于一身的市场服务体系，取得了市场规模翻番、融资规模翻番、服务功能逐渐健全、投资人队伍稳步壮大等阶段性成果。

2. 天津滨海柜台交易市场

自2012年6月10日天津滨海柜台交易市场股份公司（天津OTC）融资服务平台正式上线以来，其积极探索构建具有天津特色的中小企业金融服务体系，为在天津具有融资需求的中小企业提供全方位、高效率的投融资服务。从天津OTC融资服务平台建设情况来看，目前已建成了非上市股份公司股份转让平台与一站式融资服务平台，专门为具有高成长、有潜力的中小企业提供融资服务，在这两个平台进行股权交易，不仅具有准入门槛低、手续相对简便的优势，同时在融资成本方面也低于全国平均水平。2013年3月27日，天津斯秘特精密仪表股份有限公司凭借以合格的绿色标准能源管理系统体现的高成长优势在非上市股份公司股份转让平台顺利挂牌，而天津三英新技术发展股份有限公司则以小型数控教学机床为竞争优势，也成功在该平台挂牌，两家企业均成为在该平台正式运营以来的首批挂牌企业。天津OTC融资服务平台正朝着成为中小企业进入创业板与主板资本市场的重要孵化器的目标而努力前进。

3. 保理业在全国处于领先地位

保理是一项集贸易融资、商业资信调查、应收账款管理以及信用风险担保为一体的综合性金融服务。通用电气保理公司的落户，将引进先进的理念及实践方案，同时满足生产商与分销商的贸易融资需求，将进一步促进天津市金融创新及相关服务产业的发展。为探索商业保理发展途径，更好地发挥商业保理在扩大出口、促进流通等方面的积极作用，支持中小商贸企业发展，2012年6月，国家商务部下发《关于商业保理试点有关工作的通知》，决定在新区开展商业保理试点工作。

2013年1月，通用电气下属的通用电气保理有限公司落户天津。该公司的入驻，使得天津市的保理业上了一个全新的台阶。滨海新区商业保理领跑全国商业保理行业，企业数量占全国近一半。截至2013年末，在滨海新区注册成立的独立商业保理公司达到13家，占全国总数27家的48%，是名副其实的"中国保理之都"。这其中有天津渤海保理公司、鑫银国际保理公司、瀛寰东润（中国）国际保理有限公司、嘉融信（天津）国际保理有限公司等知名企业。滨海新区是我国国内最早登记注册商业保理机构的地区，拥有我国第一家商业保理公司、第一家外资商业保理公司、国内注册资本量最大的商业保理公司及我国第一批国际保理商会协会会员。

四 2013年滨海新区公共服务体系发展

2013年，滨海新区常住人口已经突破260万。在京津冀协同发展上升为

国家战略的大背景下，随之而来的，将是新一轮的产业转移和人口聚集。为此，滨海新区加大民生工程投入力度，2014年，新区计划追加公共服务投资150亿元，实施包括教育、卫生、医疗、养老在内的258个民生项目。通过打造良好的生活环境，吸引重点产业的转移、落户，承接人员聚集。在卫生和教育这两个公共服务的重点领域，滨海新区下大力气进行改革。在卫生方面，滨海新区一是通过合作共建来吸引优质医疗资源向新区延伸；二是通过制定优惠政策，鼓励引导社会资本兴办医疗机构；三是通过加大医疗卫生机构的改造提升，促进基本公共卫生服务的均衡化。而在教育方面，2013年滨海新区已经吸引了包括耀华中学、南开中学、天津一中在内的一批名优学校相继落户。滨海新区为其子女提供优质的教育软环境，让更多的好项目、好人才到新区来落户或者居住。以实施"名校带动工程"为切入点，提升区域教育软实力。以滨海新区生态城为例，整个生态城的学校就是一个教育集团，师资是一体的，在一个统一的体制下运行，真正做到资源均衡发展。2014年，滨海新区计划投资150亿元，完成258个民生项目，涉及教育、卫生医疗、养老等方面，通过提升公共服务能力，打造良好的生活环境，吸引更多的企业落户，承接人员聚集。

2013年3月31日，位于滨海新区海洋高新区内的妇儿保健中心启动建设。项目投资方滨海建投集团公共产业投资公司副总经理闫宁说："这个中心设有亲子活动中心、儿童保健中心和筛查室、妇女保健中心、人口服务中心、孕妇学校等设施，服务区域可以辐射到整个滨海新区。项目建成后将提升区域公共卫生服务能力。"在31日当天，与滨海新区妇儿保健中心同时启动建设的，还有可以容纳2160名学生就读的云山道九年一贯制学校；拥有122张床位的天津滨海新区阳光家园第三托养康复服务中心，以及集"教、学、卫、乐"功能于一体的大港老年大学。

宜居的环境能吸引大量优秀金融人才入户，优化金融生态，首先应当优化居住环境。2013年，滨海新区执法局加强了环境执法力度，通过多项有效措施和行动有效改善了环境质量，确保了新区的环境安全。滨海新区执法局对滨海新区内企业，特别是49个国家重点监控企业的排污申报、审核与核定实现了"动态管理"，对新区新建区域（中心商务区、临港经济区）开展了排污申报和排污收费工作。目前，共申报企业户数43户，排污收费户数18户，共缴纳排污费480万元。2013年，结合新区实际情况，滨海新区环保部门先后开展了整治违法排污企业、保障群众健康环保专项行动、环境安全百日大检查、重金属排放企业、畜禽养殖场专项检查、医药制造企业专项执法检查等14次环保专项行动，对相关企业的治污设施运行、达标排放、危废贮存及安全处置等情况进行了检查。在14次环境执法行动中，共出动了执法人员4000余人次，检查企业2303家次，对35家存在违法行为的企业进行了立案处理。通过专项行动，有效改善了环境质量，确保了新区环境安全。

目前，滨海新区城市管理正向"网络化""长效化"方向转型发展。为了让滨海新区核心区的市容环境治理更加长效有序，有据可依，2013年滨海新区制定了《滨海新区核心城区市容环境综合执法长效管理工作方案》。根据此方案，重点针对运输渣土车辆撒漏、新建违法建设、道路环境秩序、非法小广告及宣传品进行了综合整治。2013年共巡查考核核心城区管理道路200余条，督促辖区城市管理综合执法部门拆除新建违法建筑1500余平方米，查处渣土车辆撒漏2300余次，查处各类非法小广告3万余张。2013年全年，滨海新区执法部门还开展了针对餐饮废弃物、运输车辆撒漏、东亚会期间环境秩序等专项治理行动，重点对运输渣土车辆撒漏和脏污车辆上路行驶、违法建设、非法占道经营、非法小广告等进行了治理。在这些执法行动中，共拆除各类私搭乱建6.2万平方米；清理乱摆乱卖75000余处；治理施工工地违章4000余次；治理车辆扬尘撒漏、车轮带泥污染道路等违章29000余次；查处非法小广告15万余张。通过这些城市执法行动，为新区环境综合整治工作扫清了障碍，让区域环境得到了提升和改善，为居民营造了一个更加干净整洁的生活工作环境。

五 滨海新区金融生态优化空间

（一）金融制度环境优化空间

《天津市滨海新区国民经济和社会发展第十二个五年规划纲要》明确指出：要把滨海新区逐步建设成为我国产业投资基金发行、管理、交易、信息和

人才培训中心。近几年的金融改革不断深化，天津滨海新区金融生态环境不断发展和完善。但新区内金融生态环境中的一些重要问题尚未从制度的层面加以解决。目前，天津滨海新区金融生态法律环境主要面临以下问题。

第一，天津滨海新区在产业投资高歌猛进的同时，法律法规的配套建设步伐并未跟上。在目前，全国范围内尚未在产业投资基金的法律层面对其投资、发行、管理、交易、退出的机制进行规范设计，造成了监管的真空。长期下去势必造成该领域发展混乱，难以构成可持续发展的产业链条。在我国目前分业监管的制度框架下，产业投资基金不失为一种积极的金融领域的探索创新，但是其规范化的发展离不开法律制度的建设。从国际监管的经验来看，可以积极整合相关法律，如《中国人民银行法》《商业银行法》《保险法》《证券法》等，结合滨海新区的现状，构建功能型监管体系，以宏观审慎监管思路为指导，避免系统性风险为目标，尽快出台相应的地方法规。

第二，新区的金融机构以及工商企业的退出机制缺失，是目前金融生态发展的一大短板。在经济运行的过程中，整个经济体有个体和企业的进入，也有企业的退出，这样才能形成市场的均衡。而现行《企业破产法》存在调整范围有限、破产程序尚不完善、政策性破产等普遍问题，在实践中政策性破产的扩大化进一步加大了债权人，特别是银行债权人的经营风险。对于金融机构而言，有政府的庇护，使得该问题的解决进一步复杂化。

第三，仲裁机制建设仍需加强。作为解决经济纠纷的重要举措，仲裁具有成本低、速度快的特点。从仲裁机制建立和发展上来看，天津国际金融仲裁中心是新区政府为了完善经济配套机制改革而做出的重大决策，它的成立必将优化滨海新区的法律服务环境。但是与上海仲裁解决机制相比，新区的仲裁解决机制才刚刚起步，对于仲裁的概念仍远远没有达到普及的程度，因此近两年来受理的案件并不是很多，天津国际金融仲裁中心仍然以宣传为主，力图在尽可能短的时间内将仲裁的概念普及到天津经济发展的每一个角落。

（二）财税政策环境优化空间

为提高滨海新区的示范效应，天津市在对滨海新区的财政税收各项政策上都给予了很大的支持，投入了大量的人力、物力、财力。从东疆港保税区的建立，到滨海高新区科技型中小企业的发展，再到新区的融资租赁业务创新，一系列政策上的优惠都给予滨海新区财政上的支持与税收上的鼓励。在看到滨海新区发展可喜之处的同时，新区财税自主权不足，对经济发展的支持力度不够，企业存在税负过重等问题也不容忽视。

第一，滨海新区的财税自主权及其扶持力度尚不充足。尽管李克强总理2013年底来滨海新区考察强调滨海新区拥有上海自贸区的所有优惠政策，但是从目前的情况看，滨海新区在财税立法和操作层面并未将国家赋予的试验田的优势发挥到最大。与上海、深圳相比，滨海新区在人才入住和企业设立上的各类财政补贴和税收减免还有待进一步加强。这与滨海新区作为全国经济增长的第三极，带动京津冀协调发展的目标定位相距甚远。在国家赋予滨海新区投资与贸易便利化综合改革创新区的政策优势下，如何探索滨海特色的财税体系，对接滨海新区金融创新，是摆在面前的一大难题。

在科技创新支持产业结构调整的大前提下，新区财政对科技研发的扶持力度不够，把外贸、投资导向型经济转变为内生、集约式发展需要加强。滨海新区高新技术产业的基础研究为科技、经济长远发展战略目标服务，是具有公益性质的公共服务项目，新区政府应当加大投资力度，增强投资导向性，积极引导非政府部门的资金注入，形成资金的良性循环，以弥补财税的供需缺口。

第二，滨海新区企业税负过重仍然是亟待解决的一大难题。目前，天津滨海新区对服务企业在流转环节可征收3%的优惠税率，但大部分企业仍然适用5%的基本税率，税率的总体水平仍然偏高。根据国际相关统计数据显示，发达国家对服务业征收较低水平的增值税率，甚至对服务业免征增值税。虽然，依照我国国情，对企业免征增值税不太符合实际情况，但由于滨海新区承担着金融改革的历史重任，可以考虑对新区内企业实行部分减免优惠政策，并要切实履行到位。

在企业所得税方面，滨海新区现行的高新技术投资的税收优惠政策只体现在15%的企业所得税优惠上，对于新区的个人所得税优惠政策，新区的各项制度存在着空白，在高税负的条件下，新区的人才供给势必受到制约。人才作为高新技术的核心，高税负对于积极性的挫伤，这点是新区未来规划必须要解决的一大难题。

（三）中介服务体系优化空间

滨海新区金融服务体系处于不断发展和完善的进程中，2012年滨海新区金融体系建设取得了较大进步，但总体来说金融中介服务体系建设仍然存在些许问题，主要表现在以下方面。

第一，新区金融中介机构结构发展不平衡。滨海新区金融体系正在朝着多元化、多样化的方向发展，但目前阶段，新区金融机构仍然是以银行金融机构为主，非银行金融机构为辅的格局。完善的金融体系应该是银行业金融机构与非银行金融机构均衡发展，互相促进的。吸引民营资金进入金融领域，是盘活金融体系的一大关键，在提高滨海新区金融机构数量的同时，民营金融的自负盈亏机制对于质量的优化作用巨大，以民营金融为突破口，带动整个金融机构均衡发展不失为未来规划的一大重要举措。

2013年，滨海新区共有中外资银行业金融机构43家，有41家银行在滨海新区开设支行营业部（共506处），银行业综合实力得到进一步的提升，本外币存贷款在金融危机后年年递增。然而在直接融资体系上，多层次资本市场的目标距离还很远。证券机构方面只有法人证券公司1家即渤海证券，证券分公司1家，期货管理公司3家。保险业方面，其经营方式还停留在传统的框架内，保险创新步履蹒跚。整个滨海新区金融体系在盈利能力、金融创新方面也与北京、上海、深圳相差甚远，金融体系自身的缺陷让金融环境的优化受到极大的掣肘。

第二，信用环境有待完善。金融信用体系的建设是一项艰巨而复杂的工作，需要金融市场上的所有参与者都能按照"诚实守信"的原则进行交易，良好的金融信用体系不仅是文化建设的重要目标，更是金融法制建设的重要成果。目前，滨海新区的金融信用体系的不完备性集中表现在三个方面：一是滨海新区缺乏本土专门的信用评级公司，成为新区的直接融资市场特别是债券市场发展的桎梏。二是信贷征信业没有专门的法律法规加以规范，征信业的定位和发展模式尚不明确。三是金融监管部门对于违反"诚实守信"原则的金融行为的惩治力度不够，对违反法律法规的金融机构、单位、个人不能形成有效的震慑力。

六 2014年滨海新区金融生态环境展望

金融体系与其生态环境是相辅相成、紧密相连的整体，金融生态环境的优化离不开金融体系自身深度与广度的提升，金融生态环境的优化反过来也能促进金融体系的蓬勃发展。天津滨海新区金融生态环境的建设优化是一个错综复杂的系统性工程，不仅需要法制环境和财税政策的支持，也需要政府、金融机构、企业乃至个人的努力及多方的共同配合。2013年滨海新区金融生态建设取得了不小的成就，但同时也存在着多方面的问题，未来滨海新区的金融生态建设应着重关注以下方面。

（一）完善滨海金融制度环境，推动新区金融法制建设

金融法律体系作为实现经济可持续发展的重要保证，在滨海新区金融制度环境建设过程中起到了不可替代的作用，而金融法制建设正是完善金融法律体系的核心所在。因此，滨海新区应当将下一步工作重点放到金融法制建设当中来。2013年，天津滨海新区在金融法制建设方面取得了可喜可贺的成绩，进一步完善了新区内的金融法制体系，但是还有许多需要改进的地方，在以下几个方面仍需加强。

1. 完善立法机制

李克强总理在2013年底考察滨海新区时强调，滨海新区的改革试验，拥有一切上海自贸区的优惠政策，其中包括各项立法的改革试验，滨海新区应当在现有的法律框架内，积极探索以对接综合配套改革为核心的职权立法建设。《立法法》的颁布意味着我国省、市级别的区域也能够根据自身的发展需要实行自身拥有的立法权。滨海新区在立法方面的改革，事实上十分符合国家自下而上体制改革的需要，所以滨海新区必须抓住这一机遇，针对天津金融改革过程中遇到的问题制定合理的实施方案，特别是在法律约束体系建设过程中，合理利用自身的立法权，为国家层面的立法提供一定的法律依据与基础。对于在金融运营过程中遇到的法律监管真空地带，应当加快法律法规条款的出台进度，约束市场行为，防止系统性风险的出现，同时对于指导性较强、操作性较

弱的法律法规条文，应当深入研究其细化的可能性，进一步加强这些法律法规条文的可操作性与针对性。

2. 完善现有法律法规

完善现有的法规首先应当加快修改《天津滨海新区条例》。该条例是天津市人大在2002年颁布的，但随着天津滨海新区2006年成为综合配套改革试验区，上升为国家战略后，该条例的内容显得十分狭窄，已经不能适应变化了的滨海新区，不能满足滨海新区的新要求和新任务，因此也就不能充分发挥对天津滨海新区综合配套改革的保障和促进作用。在新区金融创新过程中，应当及时对遇到的新型法律问题进行理论及实践研究，并及时通过立法机制予以完善，比如积极探讨完善金融机构市场退出机制和《企业破产法》，在民营资本进入金融市场上的相关法规的完善，对于新区拳头产品融资租赁和保理业的各项法律法规的修改等。

（二）推动滨海新区财税改革，优化新区财税政策环境

推动新区财税改革，要有适当的政府干预。从目前国内的金融环境来看，对于金融发展的影响，离不开新区的实体企业经济。要想让新区的实体经济迈上新的台阶最主要的是通过财税的杠杆调节。财政税收关乎企业命脉，影响经济发展，良好健全的财税政策发挥着统筹协调作用，可以有效调节宏观经济，同时完善的财税体系对于产业的优化升级至关重要。天津滨海新区要充分利用金融改革先行先试的实践经验，积极推进与新区企业相关的财政政策和税收机制，按照"统筹规划、顶层设计、协调联动、积极稳妥"的原则，进一步深化新区财税体制改革。对新区内企业在不发生漏征的同时要积极避免重复征税，适当降低基本税率，适当提高起征点，实现税源的循环可持续发展。对不同行业企业实行差别征税和相应的财政补贴政策，从政府层面引导企业发展，从财政层面支持企业创新，提高滨海新区的创新能力。具体措施包括以下两点：一方面，积极探索个税的优惠补贴机制。金融生态的优化，最重要的是人才机制的完善。人才机制的完善需要通过财税政策的优惠提供人才创新的动力。人才的创新动力，将直接影响滨海新区企业依靠科技进步的稳定性和长久性，进而影响科技第一生产力功能的实现。为最大程度调动各类科技人员从事

研发项目的积极性，从今往后新区的财税部门应当积极探索对科技人员的个税优惠与补贴机制，扩大财税支持范围，提高财税支持力度。对于获得各级政府部门的项目奖励和特殊津贴的个人与单位，应当予以免税。另一方面，加大直接税调节力度。税收制度具有杠杆效应，如何将其正效应发挥到最大，是国家给予滨海新区金融改革先行先试所提出的新要求。目前来看，可以对新区的投资基金、私募和融资租赁行业进行税制改革，主要有三个方面：一是从企业所得税边际税率入手，考虑到风投行业起初微利的特点，可适当调节免税开始年限；二是在征收企业所得税的过程中，对于高新技术行业的投资损失可以适当用于抵减其他行业的资本利得，通过税收的优惠提高投资者的信心；三是对于高新技术产业的直接融资交易所得收入以及各类无形资产交易的所得，可考虑不纳入所得税征收范围，并适当降低印花税率。

（三）发展新区金融中介体系，健全现代金融服务体系

滨海新区的金融结构，应与实体经济发展相匹配，重点突出金融对接实体经济的核心，以金融创新为突破口优化资源配置，避免系统性风险。而目前来看，新区的金融结构仍然存在着较大的不平衡，这种不平衡造成系统性风险向银行业累积，要优化金融生态，重要在于改善金融结构达到"治本"的效果。

目前，滨海新区内金融机构仍然以银行业金融机构为主，盈利模式依然主要依靠存贷利差。近几年天津滨海新区金融发展迅速，金融机构数量急剧增多，体现了滨海新区良好的金融生态环境对海内外金融机构的巨大吸引力。但新区内金融机构数量快速增长的同时，也出现了滨海新区金融中介机构的另一大问题——金融中介结构发展不平衡，并且这种不平衡的矛盾进一步加剧。新区要在发展金融机构数量、质量的同时，不断完善金融中介服务机构的结构，在推动银行业金融机构发展的同时，要不断推进保险、信托、融资租赁、证券等非银行金融机构的发展，使二者在结构上能够互相促进、互相推动，实现天津滨海新区金融中介机构的均衡发展，在新区内逐步建立起完善均衡的金融服务体系。

针对滨海新区银行业自主经营能力不足的问题，解决方法主要有两个：首先，鼓励各类中资银行银行在滨海新区成立二级分行，以规模扩大为切入点，

增加其能级,在现行的银行监管制度下,提高其自主经营的权限,使滨海地区的银行有更强的储蓄吸引能力,能提供更大规模的贷款。其次,提供政策支持,引进各类500强外资银行,促进滨海新区银行业发展的多元化,利用外资银行的知识溢出效应,整体带动滨海新区银行业经营理念的全面提升。通过以上两种措施,扩大滨海新区银行业规模,形成银行间合理竞争、相互激励,资金高效运转的格局。

与此同时,滨海新区还应当加强对对外开放的重视程度。随着全球经济一体化的逐步完善,加强对外交流成为各国家、地区最重要的课题之一。滨海新区作为中国北方最为重要的港口区域,也必须强调与国外在贸易、金融、服务等多方面的交流,从而提高滨海新区的国际化程度。李克强总理视察天津,要求把天津建成投资与贸易便利化综合改革创新区,其背景正是要让天津滨海新区成为中国北方对外开放的门户所在,为中国融入全球经济一体化打牢基础。滨海新区开发开放作为中国对外交流的重要战略地所在,必须充分利用先行先试的重大优势,步步为营,逐步扩大交流范围,以邻近的日本、韩国为出发点,加强与这些国家的重要港口城市的交流合作关系,逐步发展成与其他城市共建的经济自由区或经济自由港,加速区域经济的投资与贸易便利化进程,待交流基础得到巩固后,进一步将对外开放的区域延伸至欧美等国,最终使滨海新区融入全球经济一体化,成为国外经济体与中国进行直接交流的重要集聚点。

自确立天津滨海新区金融改革试点以来,在党中央、天津市委市政府的领导下,滨海新区从自身的实际情况出发,积极探索优化新区金融生态环境的方法和途径,在金融生态体系中最重要的金融法制建设、财政税收建设、金融服务体系建设三个方面取得了不小的成效。未来,随着滨海新区金融改革步入深水区,改革的难度也随之加大。金融改革本身就是一个系统的工程,需要内外兼修,金融体系的优化,不但取决于自身,还需要良好的金融生态环境,构建一个法制、财税和自身改革相结合的生态优化机制,将为滨海新区成为新的经济增长引擎添砖加瓦。

下篇　滨海金融改革创新

Financial Reform and Innovation in Binhai Tianjin New Area

分报告5
2013年的滨海新区外汇改革

摘　要：

2013年，滨海新区涉外经济平稳运行，跨境收支大幅增长，支出增速大于收入增速，逆差进一步扩大。结汇金额及结汇率都有所增加，售汇金额及售汇率都有所降低，结售汇逆差大幅下降，流入压力明显。为使外汇改革取得突破进展，外汇管理制度不断创新，外汇管理服务改善，使得新区在资本金意愿结汇、跨境人民币结算、外汇管理举措等方面都取得了突破性发展，在全国的外汇改革发展创新中处于领先地位。同时滨海新区适应经济全球化新形势，转变外汇管理方式，不断加快培育参与国际经济合作竞争新优势。

关键词：

外汇改革　结售汇　人民币国际化

转变外汇管理方式，是后危机时代国际竞争日趋激烈、贸易格局更加复杂背景下，培育我国开放型经济新优势的重要举措。为了完善贸易外汇管理，近年来国家出台了一系列政策法规，促进投资贸易便利化，对防范跨境资金无序流动、促进国际收支均衡起到了重要作用。天津滨海新区作为我国经济发展的第三增长极，其金融制度的改革与创新是我国经济发展的重大战略目标。2006年5月26日，国务院下发了《国务院关于推进滨海新区开发开放有关问题的意见》，鼓励天津滨海新区进行金融改革和创新，意味着天津滨海新区作为国家级经济新区的战略部署正式进入了实施阶段。加快推进综合配套改革试验，是实现这一战略部署的重要举措。其中外汇管理改革是综合配套改革的有机组成部分，尤其是在开放经济的背景下，作为我国北方重要的对外贸易港口，滨海新区的人民币跨境结算业务、结售汇总量以及外汇存贷款余额等情况都会影响我国外汇管理改革进程。因此，建设天津滨海新区外汇管理改革试点是我国人民币国际化中的重要一环。2006年9月3日，国家外汇管理局正式批复了滨海新区外汇管理改革试点方案，其中主要涉及了7大外汇管理政策以及14项具体内容，该试点方案的出台意味着天津滨海新区外汇管理改革试验区正式成立。这些外汇管理改革政策一方面对新区的开发开放与快速发展起到了助推作用，另一方面它们也是新区外汇管理改革的探索基础，同时也是天津申办自贸区的关键金融准备。

一 2013年滨海新区外汇改革状况

（一）外汇形势总体状况

2013年，滨海新区涉外经济平稳运行，跨境收支大幅增长，支出增速大于收入增速，逆差进一步扩大。结汇金额及结汇率都有所增加，售汇金额及售汇率都有所降低，结售汇逆差大幅下降，流入压力明显。进出口金额稳步增长，进口增速大于出口。年内各阶段流入压力大幅波动，子项目资金以流入为主，但已出现分化。

1. 跨境收入平稳上升，贸易逆差大幅增加

2013年，滨海新区跨境收支总额为1155.16亿美元，同比增长35.75%，涉外经济活跃,跨境收入418.38亿美元,同比增长19.17%,支出736.78亿美元,同比增长47.39%,逆差318.34亿美元,同比增幅达114.02%,若剔除中海石油(中国)有限公司2月份90亿美元的超大额利润汇出,支出和逆差的增幅分别为29.39%和53.52%。

其中贸易项下,滨海新区进出口总额903.17亿美元,同比增长10.7%,其中出口311.45亿美元,同比下降0.91%;进口591.72亿美元,同比增长17.42%;进出口逆差280.27亿美元,同比扩大43.65%。

从发展趋势来看,近5年滨海新区跨境收支总额如下:

表1 2009～2013年滨海新区跨境收支总额

单位:亿美元

年份	2009	2010	2011	2012	2013
跨境收支总额	308.83	339.26	404.45	850.95	1155.16

资料来源:《滨海新区统计年鉴》。

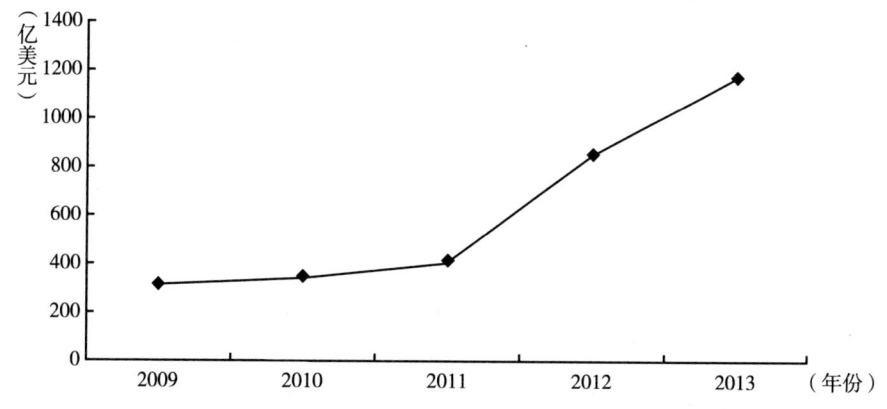

图1 2009～2013年滨海新区跨境收支总额变动趋势

资料来源:《滨海新区统计年鉴》。

2. 结汇金额与结汇率双升,售汇金额和售汇率双降

2013年末,滨海新区结售汇总规模为222.49亿美元,同比下降11.21%,结售汇规模呈分化走势,其中结汇连续5年递增,同比增长12.89%,结汇规模为90.86亿美元;售汇规模降幅更为明显,同比下降22.61%,售汇规模为

131.63亿美元；结售汇逆差规模为40.77亿美元，同比收窄54.5%，为自2008年以来最小逆差规模。

2013年末，滨海新区结汇率为62.01%，同比上升5.21个百分点，售汇率37.08%，剔除中海油大额对外支付未在滨海新区银行购汇的影响，售汇率变为49.67%，同比下降11.27个百分点。售汇率和售汇金额的变化显著大于结汇率和结汇金额变化，显示主导结售汇净额变化的因素是境内企业应对汇率变化及预期的购汇替代而非资金主动流入的结汇增加。从发展趋势来看，近5年滨海新区结售汇总额如下：

表2 2009~2013年滨海新区结售汇总额

单位：亿美元

年份	2009	2010	2011	2012	2013
结汇总额	49.53	75.07	75.67	80.49	90.86
售汇总额	127.17	127.33	150.42	170.09	131.63
结售汇总额	176.70	202.4	226.09	250.58	222.49

资料来源：《滨海新区统计年鉴》。

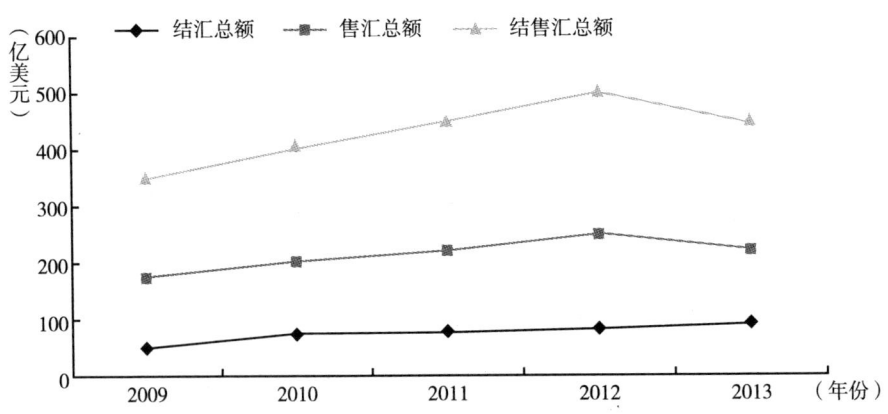

图2 2009~2013年滨海新区结售汇总额变动趋势

资料来源：《滨海新区统计年鉴》。

3. 外汇存款余额增速放缓，贷款余额加速增长

截至2013年12月末，滨海新区外汇各项存款余额34.73亿美元，同比增长6.05%，较2012年放缓69.64个百分点，全年新增1.98亿美元，同比少增

12.13亿美元。新增外汇存款的来源以单位定期存款和保证金存款为主。

截至2013年12月末，滨海新区外汇各项贷款余额71.97亿美元，增长69.82%，较2012年上升63.08个百分点，全年新增29.59亿美元，其中境内短期贸易融资增加18.40亿美元，增长111.04%，主要投向了批发零售业和制造业；融资租赁增加11.23亿美元，增长152.32%，主要投向了交通运输、仓储和邮政业。从发展趋势来看，近5年滨海新区外汇信贷总额如下：

表3　2009~2013年滨海新区外汇信贷总额

单位：亿美元

年份	2009	2010	2011	2012	2013
外汇存款余额	15.16	17.75	18.62	32.18	34.73
外汇贷款余额	33.61	40.69	34.21	42.38	71.97
外汇信贷总额	48.77	58.44	52.83	74.56	106.70

资料来源：《滨海新区统计年鉴》。

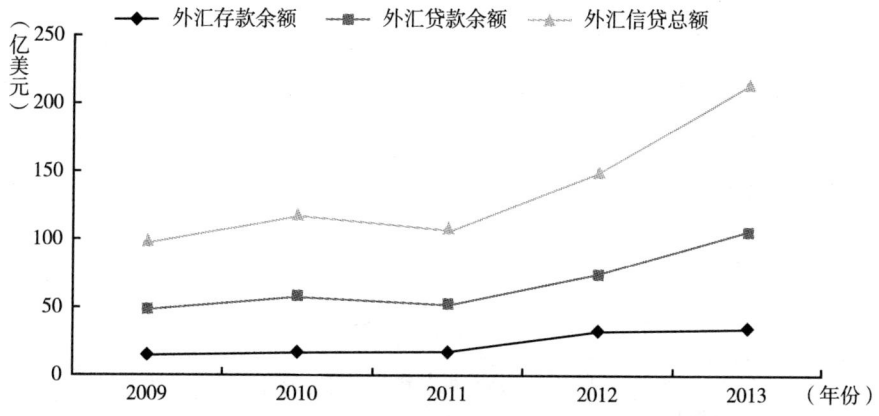

图3　2009~2013年滨海新区外汇信贷总额变动趋势

资料来源：《滨海新区统计年鉴》。

（二）外汇管理制度创新

2013年，国家外汇管理局、国家工商局以及中国人民银行出台了多项外汇改革管理政策，以完善我国外汇管理改革的法制环境，来促进我国外汇改革的规范发展进程。天津滨海新区作为外汇管理改革试验区，最先受到这些法律法规的影响。因此，我国政府各职能部门出台的外汇政策构成了滨海新区外汇管理改革的法制环境。其中已经出台的两部综合外汇管理法规《国家外汇管理局关于印发〈海关特殊监管区域外汇管理办法〉的通知》（汇发［2013］15号）及《国家外汇管理局关于加强外汇资金流入管理有关问题的通知》（汇发［2013］20号）是2013年我国外汇管理改革发展中出台的最重要法规。

2013年5月3日，国家外汇管理局出台了《国家外汇管理局关于印发〈海关特殊监管区域外汇管理办法〉的通知》（汇发［2013］15号），其中对海关特殊监管区域内货物贸易的货币计价方式、跨境收支的真实性要求以及国际收支统计申报方式等进行了详细的规定，来完善海关特殊监管区域外汇管理，促进海关特殊监管区域健康发展。

2013年5月6日，国家外汇管理局出台了《国家外汇管理局关于加强外汇资金流入管理问题的通知》（汇发［2013］20号），这一政策是在滨海新区外汇流入压力持续波动的情况下出台的。《通知》指出要通过加强银行结售汇综合头寸管理、加强对进出口企业货物贸易外汇收支的分类管理、严格执行外汇管理规定、加大核查检查与处罚力度等措施来支持守法合规企业开展正常经营活动，防范外汇收支风险。2013年出台的主要外汇改革管理政策如下：

表4 2013年外汇管理政策汇编

综合外汇管理政策	《国家外汇管理局关于印发〈海关特殊监管区域外汇管理办法〉的通知》（汇发[2013]15号）
	《国家外汇管理局关于加强外汇资金流入管理有关问题的通知》（汇发[2013]20号）
	《国家外汇管理局天津分局支持天津投资和服务贸易便利化试验区建设外汇管理实施细则》（讨论稿）
经常项目外汇管理政策	《国家税务总局国家外汇管理局关于服务贸易等项目对外支付税务备案有关问题的公告》（国家税务总局国家外汇管理局公告2013年第40号）
	《国家外汇管理局关于改进海关特殊监管区域经常项目外汇管理有关问题的通知》（汇发[2013]22号）

续表

资本项目外汇管理政策	《国家外汇管理局关于完善银行贸易融资业务外汇管理有关问题的通知》（汇发[2013]44号）
	《国家外汇管理局关于印发服务贸易外汇管理法规的通知》（汇发[2013]30号）
	《国家外汇管理局关于推广资本项目信息系统的通知》（汇发[2013]17号）
	《国家外汇管理局关于印发〈外国投资者境内直接投资外汇管理规定〉及配套文件的通知》（汇发[2013]21号）
	《国家外汇管理局关于境外上市外汇管理有关问题的通知》（汇发[2013]5号）
	《国家外汇管理局关于国有企业境外期货套期保值业务外汇管理有关问题的通知》（汇发[2013]25号）
	《人民币合格境外机构投资者境内证券投资试点办法》（中国证券监督管理委员会中国人民银行国家外汇管理局令2013年第90号）
	《国家外汇管理局关于人民币合格境外机构投资者境内证券投资试点有关问题的通知》（汇发[2013]9号）
	《国家外汇管理局关于核定2013年度境内机构短期外债余额指标有关问题的通知》（汇发[2013]6号）
	《国家外汇管理局关于发布〈外债登记管理办法〉的通知》（汇发[2013]19号）
外汇监管政策	《国家外汇管理局关于核定境内银行2013年度融资性对外担保余额指标有关问题的通知》（汇发[2013]26号）
	《国家外汇管理局关于新台币兑换管理有关问题的通知》（汇发[2013]11号）
	《国家外汇管理局综合司关于天津渤海通汇货币兑换有限公司开展电子旅行支票代售及兑回业务的批复》（汇综复[2013]9号）
外汇市场政策	《国家外汇管理局关于修订〈银行间外汇市场做市商指引〉的通知》（汇发[2013]13号）
	《天津市支付机构开展跨境人民币支付业务的实施意见》（讨论稿）

资料来源：国家外汇管理局。

（三）外汇管理服务改善

2013年，国家外汇管理局天津分局及塘沽中心支局开展了多项外汇管理服务活动，为滨海新区外汇改革试点内金融机构、贸易企业提供了专业的外汇业务指引与帮助，提升了其外汇管理的服务意识，切实优化了滨海新区涉外企业的外汇收支等业务，促进了外汇管理改革试点的发展。

2013年，国家外汇管理局天津分局开展多项深入调查，考察多家滨海新区外贸企业，了解企业出口转型外汇的收支困难问题并提出了相应的解决方案,为滨海新区内外贸企业扩大发展、生产转型,以及滨海新区贸易量的提高提供了支持。为解决此难题,外汇天津分局促成了多家外贸企业签署了高达数千万美元贸易额的相关外汇合同。在国际税务凭证传递方面,天津市某移动技术公司在支付境外退赔业务后,遇到了无法提供税务凭证问题,天津分局为了解决此问题,与天津开发区贸发局、国税局共同研究协商,出台了相关办法,避免了该移动技术公司遭受损失。在特殊贸易方面,天津分局引导部分对外贸易企业利用货物贸易出口收入存放境外政策,帮助企业将出口货物的收入存放于境外,免去了结汇环节,在解决外贸企业转卖业务再用汇供给不足的问题的同时,进一步简化了转卖业务的审批手续,节约了外贸企业的时间与交易成本。国家外汇管理局天津分局在管理外汇运行发展的同时,将提升服务水平作为其出发点和落脚点,解决了多家外贸企业在应用外汇时遇到的问题,普及了外贸企业的合理外汇政策的观念,为滨海新区外汇管理改革试点营造了良好的金融发展环境。

2013年7月1日,国家外汇管理总局塘沽中心支局为了提高其外汇管理服务质量,方便众多区内外贸企业及金融机构,深入开展了多项窗口服务质量提升活动:①提高窗口柜员的综合业务能力,贯彻"前台一站式综合服务、后台差别化综合管理"的工作方案,简化外汇业务办理流程,提升外汇局塘沽中心支局的外汇管理服务水平。②加强对于窗口柜员服务质量的监督力度,从业务处理、服务行为、服务环境、服务设施、争议处理等五方面入手,支持外汇管理服务质量的提升。③丰富外汇业务的预审渠道,通过互联网平台,实现企业外汇业务网上预约和预审,提高业务审批效率,简化了外汇业务流程,降低企业交易成本。④开展对外业务流程"一机双显示"可视化建设,通过更新柜台业务办理显示设备,实现塘沽中心支局受理业务全流程对外可视化,方便业务办理人员同步、直观地了解业务办理情况。⑤进一步提升塘沽中心支局微博互动平台宣传外汇管理政策的功能,向外贸企业宣传外汇政策、提供咨询服务,增强滨海新区内外贸企业间外汇运用经验交流,促进外汇管理改革试点的发展与完善。⑥简化提高国际收支的统计方式,向滨海新区内外贸企业推介国际收支网上申报平台,加强对外贸企业的外汇政策宣传和一对一业务指导,让企业充分享受到网上申报所带来的便捷,降低外汇收支申报的时间成本。

二　新区外汇改革评价

（一）滨海新区外汇管理改革成就

2013年，滨海新区的外汇管理改革取得了非常显著的发展，并且在资本金意愿结汇、跨境人民币结算、外汇管理举措等方面都取得了突破性发展，在全国的外汇改革发展创新中处于领先地位。

1. 资本金意愿结汇改革不断深化

2013年，中新天津生态城和东疆保税港区资本金意愿结汇改革试点运行平稳，意愿结汇企业数量和资金规模继续稳步增长，企业类型逐渐丰富。截至2013年末，新区意愿结汇企业合计37家，意愿结汇金额合计7.54亿美元。其中2013年新增意愿结汇企业7家，意愿结汇金额1.70亿美元。意愿结汇试点企业由单一的房地产企业拓展到融资租赁、航运、物流等多种类型企业，粗略估算企业节约的财务成本最高可达0.81亿美元，政策试点效果显著。

2. 跨境人民币结算业务快速发展

2013年，在外债和直接投资项目业务发展的带动下，滨海新区跨境人民币结算量进一步提升。全年结算额达570.06亿元，同比增长76.50%，占天津市的44.80%。滨海新区跨境人民币结算试点于2010年成立，截至2013年末，共有628家企业办理了跨境人民币业务，境外结算地域涉及52个国家和地区，累计结算金额突破千亿元，占天津市的49.30%。

3. 外汇管理创新举措日益丰富

2013年，滨海新区充分发挥先行先试政策优势，不断丰富外汇管理扶持举措，支持特色产业持续发展。支持东疆保税港区完成国内首笔飞机联合租赁模式交易，进一步巩固了区域融资租赁产业聚集优势。2013年，融资租赁产业新企业注册、借用外债资金规模等均居天津保税监管区域各行业首位，融资租赁产业跨境收支规模达86.70亿美元，同比增长1.3倍。此外，推动滨海新区首笔人民币对外汇期权备案业务成功开展，拓展了滨海新区银行产品链，丰富了企业外汇避险工具。

综合滨海新区在跨境收支、结售汇以及外汇信贷等方面的发展,可以看出2013年滨海新区外汇管理改革试点取得了显著的总体发展。

表5 2013年滨海新区各项外汇业务增长情况

单位:亿美元

	跨境收支	结售汇	外汇信贷	意愿结汇	跨境人民币结算
2012年总额	850.95	250.58	74.56	5.84	322.95
2013年总额	1155.16	222.49	106.70	7.54	570.06
增长金额	294.21	-28.09	32.14	1.70	247.11
增长率(%)	35.75	-11.21	43.11	29.11	76.50

数据来源:《滨海新区统计年鉴》。

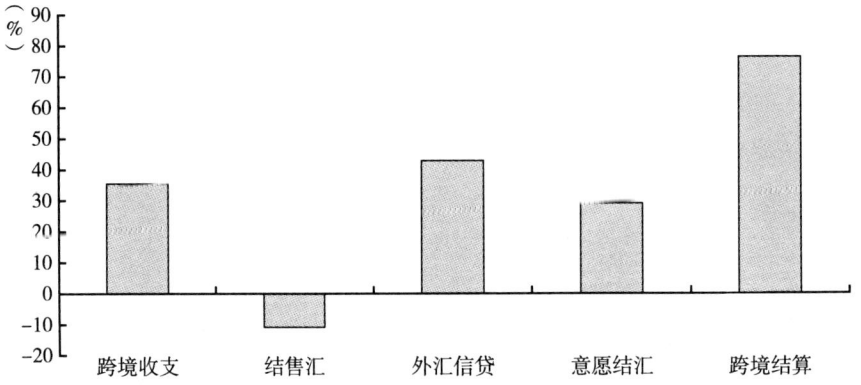

图4 2013年滨海新区各项外汇业务增长情况

从上图可以看出,除结售汇总额有所下降之外,滨海新区外汇管理改革试点2013年的跨境收支总额、外汇信贷总额、意愿结汇总额以及人民币跨境结算总额都取得了显著进展,其中人民币跨境结算总额进展最为迅速,增长率超过了75%,这表明滨海新区的人民币国际化尝试取得了可喜的成就,人民币跨境结算总额的快速增长提高了人民币的结算能力;增速最慢的为意愿结汇总额,也有将近30%的增长率,增长总额最大的为跨境支付总额,表明滨海新区2013年的对外贸易和国际资本流动再次取得突破,同时也为滨海新区申请成为自由贸易区增加了筹码。结售汇总额虽有所降低,但是结售汇逆差大幅降低,为自2008年以来的最低值。所以从总体来看,滨海新区在2013年的外汇管理改革发展工作取得了更大的突破。

（二）外汇管理改革的优化空间

转变外汇管理方式，是使滨海新区适应经济全球化新形势，加快培育参与国际经济合作竞争新优势的重要举措之一，其肩负任务的重要性和战略性，决定了转变外汇管理方式不可能一步到位。第一，在贸易外汇管理制度改革前后，贸易外汇管理的核心由企业货物流、资金流信息逐笔比对，转变为综合分析和非现场监测，这对外汇管理人员的政策解读能力、数据采集能力、系统运用能力和数据分析能力提出了新的要求，但是外汇管理部门现有的岗位设置、人员安排，以及外汇管理部门与海关、国税等部门的协同配合状况（缺乏信息共享机制、协同监管机制），制约了数据采集和分析能力，无法充分释放新型贸易外汇管理方式的优势。第二，货物贸易和服务贸易（外汇管理）分项管理方式，不利于监管信息的整合。现实中大部分服务贸易（如运输和保险等）与交易主体的货物贸易活动具有紧密联系，二者的外汇收支具有一定程度的趋同性和一致性，是相互印证交易背景真实性的重要信息。但在现行管理模式下，分开监管同一主体相关联的货物与服务贸易交易，使交易信息被人为割裂，加之监管人员尚未适应主体监管要求，对货物贸易与服务贸易及资本项目收支的相关性指标、相关度研究及印证性分析不够系统深入，难以及时发现、识别异常资金流动，尚未实现预期的非现场监管成效。第三，服务贸易商品属性以及此类贸易延付和预付缺少明确管理规定，降低了服务贸易外汇管理的有效性和准确性。服务贸易商品无形且专业性强，加之缺乏第三方服务贸易认证机构，增大了交易背景真实性和价格公允性认定难度。此外，服务贸易项下延付、预付和合并支付等管理缺少法规依据，业务数据不能及时采集。这将诱发以非公允价格转移资产或游离于外汇监管之外的隐性外债等问题。第四，金融机构产品创新给贸易外汇管理带来挑战。根据贸易外汇管理制度改革的预期，在简化金融机构单证审核的同时，进一步明确了金融机构对业务审核的权责，加强了对金融机构审核的尽职要求。伴随金融业市场化程度提高，金融机构产品创新日益活跃，但在贸易外汇管理方面仍存在监管空白，且在金融机构奉行"法无明文禁止即可为"的"负面清单"式经营理念的条件下，金融机构代为监管的意识可能会放松，甚至开展规避监管型的金融创新，配合企业通过转口贸易、海外代付等形式的贸易融资产品以达到套利套汇的目的。

三 2014年新区外汇改革展望

进一步优化外汇管理方式，要以贯彻落实党的十八届三中全会精神为动力，紧紧围绕促进国际收支基本平衡这一战略目标，加快外汇管理理念和方式"五个转变"，不断提升外汇管理服务实体经济能力，支持我国企业投资、贸易便利化和新型贸易业态发展。新时期，天津滨海新区需要找准转变外汇管理方式，特别是加强服务贸易外汇管理等方面的突出问题，破解制约新型贸易业态发展的因素。抓住近期我国深化外汇管理改革的有利时机，在统筹本地需求的基础上，及时填补政策空白，整合优化外汇管理资源，重点提高服务贸易外汇管理便利化程度。

（一）提升外汇管理能力建设和协同效应，释放改革潜力

首先，适当调整人员结构，加强监管人员培训，提升管理人员政策解读能力、系统运用能力、数据分析能力，发挥综合分析和非现场监测的优势。其次，加强外汇管理部门和海关、国税等协同监管，及时建立跨部门联系机制，通过移送可疑线索、共享数据和定期通报等方式加强协作，提升外汇管理数据采集能力，增强逃避监管打击力度。最后，加强外汇管理部门和企业的沟通，设置专人、专线对企业面临（如货物贸易项下贸易信贷和贸易融资报告等[①]）问题进行政策解释和业务指导，帮助企业解决困难。

（二）整合货物贸易和服务贸易管理资源，提升监管效果

首先，通过整合货物贸易与服务贸易外汇监管资源，拓宽非现场监测渠

---

① 此次货物贸易外汇管理制度改革中，企业反映贸易信贷和贸易融资报告制度是其面临的主要障碍，一方面报告种类繁多易混淆，另一方面让企业选择义务性报告达成货物流、资金流理想匹配存在困难，加之企业本身良莠不齐，使该报告类业务质量不高，存在漏报、错报、迟报或不报现象，与制度设计初衷背离。

道，构建经常项目一体化监管机制，全面实现主体监管。其次，开展货物贸易、服务贸易及资本项目收支的相关性研究和印证性分析，为提升监管人员分析能力和优化贸易外汇监管系统提供依据，使人员和系统尽快适应跨境资金流动形势变化及主体监管的要求。最后，建立货物贸易与服务贸易、资本项目跨境收支、结售汇的关联性指标，依托信息系统对同一主体实施整体业务全流程监测，以科学的划分标准对涉汇贸易主体进行差异化监管。

（三）加强服务贸易外汇管理体制机制建设，堵住监管漏洞

首先，加强服务贸易延付、预付等管理，区分不同期限和金额的管理标准，明确超过一定期限、金额需进行外债登记。在系统中增加业务模块，规定企业对延付、预付、跨国公司垫付等进行义务报告。其次，探索构建服务贸易定价监管机制，尝试通过第三方机构弥补外汇管理在资产评估、定价认定等领域之不足。最后，建立服务贸易主体监测指标体系。在大额、高频、波幅异常监管指标外，增设服务和货物贸易相关指标、利润汇出指标、偿债水平指标、财务分析敏感性指标等，系统分析企业服务贸易收支和资金异动。

（四）加强与金融监管及自律部门沟通配合，规避制度套利

转变贸易外汇管理方式是一项系统工程，涉及外汇管理部门、贸易企业，及各类金融机构。需要加强外汇管理部门与金融业监管部门及行业协会的沟通与配合，使外汇管理与行业管理协调发展。促使金融行业管理在兼顾自身发展的同时，从维护国家金融安全和国际收支平衡的高度出发，提高金融行业管理政策与外汇管理政策的协调性与一致性，实现外汇管理与金融行业管理相关政策的对接，在促进企业贸易便利化，降低金融机构运营成本的同时，守住规避制度型金融创新之门，有效杜绝制度套利行为。

B.7
分报告6
2013年的滨海新区私募股权基金

摘　要：

滨海新区凭借注册门槛低、优惠的税收政策以及快捷的注册通道等政策扶持，在发展私募股权基金方面取得了显著的成绩，并一直走在全国的前列。但是伴随着高速发展，股权投资基金市场的多数机构在募资、投资、退出等环节都受到内外部不同程度的压力，同时在发展的过程中也逐渐暴露除了大量问题亟待解决和引导。因而滨海新区私募股权基金在发展的过程中，更加注重加强行业监管、完善政策法规、优化投资环境、改善基金运用等等，并取得实质性的突破创新。

关键词：

私募基金　行业监管　投资环境

2008年5月，国家发改委下发《国家发展改革委办公厅关于在天津滨海新区先行先试股权投资基金有关政策问题的复函》，同意受理在滨海新区注册登记的中小股权投资基金提出的备案申请，滨海新区股权投资基金试点工作正式开展。自那时起滨海新区凭借较低的注册门槛、优惠的税收政策以及快捷的注册通道等政策扶持，在发展股权投资基金方面取得了显著的成绩，并一直走在全国的前列。但随着近些年来我国经济已由高速增长的阶段进入产业结构调整时期，股权投资基金市场的多数机构在募资、投资、退出等环节受到内外部不同程度的压力，同时在其发展的过程中也逐渐暴露出了大量问题亟待解决和引导。因此，未来一段时期内，滨海新区私募股权基金行业需要在发展思路、监管模式、政策制定、基金运用等方面实现进一步的突破创新。

一 2013年滨海新区私募基金制度建设

自2011年7月起，天津市监管部门颁布了一系列政策法规，加强天津PE行业的监管力度，同时对不合规PE企业进行了重点整顿规范。2013年，滨海新区私募股权行业整体表现平稳，相关监管部门发布多项政策通知有效地推动了新区私募行业的健康平稳发展，同时PE的"募投管退"环节也出现了诸多新特征，行业发展整体趋于理性。

（一）加强行业监管

1. 清晰界定私募股权投资的监管归属

我国的私募发展一直没有得到政府的有效控制，而监管的缺失却为行业快速发展提供了较大空间。然而，目前我国股权投资市场已经日渐成熟，行业规范亟待提升，过去的监管缺失已经阻碍了行业的进一步发展。因此，2013年6月，中央编办印发了《关于私募股权基金管理职责分工的通知》，明确私募股权基金的监管归证监会负责，实行适度监管，保护投资者权益；私募股权基金发展的政策措施由发改委负责组织拟订，并会同有关部门研究制定政府对私募股权基金出资的标准和规范。

2. 继续加强股权投资基金备案管理

根据《天津股权投资企业和股权投资管理机构管理办法》（津发改财金〔2011〕675号）、《天津股权投资企业和股权投资管理机构管理办法补充通知》（津发改财金〔2012〕146号）和《关于加强股权投资企业和股权投资管理机构监管工作的通知》（津发改财金〔2012〕1047号）的有关规定，为进一步支持规范运作的股权投资企业发展，防范化解区域性和系统性风险，结合国家和天津市的有关规定，2013年3月8日天津市发改委、工商局、金融办联合发布了《关于支持知名、规范的股权投资企业办理工商年检、备案等业务的通知》，对天津市股权投资企业工商年检、备案等业务的办理进行了详细的阐述。

3. 探索建立股权投资基金的退出机制

随着当前我国经济已由高速增长的阶段进入产业结构调整时期，股权投资基金市场的多数机构在募资、投资、退出等环节受到内外部不同程度的压力。目

前，滨海新区许多股权投资企业已经设立了5年以上，已经过了投资期，进入了管理退出期，基金问题的转让、减资退出、资产评估等方面的问题，变得刻不容缓。在此背景下，天津市发改委、工商局、地税局于2013年7月23日，联合发布了《关于支持我市股权投资企业退出有关业务的通知》（以下简称《通知》），对股权投资企业完成投资、实现收益、依法分配等相关事宜进行了具体的规定：（1）因项目退出或收益分配等合理原因，股权投资企业需要办理减资业务的，注册（认缴）资本或出资人最低认缴（出资）低于设立时最低限额要求的，提供托管银行或股权投资基金协会出具的股权投资企业减资情况说明函，工商部门可为其办理股权投资企业减资手续；（2）股权投资企业的退出收益征税方式，可根据年度项目退出合并收益（盈亏相抵），按照税收规定计算应纳税款；年度项目退出合并收益（盈亏相抵）出现亏损，允许用本企业下一年的所得弥补，下一年度所得不足弥补的，允许逐年延续弥补，但最长不得超过5年。

（二）完善财税政策

过去几年中，凭借着注册门槛低、鼓励扶持及税收优惠政策丰富，天津滨海新区股权投资行业得到快速发展，吸引了众多股权投资机构前来注册。然而伴随着行业的快速发展，金融风险不断增加、非法集资乱象也开始滋生。为了保证股权投资企业及其管理机构规范健康发展，天津市进行了多项非法集资等违法金融活动清理整治活动，同时将股权投资行业的准入门槛及首期出资要求加以提高。

2012年12月28日，由天津市财政局、天津市地方税务局和天津市发展和改革委员会共同颁布的《天津市促进现代服务业发展财税优惠政策》的通知（津财金〔2012〕24号）弥补了滨海新区股权投资行业税收、投资等优惠措施的缺失。该项通知于2013年1月1日正式生效。另外，2013年5月3日，天津市科学技术委员会和天津市财政局印发的《天津市鼓励股权投资企业投资初创期和成长期科技型中小企业补贴办法（试行）》通知中也对股权投资企业投资初创期和成长期中小企业的相关优惠政策做出了明确规定："对符合条件的股权投资企业给予补贴的比例原则上不超过其对天津市初创期和成长期的科技型中小企业实际投资额的3％，补贴额度最高不超过50万元人民币。其中本办法所称初创期和成长期科技型中小企业是年度销售收入在5000万元人民币以下的科技型中小企业。"

表1 私募股权基金业财税优惠政策

股权投资基金		
投资于本市企业或项目的股权投资基金,按项目退出或获得收益后形成的所得税地方分享部分的80%标准给予奖励。		
在本市投资企业或项目的股权投资基金,其所投项目退出或获得收益后所缴纳的税款,其中由地方分享部分80%的金额将奖励给投资基金。		
新设立基金管理机构		
办公用房(自用)补助	在本市新购办公用房,且作为自用的,将获得最高不超过500万元的一次性奖励,奖励标准为1000元/平方米。	
	在本市租赁办公用房作为自用的,三年内可获得不超过100万元的补贴。补贴标准为每年房屋租金的30%,如果实际租金高于房屋租金市场指导价,则以市场指导价为准。	
营业税	开业前两年免除缴纳营业税税款,后三年可免除50%的营业税税款。	
	获得利润后,前两年企业可以获得其所缴纳的企业所得税地方分享部分金额的补助,后三年可获得所缴纳的企业所得税地方分享部分50%的补贴。	
从外省市引进的机构副职级以上高级管理人员(连续聘任两年以上)	在任职行政辖区首次购买商品房、汽车或参加培训的,五年内可获得奖励,奖励标准为其缴纳个人工薪收入所得税地方分享部分金额。奖励金额不能超过其所购商品房、汽车或参加培训的总支付金额。	
	所购商品房、汽车不在本市辖区内,或在外地参加专业培训的人员,三年内可获得奖励,奖励标准为其缴纳个人工薪收入所得税地方分享部分的50%。	

资料来源:天津政务网。

除此之外,滨海新区于2013年6月在贯彻天津市《2013年促进经济发展的8条措施》的基础上,落实全市"促发展、惠民生、上水平"活动总体要求,发布了《滨海新区"促发展、惠民生、上水平"加快经济社会发展的政策措施》,共包含16项举措。根据《措施》规定,滨海新区政府将出台设立3000万元科技型中小企业利用股权投资基金融资专项资金,用于鼓励利用股权投资基金融资的科技型中小企业的购(租)房补助、风险补偿等。

二 2013年滨海新区私募基金运营状况

(一)基金发展状况

截至2013年12月末,滨海新区注册的股权投资企业及其管理机构达到1190家,注册资本超过3000亿元。其中,截至2013年上半年,在滨海新区注册的同时已在国家发展改革委备案的私募股权投资企业新增23家,达到了56家。

表2 在滨海新区注册经国家发展改革委备案的私募股权投资企业状况

序号	股权投资企业名称	股权投资企业成立时间	股权投资企业备案时间	股权投资注册地	股权投资管理机构名称	股权投资管理机构成立时间	股权投资管理机构附带备案时间	股权投资企业注册地
1	天津中盛成长股权投资合伙企业(有限合伙)	2013.1	2013.2	滨海新区开发区	天津中银中盛股权投资管理有限公司	2012.12	2013.2	滨海新区开发区
2	新远景成长(天津)股权投资合伙企业(有限合伙)	2008.12	2013.2	滨海新区开发区	新远景佑成(天津)股权投资管理合伙企业(有限合伙)	2010.5	2013.2	滨海新区开发区
3	弘毅道远(天津)股权投资基金合伙企业(有限合伙)	2010.12	2013.2	滨海新区开发区	弘毅投资管理(天津)(有限合伙)	2008.4	2008.6	滨海新区开发区
4	天津天图兴华股权投资合伙企业(天津)股权投资合伙企业(有限合伙)	2011.4	2013.2	滨海新区华苑产业区	深圳天图股权投资基金管理合伙企业	2011.1	2013.2	深圳
5	华融渝富基业(天津)股权投资合伙企业(有限合伙)	2010.11	2013.2	滨海新区中心商务区	华融渝富股权投资基金管理有限公司	2010.7	2013.2	重庆
6	融通股权投资(天津)合伙企业(有限合伙)	2011.6	2013.2	滨海新区开发区	天津工银国际投资顾问合伙企业(有限合伙)普通合伙人	2011.4	2013.2	滨海新区开发区
7	融浩(天津)股权投资基金合伙企业(有限合伙)	2011.7	2013.2	滨海新区空港经济区	泽熙(天津)投资管理合伙企业(有限合伙)	2011.6	2013.2	滨海新区空港经济区
8	天津东方富海股权投资基金合伙企业(有限合伙)	2009.8	2013.2	滨海新区空港经济区	天津富海股权投资管理中心(有限合伙)	2009.7	2013.2	滨海新区空港经济区

分报告6　2013年的滨海新区私募股权基金

续表

序号	股权投资企业名称	股权投资企业成立时间	股权投资企业备案时间	股权投资企业注册地	股权投资管理机构名称	股权投资管理机构成立时间	股权投资管理机构附带备案时间	股权投资企业注册地
9	天津歌斐基业股权投资基金合伙企业（有限合伙）	2010.12	2013.2	滨海新区空港经济区	天津歌斐资产管理有限公司	2010.3	2013.2	滨海新区空港经济区
10	天津歌斐鑫股权投资基金合伙企业（有限合伙）	2010.5	2013.2	滨海新区空港经济区	天津歌斐资产管理有限公司	2010.3	2013.2	滨海新区空港经济区
11	天津达晨盛世股权投资基金合伙企业（有限合伙）	2010.3	2013.2	滨海新区空港经济区	深圳市达晨财智创业投资管理有限公司	2008.12	2013.2	深圳
12	宝宏（天津）股权投资基金合伙企业	2011.8.30	2013.3.31	滨海新区中心商务区	智盈（天津）股权投资基金管理有限公司	2011.8.26	2013.3.31	滨海新区中心商务区
13	博信一期（天津）股权投资基金合伙企业（有限合伙）	2008.4.1	2013.3.31	滨海新区开发区	博信（天津）股权投资管理合伙企业（有限合伙）	2008.1.30	2013.3.31	滨海新区开发区
14	博信优选（天津）股权投资基金合伙企业（有限合伙）	2010.12.06	2013.3.31	滨海新区开发区	博信（天津）股权投资管理合伙企业（有限合伙）	2008.1.30	2013.3.31	滨海新区开发区
15	福国景佑成（天津）股权投资企业（有限合伙）	2010.12.21	2013.3.31	滨海新区开发区	新远景佑成（天津）股权投资管理合伙企业（有限合伙）	2010.5.10	2013.3.31	滨海新区开发区
16	宏景国盛（天津）股权投资企业（有限合伙）	2011.1.11	2013.3.31	滨海新区开发区	新远景佑成（天津）股权投资管理合伙企业（有限合伙）	2010.5.10	2013.3.31	滨海新区开发区

续表

序号	股权投资企业名称	股权投资企业成立时间	股权投资企业备案时间	股权投资企业注册地	股权投资机构管理企业名称	股权投资机构成立时间	股权投资管理机构附带备案时间	股权投资企业注册地
17	南海成长(天津)股权投资基金合伙企业(有限合伙)	2010.6.28	2013.3.31	滨海新区空港经济区	深圳市同创伟业创业投资有限公司	2000.6.26	2013.3.31	深圳
18	南海成长精选(天津)股权投资基金企业(有限合伙)	2011.4.13	2013.3.31	滨海新区空港经济区	深圳市同创伟业创业投资有限公司	2000.6.26	2013.3.31	深圳
19	维思捷宏(天津)股权投资基金合伙企业(有限合伙)	2009.9.22	2013.3.31	滨海新区空港经济区	维思捷宏(天津)股权投资基金管理合伙企业(有限合伙)	2009.8.21	2013.3.31	滨海新区空港经济区
20	信达股权投资(天津)有限公司	2011.12.29	2013.3.31	滨海新区开发区	信达资本管理有限公司	2008.12.16	2013.3.31	滨海新区空港经济区
21	春华(天津)股权投资合伙企业(有限合伙)	2011.2.17	2013.4.24	滨海新区开发区	普通合伙人:春华明德(天津)股权投资管理合伙企业(有限合伙)	2010.9.10	2013.4.24	滨海新区空港经济区
22	蔚然(天津)股权投资基金合伙企业(有限合伙)	2012.6.12	2013.4.24	滨海新区生态城	卓优(天津)股权投资管理合伙企业(有限合伙)	2011.8.29	2013.4.24	滨海新区空港经济区
23	中金佳盟(天津)股权投资合伙企业(有限合伙)	2011.4.2	2013.4.24	滨海新区空港经济区	普通合伙人:中金佳盟(天津)股权投资基金管理有限公司;管理公司:中金佳合(天津)股权投资基金管理有限公司	2011.3.30	2013.4.24	滨海新区空港经济区
						2011.5.09	2013.4.24	滨海新区空港经济区

注:本表所列举企业为2013年1月至5月经国家发展改革委备案的私募股权投资企业。
资料来源:国家发展改革委官方网站。

（二）基金运营状况

1. 投资并购状况

2013年中，滨海新区私募股权投资市场保持了平稳增长。其中，天津地区私募股权投资案例数较上一年增加1例共8例，但投资金额较上一年的426.43百万美元大幅减少到54.44百万美元。私募股权投资退出方面，由于我国资本市场IPO市场的不景气，倒逼PE机构通过并购实现退出，致PE相关并购交易数量显著增加。

表3　2013年滨海新区私募股权投资基金的投资案例

序号	时间	投资机构	受资机构	金额
1	8.19	中信资本控股有限公司旗下人民币基金中信资本（天津）股权投资合伙企业（有限合伙）	不超过顺丰速运（集团）有限公司25.00%的股份	RMB80亿元
		苏州元禾控股有限公司旗下的苏州工业园区元禾顺风股权投资企业（有限合伙）		
		招商局全资附属公司深圳市招广投资控股有限公司		
		古玉资本管理有限公司旗下的苏州古玉秋创股权投资合伙企业（有限合伙）		
2	5.27	河北国创投资管理有限公司	天津久日化学工业有限公司	RMB1499万元
		天津创业投资管理有限公司		
		深圳市创新投资集团有限公司		
3	5.27	天津创业投资管理有限公司	鹰特化工（石家庄）有限公司	非公开

表4　2013年滨海新区私募股权投资基金的并购案例

并购方			被并购方			并购金额
公司	行业	VC/PE	公司	行业	VC/PE	(USMYMM)
城投控股	能源及矿产	弘毅投资	丰启置业	能源及矿产	—	133.91
民生加银基金	金融	—	山鹰纸业	金融	博弘数君、嘉实资本、轻盐创投、瑞华投资、正大投资	79.6
鲁丰铝箔	能源及矿产	博弘数君、汇泉投资	鲁丰鑫恒	能源及矿产		33.76

2. 最新市场动态

（1）天津长城基金旗下长城民星城镇化基金开始募资

长城（天津）股权投资基金管理有限责任公司成立于2007年，注册资本为8000万元。主要业务包括受托管理股权投资企业，从事投资管理及相关咨询服务。2013年4月8日，天津长城基金旗下基金"长城民星城镇化基金"开始筹资，募集金额非公开。

（2）新区科技金融投资集团公司挂牌

2013年6月10日，天津滨海新区科技金融投资集团有限公司正式挂牌运营，注册资本15亿元。同时经滨海新区人民政府批准，新区财政为其注资，滨海建投集团负责运营和管理。成立后，集团秉持"政府引导、市场化运作"原则，凭借各注资方的优势，构建集科技贷款、科技产业基金、科技租赁、科技股权投资、科技信用管理等较为全面的金融服务体系，同时综合运用多样市场化金融工具，吸引社会资本流入新区科技产业，支持科技型中小企业资本市场再融资，从而助推政策性资金的高效率使用。

（3）人保远望落户中新生态城

中新生态城管委会与人保远望产业投资管理（天津）有限公司于2013年6月19日签署合作协议，人保远望在中新天津生态城落户，其注册资金为1000万元，受托管理规模10亿元人民币的兵器基金。该公司是一家市场化的专业产业投资管理公司，由中国兵器集团与中国人民保险集团股份有限公司下属专门从事债权、股权投资的人保资本投资管理有限公司共同出资设立。在作为开端的兵器基金之后，公司将继续募集保险和非保险资金，设立并管理更多产业投资基金，争取在滨海新区不断发展壮大。人保远望的成立，充分发挥了中国兵器集团及中国人保集团股份有限公司两大央企的资源优势，可谓强强联合，是加强金融与产业结合的又一创新之举。

（4）康希诺生物技术有限公司与"礼来亚洲基金"签署战略投资合作协议

2013年9月16日康希诺生物技术有限公司与"礼来亚洲基金"在天津开发区签署战略投资合作协议。康希诺生物由多位海外归国科学家于2009年在开发区组建成立，专注于人用疫苗的研发与生产，目前已完成多个疫苗的临床申报，多项技术达到国际领先水平。"礼来亚洲基金"成立于2008年，专注于亚洲尤其是中国医疗健康领域的股权投资。根据协议，此次"礼来亚洲基金"将为康希诺生物投资1000万美元，用于支持康希诺生物疫苗研发、临床研究及初步产业化基地的建设。除此之外，更将为其带来深厚的产业经验以及丰富的增值服务，从而加速其发展。

（5）多项会议促新区私募股权投资市场健康发展

2013年6月6日上午，由天津市发改委、天津市金融办、天津股权投资基金协会主办的第六届中国股权投资基金年会在天津梅江会展中心隆重举行。与以往发展主题不同，本届年会以"PE突破"为主题，其主旨是探索我国股权投资基金发展到现阶段应在政策法规、行业监管、企业业务模式等方面寻找突破点，为私募股权投资基金发展破局。天津市政府、市发改委、市金融办、市财政（地税）局、市工商局主要及分管领导，以及基金公司代表、内外资银行、中介机构、企业家代表、新闻媒体近500人出席了本次年会。

2013年10月30日，天津股权投资基金协会与天津市发改委共同举办了"天津市股权投资企业及管理机构座谈会"，会议对促进天津市股权投资基金业规范健康发展，提高为股权投资基金企业服务水平，做好天津市股权投资基金发展工作等问题进行了深入探讨，从而希望天津股权投资企业及管理机构能够更好地了解工商年检、税收政策等方面的问题。会上，市发改委宋岗新总经济师就股权投资基金企业普遍关心的验资报告问题、印花税问题、资产评估问题、减资问题、退出纳税问题以及天津市征信体系建设等作了详细说明；另外，市发改委、市地税局、市工商局相关处室及协会负责人也详细介绍了股权投资企业工商登记注册、年检、备案政策、高管资格、税收政策、应纳税额计算、企业减资、份额转让等相关问题。

三 滨海新区私募基金完善空间

根据现有的法律框架，私募股权投资基金必须采取非公开募集方式。其运营模式是投资企业股权，通过对企业进行内在的改造来获得企业增值，然后转手退出，实现基金盈利，简而言之包括"募、投、管、退"四个环节。近些

年，滨海新区私募股权投资基金在快速发展的同时，在投资、退出、法律监管等诸多方面都出现了大量问题亟待解决和引导。

（一）投资环节：私募投资与实体经济结合不够紧密

在投资环节，滨海目前面临的主要问题是，私募投资与实体经济结合不够紧密。对于 PE 来说，优质项目是投资成功的一半。在投资方向上，PE 一般遵循着"具有高成长性；在行业领域处于领先地位；企业家素质较高、信用良好；估值和预期回报在 25% ~ 30%；企业产权明晰、财务规范"五个基本原则。但目前在我国完全符合以上要求的优质投资项目并不多，致使少数优质项目被大家一致追捧，从而造成 PE 投资利润不断缩减。原则上 PE 不排斥投资中小企业，但他们一般对于拥有核心能力、权属清晰，同时拥有独立自主产权和广阔市场前景的中小型高新技术企业较为青睐。但目前，滨海本地的多数中小企业缺乏基金行业相关认知，甚至对于向 PE 融资存有排斥心理，还有一些中小企业虽然希望能够得到 PE 融资，但却因为产权不明晰、财务记录混乱等通病而与融资机会失之交臂。优质项目源的缺乏，不仅造成 PE 有钱没处投，而且使得众多中小企业缺钱没处融，这一现象目前已经严重阻碍了滨海新区 PE 的快速发展。

（二）退出环节：退出形式单一，"新三板"转板上市存在缺陷

私募股权的退出渠道包括上市退出、并购退出、回购退出、产权交易市场退出、柜台交易、清算退出等。目前滨海新区私募股权投资企业的退出方式过于单一，由于对 IPO 这种退出方式的依赖，当这一通道缩窄后，PE 所投资的企业很难通过其他的渠道退出。

当前我国的企业并购市场尚不发达，市场培育和配套的信贷、咨询、评估等工作亟待加强。现行企业并购法律体系的缺陷表现为：关于企业并购层级高的成文法律少；规定不详细，现实中不易操作；规定滞后，跟不上现实需求；法律体系不够完善，各法律规范之间无法顺畅地衔接。

"新三板"的扩容在一定程度上缓解了 PE 退出渠道单一的问题，但上市仍然存在缺陷。2012 年 8 月，国务院批准了"新三板"首批扩大试点方案，

天津滨海高新区名列其中。2013年12月份，国务院办公厅又再次发布了全国中小企业股份转让系统有关问题的决定，提出今后境内符合条件的股份公司均可申请在新三板挂牌，不再受高新园区的限制，也不限于高新技术企业。新三板全面扩容对于私募股权基金企业是一个直接利好，拓宽了PE退出渠道。新三板对于拟挂牌公司最大的吸引力就在于转板，虽然目前已有少数公司成功转板，但新三板的转板仍然需要按照IPO的进程来，并没有任何的特殊待遇，对于拟挂牌公司没有什么吸引力。但基于中国目前资本市场的发展状况，企业直接由新三板转往创业板、中小板也很不现实，会打乱整个资本市场的秩序。因此，扩容后，新三板挂牌公司转板仍然值得关注。

（三）法律制度：法律监管体系不完善，优惠政策不具优势

滨海新区发展初期因为拥有较低的注册门槛以及优惠的税收、服务等政策，吸引了大批股权投资机构注册，但随着注册机构数量的不断增长，问题也随之而来，其中2011~2012年"伪PE"非法集资案件的集中爆发，使得天津PE成为全国的"关注焦点"。私募基金在取得丰厚利润的同时也蕴藏着极大的道德风险和财务风险，亟须引起高度的重视，并制定相应的法律政策规范私募基金市场。

另外，滨海新区目前在股权投资行业投资、税收等优惠补贴措施方面不明确，在实际操作过程中缺乏执行细则，实效不大，特别缺少对基金管理人的所得税优惠政策。相较国内其他高新区而言对投资机构的吸引力不断下降，部分机构正在着手寻求税收更为优惠的地区。

（四）人才培养：缺乏专业的基金管理人才

私募股权投资基金的管理者素质亟待提升。私募股权投资是一项综合性工作，而不仅仅是融资和投资那么简单，还包括最有发展潜力的企业项目的搜寻，企业管理与改制转型，企业供应链和市场各要素的优化组合，政府、银行、券商等多方面的沟通与运作等。同时，基金管理者多年来形成的良好声誉与业绩是维持股权投资信任度的一个最关键的环节。目前与上海、深圳和北京等城市相比，天津在收入及金融氛围等方面差距还较为明显，因此滨海的基金

管理人才在数量与质量方面存在明显缺陷，本地注册的基金招募合适的基金管理人才较为困难；同时由于本地基金管理团队缺乏相关业绩和实务方面的经验，导致基金在募集、投资及退出方式等各个环节遇到许多难以解决的问题，进而影响到整个行业的长远发展。

四 2014年滨海新区私募基金发展展望

着眼于未来滨海新区私募股权投资的发展，既要理性实务，又不能因噎废食。要以规范促转型，以创新促发展。结合滨海经济发展的特征和滨海PE行业的情况，给出如下建议。

（一）加快基金与产业互动

天津滨海新区的管理改革始终是在不断进步的，新区应当继续利用招商引资的优势，与国家相关部委加强交流、沟通，对国内外优质项目资源保持持续关注，在机制管理方面进行不断创新，不断做足量级，争取将"基础优势"转变为"质量优势"。考虑到基金项目对接的相关情况，应当尽快实现政策突破，使一部分股权基金项目对接实现由"单一内资"到"内外并举"的转化。同时，在扩大项目集聚的基础上，要力图实现在一至两年内，使滨海新区的基金能够寻找到具有良好投资前景的项目，改善当前"注册在滨海，项目在外地"的不利局面。第一，鼓励科技创新，引导本地企业做强做大。充分利用好天津开发区目前拥有的科技孵化器、生物医药研究院等载体，扶持新材料、新能源、生物医药以及电子信息等创新型企业发展，引导科技成果转化并快速成长，同时利用好天津开发区的百余家科技部注册高新技术企业这一项目资源，使其成为PE等股权投资基金的优质选择。第二，凭借滨海新区大型基础设施建设项目积聚的优势，积极与国家相关部委及央企展开合作，结合十大产业振兴规划，在目前取得的成果基础上，继续大力引导并建立若干产业投资基金。第三，加强现有滨海国际股权交易所等机构的作用，加大平台建设，完善投资基金与发展型企业及重大项目之间对接机制。充分利用好每届融洽会的两天半时间，推进资本与企业快速约会。另外，滨海国际股权交易所要发挥自身优势，妥善收集处理好在融洽会上及会后产生的大量企业项目信息和企业项目申请对接的信息，实现投资需求和融资需求信息在企业与投资商之间的有效对接。

（二）拓宽基金退出渠道

由于 IPO 及创业板等场内交易退出渠道容量有限，因此场外退出市场必不可少。但是目前我国并购及新三板等 OTC 市场还存在一定缺陷。具体来说，一方面，应消除并购退出的法律障碍。目前我国与证券相关的多层次资本市场建设仍然有待完善，私募股权投资基金不得不寻求新的退出方式，并购退出成为代替 IPO 的新选择。但是我国在外资并购、非上市公司并购等相关方面的法律一直存有缺陷，严重制约了资本市场的发展。因此，应当积极对并购立法并加以完善。另一方面，大力发展滨海"新三板"等 OTC 市场的建设。利用升降级转板机制、做市商制度、退市机制、加强宣传、扶持本地企业等措施，形成一个层次互补、模式相似、上市标准递进的 OTC 市场体系。

（三）强化基金规范发展

私募为市场模式带来了一场新的革命，应用好 PE 机制可以为经济发展提供有效助力。在这场"革命"中，政府不仅要发挥引导作用，更要积极参与其中，但在参与的过程中，政府应摆正自己的位置，坚持市场化原则，秉持"引导不主导、参与不控制、政府投资资金市场化管理"的原则。具体可从以下几点入手：其一，在 PE 运作的过程中要进行全过程管理。管理范围包括投资者教育、市场准入、工商注册、银行托管、信息披露、发改委备案和行业自律等，争取实现全面多样化管理。其二，完善法律法规监管。近些年，天津及滨海相继颁布了多项地方法规，未来滨海相关的监管机构仍然应当时刻关注 PE 发展状况，并结合实际情况进行及时调整，为国家立法提供实践和政策的借鉴与支持。其三，大力支持早期项目私募股权基金投资。同质化竞争是我国地方 PE 行业发展的一个常态。在这种状态下，创新才是地区发展的最大竞争力。政策制定方面，要抛弃原有的全面优惠政策，转向差别化优惠政策。注重对于 PE 向创新型中小企业投资的引导，在 PE 质量提升政策中，早期项目应

作为投资激励重点。其四，发挥多方力量，建立多层次监管体系。在监管过程中，不仅要依靠政府力量，天津股权投资基金协会也应当充分发挥自身作用，积极鼓励会员进行自我监督、追求自我发展、实现自我约束，提高行业的自律管理能力。另外，社会力量也不容忽视，其中审计、会计、律师等社会中介机构是中流砥柱，这些机构要实现社会监督合力，形成强大的外部压力，严格全面的监督基金管理人和基金托管人，敦促其行为更加理性化和规范化。

（四）培育创新生态系统

以京津冀协同发展为契机，统筹天津作为基金集聚区、制造业基地，特别是毗邻首都全国科技创新中心的优势，培育创新生态系统，为形成基金运营中心创造条件。第一，加强京津冀地区大学与科技产业园区的联系，促进大学、企业在技术、理念、资金上的交互促进，鼓励大学教师创办企业，或利用部分时间在企业任职，实现制度突破。第二，在大学开始为地区创新产业提供技术和人才的同时，基金将为企业提供资金和战略上的帮助。第三，政府可设立专项资金，完善各梯级人才培养及创业失败补偿机制，让创业者相信创新所需的长期投入是相对安全的。

B.8
分报告7
2013年的滨海新区金融租赁

摘　要： 作为金融资本与实业资本结合的枢纽，金融租赁行业的创新推进对天津滨海新区的整体发展影响深远，尽管没有先发优势，但凭借着政策支持和产业集聚效应，天津已成为国内融资租赁行业的集中聚集地，融资租赁等金融创新行业持续领跑全国，也为新区的经济和金融发展贡献出不可或缺的重要力量。2013年滨海新区继续推进金融租赁创新，巩固区域金融租赁市场的比较优势，以此促进产业结构优化调整，支持新区的经济发展，并通过辐射作用带动整个环渤海区域的发展，进而实现国家的整体战略规划。

关键词： 金融租赁　政策扶持　战略规划

作为我国金融改革的创新实验基地和最大的融资租赁聚集区、示范区、先行区和领航区，天津滨海新区融资租赁业务发展迅猛，融资租赁等金融创新行业持续领跑全国，成为新区的经济和金融发展不可或缺的重要力量。2013年，滨海新区产业结构持续优化升级，经济运行总体平稳，全年实现地区生产总值8020.40亿元，同比增长17.5%，对外经济继续保持较快增长，实现外贸进出口总额903.17亿美元，同比增长10.7%，综合经济实力进一步增强。新区金融机构认真贯彻落实稳健的货币政策，金融支持实体经济工作稳步推进，截至2013年末，新区金融机构本外币各项存款余额4699.01亿元，同比增长10.5%；本外币各项贷款余额6425.27亿元，同比

增长15.5%①，可见金融业保持良好发展态势，为新区经济又好又快发展提供了有力的支持。

一 2013年滨海新区金融租赁发展状况

作为金融资本与实业资本结合的枢纽，金融租赁行业的创新推进对天津滨海新区的整体发展影响深远，尽管没有先飞优势，但凭借着政策支持和产业集聚效应，天津已成为国内融资租赁行业的集中聚集地。截至2013年末，总部在天津的各类融资租赁公司达到185家（包括5家金融租赁公司），约占全国的24.8%，其中绝大部分注册在滨海新区；注册资金总计约800亿元人民币，约占全国的35%；融资租赁合同余额4600亿元，约占全国的24.2%。2013年滨海新区继续推进金融租赁创新，巩固区域金融租赁市场的比较优势，以此促进产业结构优化调整，支持新区的经济发展，并通过辐射作用带动整个环渤海区域的发展，进而实现国家的整体战略规划。

（一）金融租赁的内涵界定

为适应中小企业的融资需求，伴随着市场经济而产生的一种新兴金融形式——金融租赁便应运而生，这也是融资与融物相结合、贸易与技术更新连为一体的新型金融产品。金融租赁是这样的一种融资模式，首先出租人与供货商订立购货合同，购买承租人所要求的设备，然后以签订租赁合同的形式，约定在一定期限内承租人有权使用租赁物，但需向出租人支付约定的租金，以使出租人分期收回贷款、利息和其他费用。

金融租赁主要包含以下特征：第一，相互关联的三方当事人、互相制约的两个合同共同构成金融租赁，当事人分别为出租人、承租人和供货商，合同至少包括买卖和租赁合同。第二，拟租赁的设备根据承租人的意愿自行选定，出租人只负责购买设备，为承租人提供融资，而承租人须承担关于设备的过时风险或保险、维修等费用事项。第三，在基本租期内，出租人只将设备租赁给一

---

① 数据来源：《2013年滨海新区经济金融形势分析》。

个承租人使用，且在承租人付完全部租金后，设备即归承租人所有，而全部的租金中就包含了设备的价款、出租人的利息和手续费。第四，租赁合同一经生效，任何一方均不可在租赁期间内单方面撤销合同。第五，金融租赁的租期一般是比较长的，基本租期都与设备的有效寿命相当。

（二）发展租赁业的必要性

滨海新区作为天津经济发展的龙头地区，中小企业作为滨海新区的主打品牌，利用融资租赁等多种融资渠道，采用多种融资方式就显得尤为重要。为促进中小企业更好地发展，进而推动滨海新区的经济进步，2013年，滨海新区在保持国内领先优势的同时，持续努力将新区打造成为中国乃至世界的融资租赁聚集区。

1. 金融租赁将助力滨海新区成为北方的金融、贸易和航运中心

作为五大金融工具之一的金融租赁，它的发展势必会丰富滨海新区的金融体系，为构建金融中心创设更加丰富而全面的软环境。由于金融租赁是一项复杂而全面的金融业务，其发展与运行需要保险、咨询、公证、法律、资产评估等多项业务的参与和配合，因此，金融租赁业的发展也就势必会全面推动新区各类专业机构的发展，通过金融聚集效应达到强大的金融辐射能力，从而助力滨海新区成为北方的多元化金融中心，并加快新区贸易及航运中心的建设进程。

2. 金融租赁将推动产业结构升级，增强滨海新区的经济服务能力

金融租赁对产业结构升级的推动作用主要体现在它良好的促销功能上，通过提高消费者的购买能力，帮助制造商销售更多产品、获得市场信息、提高决策水平、拓宽营销渠道，全面促进制造产业的结构升级。作为典型生产性服务业的金融租赁，在推进滨海新区先进制造业良好发展的同时，还可以增强其服务环渤海、辐射东北亚从而进军国际市场的经济服务能力。因此，港口与海洋装备、汽车和装备制造、石油和海洋化工、轨道交通设备、航空航天等这些滨海新区的龙头制造行业，要想获得区域竞争中的有利市场地位，就必须积极借助金融租赁实现企业的战略目标。

3. 金融租赁拓宽中小企业融资通道，促进滨海新区基础设施建设

与银行传统信贷业务相比，金融租赁的一些特征决定了其强大的融资功能，例如，相对简单的业务流程、相对容易的资信要求、相对灵活的还款方式

及相对长期的租赁期限，传统银行不太欢迎的中小企业，可以更多地向租赁公司寻求融资，以得到其生产经营所需设备。由于金融租赁是以承租人的现金流水平和标的物的获利潜能为其租赁标准的，因而它更加适合中小企业和长期项目的融资需求，能够为滨海新区的众多中小企业拓宽更加丰富的融资渠道，获得更加强大的融通能力。此外，金融租赁的融资方式是以资产为基础的，这就意味着它能够对财产所有权提供更加清晰而严密的保护，从而减少出租人所承受的违约风险，也正是因为这样，才会有更多的金融租赁企业为城市的基础设施建设提供帮助，有力地促进滨海新区的市政建设。

（三）新区金融租赁发展状况

作为金融综合改革的"先行先试"区，滨海新区在金融租赁领域一直处于积极发展、全国领先的地位。2013年，新区金融租赁产业继续保持较快增长，新区凭借政策发展先机及牢固坚实基础，业已形成国内租赁聚集区、最大的租赁信息交流基地以及人才培养基地。各路资本纷纷进军新区金融租赁业，落户企业数量大幅增长。截至2013年末，新区共有融资租赁法人机构167家，金融租赁法人机构5家[1]，其中特别值得一提的是，继工银租赁、民生租赁、兴业租赁后，2013年三季度，中国金融租赁有限公司、邦银金融租赁有限公司2家注册资本较高的金融租赁公司也落户天津滨海新区。

1. 业务总量

2013年底，天津市融资租赁合同余额约为5750亿元人民币，比上年末3700亿元增加约2050亿元，增长55.4%，高于全国平均水平35.5%约19.9个百分点，其中滨海新区融资租赁合同余额4600亿元，约占全国的24.2%[2]（见表1）。用于融资租赁的贷款数量增长迅猛，从存量上看，2013年12月末，滨海新区金融机构人民币融资租赁贷款余额为2008.1亿元，在人民币各项贷款余额中占比33.54%，占全国融资租赁余额的近三成；从增量上看，2013年新区金融机构全年融资租赁新增402.91亿元，在新增人民币贷款中占

---

[1] 数据来源：《2013年滨海新区金融稳定报告》。
[2] 数据来源：《2013年滨海新区各类金融业态》。

比59.76%；2013年融资租赁外汇贷款增加11.23亿美元，增长152.32%[①]，主要投向了交通运输、仓储和邮政业。

表1 2013年天津市融资租赁业务发展概况

	2013年底业务总量(亿元)	2012年底业务总量(亿元)	2013年底比上年底增加(亿元)	2013年底比上年底增长(%)	2013年底业务量占全国比重(%)
金融租赁*	2550	1900	650	34.2	12.1
内资租赁**	1850	1150	700	60.9	8.8
外资租赁	1350	650	700	107.7	6.4
总计	5750	3700	2050	55.4	27.4

* 金融租赁公司：受银监会监管，大股东一般是银行，具有银行股东支持、同业拆借、银行贷款等多种融资手段。

** 内资租赁公司：受商务部监管，注册资金本身较低，主要运用银行贷款融资手段，融资成本较高。

数据来源：《2013年中国融资租赁业发展报告》。

2. 金融租赁

据中国租赁联盟统计，截至2013年12月底，已开业的金融租赁企业共23家，比上年底增加3家，其中注册在天津滨海新区的共5家，集中了全国近1/5的金融租赁公司，它们分别为工银金融租赁有限公司、民生金融租赁股份有限公司、兴业金融租赁有限公司、中国金融租赁有限公司、邦银金融租赁有限公司。2013年10月30日，工银金融租赁完成30亿元增资计划，注册资本金由原来的80亿元增加到110亿元，超越国银金融租赁，居中国金融租赁十强排行榜首位。（见表2和图1）

表2 2013年金融租赁十强企业排行榜（以注册资金为序，截至2013.12.31）

序号	企业名称	注册时间	注册地	注册资金(亿元)
1	工银金融租赁有限公司	2007	天津	110.0
2	国银金融租赁有限公司	1984	深圳	80.0
3	交银金融租赁有限责任公司	2007	上海	60.0
3	昆仑金融租赁有限责任公司	2010	重庆	60.0

---

① 数据来源：《2013年滨海新区经济金融形势分析》。

续表

序号	企业名称	注册时间	注册地	注册资金(亿元)
4	民生金融租赁股份有限公司	2007	天津	50.95
5	兴业金融租赁有限责任公司	2010	天津	50.0
6	建信金融租赁股份有限公司	2007	北京	45.0
7	招银金融租赁有限公司	2007	上海	40.0
8	皖江金融租赁有限公司	2011	芜湖	30.0
8	华夏金融租赁有限公司	2013	昆明	30.0
9	浦银金融租赁股份有限公司	2011	上海	29.5
10	华融金融租赁股份有限公司	1984	杭州	25.0

数据来源：《2013年中国融资租赁业发展报告》。

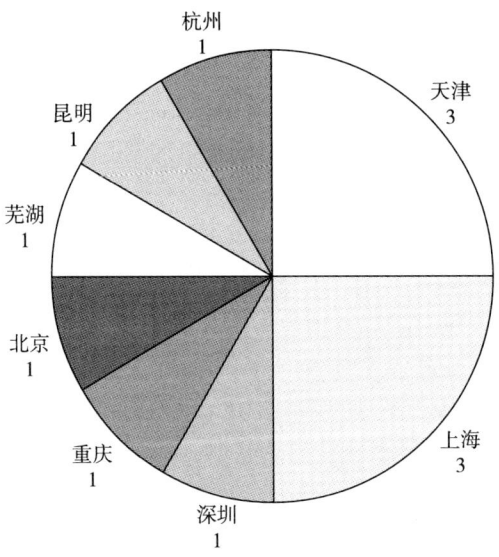

图1　2013年全国金融租赁十强企业地区分布情况

资料来源：作者整理。

3. 内资租赁

2013年12月底，在以注册资金为序排列的十强排行榜中，天津渤海租赁以注册资金为62.5亿元的优势，仍居全国内资租赁公司的首位，在全国内资租赁十强企业排行榜里，注册地在天津滨海新区的企业有4家，占比总数为20%。（见表3和图2）

分报告7　2013年的滨海新区金融租赁

表3　2013年内资租赁十强企业排行榜（以注册资金为序，截至2013.12.31）

序号	企业名称	注册时间	注册地	注册资金（亿元）
1	天津渤海租赁有限公司	2008	天津	62.5
2	长江租赁有限公司	2004	天津	38.3
3	蒲航租赁有限公司（原大新华船舶）	2009	上海	37.0
4	国泰租赁有限公司	2007	济南	20.0
5	汇通信诚租赁有限公司（原广汇租赁）	2011	乌鲁木齐	21.6
6	中航国际租赁有限公司	2004	上海	20.0
6	中建投租赁有限责任公司	2011	北京	20.0
7	中联重科融资租赁（北京）有限公司	2006	北京	15.02
8	重庆市交通设备融资租赁有限公司	2009	重庆	10.0
8	天津天保租赁有限公司	2011	天津	10.0
8	天津佳永租赁有限公司	2012	天津	10.0
8	安徽华通租赁有限公司	2013	淮南	10.0
8	德海租赁有限公司	2013	北京	10.0
9	重庆银海融资租赁有限公司	2006	重庆	9.79
10	山重融资租赁有限公司	2009	北京	9.2

数据来源：《2013年中国融资租赁业发展报告》。

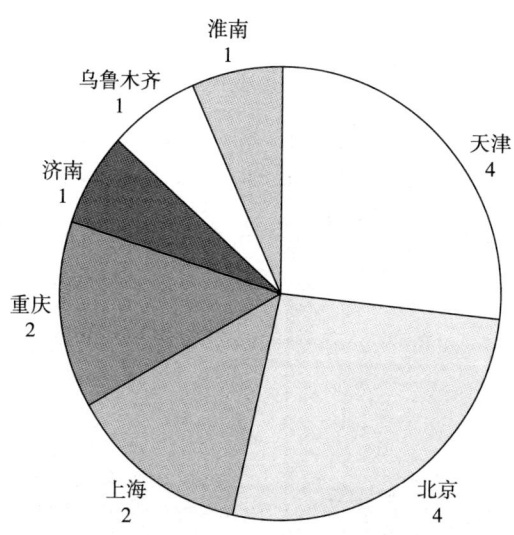

图2　2013年全国内资租赁十强企业地区分布情况

资料来源：作者整理。

143

4. 外资租赁

虽然2013年在全国880家外资租赁企业中，上海的远东国际租赁在以注册资金为序的外资融资租赁企业十强排行榜中居于首位，但在该排行榜上，注册地在天津滨海新区的企业占到5家，占比50%，成为十强企业中地区集中地最高的区域。（见表4和图3）

表4　2013年外资租赁十强企业排行榜（**以注册资金为序，截至2013.12.31**）

序号	企业名称	注册时间	注册地	注册资金（万美元）
1	远东国际租赁有限公司	1991	上海	134291
2	平安国际融资租赁有限公司	2012	上海	47619
3	利星行融资租赁（中国）有限公司	2008	苏州	37000
4	港联融资租赁有限公司	2010	邢台	32100
5	基石融资租赁（天津）有限公司	2012	天津	29900
6	金宝鼎国际融资租赁有限公司	2012	天津	29900
7	中联重科融资租赁（中国）有限公司	2009	天津	28000
8	小松（中国）融资租赁有限公司	2007	上海	25873
9	宏泰国际融资租赁（天津）有限公司	2013	天津	23809
10	英大汇通融资租赁有限公司	2011	天津	20444

数据来源：《2013年中国融资租赁业发展报告》。

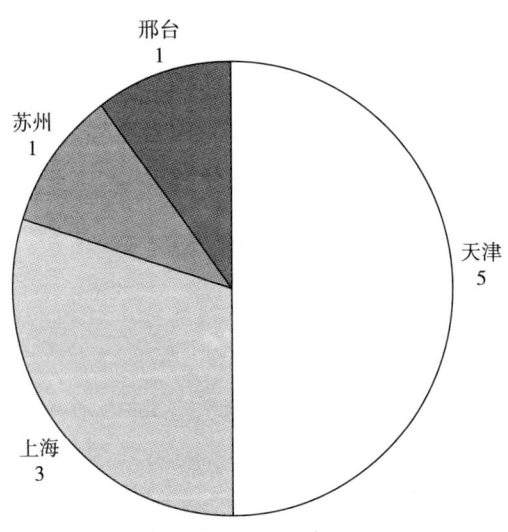

图3　2013年全国外资租赁十强企业地区分布情况

资料来源：作者整理。

5. 租赁业大事记

2013年1月6日，天津市财政局、天津市发展改革委、天津市地方税务局联合印发《天津市促进现代服务业发展财税优惠政策》的通知。对发展融资租赁业以及总部经济、金融业、基金业、物流业、中介服务业的财税优惠政策进行了新的规定。该政策自2013年1月1日起执行，至2017年12月31日止。

2013年3月2日，随着一架空客A380客机缓缓降落在天津滨海国际机场，南航、工银金融租赁有限公司、天津东疆保税港区成功完成国内第一单空客A380融资租赁引进业务。

2013年5月9日，中国银监会发布关于同意中国金融租赁有限公司开业的批复。该公司注册资金20亿元人民币，落户于天津滨海新区于家堡金融区，是该区的首家金融租赁公司，也成为继工银租赁、民生租赁、兴业租赁之后第四家落户天津滨海新区的金融租赁公司。

2013年6月6日，为期三天的中国国际租赁产业博览会（租博会）在天津梅江会展中心拉开序幕。"租博会"由中国国际贸易促进委员会与天津滨海新区人民政府共同主办，以"融资、融物、合作、共赢"为主题，是国内首创的以推广融资租赁和经营性租赁产品和服务为目的的展会。

2013年7月12日，两架从法国空运至天津的As350直升机顺利通过天津滨海新区东疆保税港区的海关检查，标志着中国内地首单进口直升机租赁业务在东疆顺利完成。

2013年10月25日，渤海租赁公告称，子公司天津渤海租赁有限公司与天津港保税区管理委员会开展津滨高速公路空港经济区联络线在建工程及1、2期部分道路排水工程资产售后回租业务。天津渤海以约20.3亿元购买天津保税区名下津滨高速公路空港经济区联络线在建工程及1、2期部分道路排水工程资产，并回租于天津保税区使用，租赁年限20年。

2013年12月27日，李克强总理在天津市委书记孙春兰、市长黄兴国陪同下来到天津滨海新区，重点考察了天津的融资租赁业。在天津工银金融租赁公司考察时李克强表示，金融租赁在我国是新的高地，但我们经验不丰富、人才不充足，配套政策不完善。金融租赁是为实体经济服务的，国家要培育这个

产业发展壮大。他鼓励企业要闯出自己新天地,做第一个吃螃蟹的人,要驾驭"皇帝蟹"周游世界。

二 滨海新区金融租赁发展评价

2013年,天津滨海新区在借助政策优势的同时,继续大力推进金融改革创新,不断拓宽融资租赁业务领域,形成了良好的市场效益。在当下日益激烈的市场竞争中,保持领先优势并不容易,然而,融资租赁业的"天津模式"却一再证明着它的活力。在2013年整个融资租赁行业面临着税收风波时,天津市政府发布的《天津市促进现代服务业发展财税优惠政策》等系列措施发挥了重要的作用。

(一)滨海新区金融租赁发展成就

在2013年,天津滨海新区金融租赁业的主要进步体现在国际租赁业务从无到有的突破和循序渐进的发展上,例如由天津制造的空客A320首次以融资租赁方式销往海外,以及滨海新区利用其港口优势着力推进工程机械的海外出口等,无一不是对新区国际租赁业务的有力证明。长期以来,小到国际租赁业务,大到整个金融租赁产业,滨海新区一直是凭借着"先行先试"的政策优势才能走在全国前列的,然而在2013年,新区成功将"政策红利"模式转向了"创新红利"模式,不管是租赁模式的创新,还是租赁管理的创新,都处于全国领先地位,特别值得一提的,是东疆港保税区,它作为新区区域聚集的典型代表,越发开始显现出其强大的聚合优势。

天津东疆保税区是我国面积最大、成立最早的保税港区,占地面积39.48万平方米,位于滨海新区辐射范围内。截至2013年末,在东疆港注册的融资租赁公司累计达559家,包括375家单机公司、97家单船公司、78家总部型公司,累计注册资本达134亿人民币,跨境收支规模达到86.7亿美元,同比大增1.3倍。东疆在业务模式上也有所发展和创新,转关模式、资产包模式逐渐成熟;出口租赁、联合租赁、离岸租赁、转租赁等新模式不断涌现。截至2013年末,东疆港完成的租赁业务包括飞机281架(其中大飞机154架、公务机 78 架、训练机 22 架、直升机 6 架）、飞机发动机 9 台、船舶 50 艘、海上石油钻井平台 3 座，租赁资产总额约 160①亿美元。天津东疆港作为国务院批准的国家唯一飞机租赁创新试点区（DFTP），其在享受国家优惠政策如优先借用外债指标、优惠税率安排、出口退税等的支持下，创造出显著的飞机租赁成就，获得了很多全国第一，例如，全国第一单保税飞机租赁交易、全国第一单 SPV 公务机租赁交易、全国第一单出口飞机租赁交易等，这些成就都有力地证明了东疆港飞机租赁业务的创新发展与快速提升。

（二）滨海新区金融租赁改善空间

尽管在 2013 年新区的金融租赁业有了很大的进步与创新，无论是从企业注册数量，还是从租赁业务量上都位居全国前列，但我们也不得不承认，正处于新兴阶段还没有完全成熟的新区租赁业，还是存在着一些问题。

1. 行业平衡发展能力不足

滨海新区金融租赁的行业发展不平衡主要体现在金融、内资、外资租赁企业的数量与规模关系上。援引数据来说明，2013 年，在新区将近 180 家的租赁企业中，仅有 5 家的金融租赁企业却占据着高达 240.95 亿人民币的注册资金，相当于全部租赁企业注册资金的 30.11%；内资和外资租赁企业共 167 家，注册资金总额仅为 559.05 亿元，占比全部企业注册资金尚不足 70%。在 2013 年新区 4600②亿元融资租赁合同中，由于金融租赁企业能够凭借雄厚的资金实力招揽飞机、船舶等大额租赁协议，因而金融租赁企业的业务总量在全部租赁合同中占比达到近 40%。由此可见，在滨海新区整个租赁行业看来，企业的资金实力与业务规模差距仍然较大，尚未做到相对平衡发展。

2. 国际租赁市场开拓不足

据中国租赁联盟预测，在 2014 年以后的几年中，中国的租赁业每年业务总量将以 50% 以上的速度增长，预计到 2016 年左右，我国的融资租赁合同余额将超过 5 万亿元人民币，折合约 8300 亿美元，有望超越美国的 8000③亿美

---

① 数据来源：《2013 年滨海新区金融稳定报告》。
② 数据来源：《滨海新区各类金融业态》。
③ 数据来源：《中国租赁业发展报告 2014》。

元而成为世界第一租赁大国。这虽然给天津滨海新区金融租赁业的发展提供了一个十分难得的机遇，但也同时面临着非常紧迫的挑战。新区目前的租赁企业，特别是规模较大的租赁企业，对于国际租赁业务拓展不足，在东疆保税区也仅出现首单出口飞机租赁交易。因此新区租赁企业必须在拓展国内租赁市场的同时，积极进入国际租赁市场去开展竞争。

3. 风险防控能力不足

作为新兴的金融服务业，金融租赁业尚没有形成完整而严密的风险防控体系，相关企业对其面临的潜在风险认识不足，致使滨海新区金融租赁业的发展尚不稳定。在现行租赁业的发展状态下，对于违规或经营不善企业所暴露出来的潜在风险，我国的相关监管部门还没有形成健全而统一的监管体制，因此对租赁企业的监管水平参差不齐，看法不一：一些监管部门依据市场经济原理，认为企业出现风险应顺应优胜劣汰原则退出市场，因而不应过分干预，顺其自然即可；而另外一些监管部门为了保证整个行业的顺利发展而采取严厉的惩处措施，一旦租赁企业出现风险则立即责令关闭整顿或破产清算，却忽视了对企业的日常指导和监督工作。天津滨海新区由于具有良好的政策优势，对金融租赁业大力扶持与鼓励，导致许多租赁企业在没有建立起有效的风险防控体制的状况下就加快推进租赁业务的全面发展。有的企业资本充足率甚至达不到1%，有的企业在综合性租赁业务中选择了大量金额多、租期长、风险大的售后回租业务，这些现状无疑困扰着新区租赁业健康发展，暴露出新区租赁业的风险防控能力相对不足。

4. 行业从业人员不足

金融租赁是一种复杂性和综合性较强的人才密集型行业，它涵盖了金融、贸易、经济、财会、法律和工商管理等方方面面，因此需要经过专业学习和培训过的高级从业人员。然而，滨海新区的金融租赁业在其快速发展过程中，尚没有源源不断的专业人才可以供给，人才紧缺问题日益突出，成为制约租赁业发展的一个瓶颈。依据"中国租赁联盟"初步估算的数据显示，总部在滨海新区的融资租赁公司已超过180家，但人才缺口至少在500人左右，特别是具备高级专业能力和领导才能的中高级管理人才缺口在200[①]人左右。由于金融

---

① 数据来源：《2012年中国融资租赁业发展报告》。

租赁业的从业人员需要具备广泛而专业的知识与技能，这就需要各高校予以配合，开设租赁专业，招收大量学员便成为当务之急，然而天津目前还没有单独开设融资租赁专业的高校，有些高校虽然偶有涉及融资租赁专业课，但也只是凤毛麟角，难成系统。因此，为了新区租赁行业的长期进步，为了整个租赁行业的健康发展，需要高度重视人才培养，加强人才培育，全面提高从业人员的基础素质和综合专业水平。

三 2014年滨海新区金融租赁发展展望

在前进的道路上，机遇与挑战永远并存，这对于天津滨海新区金融租赁业的发展来说也不例外。利用"先行先试"政策机遇而优先发展起来的新区租赁业，在经历了数年的全国领跑后，在2013年迎来了它所面临的最大挑战者，即挂牌成立的上海自贸区。在国务院最新公布的整体方案中，给予上海自贸区与新区相同的租赁政策优惠：例如在降低准入门槛方面允许单机、单船子公司不设最低注册资本限制；在税收优惠方面批准自贸区成为租赁出口退税试点；在扩大业务范围方面允许融资租赁公司兼营与主营业务有关的商业保理业务等。滨海新区在逐渐失去政策优势的情况下，如何能够继续保持行业领先地位成为天津亟须思考的重要问题，因此，在充分保持业已形成的聚集效应的前提下，还应当积极改革，促进行业长远发展。

（一）拓宽租赁融资渠道，推动行业全面发展

首先，新区金融租赁公司的融资渠道目前仍较单一，制约着租赁业的长远发展，因此当务之急是需要拓宽租赁公司的资本补充通道，助推租赁企业扩充规模，扩大经营。例如：通过准许金融租赁公司进入债券等资本市场的方式来减少其对传统银行信贷的依赖；通过准许符合条件的金融租赁公司进入银行间交易市场的方式来扩充其筹资渠道；通过政策扶持和宣传辅导着力推行租赁资产证券化，在风险可控的条件下，引导符合条件的金融租赁企业积极探索租赁资产的合理出路；通过将保险资金等长期资金引入租赁业务的模式，努力促进租赁资金的良好循环，全面提升行业的可持续发展力。其次，新区的行业发展

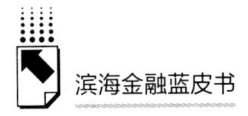

尚不平衡，行业内部各个方面不能齐头并进，协调发展，因此需要大力促进各类租赁企业的平衡发展。金融租赁公司要积极推动其设立专业子公司，要鼓励内资租赁公司参照外资租赁公司的模式积极借用外债。

（二）开展租赁产品创新，着力发展国际租赁

在如今需求多样化和竞争激烈化的金融市场上，金融租赁公司要想取得长足发展，就必须定位专业化，积极寻求产品创新，突出自身特色，开拓出一条独树一帜的差异化道路。与此同时，金融租赁公司应该根据自身的实际情况，面对不同发展阶段制定不同的发展战略，例如：在企业发展初期选择风险小、规模小的项目以达到稳健成长的目的；而在企业后期的发展过程中就可以选择一些大型项目，通过资金协同或战略协作来达到做大做强的目的。因此，金融租赁公司必须突破以净利差为基础的单一盈利模式，积极创新，开拓市场，形成各具特色的多样化盈利模式，其中特别值得一提的就是对国际租赁市场的开拓。国际租赁市场具有广泛而强劲的发展潜力，而新区当前对国际租赁业务的开展尚不足，这与我国较为严格的外汇管制因素是分不开的。无论是SPV的运作，还是进出口租赁业务的开展，都需要大规模、多批次的外汇交易，然而我国当前的外汇管制仍不自由，审批流程仍较复杂，这在很大程度上制约着国际租赁业务的开展。因此，滨海新区的外汇管理部门应当大胆尝试，为金融租赁行业积极拓展国际租赁市场提供政策优势，如为贸易和资本项下的购汇及外汇进出境的审批等开设绿色通道，全力推动新区金融租赁业的创新发展。

（三）增强风险防控理念，形成统一风险管理体系

风险是企业潜在的危机，如果没有对风险抱以足够的重视，企业有可能因此而毁于一旦。金融租赁公司也不例外，在其业务快速发展的同时，管理者也应当充分重视风险防控的重要性。首先，要预先建设好企业自身的风险管控能力，制定风险管控制度和流程，并且不断完善，提前了解企业存在的各类显性和隐性风险，将内部控制覆盖到企业各个方面，架构起前、中、后台彼此制约，相互制衡的内控结构。其次，要切实运用贷款五级分类划分标准，细化其

准确性以合理规划贷款投向；要加强企业的信用评级建设，不断完善市场风险的监测系统。最后，要建立租赁标的物内部价值评估体系，明确租赁物的所有权归属，完善租赁项目担保制度，加强租赁保险管理。例如，滨海新区可以开设中小企业金融租赁担保中心，政府运用财政资金为中小企业租赁业务提供担保；金融租赁公司也可与商业保险公司共同建立租赁信用保险制度以达到化解租赁公司所面临信用风险的目的；租赁企业还应当在对资产和负债关系的管理上有所重视，通过建立配套的流动性风险管理办法来减少资产负债期限错配的潜在风险。

（四）重视租赁人才培养，建设专业人才体系

人才是经济发展的关键，要想金融租赁行业得到长效发展，就必须重视培养和引进金融租赁人才，广泛吸收国内外高端专业人才，建立和完善租赁业人才培育机制，只有人才和智力能够源源不断地为金融租赁业提供坚实的保障，才能更好地促进新区金融租赁业的改革创新和卓越发展。因此，滨海新区要建设金融租赁人才服务中心和服务平台，保证高素质专业人才到新区发展拥有良好的就业、创业、培训等全方位服务；增加对新区租赁业相关从业人员的补贴费用，努力解决金融租赁人才在新区工作、生活、居住等方面的后顾之忧；坐落在滨海新区的各高校，也应积极开设租赁专业或相关专业课，培养具备管理和实战技能的高级专业人才，并定期开展学术论坛，结合新区租赁业的实际状况，共同探讨新区发展金融租赁业的地方政策完善和市场机制建设。

（五）加快飞机租赁发展，争创飞机租赁中心

我国已然成为世界航空大国，而航空公司的飞机引进，都是通过融资租赁的途径实现。在天津滨海新区，特别是东疆保税港区有着飞机租赁良好的发展基础，为航空租赁业深入发展提供了机会。因此，东疆保税区应继续着力发展保税港区飞机 SPV 租赁、保税租赁、离岸租赁、资产包租赁等"东疆创新模式"，逐步建立完善的符合国际惯例的政策法律、金融商贸服务、飞机船舶航运服务、通关及信息服务环境，构造起与国际接轨的投资环境与运作空间，创造国际一流的投资环境和服务平台。争取把新区建设成为中国和全球飞机租赁

中心、融资租赁领航区和聚集区、航运金融和离岸金融创新基地、具有全球影响力的国际航运融资中心。

（六）发挥改革引领作用，全面提升租赁优势

实施融资租赁业政策创新，发挥改革引领作用，形成与国际接轨的租赁业发展政策环境。在海关特殊监管区内，建设服务国内外的租赁资产交易平台，推进租赁资产权属登记、建立退出机制、租赁资产证券化、租赁资产流转等试点，完善与租赁业发展相适应的会计、税收政策。扩大租赁品种和经营范围，鼓励各类融资租赁公司的项目子公司经营大型设备和成套设备租赁业务，支持各类融资租赁公司设立项目子公司并开展境内外租赁业务，试点租赁单一项目公司汇总缴纳企业所得税，允许租赁企业开展主营业务范围内的保理业务和福费廷业务。对融资租赁企业进出口飞机、船舶和海洋工程结构物等大型设备涉及跨境、跨关区的，按物流实际需要，实行海关异地委托监管。

专题篇　滨海金融创新研究

Special Topics

专题报告1
滨海金谷：滨海科技金融运行模式构建

李　健等*

摘　要： 科技金融的实现本身也是一种渐进性的创新，平台化运作将是科技金融发展的主要业态，这种全新的金融业态可称之为"金谷"模式，即现存的金融体系依托具有数据整合功能信息平台，进行金融供求的有效匹配，实现由专家管理、市场选择以及有效维护的自金融模式。"滨海金谷"模式是以开放、共享理念构建起来的金融业态系统，通过科技化金融平台的运作实现政府、金融机构与市场、科技企业以及中介服务机构四大主体的互动融

---

* 本课题由李健教授主持，参与人员包括马亚、李浩然、廉政、高扬、杨娜、王敏、钱婧、何文华、迟香婷、张瑞、王鹏、杨朝楼、王晨。

合。"滨海金谷"特色金融的发展与平台运作是平台金融模式的亮点和先行先试精神的体现,但要获得平台金融模式的整体发展与健康运作还要有赖于其主要参与者的科学定位与有效作为。

关键词:

  特色金融 科技金融 平台金融

我国"十二五"规划纲要中明确提出加快转变经济发展方式,开创科技发展新局面的要求。以科技自主创新为原动力、提高科技自主创新能力,建设创新型国家已时不我待。而实践中,一方面,我国科技投入渠道狭窄、效率较低、缺乏有效的投资退出渠道;科技企业融资难问题普遍、长期存在,科技研发与持续投入、科技成果转化为商品以及产业化发展过程中缺乏有效的金融支持;另一方面,金融发展中面临着科技化程度提升的迫切要求,特别是近年来以互联网为核心的高科技迅速向金融领域扩张,对原有的金融组织机构、金融运行模式、金融业务处理方式乃至整个金融业态带来巨大的机遇与挑战,如何正确地应用高科技安全有效地促进金融发展是亟待研究的新问题。

天津滨海新区于2006年被批准为继上海浦东之后的第二个综合配套改革试验区。经过几年的改革发展,滨海新区的经济和金融取得了快速发展。由于天津滨海新区具有多种有利条件,特别是可以先行先试的政策许可,使得在滨海新区实践科技金融具有得天独厚的优势。因此,基于示范效应和引领作用,立足滨海新区,深入研究和探索科技金融的内涵、运作机理、业务模式与绩效提升,在当前科技兴国战略框架设计中显得尤为迫切。

一 科技金融的先行先试:"金谷"模式的构建

科技金融的实现本身也是一种渐进性的创新,它是基于现有金融体系的整合与改善的。在与现实技术创新与经济发展匹配的条件下,科技金融可以利用时代优势进行局部先行先试的创新。适应第三次工业革命的高科技性、合作性、扁平式以及分散性的特点,特别是要发扬互联网"开放、平等、协作、分享"的精神和技术优势，平台化运作将是科技金融发展的主要业态，这种全新的金融业态可称为"金谷"模式。

"金谷"模式即是基于上述理念的一种设想，是对现存的金融体系依托具有数据整合功能的信息平台，进行金融供求的有效匹配，实现由专家管理、市场选择以及有效维护的自金融模式。这一模式可以首先在科技园区与创新园区进行尝试，再通过发现问题改进管理不断扩大其支持的领域与空间，在逐步推广的过程中实现科技金融在整体经济运行中的战略作用。

（一）"金谷"模式的观念：技术理性与商业理性的结合

"金谷"模式强调技术理性与商业理性的结合。首先，技术理性重视三个方面：一是科学技术是首要的生命力，技术创新是经济增长的关键动力；二是科技与经济融为一体，两者才能互相促进、持续发展；三是科学技术带来的问题也能够通过科学技术的进一步发展来解决。可以说，技术理性与社会工业化和知识化程度密切相关。其次是商业理性，商业理性强调市场经济的重要作用，假设主观为自己、客观为他人、社会的"看不见的手"的调控作用，强调满足需求、创造需求的"生产—消费"的持续循环。最后，技术理性与商业理性的结合才能够形成完整的运行机制。"金谷"模式运行的理念也有赖于此。技术理性与商业理性的结合既继承了技术理性与商业理性各自的内容，又通过两者的结合增加了新的含义。比如对运行中的主体强调技术才干与经营能力相结合，强调科学研究与产品开发的有机结合，强调科技与经济的一体化。可以说科技社会与知识经济就是技术理性与商业理性结合的最佳体现。依据技术理性与商业理性相结合的观念来规划与发展"金谷"模式，也是现阶段经济发展的必然需要。但是，技术与商业理性往往具有一定的短视性，比如它会使社会的注意力与激励机制更加集中于经济领域，而相应产生的社会问题则基本忽略。因此，"金谷"模式在一定程度上还需要强调道德理性，比如技术与经济融合的同时注意环保与社会福利等。

（二）"金谷"模式的制度：商业、科技与社会的全方位制度创新

西方经济制度的变迁大约包括三个阶段：商业制度创新、科技制度创新以及商业和科技结合的制度创新、商业和科技与社会全方位结合的制度创新。导致

制度创新与变迁的因素十分复杂，包括政府的作用、利益集团之间的博弈、集体选择的作用、技术进步、意识形态和知识积累的作用等等。"金谷"模式的制度安排应该属于最后一阶段，是一种由政府、企业、金融机构与金融市场、大学研究院所、其他中介机构等为了一系列共同的社会和经济目标、通过建设性的相互作用而形成的网络形关系，其主要活动是甄别、启发、选择、改造、应用、推广新技术与新知识，并在此基础上形成科学技术知识在整个社会范围内循环流转和应用的良性机制。其中，创新是此模式发展和成长的根本动力。需要指出的是，这一制度的形成需要国家科学发展战略与政策的有力支持。科技政策的基本含义是一国政府运用它的政治权力与物质手段，开发利用和组织管理国家的科技资源，使之形成实际力量以实现政策目标。科技政策的研究重点是政府、科研机构和产业界之间的相互关系，科研投资、技术创新、技术扩散及市场利用。因此，形成"金谷"模式的区域应特别注重科技政策的设计与其所提供的科技金融支持相匹配。

（三）"金谷"模式的组织：平台化金融运作

"金谷"模式的组织方式是平台化的金融运作业态。"金谷"模式的平台从参与者来看，应该是一个包括商业组织、科研机构、企业、政府、金融机构与金融市场、教育、中介等众多组织机构参与的网络平台。初始平台的搭建可以由政府组织，也可以由政府委托某金融机构承建，还可以由政府通过招标方式选择适当机构来做。"金谷"模式平台的组成至少应该包括连接资金供求双方的投融资平台、实现信用信息资源共享的信息平台和金融服务支持性平台。

"金谷"模式平台的运作主要通过金融机构与金融市场的有机组合并发挥集群效应。金融机构在平台上提供基于满足金融需求的多元化金融产品或服务，包括各种科技贷款、担保贷款、证券、信托、租赁、保险等，特别是不同机构通过平台进行协作，可以更快更好地创新交叉性金融产品；从金融市场层面看，需要将包括主板、创业板、股份转让系统、产权交易市场和债券市场在内的多层次资本市场引入平台，支持科技企业利用金融市场进行融资和产权交易；引导产业投资、风险投资和天使投资等投资机构进入平台，形成资本市场、风险投资、技术创新的联动机制。

此外，还有市场化的信息处理和甄别的会计、审计、评级等专业服务机构，包括创新的网络组织提供的组合型金融服务与产品交易等，这些交织在一起成为支持和服务于科技金融平台化运作的重要部分。

（四）"金谷"模式的管理：内外结合

基于"金谷"模式的科技金融内涵，其管理强调内外两个角度：一是"金谷"模式的内部管理，核心在于信息管理与风险管理。对信息的管理主要强调整合能力，整合过程应注重信息的传播、变化频率、扩充性、关联度，保证打破信息资源的垄断，大力投入信息的可得与共享机制的建设。对风险的管理则更加具体，应用专业的方法对科技创新中的风险、金融运行中的风险以及科技与金融深度融合过程中的风险分别进行相应的管理。二是"金谷"模式的外部管理，主要强调维护"金谷"模式有序运行的法律建设。包括相关知识产权保护法、信息公开、共享的立法、网络规范与安全立法以及违法的惩戒法案。

综上所述，确立建设"金谷"模式的区域后，应注意依据当地条件，将"金谷"模式的观念、制度、组织与管理的相关内容逐一明晰，优选与整合在相应的社区体系内，实现"营造平台—自持成型—强化升级"的自我反馈机制，以带动区内科技产业的特色发展与技术创新，创建一个科技渗透、创新持续、供求匹配的现代化社会模式。

二 "金谷"模式的支持条件与实践

实现时代赋予科技金融的重要内涵，需要充分利用金融与生俱来的信息聚集与处理功能，借助电子技术与专业人才的支持，以平台化的运作模式实现科技金融在第三次工业革命的现代化进程中引领、推促、管理与提升功能，这一金融战略性的规划是符合经济发展与社会进步的内在要求的。"金谷"模式概念的提出具有很强的实践性，但也需要来自多方面的支持。

（一）"金谷"模式中政府的作用

"金谷"模式中的政府应注意解决好政府与市场的关系。因为在政府与市场边界不清楚的情况下，价格杠杆不能调节科技企业和金融企业的行为，不能

形成风险与收益的匹配；同时由于风险与收益不匹配，科技与金融结合的金融产品供给与需求也面临失衡。解决这一问题的关键在于理顺科技企业、金融和准金融机构以及政府三者之间的关系：一是给予必要的财政资金投入，尽可能弥补金融机构和准金融机构的风险损失。财政资金运用于科技金融有三种形式：直接财政拨款，无偿提供；通过政策性金融，低成本提供；通过市场，按照市场化运作正常提供。二是丰富政策性金融产品的供给。国有经营性资产的存在对构建完善的市场经济存在着冲击，理论上国有资产应该是经营市场无效的领域，而不是与民争利。因此，有必要对国有经营性金融资本进行结构调整，把非营利性的金融资本转为政策性的科技金融。这样做可以较快速地解决科技金融供给不足的问题，完善科技金融服务体系。三是体制改革和机制创新，完善科技金融的政策体系，消除科技与金融融合的障碍。体制改革和机制创新是科技与金融融合的根本路径，也是长期有效的办法。

归纳起来，科技金融战略发展中政府引导的作用主要体现在三个方面：一是政府应采取创业基金或创新基金等政策性金融形式，以公共资金引导、拉动金融市场的私人资金投向科技企业尤其是小微科技企业；二是政府应出台适度的支持和优惠政策，推行专用技术创新的孵化与成长，推促其向通用技术创新的转化；三是政府需要着力推进与科技企业成长相关的法律法规体系的建设，依法保障其生成与成长。

（二）"金谷"模式中科技知识的核心地位

"金谷"模式的目标在于实现科技与金融的深度融合，使得创新持续涌现，并有效扩散与应用，从而推动经济增长与社会进步。回溯历史，基于科技知识增长的技术创新是迄今为止突破收益递减的最有效手段，可以说明，科技知识的增长和流动是经济增长及其自我增强机制实现的核心动力。科技知识的重要作用表现在：一是纵向的拓展与延伸，在科技创新的内在逻辑与社会需求的外部推动下，科技知识不断增长并付诸应用；二是横向的配套性扩展，一旦出现新知识和新应用，就会改变原有的知识体系和应用体系，为使新知识的效能充分发挥出来，需要其他相关因素做配套性变革，从而引起一系列创新的产生与应用。这些创新知识在经济体系的各要素间联络与扩散，实现高效率的知识流合作。这种科技知识的自我增强机制赋予科技金融具有正反馈机制,进而实现科技金融的叠加效应与螺旋上升效应。

可以说,"金谷"模式是一个相互配合的知识系统,在其网络构建时,各方面知识与信息的汇集使创新成为可能。这种创新的实现源于科技知识的增长与应用,并激发了科技知识的增长,从而使科技金融成为科技社会现代化进程中的核心要素。

(三)"金谷"模式的风险管理

"金谷"模式体现科技金融的运作特点,融汇了科技、金融多层面的活动,其专业性强、复杂程度高,其风险不但兼具两者的特点,还会衍生新的特点,这对传统风险管理机制和手段都提出了巨大的挑战。在金融工具、金融机构与市场的基本风险之外,数据风险、运行平台的风险、外包服务风险、物理环境的信息科技风险成为风险管理必须时刻面临的问题,这些风险与科技密切相关,影响范围广、突发性强、隐蔽性强,需要参与科技金融的各方都具有足够的风险管理意识,形成系统性的风险管理体系。因此,"金谷"模式的风险管理应强调科学的风险管理组织架构、有效安全技术保障、系统稳定性的维护以及业务连续性的强化。见图1、表1。

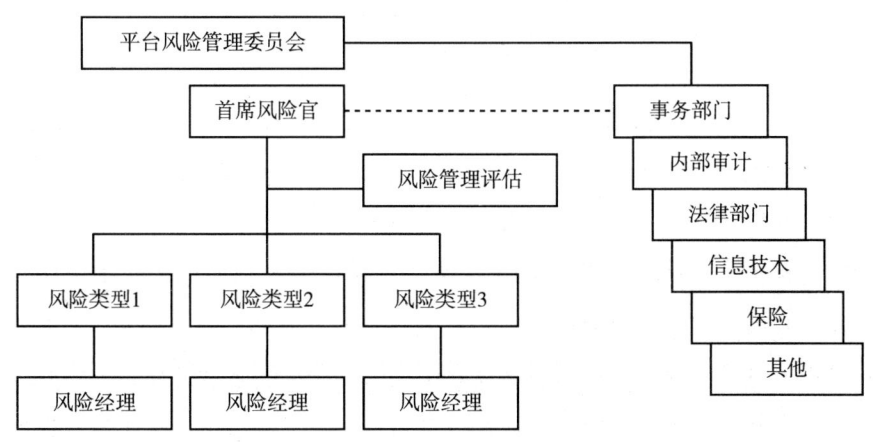

图1 "金谷"模式风险管理组织架构

表1 "金谷"模式风险管理流程

程序	风险分级	控制评估	问题识别与威胁评估	残余风险评估	评估报告
登记注册	行业分类	科技含量	可能性	影响力	从产品、业务、区域三个维度衡量包括合规、财务、资源、法律的评价（量化方法）
业务部门识别	风险分类并分级	合规性	非合规项	影响力	
业务流程	安全度	分级预警	严重性	影响力	
应用系统	合理性	分级预警	严重性	影响力	
基础架构	稳定性	分级预警	严重性	影响力	
第三方供应	连续性	分级预警	严重性	影响力	

（四）"金谷"模式的绩效评价

已有的绩效评价方法并未突出科技与金融的互利互惠，科技与金融融合的螺旋式上升效应，未能通过绩效评价体现出科技金融的正面叠加效应，几乎均为单线评价模式。本文试图构建科技金融的双线绩效评价模型，分别从科技与金融两条线索探讨科技与金融的深度融合，既研究金融在技术创新与经济转型中所发挥的作用，也将探讨科技究竟能带给金融什么，科技的力量能否重新塑造一个有别于传统金融运作的新金融产业，借助科技的金融创新是否能为科技金融提供更大的效能，使科技与金融的结合不再是政策鞭策下的被动结合，而是由市场中"无形的手"推动下的自觉结合。

（五）"金谷"模式的实践：阶段性特点与滨海实践

"金谷"模式的实践大体呈现存在模糊边界的三大阶段，即政府引领阶段、行业与市场主导阶段以及自金融阶段。不同阶段的形式可能有各种表现，但具有一定的共性，其进程的快慢取决于制度环境与市场约束、经济个体的行为、知识化程度，也有赖于技术条件与网络的应用。

一是政府引领阶段，强调对"金谷"模式所需要基础设施与维护机制的建设以及初期发展中政府的引领作用。基于科技金融的内涵，"金谷"模式的应用试点可选择与政府科技政策直接相关的科学园区为基础区域，并将此模式实现的科技金融绩效作为政府考核的一项目标，充分调动科学园区所在地地方政府的积极性和创造性，通过协调各部门通力配合形成合力，进而为实现有效的科技金融创新奠定坚实的基础。

二是行业与市场主导阶段，此阶段是在前一阶段的基础上渐进发展，主要强调以金融机构与市场为主体的，行业内的合作与分享；金融服务以推促技术创新和科技成果转化为目标，依据政府引导、市场主导与民间补缺的基本思路，强调平台金融发展模式，即从"交易中心平台+信息处理平台"的建设到"包容性金融+自金融"平台的实现，形成以"风险投资+债权融资+股权融资"为主体的多元化金融形式的网状投融资模式。同时，平台金融发展模式所涵盖的金融科技化与互联网金融等泛金融形式所带来的金融运作效率的提升也会进一步强化金融在经济发展与技术创新中的作用。

三是自金融阶段，此阶段是科技金融的最终成果。它基于第三次工业革命，社会现代化基本实现，社会财富充分积累，社会的知识化、信息化业已形成，经济运行中的社会关系体现更多的是互助性、普惠性以及自给性。此时"金谷"模式的应用是全社会的参与，移动互联与社交网络的大力支持，使得科技金融的供求匹配趋向自我实现，从而传统金融体系可能退出，取而代之的是基于技术效率的自动组合与个性定制。这一阶段的科技金融将与社会运行深度融合成为发挥金融功能的某种存在。

三　滨海科技金融的运行模式选择："滨海金谷"模式

天津滨海具有发展科技金融的强大优势和良好的机遇，也存在一些问题并面临巨大的挑战。因此，充分利用天津滨海新区具有金融"先行先试"的优惠政策，积极推促滨海科技与金融创新，实现时代赋予科技金融的重要内涵，正是滨海金融发展的当务之急。面对信息与互联网技术的快速发展，未来滨海新区金融发展不能简单地延续传统金融扩张模式，需要进行战略性调整，以适应经济发展与社会进步的要求。"滨海金谷"模式将科技金融的理论落实到滨海新区的实践中来，以"科技化金融平台"的构建为切入点，力图构建一个开放型的金融业态系统，进一步促进科技创新、金融创新以及两者的互动发展。

（一）"滨海金谷"模式的内涵

"滨海金谷"模式是一种全新的金融运作业态。这个模式具有丰富的内

涵，至少应该包括以下3个方面。

1. "滨海金谷"模式是一个开放型的金融业态系统

"滨海金谷"模式以"科技金融平台"为切入点，实现金融资源的共享与合作，加快金融创新，提高金融资源配置效率，并进一步促进科技产业发展和经济结构调整。科技化的金融平台是更宽泛意义上的金融业态，其参与主体包括政府、金融机构、科技企业、中介服务机构等，它们以不同的方式，发挥自己的角色。天津"滨海金谷"模式力图构建全新的金融业态系统，其具体运行机制由一系列专业平台构成，包括投融资平台、信息平台、金融服务外包平台、技术平台等，通过平台的充分交流，科技企业与金融机构，以及金融机构之间存在竞争与合作，在实现各自发展的同时也促进了对方的无限增长，从而实现共赢发展。

2. "滨海金谷"模式的核心是资源与信息的共享

科技金融发展的最大优势在于可以利用现有的科技条件，大幅度提升资源与信息的共享度。在国家政策支持下，滨海新区不断进行金融改革和创新，以促进金融体系的完善，并实现资源的优化配置。在这一过程中，滨海新区采用税收优惠等措施吸引了诸多金融机构，但是如果仅仅停留在物理网点的建设和传统经营模式层次上，则容易形成低端竞争，尤其是随着利率市场化的逐步实现，金融机构之间竞相争夺优质客户和资源，而中小科技企业融资问题仍得不到有效解决，信息不对称问题依然存在。因此，滨海新区金融改革与创新需要结合时代背景，不断探求新的发展路径。"滨海金谷"模式的重要内涵就是要通过建立科技化金融平台，以开放与共享理念，综合利用滨海新区内的各种资源和信息；利用科技化金融平台实现信息的共享和资源的优化配置，实现经济、社会、金融的最佳综合效益增长，促进金融创新与科技创新的深层次发展。

3. "滨海金谷"模式强调政府和市场的协调

"滨海金谷"模式坚持平台金融理念，其主要的目的是减少信息不对称，降低企业交易成本，其核心就是充分发挥市场在资源配置中的决定性作用。"滨海金谷"模式，作为一个创新的金融业态系统，可以通过系统内各组成要素之间的相互作用，达到平衡状态，逐步由低层次向高层次发展。滨海新区科技金融的深度融合要摒弃传统的政府干预模式，"金谷"的平台金融运行模式需要经历一个从政府引导到金融机构主导，再到市场自律的渐进过程，政府与市场协调配合缺一不可。

（二）"金谷"模式对滨海发展的意义

"金谷"模式体现了科技创新与金融创新的深度融合，是滨海新区加快金融改革创新的优选路径。"滨海金谷"模式的科学构建与良好运行，将有利于实现滨海新区的全面、综合发展。

1. 有利于更好地发挥金融功能

近年来，滨海新区金融业获得了快速发展。然而与北京、上海、深圳等金融强势地区相比，在金融人才、资源聚集能力等方面仍有较大差距。滨海新区金融业发展仍处于初级阶段，金融基础设施有待完善，金融机构门类有限、级别较低，金融运作模式简单、金融服务手段处于相对低端状态。金融机构间存在激烈的竞争，相互"抢地盘""争资源"，从而阻碍了金融功能的发挥。"滨海金谷"模式以"科技金融平台"的建设为切入点，践行平台运行理念，有利于促进金融机构之间的合作与创新，通过平台可以建立不同类别金融机构以及不同区域金融资源的协作机制，从而能形成合力。这对滨海新区提升金融整体实力有非常大的积极意义。

2. 有利于促进科技创新和产业结构调整

加快培育和发展战略性新兴产业是我国新时期经济社会发展的重大战略任务。滨海新区作为国家发展战略的重要组成部分，依据自身产业基础和潜在优势，围绕航空航天、新能源、生物医药、节能环保等产业，逐渐形成了一批具有特色的产业集聚区和产业集群。高科技产业的持续发展需要金融制度、业务以及服务方式的进一步创新，提供包括资金支持和风险管理在内的多样化金融服务。"滨海金谷"模式是科技金融内涵的重要体现，科技化金融平台的运行，能增强科技企业的合作，提高整体信用水平和竞争优势，有效解决单个企业融资难问题。平台运行模式有利于减少信息不对称，形成有效的资金供求，使金融充分服务于实体经济，从而实现金融创新与科技创新的共同发展。

3. 有利于提升滨海区域竞争力

国家设立综合配套改革试验区是要通过区域发展模式的创新，探求提高区

域竞争力的新途径。金融改革创新作为重要的组成部分，就要进行总体规划，创新金融发展模式，而不是短期内低端的机构与资源的争夺。"滨海金谷"模式突出平台金融理念，不仅着眼于金融机构、金融工具以及金融服务方式等微观方面的创新，更注重投融资体制及发展模式的改革。一系列科技金融平台的构建与运行，能促进相关利益者实现资源共享与匹配，通过合作者的优势互补，可以形成独一无二的组合式平台竞争优势。"滨海金谷"模式下的竞争与合作，超越了简单的比较竞争优势，难以复制，这将是滨海新区获得长期、可持续竞争力的关键所在。

四　"滨海金谷"模式的组织与运作

（一）"滨海金谷"模式的结构

"滨海金谷"模式是以开放、共享理念构建起来的金融业态系统，通过科技化金融平台的运作实现政府、金融机构与市场、科技企业以及中介服务机构四大主体的互动融合。科技化金融平台主要由三部分组成，其中处于前端的是投融资平台，连接资金供求双方；处于中间核心地位的是信息平台，实现信用信息资源的共享；金谷模式的后端即金融服务支持性平台，主要包括金融服务外包平台以及金融科技服务平台。如图2所示。

（二）"滨海金谷"模式的相关主体

"滨海金谷"模式采用的是开放式的平台化运作业态，众多相关主体都可以参与，其中政府、金融机构、科技企业和创业者、中介服务机构是最主要的参与者和利益相关者，它们各自需要扮演不同的角色，发挥独到的作用。

1. 政府

政府在"滨海金谷"模式中具有多重角色：一方面政府作为具体的参与主体，有其投融资需求，包括为科技企业尤其是中小科技型企业的发展壮大提供基础性资金，以及政府通过平台向资本市场或金融机构借款来筹集科技经费等活动；另一方面政府作为管理者，需要为"滨海金谷"模式的发展进行总

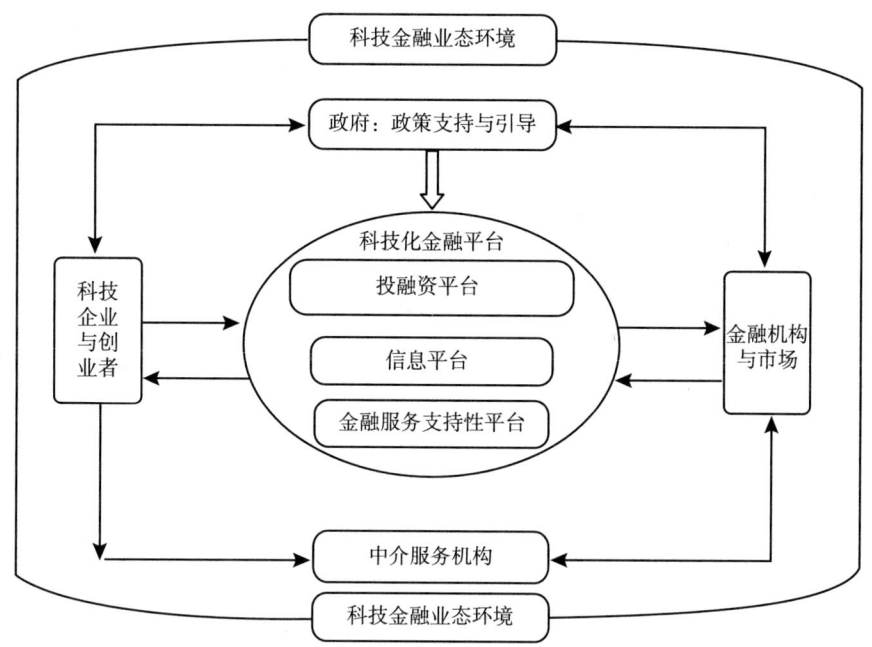

图 2　"滨海金谷"模式框架图

体规划，协调相关部门，并不断探索科学的管理制度，充分发挥"滨海金谷"模式下科技金融平台的组合优势，实现滨海新区整体竞争力的提升。

2. 金融机构

金融机构为科技企业的发展提供所需的资金和服务，它们是科技金融平台中的重要参与方。金融机构可以分为传统金融机构和新型金融机构，其中传统金融机构包括银行、保险、证券等，新型金融机构包括风险与创业投资机构、基金公司、小贷公司、融资租赁公司、信托公司等。此外，随着互联网金融的快速发展，诸多电商以及IT企业加入金融领域，形成了一种崭新的金融业态，被称为"类金融机构"或"互联网金融企业"，它们以一种崭新的渠道和方式提供金融服务，具有数据与成本等优势，对传统金融机构形成了"颠覆性"影响。

3. 科技企业及创业者

高新技术企业与其他行业相比，具有更大的风险和更高的资金需求。由于高科技企业在创业初期资金匮乏，因而需要大量的融资支持，一方面，政府财

政投入构成了高科技企业的主要融资手段之一,另一方面,创业风险投资也为高科技企业在种子期和初创期提供资金,而扩张期和成熟期则需要更多的银行类信贷资金支持。此外,科技担保也是支持高科技企业从事高风险活动而抵押不足时可以采用的手段。

滨海科技园区的建设和发展已经越来越成熟,已经吸引了包括中国航天科技集团公司的航天器制造及应用产业基地、广东明阳风力发电、天津药物研究院的创新研发转化基地等项目。此外,滨海新区正逐渐形成新能源、高科技动漫、云计算、旅游科技等特色产业。可以说,不同的产业及科技企业发展处于不同的阶段,其融资需求各异,从而产生了更加多元化的金融服务需求。

4. 中介服务机构

科技金融中介服务机构主要分为营利性和非营利性科技金融中介机构,以及相关行业协会和自律组织。

①营利性科技金融中介机构包括信用评级机构、资产评估机构、担保机构、会计事务所、律师事务所等。营利性科技金融中介机构为科技金融市场提供运行活力,提高市场效率,减少市场的信息不对称。

②政策性担保机构是非营利性组织,主要是政府下属事业单位或者国有独资公司组建的机构,以政府作为后盾为科技型中小企业提供担保。具有政府性质的中介机构的另一个主要活动是组织高新技术企业项目推介会,实现企业与创新风险资本对接等活动,并以此带动当地的产业结构调整。

③科技金融行业协会和自律组织的建立是为了规范科技金融行业的秩序,推动行业健康稳定发展,主要包括科技金融促进会、创业风险投资行业工会等。

(三)平台的具体功能与运作

"滨海金谷"模式的平台体系主要包括三个子平台:信息平台、投融资平台与金融服务支持性平台。三个子平台构成了"滨海金谷"的特色发展模式,相互支持、交互运作实现最佳的资源配置和风险控制效果。其中:信息平台通过各方信息的交流以及信用评级功能,促进投融资平台的有效运作,提高金融资源配置效率;投融资平台是金谷模式的主体平台,主要功能是完成滨海乃至

专题报告1 滨海金谷：滨海科技金融运行模式构建

天津、全国甚至全球范围金融供求的汇集、匹配、整合与实现；金融服务支持性平台是金谷模式的重要支撑，为投融资平台的顺利撮合、有效配置提供专业的后台服务和技术支持。"滨海金谷"模式的平台建设基于高效安全的信息采集与存储以及科学的数据挖掘与整合，其本身就是科技与金融深度融合的体现。

1. 信息平台

自20世纪70年代以来，伴随着第三次工业革命的兴起，人类的实践活动框架开始由工业平台进入信息平台。信息平台逐步改变了人与世界的中介方式，信息成为人类社会与物质、能量并列的三大要素之一。对于信息最简单的理解，即消息。作为消息的信息，无论是在农业时代还是在工业时代都普遍存在，它在人的交往行动中扮演着重要的角色。信息的产生意味着变化，变化意味着信息的使用者可以利用信息获得收益。信息的收集、筛选、组合都需要成本，信息自身的公共用品性质，使得信息可以通过平台化在整个社会范围内降低信息成本，避免资源浪费。

（1）信息平台的功能

信息的收集、筛选、组合都需要成本，信息自身的公共用品性质，使得信息可以通过平台化在整个社会范围内降低传播成本，避免资源浪费。平台运作目的是实现科技金融供求双方资源配置，然而简单的撮合服务不能体现平台金融的内涵，而且容易引起信用风险。滨海金谷模式所倡导的平台金融需要充分发挥信息平台的功能。信息平台最重要的功能是广泛的信息采集与存储、科学的数据挖掘与整合、充分的信息共享和利用、快捷的信息处理与交流。通过信息平台，多方采集相关数据，实现信息的集聚与共享，并以某一指标形式科学、准确地反映与金融资源供求相关的状况，特别是企业的信用状况，这对提高科技化金融平台的运行效率是至关重要的。

（2）信息平台的核心：信用信息平台

信息平台的良好运作，离不开相关信息数据的支撑，这就需要多渠道扩展信用评级的数据来源，并将其整合利用。信用信息平台运作过程见图3。在信息平台下，分布五个主要的数据库，分别为：企业信用基础数据库、行业信息数据库、外部信用评级数据库、担保机构评级数据库和政府信息数据库。这些数据库综合了金融机构、担保公司、政府、公众媒体、中介机构等所有的信息，具有全面性和及时性，打造信息收集与发布的枢纽，是信息平台的核心。

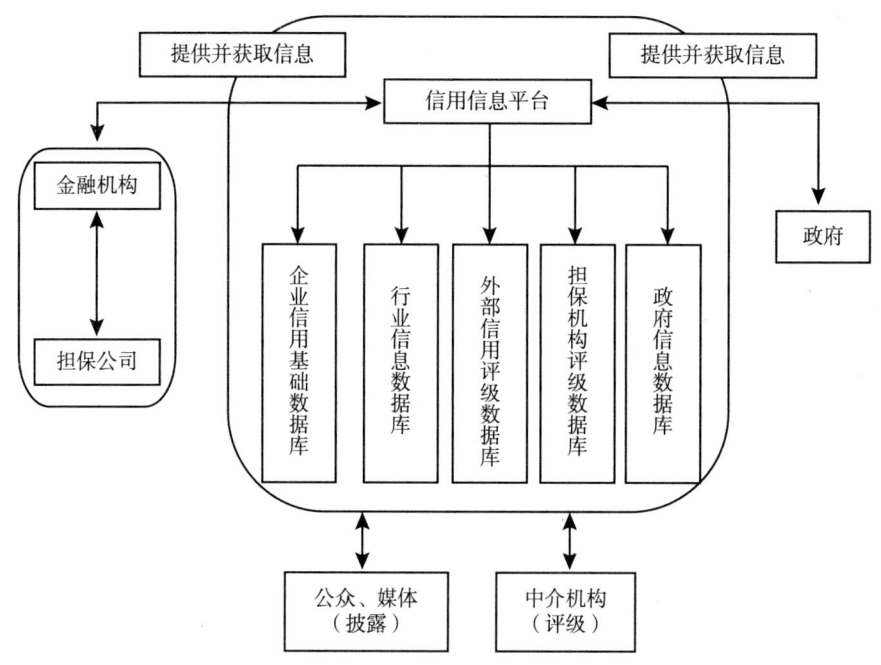

图 3　信用信息平台运作示意图

在科技金融的信息平台上，最重要的是信用信息平台。滨海金谷的信用信息平台建设需要通过以下三个途径来实现：第一，利用现代互联网信息技术，收集并整合高科技企业的相关信用信息，构建一个完善的企业信用基础数据库；第二，对所有高科技中小企业进行信用评级，并将评级信息整理存档，构建企业外部信用评级数据库；第三，对于为高科技企业提供担保的担保公司来说，收集担保公司的基本情况以及评级情况，构建担保机构评级数据库。将企业信用基础数据库、行业信息数据库、外部信用评级数据库、担保机构评级数据库以及政府信息数据库规划整合，结合相关政策法规，搭建高效的信用信息平台。

（3）信息平台的重要组成：非金融信息平台

除了金融信息的整合，信息平台同等重要的功能是对非金融信息，或潜在金融信息的收集整理，因为现代社会高速发展，每时每刻产生大量信息，通过对同类信息和相关信息的收集、整理，并从中挖掘出有价值的信息对科技金融运作是十分重要的。非金融信息平台大致上可分为科技信息、政策信息和人才信息三个板块，科技信息主要服务于科技企业，平台上发布的是最新的科研成果，包括最新的科技论文和最新的科技专利，供企业查找选择；政策信息平台主要发布最新的政策信息，当中央政府有重大政策发布时，各级地方政府、分管各行业的政府部门也会发布相关的配套法律法规，企业可以通过该平台一次性浏览所有政府部门发布的最新政策信息，有助于企业高效快捷全面深刻地理解最新的政策；人才信息页可以通过信息平台充分反映人才供求的数量、结构和各种人力资源相关信息。

2. 投融资平台

（1）投融资平台的功能

投融资平台处于整个金谷模式的最前端，通过供求双方的对接处理，体现科技与金融的深度融合，通过金融创新，为处于不同生命周期、不同规模、不同行业的科技企业提供与其相匹配的融资选择。投融资平台的良好运作，可以实现如下四个功能。

第一，项目筛选与融资支持。现阶段，中国高科技产业发展处于相对初级的阶段，高科技企业以及相关知识产权等方面的认定工作主要由政府来完成，政府掌握了许多具体信息。通过投融资平台，各金融机构密切合作，依托政府的信息优势，深入了解科技型企业的相关情况，如技术能力、盈利能力、市场前景等，以此确定有投资潜力的科技企业和项目。金融机构通过平台向科技型企业介绍融资产品，同时根据企业的具体需求，进行个性化融资服务。通过投融资平台的服务功能，实现资金供求双方信息交流无阻碍。

第二，整合资源功能。投融资平台汇聚了各类金融机构，有利于为科技型企业提供综合、全面的特色金融服务，与此同时，对于金融机构之间的业务合作也有推动的作用。滨海新区如果能搭建一个运行良好的科技化金融服务平台，就可以通过自身的聚集效应，整合各金融机构的资源与业务特色，为高新技术企业提供综合性高、增值性强的金融服务。

第三，风险分散功能。一方面，投融资平台整合了多种金融机构与市场，

它们在风险管理方面都有自己的特色和管理角度，通过平台进行经验交流与共享，可以实现优势互补，通过特定的风险收益结构安排，金融市场与金融机构合作分散投资者的风险，以及降低企业家的创业风险。另一方面，投融资平台有利于促进诸多科技企业和科技项目的合作，科技园区内处于不同阶段、不同规模的企业可以联合起来，从而可以提升整体信用，增强抗风险能力。

第四，金融机构提升收益，实现创新发展。前文中我们提出科技金融是科技创新活动与金融活动的结合，是科学技术资本化的过程，同时也是金融资本有机构成提高的过程。科技与金融的深度融合，将同质化的金融资源用于异质化的科技资源，金融部门可以借此获得更多收益，通过收益激励，促使金融家以自利的方式去优化资源配置来促进科技创新财富化，其积极性和可持续性会进一步增强。

（2）投融资平台的运作

投融资平台在具体运作中应坚持"政府引导、市场化运作"的原则，以建立一个高效、开放的投融资平台。具体从以下方面着手。

①坚持开放原则，让更多的主体参与平台的运作

投融资平台是一个开放的金融业态系统，目的是构筑一个为全社会科技创新服务的共享平台，属于全社会通用和共享的公共产品范畴。平台的一个重要特征是如果一方对平台没有需求，则另一方的需求也会消失，平台上参与主体的多元化，能促进平台互动机制的实现。我国现阶段科技金融发展处于初级阶段，滨海新区金谷模式的运行，必然需要政府的大力支持，但是政府过多干预或以高门槛增加诸多条款，也会影响到平台效能的发挥。这就需要理顺科技企业、金融机构、中介机构以及政府之间的关系，同时以开放的理念，吸引更多的资源，可以将民间资本引入平台来，通过与正规金融机构的合作，有利于促进其规范发展，也可以提升平台的多元性和吸引力。

②实现金融工具的创新实践

投融资平台有利于金融机构的业务合作以及科技企业之间的沟通，从而可实现金融工具的创新实践，见图4。

第一，积极探索债权融资与股权融资的结合。总结各地科技金融的实践与相关研究文献，诸多地方提到"梯形融资模式"。随着生命周期变化，处于成

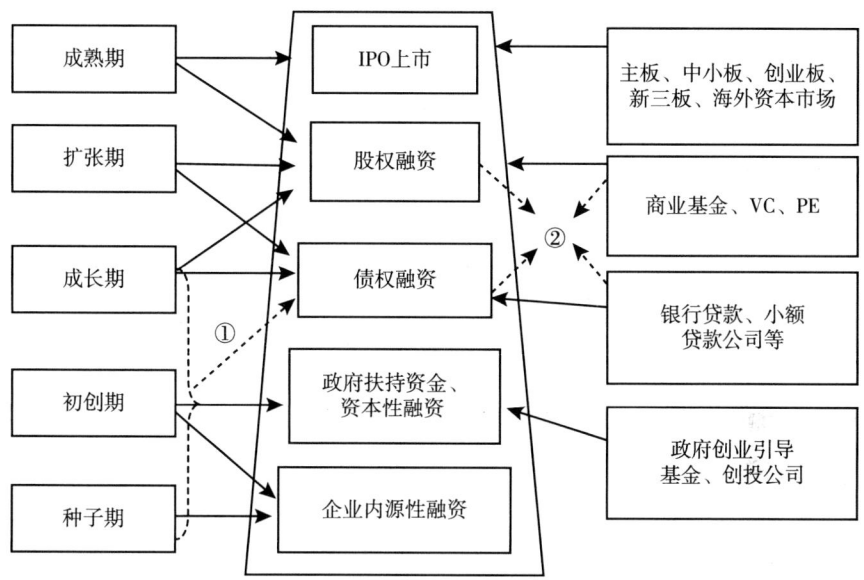

图 4 投融资平台下金融业务创新示例图

长周期不同阶段的中小企业所面临的风险特征不同,其融资渠道及方式也就不同。因此,在诸多科技金融实践中采用了"内源融资+政府扶持资金+风险投资+债权融资+股权融资+上市融资"的"梯形融资模式",以满足不同发展阶段的科技型中小企业的不同融资需求。

第二,通过平台可以实行中小企业集合债、联保贷款等方式。通过投融资平台科技企业之间可以实现更好的沟通、联合,如通过中小企业集合债、统借统还、联保贷款等方式,增强科技企业的整体信用,尤其是处于前三个时期的中小科技企业,较好地解决这些科技企业所缺少的传统的抵押品等问题,降低金融机构信贷风险。

第三,分工协作模式,有利于科技与金融产业链的形成与发展。强调灵活组合的一揽子协作模式,比如针对企业的融资需求,提供债权融资、股权融资、创投融合、保险担保的多元合作的金融产业链服务,通过合理的定价机制,将金融资源配置到推动经济发展的科技产业中,有助于进一步激活科技要素营造创新环境,实现持续的科技创新与产业升级。表现为在法律政策允许和参与机构的合作协议范围内,将各机构可运用的资金、人才、金融工具等整合

起来。这样既避免重复资金投入与时间的浪费，也能提高参与机构的运作效率。此外，各金融机构对科技企业或项目有不同的认识和风险管理的方法，通过合作共同承担投资企业或项目的风险，能够有效降低投资的失败率，实现可持续的风险管理。

③特色投融资平台的完善与开放

经过几年的发展，滨海新区的金融业出现较快增长，金融资产规模进一步扩大，金融机构种类日益增多，金融业务和产品创新不断涌现。其中融资租赁市场走在了全国的最前列，滨海航运金融在未来具有巨大的发展空间，滨海产业基金发展也在全国处于领先地位，这三个方面体现了滨海金融发展的特色。因此，滨海投融资平台的建设应结合现有的金融优势，构建专业化、独特的金融平台，如融资租赁平台、航运金融平台、私募股权投资基金平台，利用其在全国的领先优势，不仅在滨海新区发挥作用，还要以平台的开放意识积极投入到全国的科技金融发展中，发挥其应有的示范作用。

3. 金融服务支持性平台

从20世纪90年代以来，国际金融业发展呈现前台与后台业务分离，以及后台业务分工细化的趋势，后台业务不断被独立出来，主要提供外包服务与技术支撑。纵观国际上各大金融中心，已经有越来越多的金融机构把后台业务从金融核心功能区转移到周边的金融后台服务基地，在节约成本的同时，促进金融后台业务的扩展。滨海新区在金融改革与创新过程中，要提高投融资平台的效应，除了信用平台的支持，还需要有一个功能强大的后台支撑。因此，在科技化金融平台的整体构建中，我们需要把金融服务后台建设纳入进来，以形成一个完整的金融业态系统。

（1）金融服务外包平台

金融服务外包平台处于整个科技金融平台的后端，目的是通过专业化的后台服务，促进金融机构投融资业务发展的集约化，提高科技金融的整体效率，促进科技创新与金融创新融合发展。

天津及滨海地区相关部门逐渐认识到了金融服务外包的重大发展需求与机遇，并得到了国家支持。2006年信息产业部、商务部与科技部联合认定了第二批"中国服务外包基地城市"，天津和北京都名列其中。新时期，国家赋予天津滨海先行先试的优惠政策，可以借助这个创新的大环境，整合现有资源，如宝坻的京津金融服务外包园区以及园区的主体开发公司——天津京津金融产业投资有限公司，搭建一个高端的金融服务外包业务平台，以平台的共享优势，实现金融服务外包业务的合作，尤其是与北京的协作，从而提升金融服务外包业务的整体水平。作为后台服务平台，一个高效的科技化金融服务外包平台的建设，可以促进前端投融资平台的专业化运作，提高科技金融运行效率。此外，金融服务外包平台内的参与主体，通过平台的交流合作，将竞争转为合作，降低成本，从而实现资源合理配置与优势互补，有利于服务外包产业的可持续发展。

（2）金融科技服务平台

金融科技服务平台与金融外包服务平台，从金融产业链发展的角度来看，都属于后台业务，如评级、估值、项目评估、风险预警、技术支持、管理支持等，为金融机构提供"云银行"等技术支撑，以满足区域内金融企业后台服务中心的建设需求，进一步促进金融创新。国内在此方面走在前列的是"深圳市金融服务技术创新基地"，它位于深圳高新区科技园内，基地定位于"以信息技术为基础的深港金融后台服务中心以及金融信息技术创新中心"，以承接香港金融服务机构的高端和区域性后台服务中心的转移。

滨海开发区已设立额度为1亿元的互联网金融产业发展专项资金，用于金融云平台等互联网金融基础配套设施。此外，滨海新区科技园有众多知名的高新科技企业聚集在此，充分发挥这些科技企业的技术资源，就能形成一个金融科技服务平台，体现滨海新区科技园区的信息技术优势，进一步吸引一大批重量级的金融机构及后台服务部门。平台内可以实现各企业科技开发资源的整合与流动，有利于开发新产品，促进金融支柱产业和高端服务业的形成，提升金融科技化水平和"金谷模式"的运行效率。

五 "滨海金谷"模式的管理

"滨海金谷"模式，是滨海金融改革创新的具体体现，是科技金融与滨海实践相结合的产物。"滨海金谷"模式的内部管理主要涉及信息管理与风险管理两个方面。

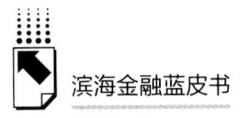

（一）"滨海金谷"模式的信息平台管理

加强信息管理是滨海"平台"金融模式构建及可持续发展的核心。科技化金融业态系统中，诸多投融资信息的收集、处理与匹配需要通过高效信息平台的建设来实现。无论是前端的直接交易平台，还是信用以及后台的技术维护平台，都离不开信息的交互和共享。

信息平台建设的初期，需要投入较大的人力、物力、财力，而且要求运作主体必须具备强大的协调能力，因此政府应该在信息平台建设初期发挥主导作用，具体专业化的数据与网络技术工作，可外包给具有出色数据管理和数据挖掘能力的公司，在平台正式移交使用后，可由政府委托专门的机构负责网站的运营与维护。随着科技化金融平台的进一步发展，信息管理逐渐形成规范化运作，具有实力的金融机构或科技企业或者是它们形成的企业联盟组织都可以参与进来，进行平台的建设与管理，其优势在于后者更具有市场视角和经济眼光，能够更为有效地捕捉经营机会与市场运营，然而企业往往比较关注盈利和短期效益，这就需要企业理解信息平台建设的意义，实现多方合作发展。

1. 信息平台的数据支持

高效信息平台最核心的功能是要实现资金供求双方的快速高效匹配，这就需要区内众多的企业和金融机构提供大量真实有效的数据。平台投入使用后，可要求每一家用户与平台后台分享自身财务数据，对于部分企业，还应分享相关项目进度数据，做到全面分享，真实可靠，充分保证数据来源。

数据的收集并不难，重要的是对具有价值的数据的筛选，即数据清洗。对于金融机构来说，要根据不同金融机构的经营特点，对其核心数据进行分析。例如可贷资金数量、贷款利率、贷款年限等相关数据为银行类金融机构的核心数据；保费数额、投保年限、投保标的要求等相关数据为保险类金融机构的核心数据。通过对银行、证券、保险，包括在天津市发展势头良好的租赁业及其他金融行业的核心数据筛选，建立真正有效的数据仓库。

2. 信息数据的后台处理

数据收集和数据清洗只是整个平台建设的准备阶段，真正核心的部分是平台的后台建设。目前主流的后台建设以 Hadoop 基础架构为主。Hadoop 是一个数据处理的软件框架，可以对大量数据进行分布式处理，具有高效性、可伸缩性、可靠性等优势。此外，Hadoop 具有低成本优势，其主要依赖于社区服务器，是开源的，任何人都可以使用。

具体来说，Hadoop 具有高效性，能够进行并行处理，保证各个节点动态平衡，并且速度非常快；Hadoop 具有可伸缩性，能够处理 PB 级数据；Hadoop 具有可靠性和高容错性，具有按位存储和处理数据的能力，可以维护多个工作数据副本。

3. 信息平台的上线

平台的建设可以通过外包给成熟的数据管理挖掘公司，在短时间内实现多功能平台的上线运行。IBM 是一家国际著名的公司，不仅在计算机、服务器等硬件方面成绩突出，在数据库管理、数据挖掘方面也有着丰富的经验。IBM 与高盛、摩根等世界顶级金融机构合作多年，在数据挖掘方面，特别是金融数据挖掘方面领先于其他同行业企业。同时，由于高盛、摩根等国际著名金融机构大多采用混业经营方式，IBM 能够在不同行业的海量数据中进行准确的数据清洗，并进一步进行数据挖掘。

我们建议天津市政府可以将平台建设外包给经验丰富的 IBM 公司，并根据滨海区，甚至是整个渤海湾、东北亚的特点增加平台的功能，实现平台的一体化，同时还可以与 IBM 签订服务器等硬件方面的采购合同，既避免了软硬件之间的不兼容的问题，也可以降低整体成本，使平台尽快上线。

4. 信息平台的运营与维护

（1）平台运行初期，由企业与金融机构双方自行匹配。企业在网站上发布融资需求，包括融资方式、资金数额、期限、利率等关键指标，金融机构根据企业的需求与企业接触协商，并将最终的协商结果公布在平台网站（见示例图5）。经过一段时间的运营后，根据充足准确的历史数据，结合聚类分析、关联分析等方法建立预测模型，找出其中的关联规律。银行、证券、保险、租赁、财务公司等不同类型的金融机构，根据预测模型，可以针对不同类型、不同时点、不同资金量提供标准化的、统一的金融服务，即平台功能由个性化服务转向"定制＋标准化"服务。实现标准化服务可以提高资金匹配的效率，降低成本。随着平台的不断运行，数据的不断积累，预测模型不断被修正，预测准确度逐渐提高，更进一步提高效率，降低成本。

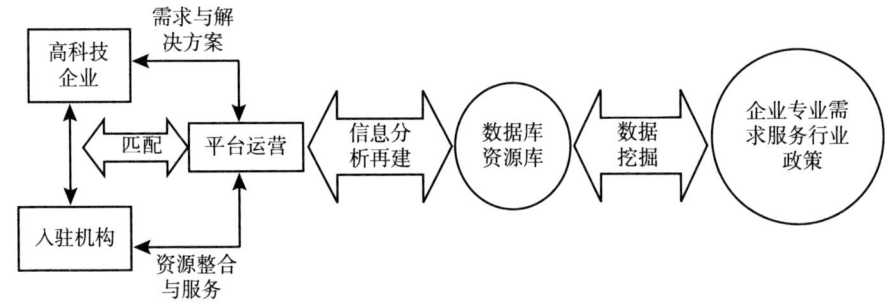

图5　平台的运营设计

（2）运行的初期难以获得盈利，可暂由政府相关部门使用专项基金来负责维护。成熟后可随着服务能力的提升开展收费服务，并逐步实现盈利，收益来源的基本构成见下表。

表2　平台收入来源的基本构成

收入类别	服务/产品提供	目标客户	定价方式
会员费收入	享受平台的各类综合服务（信息共享、撮合交易）等	会员（金融机构、科技企业）	成本定价
数据库销售收入	各类信息、预测报告等	金融机构、科技企业	市价+议价
投融资咨询顾问收入	投融资活动的咨询、资本运营、项目筛选、定制服务等	金融机构、科技企业	议价
门户网站广告收入	广告展示等	金融机构	市价
线下活动收入	投融资会议、人员培训等	科技企业	议价

资料来源：作者编制。

平台维护的主要内容包括设备的维护，工作人员的报酬等。维护的费用主要来自向金融机构出售预测模型的收入。由于信息具有共享性，所以购买预测模型的机构越多，价格就越低。预测模型的建立主要以企业，即资金的需求方的数据为基础，通过分析不同类型企业在不同时期对不同金融服务的需求，得到最终的预测模型。金融机构以相对较低的价格得到预测模型后，既可以针对自身的特点，为企业设计标准化的产品，也可以与其他类型的金融机构合作，推出一站式打包产品，真正实现平台的高效性，将交易平台打造成滨海区的金融超市。任何企业都可以在这里找到适合自己的产品与服务，金融机构也可以在这里将最新的产品推向市场，真正满足供需双方的要求。

值得一提的是信用平台的建立与维护不仅是信息的收集、整理与共享，还必须有相关的方法以保护个人的信息数据，以保证信用平台上的信息提供者的付出与收益相匹配，这样才能促进信用平台的可持续发展。因此，信用平台的运行应该有比较专业的、详细的信息使用规则，必须在规则范围内使用。信息只有在更广更大的范围内实现规范化共享，才会给社会带来更大的进步。

（二）"滨海金谷"模式的风险管理与监管

滨海金谷模式力图构建一个开放、高效的科技化金融平台，形成良好的金融业态系统，它体现了金融与科技尤其是与信息技术、互联网的融合，既有利于促进科技创新与金融创新，但同时对风险管理也提出更高层次的要求。

1. 风险种类日益增多

滨海金谷模式的运作体现了科技金融在原有金融元素、金融方式上的创新，涉及诸多参与主体。因此，平台的运作过程中既包含了传统的信用风险、流动性风险和市场风险，同时由于平台金融的传播性和联动性，以及共享与开放的特点，又产生了系统风险、技术风险、操作风险、法律风险等特有风险，对于这些风险的识别与管理是滨海科技金融面临的一个重大的挑战。

（1）系统性风险的强化

正如前面理论部门所阐述的，"金谷模式"是产融结合的一种典型模式。而产融结合过程中会产生一系列的效应来增大系统性风险。

①杠杆效应。运用少量的资金来控制相当于自身数倍的资金，一旦在某些运营环节出现问题，将会出现资金危机，严重的情况会引发金融市场动荡。

②泡沫效应。一方面，由于产融结合，募集的资金间接流入股市而非实体经济，加剧股市泡沫产生；另一方面，当股市的资金过于充裕，真实国民经济可支配资金便会下降，经济发展减缓，金融危机爆发可能性加大。

③异化效应。主要有金融功能异化和金融工具异化两方面。金融功能异化是指将资金大量投入房地产、资金拆借等业务，产生大量不良资产；金融工具

异化是指上市公司控股证券公司，使得股票的性质发生改变，不再是通过资本运作实现规模扩张。

(2) 技术风险的潜在隐患

这里提出的"金谷模式"其实是金融与科技深度融合的一个产物。科技金融之金谷模式的实行强调抓住第三次工业革命的机遇，依托信息技术变革金融，通过不断提升金融效率来强化金融对科技产业与企业的支持。在这一过程中，信息技术自身及对传统金融运行模式的改革都存在潜在的隐患。

①安全风险。金谷模式依托现代互联网信息技术，将风险控制交给系统来完成。因此，网络技术的安全与否关系着金谷模式是否能够有序运行，网络安全也成为互联网金融最重要的安全风险。

②技术选择风险。"金谷模式"技术解决方案是开展"金谷模式"的基础，选择的技术解决方案本身可能存在漏洞，带来严重的损失，于是便形成互联网金融的技术选择风险。

③技术支持风险。由于金谷模式使用的技术具有很强的专业性，"金谷模式"参与者受技术所限，或出于降低运营成本的考虑，往往需要依赖外部的技术支持来解决内部的技术问题或管理难题。然而，外部技术支持可能无法完全满足要求，甚至可能由于其自身原因而中止提供服务，导致从事互联网金融业务的机构无法为客户提供高质量的虚拟金融服务，进而造成互联网金融的技术支持风险。

(3) 操作风险发生的频率与破坏性

这里的操作风险有可能来源于"金谷模式"使用的先进机器设备、网络、完全系统，有可能来源于不规范或有漏洞的操作规范、各种制度，还有可能来源于操作人员的失误。从机器设备、网络、安全系统角度来说，操作风险涉及账户的授权使用、机器设备发生故障、系统被黑客入侵、通信电力中断以及系统设计存在缺陷等等。从操作规范、各种制度角度说，操作风险可能来自未规定、规定不清楚甚至规定错误的操作规范或者规章制度。从参与主体失误角度来说，如果参与主体不了解业务的操作规范和要求，就有可能引起不必要的资金损失，甚至在交易过程中出现流动性不足、支付结算中断等问题。这无疑会提高操作风险发生的频率。

同时，由于"金谷模式"服务方式的虚拟性，经营活动打破了传统金融业务的网点限制，具有明显的地域开放性。在"金谷模式"中，安全系统失效或交易过程中的操作失误，都会形成互联网金融发展过程中的风险累积，并通过互联网迅速传递，对全国乃至全球金融网络的正常运行和支付结算都具有更大的破坏性。

（4）法律风险将长期存在

我国现行的银行法、证券法、保险法都是基于传统金融而制定的，各自相互独立，与平台金融的融合、共享理念不匹配。目前，科技化金融平台的构建处于摸索阶段，运作机制有待逐步完善，各参与主体之间的权利与义务不够明确，平台金融体系的健康、持续运作面临诸多法律障碍，且平台金融涉及互联网技术、信息科技、金融管理等诸多领域，立法难度将远远超过传统的金融立法，立法过程将更加纷繁复杂，如平台运行中的实名制和客户隐私保护问题的冲突，可能就是一个两难问题。

2. 风险管理的实施

（1）参与主体加强自身风险管理

①增强风险意识。在科技金融平台运作初期，政府作为引导者发挥着重要作用，但是在促进平台发展的同时，也容易引起政府与市场边界混淆问题，从而忽视风险的存在，这就需要政府相关部门能客观地认识、评价自己的行为，增强风险意识，并准确认识"金谷模式"下风险的特征，增强风险控制能力。科技金融平台作为一个开放的金融业态系统，其核心是信息与数据的交流、共享与使用。随着平台规模的扩展以及交易数据的扩大，需要从更高层面以及更新的角度来衡量风险，并加以管理，在防范风险的同时，实现金融创新。

②各机构加强合作，不断完善风险分担机制。从理论上来讲，风险管理一般包括三个渠道：分担风险、转移风险、对冲风险。科技金融平台，尤其是高效的信用平台的建立与运用，可以减少科技金融创新领域的信息不对称问题，通过参与主体的合作，形成合力，促进风险管理效率的提高。

一是风险的分担，科技金融平台上集合了诸多参与主体，包括商业银行、保险公司、担保机构、评级机构，属性多样化，有政府下属部门，也有民间机构。在科技企业创新的道路上，这些机构不仅能提供资金支持，还能分担科技

创新的风险。

二是风险的转移。一般意义上的风险转移，是指某机构将风险转移给保险公司。滨海新区要搭建一个科技金融平台，通过平台金融机构的长期合作，可以更便利地以资产证券化方式，将风险转移到广阔的金融市场上。

三是风险的对冲。随着平台参与主体的日益增多，金融工具的创新也会层出不穷，各机构之间的交易更加活跃，各自承担的风险性质不同、管理方式与产品具有多样性。通过平台的沟通与合作，风险对冲就会更加及时和便利，整体上提高了风险管理效率。

（2）强化外部监管的效率

①在创新和监管间权衡。金谷的平台模式引领着科技金融的发展趋势，其创新势头不可阻挡，然而，创新与风险同在，这使得监管者无法任由金融业过度创新。与此同时，过于严格的监管也会阻碍科技金融的创新，因而监管者面临创新与监管的两难选择。应处理好创新与监管之间的关系，建立统一的互联网金融监管机构，适度监管，采用实时监管的策略，同时维持对金融创新的扶持力度，做到监管与创新齐头并进。

②协调分业监管与混业监管。目前，我国的监管模式为银监会、证监会、保监会分业监管，但金谷平台发展模式却将银行、证券和保险业融为一体，业务种类交叉多样，分业监管模式无法对其进行有效监管。应协调分业监管与混业监管两种监管模式，针对平台金融风险进行综合监管。

③将外部监管与内部自控结合起来。滨海金谷模式下对平台进行的风险管理和控制已经不仅仅是对某一个机构或主体的金融管控，而是一项包括了政府、诸多金融机构、金融市场、科技企业、中介服务机构等在内的综合系统工程，需要各方面力量的协调和配合才能实现。因此，科技金融平台的健康运作，离不开监管部门的监督管理，更需要金融机构等参与主体加强自我管控。

六 滨海新区发展中"滨海金谷"模式的金融供求分析

"金谷"模式体现科技与金融的深度融合，天津滨海既属于高新园区又强调先行先试的金融创新,非常适宜定位于积极发展科技金融的"滨海金谷"。科技是第一生产力,金融是第一推动力,二者相辅相成,相互促进,才能充分发挥科技金融的叠加与螺旋上升效应。依据天津滨海高新区新兴产业的发展与经济结构的调整,探究其发展过程中金融需求的特点,从而展开"滨海金谷"如何进行有效金融支持的分析。

(一)滨海新区的经济特点及金融对高新园区发展的支持

1. 滨海高新产业的布局:发展循环经济

我国从20世纪末开始发展循环经济,滨海新区在实践中就已先行一步,制度建设和组织建设较为完备。十多年来,滨海新区循环经济发展的主要情况可以归纳为以下几点。

(1)强调技术创新、促进新能源产业的发展

循环经济所倡导的减量化原则,针对的就是经济生产的输入端,通过对产品设计、生产流程、生产技术等的改造,减少资源投入量,并减少生产过程中产生的废弃物与垃圾,实现生产的清洁化,以期达到从源头节约资源和控制污染的目的。滨海新区从建区以来就致力于鼓励企业进行技术创新、生产流程改造、淘汰落后的产能、更新生产工艺等,并制定相关政策扶持技术创新型企业,大力推行清洁生产,并要求企业生产过程均按ISO14000标准进行,尽量采用物料和能源消耗少、废弃物少、对环境污染小的工艺方案和工艺路线,取消有毒原材料,减少和降低废弃物的数量和毒性。比较有代表性的企业如摩托罗拉公司,该公司开展绿色设计,将单体包装材料用量从65克降到了35克,接着又带动数百家相关企业推进无铅焊接,进而把有毒有害物质监测对象从国家规定的6种增加到9种。一汽丰田公司在汽车的设计上率先设立了很多环保执行标准,虽然在一定程度上增加了生产成本,但是却在品牌形象上取得了巨大的飞跃,赢得了公众的青睐和信任,进而为企业带来了更丰厚和更长远的经济利益。同时,滨海新区还大力推进新型能源的使用,太阳能、沼气、地热等能源的应用水平都已初具规模,并正在向着更广泛的应用空间拓展。新能源的应用使滨海新区的能耗水平得到一定的缓解,单位产值能耗近些年呈现出逐年递减的趋势,能源利用效率大幅提高。

(2) 围绕主导行业大力发展静脉产业,推行绿色供应链管理

循环经济的一个重要特征就是物质和能量的闭环流动,在对输入端进行减量化控制、对生产过程进行优化以减少废弃物的产生之后,对于生产末端所产生的废弃物以及终端市场所产生的废弃产品垃圾进行回收和分类处理,并对其进行加工进而再次转化为可供生产使用的资源,这样就实现了循环经济的物质和能量闭环流动。静脉产业所指的就是对各类垃圾和废弃物进行回收再利用和资源化的产业。有了静脉产业的存在,就能够使传统供应链实现物质和能量的闭环流动。天津鼎泰公司便属于静脉产业的典型代表,它们对原有产业链条进行了良好的缝补与焊接,实现了供应链物质与能量的闭环流动,让链上企业能够享受到资源共享与循环利用所带来的收益。目前,滨海新区正在全面推进天津经济技术开发区国家级试点示范园区建设,逐步完善园区内企业间固体废物资源管理和交换机制,延伸产业链,实现物流、信息流、能源供应的区域集成和高效运行,初步形成电子信息、汽车制造、食品加工和生物医药等循环经济产业链。

2. 金融对高新区发展与新兴产业布局的支持

高新区的形成过程伴随着新兴产业的迅速发展。新兴产业的优先发展,是一个人、财、物存量资源与增量资源重新配置、重新组合的创新过程,其中金融资源的有效配置是关键,因此,金融业在高新区的形成与新兴产业布局中发挥着至关重要的作用。

(1) 金融在产业结构转换中的作用

具体而言,金融通过三个层面对产业发展特别是产业结构转换发挥作用,即促进产业资本形成与转化、有效引领产业资本的流动和金融创新的能动作用。

首先,金融促进产业资本的形成转化。滨海新区金融业较为发达,产业资本的形成转化机制较为成熟,金融市场和中介能够集聚大量的资金形成产业资本。在有了一定规模的产业资本之后,就需要发挥产业资本的流动导向机制主导滨海新区的新兴产业布局。

其次,金融有效引领产业资本的流动。在滨海新区高新产业布局中,金融业应当充分发挥流动导向机制,利用滨海新区金融政策优势实现金融业的充分市场化,在产业政策和市场的综合导向下产业资金向更有发展前景的产业聚集;同时金融资本不能脱离实体经济,要与产业资本紧密结合,及时反映市场信息，正确引导产业资金的流向。

最后，金融创新对产业结构的能动作用。金融作用于产业结构转换，不仅表现为被动地适应产业发展的需要，在更大程度上表现为金融通过创新主动渗透到产业结构转换过程之中，发挥能动促进产业发展的作用。滨海新区在较为宽松的政策条件下，通过以创新为核心的"滨海金谷"模式进行与时俱进的科技与金融创新，是实现滨海高新区新兴产业布局和经济结构转化的必然选择。

（2）滨海新兴产业发展中的金融创新

①新兴产业发展中的金融创新

要培育和发展新兴产业必须从多层面深化金融体系的创新。一是在发展标准化金融产品的同时，依据新兴产业的特点创新非标准化产品，使得金融产品更加丰富，金融产品的设计与组合更加多样化。相对于标准化金融工具来说，非标准化产品更适于不同的创新性企业不同生命周期不同的风险收益结构。二是创新专业化、多元化的中小型金融机构，建立更加灵活的金融机构体系。新兴产业金融服务需求量大、要求高度异质化、细分化、专业化，这与我国现有金融机构体系普遍存在的同质化现象不匹配。因此，建立专业化、中小型、新型金融机构，大力促进银证合作、银保合作、信托租赁和投贷合作等，实现更加多元化专业化和更富弹性的金融机构体系，才能有效满足新兴产业和科技型企业多元化、多阶段的金融服务需求。三是充分发挥资本市场的作用，进行有效的市场创新，加大多层次资本市场建设和金融衍生产品创新。对于多层次资本市场来说，发展创业板、新三板、衍生品交易所等都是现阶段我国可以进行尝试的方式。对于金融衍生产品创新来说，在风险可控的条件下，丰富的衍生交易品种对于企业套期保值、对冲风险等有重要的作用。因此可以尝试在股票期权、信用衍生品、汇率衍生品、信贷资产相关衍生品等方面取得突破。

②滨海新兴产业发展中金融创新需要注意的问题

滨海进行有效的金融创新需要注意不能脱离滨海新兴产业的实际需要与滨海金谷模式的实际运作，因此，在推动创新的过程中需要注意三个重要问题。

首先，注重金融资源的整合，大力推动金融支持各构成部分的协同协作。不仅包括各类金融机构的协作问题，还包括股权质押贷款、科技贷款、创投基金、科技担保、科技保险、集合发债、并购基金、融资租赁等创新产品、工具

的整合，形成扬长补缺的金融服务合力，更需要关注能否围绕"产业链"构建针对该产业的投融资服务链。

其次，不拘泥于高新区产业园的地理空间，通过技术创新与金融创新推动新兴产业集群的形成。突破过去产业园区集中基础设施、政策扶持的同质化发展，强调运用科技信息技术，注重无形市场空间，择优择机，以产业集群效应为目标形成更加合理的新兴产业布局。

第三，更加关注风险管理与适宜的外部监管。正是因为新兴产业发展过程的特殊性加之滨海金谷更多的科技信息含量，滨海的创新必然面临较大的风险，需要更科学、完备、更富弹性的风险管理体制。同时，新兴产业与金谷模式使得监管机构判断企业经营和产品投资风险难度会越来越大，因为整个产业的升级和转型是越来越突出。这就要求监管机构放松管制，把更多的决策权交还给市场，将工作重点逐渐从事前审批转向事后监管，保护投资者防范商业欺诈和权益的侵害，做到既有创新空间又能维护经济金融的稳定运行。

（二）滨海高新区发展的金融需求分析

金融要对经济结构调整和高新区的发展进行支持，必须要能够合理地满足滨海新区各产业的金融需求。优先满足能够优化产业结构、带动区域高新技术发展的企业金融需求，只有将充足的资源调配到具有发展前景的企业，淘汰技术含量较少、产能落后的企业，才能够效地推动滨海高新区的发展。那么，滨海高新区的金融需求究竟体现在哪些方面，其主要特点是什么？

1. 从金融需求主体角度的分析

金融需求主体一般分为企业、政府和居民。在滨海新区的发展中，企业是主体。企业规模不同，金融需求的特点也有差异。

（1）中小企业的金融需求

2011年6月18日，工业和信息化部、国家统计局、国家发展和改革委员会、财政部联合印发了《关于印发中小企业划型标准规定的通知》①，分行业对中小企业的规模制定了详细的标准。总体而言，中小企业规模较小，营业收

---

① http://www.gov.cn/zwgk/2011-07/04/content_1898747.htm.

入和从业人员都相对较少。由于中小企业的小规模特性，决定了其金融需求又要求融资方式和其他金融服务具有足够的灵活性；对金融产品的需求具有个性化和多样化特征；中小企业融资的风险不易管理；在满足中小企业各种金融需求方面商业银行具有突出的优势。

虽然中小企业的产值占比相对较少，但这些企业对社会就业的贡献不可忽视，关系到广大职工的基本生活和社会稳定。同时，数量众多的中小企业是优质企业的孵化池，其中的优秀企业做大做强，具有不可估量的价值。因此作为中小企业主要融资来源的金融中介机构，对于中小企业的金融需求要有选择性的满足，对于管理规范、经营合理、潜力较大的中小企业，要提供足够的金融支持以促进其发展，合理推进企业的优胜劣汰，以帮助滨海地区出现更多优质的大企业。

（2）大型企业的金融需求

与中小企业相比，大型企业的金融需求则相对稳定，一般融资规模较大，融资途径也不会严重依赖金融中介，风险相对较小。大企业一般具有规模效应，生产效率相对较高，社会资金占有量也较高。相应地，大企业承担着较重的社会责任，在滨海新区，大企业承担一半以上的就业，创造了七成的工业产值。大型企业的金融需求不仅限于对金融中介结构提供金融服务的需求，还包括了对资本市场和债券市场巨大的金融需求。社会资金应当尽量满足优质大型企业的金融需求，以保证企业的正常经营。对一些处于衰退期的企业则应逐渐淘汰，将更多的资金提供给迅速发展的中小企业。

2. 从高新区产业角度的金融需求分析

（1）传统产业的金融需求

传统产业正处于转型、整合的过程中，淘汰、合并技术落后的企业，引进、研发更先进高效的生产技术，提升资源的利用效率。因此，传统产业的金融需求仍将保持旺盛的势头。应该选择性地满足滨海新区传统产业的金融需求，引导产业的转型和升级，淘汰落后的产能，支持技术先进、生产力较高的企业的发展。

（2）新兴产业的金融需求

新兴产业是相对于传统产业而言的，随着生产水平的提高和科技的发展而

出现的新产业。新兴产业是一个较为动态的概念，在经济和科技发展的不同阶段具有不同的含义。但是新兴产业金融需求的特点却是相对一致的。

第一，资金需求量大。传统产业经过长期的发展，生产技术相对成熟，产品和技术创新的周期较长。而新兴产业从产品到生产技术都处于较为初级的阶段，创新周期较短，需要投入大量的资金，一方面支持新产品和新技术的研发，将频繁创新的技术和产品及时应用到生产中；另一方面使得新兴产业达到一定的产业规模，以实现规模效应。因此，与传统产业相比，新兴产业需要更大规模的资金投入。

第二，新兴产业在不同生命周期阶段的特点不同。一般来说，产业的生命周期包括种子期、创立期、成长期、扩展期和成熟期五个阶段。随着产业生命周期的推进，风险程度会逐渐降低，但资金需求会显著增加，同时伴随的预期收益也会越来越高。在种子期，新兴产业仍处于研发阶段，此时的资金投入风险较高，未来预期的收益不明确，但此时的资金需求量相对较小，主要用来支持技术的研发；在创立期、成长期和扩展期，即产业化阶段，此时生产技术相对成熟，需要大量的资金购买设备进行试生产，逐渐由风险较大的创立期过渡到风险较小、收益可观的成长期和扩展期；最后产业达到成熟期，实现了规模效应，金融需求一般较为稳定，融资风险大大减小。

第三，融资风险较高。新兴产业是由新的技术而产生的。新技术从发现到应用需要一个漫长的实践过程。在这个实践的过程中，创新的技术最后能否成功地普及是难以确定的，新兴产业初期的资金投入难以获得回报，对未来的收益评估也是不确定的，具有很大的风险。

滨海新区创立初期就大力支持新兴产业的发展，目前滨海新区已经形成了航空航天、电子信息、高端装备制造、新能源、新材料、生物医药和节能环保七大优势新兴产业。因此，当前滨海新区的新兴产业金融需求十分旺盛，具有显著的高风险高收益的特点。

（三）"滨海金谷"模式的金融供给条件与能力培育

1. 滨海新区科技金融供给现状分析

自2006年5月国务院批准滨海新区为全国综合配套改革试验区以来，滨海新区的金融业发展迅速。截至2011年末，滨海新区拥有银行业金融机构网点超过600个，本外币各项贷款余额3795.6亿元；股权投资基金及管理企业超过2000家；融资租赁公司达到209家；建立了天津股权交易所、天津滨海国际股权交易所、天津滨海柜台交易市场、天津排放权交易所、天津矿业权交易所、天津金融资产交易所、天津市文化艺术品交易所、天津滨海国际知识产权交易所、渤海商品交易所、天津贵金属交易所和天津铁合金交易所等创新型资本及要素交易市场；在航运金融、融资租赁、私募基金、产业金融等领域取得了重大发展；规划建设世界上面积最大的金融区——于家堡金融区，用地3.86平方公里，于2009年开工建设，规划10~15年基本建成，目前该区建设进展顺利。滨海新区的金融市场体系、金融机构体系和金融产品体系逐渐完善，一些金融细分市场从无到有建立了起来，金融机构和产品的种类、数量和规模得到了很大发展，特别是有大量的股权投资基金和融资租赁公司聚集，支持了滨海企业的发展和新区的建设。滨海新区定位于"北方经济中心""北方金融中心""北方对外开放的门户"，现阶段滨海的金融发展水平还难以支撑其"中心"和"门户"的经济地位。

然而，从滨海科技金融发展的视角来看，滨海金融供给存在过于依赖间接融资，股权融资比例过低的问题。现阶段，我国社会融资结构中间接融资比重过大，集中表现为银行贷款过多，地方政府和企业的债务规模巨大。

天津滨海新区的融资结构中也存在类似的问题。以2011年的情况为例，滨海新区人民币贷款总额为3580亿元，外汇贷款总额为34.21亿美元。2011年上市公司累计融资32.2亿元，天津股权交易所，累计股权直接融资额为56.03亿元，滨海国际股权交易所，融资总额近5亿元，天津滨海柜台交易市场，融资金额50亿元。债券融资规模为149亿元，截至2011年底，累计共实现融资733.2亿元。可见，以贷款为主的间接融资占据了绝对地位。

①需适度控制人民币贷款增长速度，同时提高外汇贷款水平

滨海新区信贷市场表现出较快增长态势，近两年增长速度有所放缓。

表3 2005~2011年滨海新区金融机构人民币贷款构成情况

单位：亿元，%

项目	2005年	2006年	2007年	2008年	2009年	2010年	2011年	2005~2011年增长率	年均复合增长率
各项贷款总计	869.68	1095.05	1426.97	1771.61	2720.91	3256.85	3580.08	311.65	26.60
短期贷款	448.43	566.06	639.89	692.79	682.69	770.14	1017.96	127.00	14.64
中长期贷款	401.91	500.64	768.44	1051.7	2013.26	2471.44	2474.45	515.67	35.38
票据融资	19.09	26.2	16.73	25.02	23	14.87	86.33	352.31	28.60
其他贷款	0.25	2.15	1.91	2.1	1.96	0.4	1.34	435.56	32.27

数据来源：《滨海新区统计年鉴》。

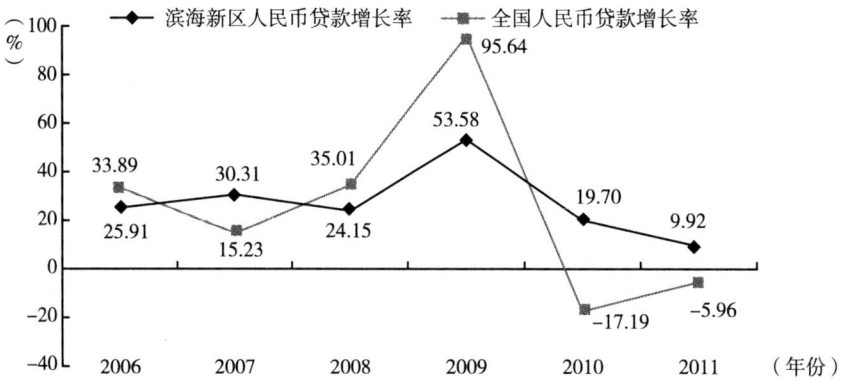

图6 2006~2011年滨海新区和全国人民币贷款年增长率

资料来源：《滨海统计年鉴》，中国人民银行网站。

2006~2008年，滨海新区人民币贷款增长率为20%~30%。2009年增长率显著变大，达到50%左右。在随后的2010和2011年增长率迅速下滑，2011年存款增长率为1.6%，贷款增长率为9.92%，主要是因为金融危机后巨额信贷在2009年投放，随后两年因为要控制通胀及货币供应量，信贷投放量明显缩小。但是在2010年和2011年，滨海新区的人民币贷款增长率仍然显著要高于全国水平，应该对贷款增速进行适当控制。

贷款构成中，在2011年，滨海新区中长期贷款占比69.12%，短期贷款占比为28.43%。中长期贷款增长迅速，复合增长率为35.38%，短期贷款增长相对缓慢，复合增长率仅为14.64%。

表4 2006~2011年滨海新区外汇贷款构成情况

单位：亿美元，%

项目	2006	2007	2008	2009	2010	2011	2006~2011年增长率	年均复合增长率
各项贷款总计	5.87	12.57	13.57	33.61	40.69	34.21	482.79	42.27
短期贷款	2.49	4.18	4.06	2.63	8.72	17.40	598.80	47.53
境内短期贷款	2.49	4.18	4.06	2.63	8.72	17.40	598.80	47.53
中资企业贷款	0.43	1.05	1.44	0.86	1.70			
外商投资企业贷款	1.24	2.15	2.36	1.26	1.68			
中长期贷款	1.36	2.45	4.39	17.31	15.76	16.82	1136.76	65.37
境内中长期贷款	1.36	2.45	4.39	17.31	15.76	16.82	1136.76	65.37
中资企业贷款	0.97	1.45	2.07	4.25	2.79			
外商投资企业贷款	0.19	0.61	0.71	0.55	0.39			

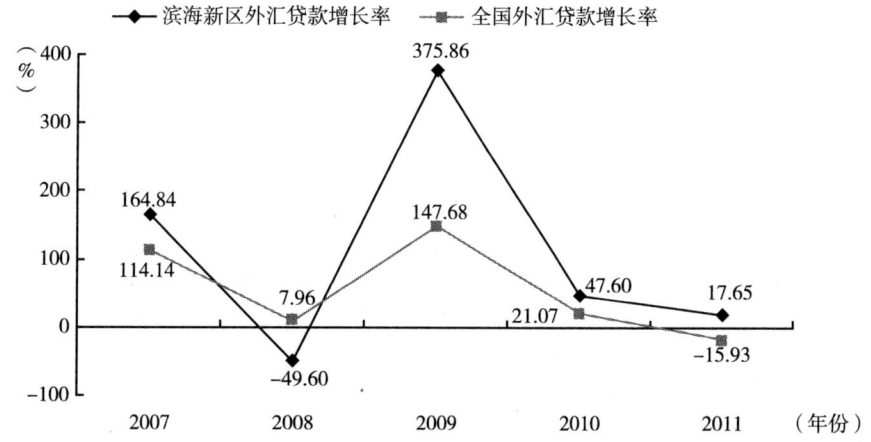

图7 2007~2011年滨海新区和全国外汇贷款年增长率图

资料来源：《滨海统计年鉴》、中国人民银行网站。

滨海新区外汇贷款增长率波动大，在2009年达到147.68%的高峰，此后两年迅速下滑，在2011年为负增长15.93%，中长期贷款的增长速度快于短期贷款的增长速度。外汇存款增长率走势相对平缓，2011年增长率仅为4.96%。

表5 外汇贷款占人民币贷款的比值*

单位：%

	2006	2007	2008	2009	2010	2011
滨海新区	4	6	5	8	8	6
全国	5	11	4	10	6	8

*全国的数据来自中国人民银行网站。滨海的数据根据统计年鉴及每年最后一个交易日的外汇汇率折算得出。

资料来源：《天津滨海新区统计年鉴》。

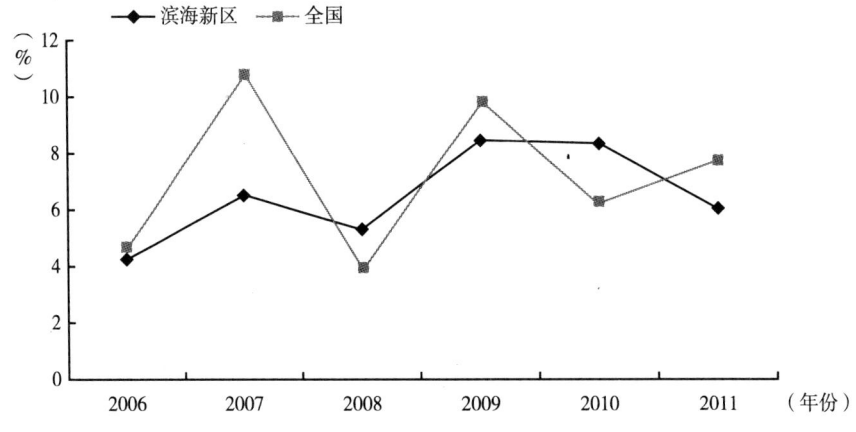

图8 外汇贷款占人民币贷款比例

滨海新区外汇贷款占人民币贷款比重与全国水平比较接近，在多数年份低于全国水平。2011年，滨海新区外汇贷款规模34.21亿美元，而人民币贷款为3580亿元，可见滨海新区利用外资水平不高，有很大的提升空间。

②需提高直接融资，特别是股权融资对科技的支持力度

在债权融资方面，2006~2010年，滨海新区辖区内各类企业通过发行短期融资券、中期票据和企业债券共实现直接融资584.2亿元。其中发行短期融资券140.5亿元，发行中期票据212亿元，发行企业债券231.7亿元。企业债券是滨海新区内企业筹集资金的主要手段，2006年发行短期债券共计34亿元，包括泰达股份6亿元、天津港10亿元、泰达控股18亿元；2007年发行短期融资券60亿元，包括中海油10亿元、泰达控股50亿元，发行企业长期债券18亿元，包括泰达控股6亿元、保税区财政投资公司12亿元；2009年天津

港股份有限公司发行了50亿元的长期债券和10亿元的短期债券；2011年，1家企业发行了1只30亿元的短期融资债券，4家企业发行了4只共计119亿元中央票据。截至2011年底，累计共发行短期融资券170.5亿元，中期票据212亿元，企业债券231.7亿元，中央票据119亿元，共实现融资733.2亿元。

在股权融资方面，2005年末，滨海新区仅有6家上市公司，截至2013年11月30日，滨海新区有上市公司27家，占全市71.1%，其中上交所12家，深交所主板7家，中小板4家，创业板4家。2012年仅有天津膜天膜科技股份有限公司一家企业在创业板上市，募集资金4.46亿元。2011年上市公司累计融资32.2亿元。天津长荣印刷设备股份有限公司在创业板上市成功，融资10亿元，天津港通过定向增发融资22.2亿元。天津股权交易所，于2008年12月26日成立，截至2013年11月，累计股权直接融资额为56.03亿元，累计股权直接融资次数为470次。滨海国际股权交易所截至2011年底，融资总额近5亿元。滨海柜台交易市场截至2013年底，融资金额50亿元。以下两图为天津股权交易所的相关融资情况统计：

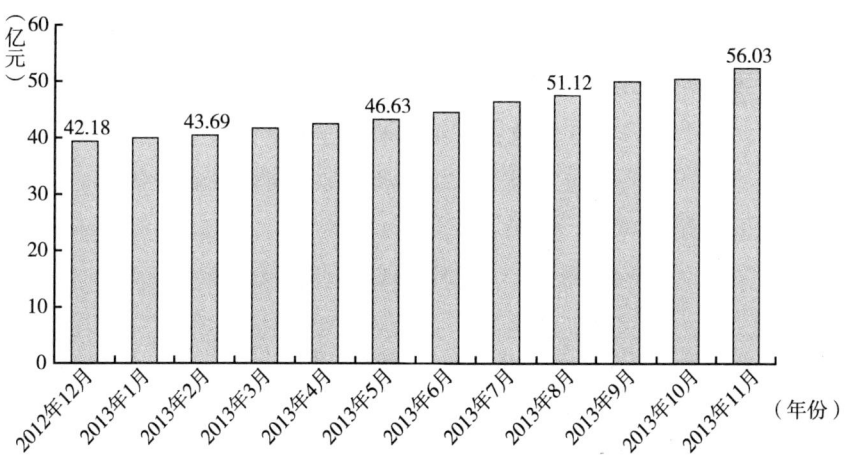

图9　天津股权交易所累计股权直接融资额

资料来源：《天津滨海新区统计年鉴》。

与间接融资相比，滨海新区的债权融资和股权融资规模非常小，不利于滨海新区科技的持续发展。一方面企业通过银行贷款需要定期支付利息，到期偿

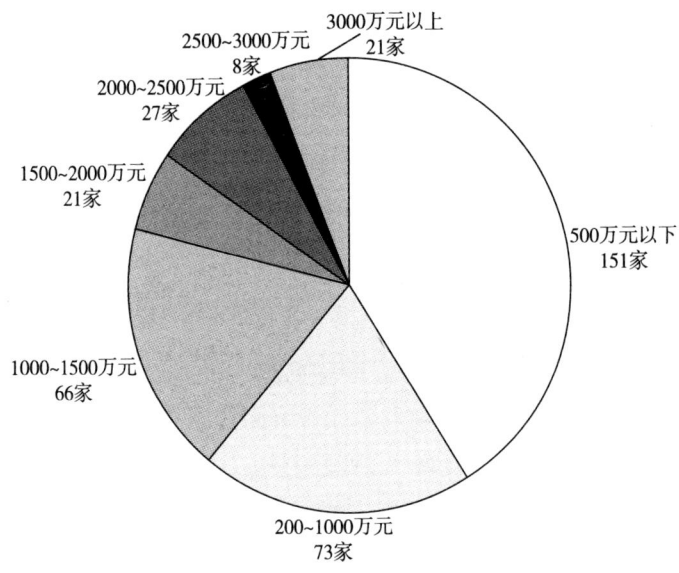

图 10 挂牌前首次融资金额分布

资料来源：《天津滨海新区统计年鉴》。

还本金，企业负债率过高，也提高了企业的经营风险，扩大股权融资或混合融资方式，比如可转债等，能有效克服这一点；另一方面银行贷款面临许多硬性资质条件，科技企业难以获得贷款，发行债券可以借助市场化机制，按照风险收益匹配原则，风险高的企业通过承担较高成本也可以融到资金。

表6 各个项目占全国社会融资规模的比重

单位：%

年份	人民币贷款占比	外币贷款占比	企业债券占比	非金融企业境内股票融资占比	债券和股票融资合计占两项贷款的比重
2005	78.5	4.7	6.7	1.1	9
2006	73.8	3.4	5.4	3.6	12
2007	60.9	6.5	3.8	7.3	16
2008	70.3	2.8	7.9	4.8	17
2009	69	6.7	8.9	2.4	15
2010	56.7	3.5	7.9	4.1	20
2011	58.2	4.5	10.6	3	22

资料来源：《天津滨海新区统计年鉴》。

专题报告1　滨海金谷：滨海科技金融运行模式构建

从上表可以看出，从2010年起，全国债券和股票融资金额合计与人民币和外币贷款金额合计的比值超过20%，显然，滨海新区的这一比值要低得多。十八届三中全会在《决定》中提倡完善多元化的融资渠道，提高股权融资比例。可见，滨海新区迫切需要提高直接融资的比重，特别是股权融资的份额。

2. "滨海金谷"模式下的金融供给

"金谷"模式试图在滨海新区构建一个广阔的金融平台，以开放、共享为理念，借助大数据和云计算技术手段，将各方面的金融资源充分整合，以更好地对接资金供给方与需求方，更好地发挥金融中介机构的作用，更好地促进金融创新。

（1）"金谷"模式下的金融供给将极大地提升资源整合能力

"金谷"模式将要构建一个科技金融平台，在该平台下：

对滨海新区现有的金融市场进行整合，包括：存贷市场、保险市场、融资租赁、投资基金、信托、场外市场，有天津股权交易所、天津滨海国际股权交易所、天津滨海柜台交易市场；产权市场，有天津金融资产交易所、天津矿业权交易所、天津排放权交易所、天津市文化艺术品交易所、滨海国际知识产权交易所；要素市场，有渤海商品交易所、天津铁合金交易所、天津贵金属交易所。

对滨海新区现有金融机构进行整合：将银行、证券、保险、信托、投资基金、融资租赁、交易所、担保和信用评级等机构以及监管机构纳入科技化金融平台，各机构共享交易系统和清算系统，并能在该平台上发布产品和服务以及信息。

对滨海新区现有金融产品进行整合，包括：银行金融产品，有存款、贷款、理财产品、外汇、汇兑、结算等；证券金融产品，股票、债券、基金、期权、期货、证券衍生产品等；保险产品；融资租赁项目；信托产品；矿产权、金融资产、排放权、文化艺术品、知识产权等；铁合金、贵金属等要素产品；资产证券化产品；其他产品。

进入平台的需求方可以是滨海新区内或其他地方的企业、居民或政府。

平台运用大数据和云计算技术手段，实现数据共享。

如图11所示，金融机构可以在平台上发布产品和信息，需求方在平台上选择金融产品，平台收集和共享相关的交易信息和数据。平台上交易的金融产品有标准化和非标准化两类，对应的有标准化产品板块和非标准化产品板块。

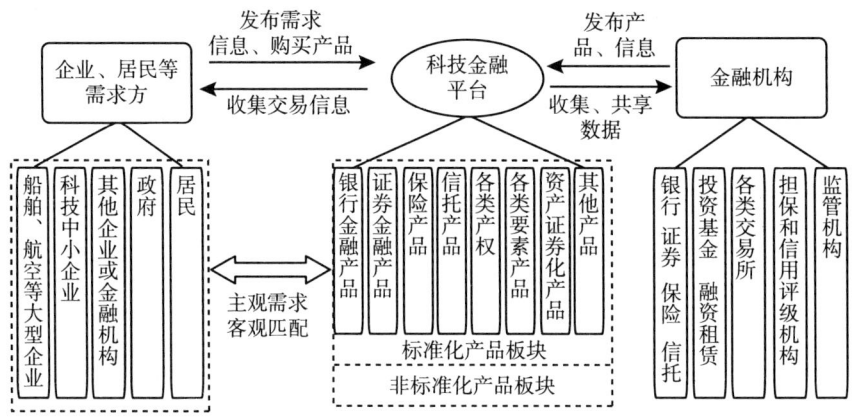

图11 "金谷"模式金融供给体系示意图

两个板块的区别在于,标准化产品板块中交易的产品有明确的价格、期限等要素,是已经设计好的给定的产品;而非标准化产品板块中交易的是个性化的产品。

标准化产品板块按照常规的做法,金融机构发布金融产品,需求方进行选择交易。

非标准化产品板块并不能提供现成的金融产品,其交易流程大致如下图所示:

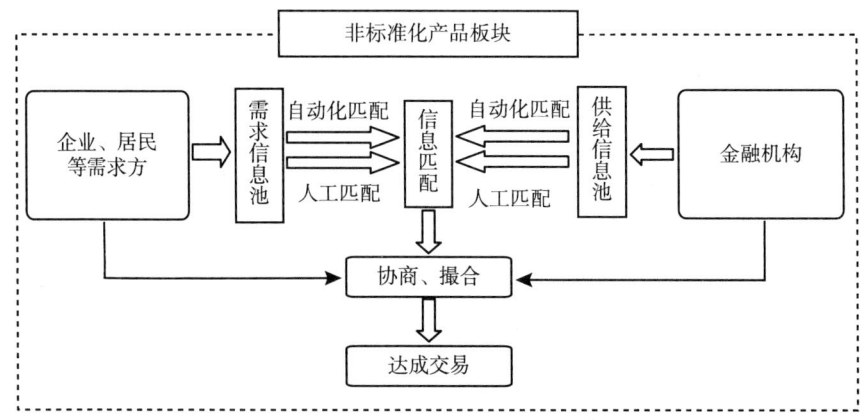

图12 非标准化产品板块交易流程示意图

如图 12 所示，非标准化产品板块提供的是一个信息平台，供需双方均可以在平台上发布供给和需求信息，形成需求和供给信息池，信息池中的信息形式上可以标准化，信息匹配的方式可以有两种，一是通过系统自动进行识别来匹配，另一种是通过人工识别和匹配。信息匹配后的交易双方需要进行协商、撮合并最终达成交易。

科技金融平台对于金融产品的供给方来说，一方面，可以借助大数据和云计算技术手段进行数据挖掘，分析金融需求，设计个性化的金融产品，使金融创新切合金融需求；另一方面，所有的金融产品在同一平台上进行交易，需求方可以方便地对金融产品的价格进行比较，将极大地加剧竞争，金融机构的资金成本将快速趋同，促使金融机构加强营运能力，不断进行产品创新，促进差异化竞争。

对于金融产品的需求方来说，科技金融平台能够满足其多样化的金融需求，提供了表达需求意愿的现实渠道，主观需求通过标准化的信息形式表现出来，实现了主观需求的客观匹配。

"金谷"模式下构建的科技金融平台，通过投融资平台、信息平台和金融服务支持性平台将滨海新区的金融市场、金融机构、金融产品有机整合，开拓了信息传递渠道，降低了金融信息不对称，有助于刺激金融创新。"金谷"模式将机构资源、产品资源、资金资源和信息资源有效地整合，市场参与主体自主、分散化决策，而金融交易相对集中地进行，细分金融市场之间的隔离较少，这种集中市场的方式有利于市场调节作用的发挥，使资源跨市场、跨产业配置更加高效。

（2）科技化金融平台将有效支撑科技产业发展，提高滨海的辐射力

"金谷模式"中构建的科技化金融平台将全面改善滨海新区的金融市场、金融机构和金融产品的发展现状，有效支撑科技产业发展。

①金融市场更加开放、自由，市场化程度大幅提升

"金谷"模式下，滨海的信贷市场、股票市场、债券市场、保险市场、外汇市场、场外市场、产权市场、要素市场和融资租赁等市场将共用一个平台，构成一个包容性的平台市场。

第一，滨海新区内部各金融市场相互融合。在该平台市场下，各金融市场

原有的一些固有界线会被保留,这保证了原有金融市场的存在,而另一些固有界线会被打破,除外汇市场外,各市场之间的资金可以自由流转,共用一个资金托管系统和清算系统。

第二,外汇市场更加开放,推进资本项目可兑换,借鉴上海自贸区采用"负面清单"模式,鼓励开展离岸金融业务。放宽对离岸金融业务的管制,推广"意愿结汇"和跨境人民币结算。有序放开资本项目,允许外资通过滨海新区科技金融平台向其他金融市场投资。制定适合滨海新区的"负面清单",对关系国家安全的重大产业严格管制,其他产业和领域则逐步放开。

第三,放开利率管制,实现利率市场化。信贷市场中,放开存款利率管制,让参与者在科技金融平台上自主选择,在滨海新区内取消存款准备金制度。

第四,柜台市场交易"两高两非"股票改为"一非"股票,即非上市公众股,并建立"转板机制"。扩大场外交易市场的股票范围,符合条件的股票可以向新三板,即全国股份转让系统申请挂牌交易。

②金融机构向多元化、国际化方向发展

"金谷"模式下,金融机构的竞争将会更加激烈,竞争不仅体现在同行业金融机构之间,不同行业金融机构也会相互竞争,混业经营。

第一,民间资本进入金融业。支持符合条件的民间资本在滨海新区设立民营银行、消费金融公司和金融租赁公司等金融机构。

第二,中资银行和外资银行入区发展。允许全国性中资商业银行、政策性银行、本地银行和外资银行在新区内新设分行或专营机构。允许将新区内现有银行网点升格为分行或支行。

第三,支持新区内设立非银行金融公司。支持大型企业集团设立企业集团财务公司、汽车金融公司、消费金融公司,支持金融租赁公司在新区内设立专业子公司。

③金融产品体系健全,创新更为活跃

以科技金融平台为载体,滨海新区金融产品创新会更加活跃而有效。在金融脱媒的大趋势下,资金脱离银行等金融中介,资产证券化产品深化发展。

第一,股权类产品,包括柜台市场上挂牌交易的公司股票,也可以是其他公司股权的转让交易。债权类产品，包括企业债、中期票据、短期融资券、央行票据等，也可以是其他债权的转让交易。

第二，外汇衍生品的种类和规模扩大。在汇率市场化、离岸金融市场快速发展下，远期、掉期、互换等外汇衍生品会快速发展。

第三，指数和指数衍生品的建立和发展。在科技金融平台下，股票市场、债券市场、要素市场、产权市场、外汇市场和航运金融指数都可以建立，相应地发展指数期货或其他指数类衍生产品。

第四，个人理财产品、信托产品等资产管理类产品可以通过标准化产品板块交易，也可以借助非标准化板块，使个性化的金融产品满足个性化需求。

第五，跨市场的金融产品创新成为可能。股票市场、债券市场、外汇市场、要素市场和产权市场上的金融产品可以经过组合、融合形成金融产品创新。

第六，资产证券化深化发展，平台上交易的几乎所有金融产品理论上都可以进行资产证券化，包括信贷产品、股票、债券、投资基金、保险、外汇、产权等等。资产证券化大有可为，借助资产证券化方式，可以为企业项目、投资基金、融资租赁、基础设施建设等融资，为投资者创造更多投资渠道。

④金融监管向功能性监管转型

"金谷"模式下的金融监管应该是功能性监管，银行、证券、保险、信托等金融机构业务相互交叉，科技金融平台对金融机构、企业、居民等参与主体，对各类金融产品，对几乎所有细分的金融市场进行广泛融合，其运行将会非常复杂，必然对金融监管提出了更高要求。

（3）"金谷模式"将强化滨海新区科技金融方面的优势

滨海新区已经成为金融租赁和投资基金的聚集地，并尝试推进航运金融，这些在一定程度上都是滨海新区的金融特色，然而，它们的进一步发展面临众多阻力，同时也面临来自上海、深圳等国内金融中心，以及武汉、重庆、北部湾等地区的竞争。"金谷模式"下的金融供给体系将有效强化滨海新区的科技金融优势，有助于突破发展障碍。

（4）"金谷模式"下应特别注意金融风险的防范

一方面，"金谷模式"是一种全新的金融模式，没有任何一个国家有过这样的实践经验，每一步都要探索；另一方面，金融行业是一个风险高度集中的

行业，并且"金谷模式"下的金融体系高度开放，金融参与者之间的相互金融联系更加紧密，使得金融风险传递的速度更快，范围更广。我们认为，"金谷模式"下的金融风险是多方面的，具体到金融供给方面来说，应该着重防范如下两个方面。

①"金谷模式"下要特别防范金融投机

首先，"金谷模式"下，投机者有更加强烈的动机，这是由该模式下的金融形态决定的，利率、汇率等金融价格高度市场化，金融交易高度自由化，金融产品创新高度活跃，这些是优势的方面，但任何事物都有正反两个方面，这些优势也使得投机者的投机方式更加灵活，且受到的约束更少。其次，投机者有更多的投机工具，衍生产品等金融产品创新本身的风险就难以把控，投机者在新产品不成熟时，可能利用产品设计缺陷发动投机，综合性的金融平台也让投机行为的实施更加便利。最后，金融高度对外开放时要严格监控国外投机者对本国货币的操控，否则可能引发货币危机。

②"金谷模式"下要特别防范监管套利

滨海新区是先行先试的综合试验区，有很大的政策便利，在进行金融模式改革过程中，若不注意金融制度的设计，可能会导致监管套利，即金融参与者利用两地不同的金融监管政策来谋取利益。因为，"金谷模式"下的滨海实现了完全的利率市场化和汇率市场化，很大可能上，滨海的资金成本要小于其他地区的资金成本，如果投机者从滨海新区获取的资金流向了滨海新区以外的地方，其中就可能存在监管套利。此外，还要特别防范境内和境外资本流动的监管套利。

七 "滨海金谷"平台模式中主要参与者的发展建议

"滨海金谷"特色金融的发展与平台运作是平台金融模式的亮点和先行先试精神的体现，但要获得平台金融模式的整体发展与健康运作还要有赖于其主要参与者的科学定位与有效作为。归纳起来，"滨海金谷"的参与者主要包括：金融业、政府、科技企业乃至新兴产业。

（一）滨海金融产业化发展与产品创新的建议

滨海高新区虽具有较好的金融业发展基础，但仍未脱离中国金融体系的基本状态，金融业架构的基本建设已经完成，但金融产业化发展尚未真正实现。金融产业化是通过金融业内更加系统、综合的组织机制，从金融的各个方面实现金融资源的最优配置，表现为金融服务与产品的市场化、专业化，发展趋势是金融业分工越来越细，区域合作范围越来越广，金融产品不断创新，使金融充分融入整个经济发展，实现金融产业的集聚效应与产融效应。滨海金谷的平台金融模式非常需要金融业的产业化发展，尤其是产业的集聚效应能够为新兴产业与科技企业的不同发展阶段提供有效的金融资源整合和金融服务组合，是平台金融得以正常运作的重要条件。

1. 利用平台金融模式，积极打造多元化金融集聚模块，形成战略联盟式网络型组织结构

多元化金融聚集模块包括四大金融聚集模块：科技企业金融服务机构、资产管理投资机构、金融后台服务和外包以及外资金融机构聚集模块。科技企业金融服务机构主要以航运金融、融资租赁和私募股权投资为主体；资产管理投资机构以引进金融机构总部、大型财富管理机构区域总部等为主；金融后台服务和外包主要发展信用评级、资产评估、投资咨询以及外包企业等相关机构；外资金融机构则重点吸引国际商业银行、保险公司等来滨海组建区域总部。

这四大模块为滨海金谷的投融资交易平台提供完善的金融产业链服务，模块内部与模块之间形成有效的战略联盟，既能快速获取互补的资源和能力，又能规避过度竞争，实现范围经济和协同效应。当然，战略联盟式网络型组织结构的形成需要有效的契约设计来保证，需要注意的是：由于各大模块都是独立的成员企业之间的长期合作关系，所以契约的设计应是成员企业之间共同协商、谈判议价的结果，也是成员企业经过多次重复交易后产生默契的结果。这其中政府的引导与支持在联盟形成初期可能是必要的。

2. 充分利用现有金融产业能力进行合理创新、加强衍生品的创新

（1）商业银行信贷产品的创新

当前中国的金融体系主要还是以银行信贷融资为主，科技型中小企业的融

资渠道中，商业银行贷款仍然占据主要的位置。在现阶段中小企业融资难的大环境下，必须对商业银行信贷产品进行创新，以便更多的科技型中小企业通过银行获得融资资金。可以采用政府推荐外加担保公司担保的方式向银行申请贷款，以此降低贷款风险。此外，还应积极探索企业股权增值收益的分配问题，以更好地覆盖贷款的高风险性。可以推出"银行+担保+期权协议"的业务模式，分享期权增值收益，这些信贷创新模式都为科技型中小企业获取贷款提供了参考。

（2）科技金融服务模式的创新

可以借鉴"浦发科技金融模式"。该模式是浦发银行将多年来服务科技型中小企业的经验整合升级，推出的别具特色的模式。以科技专营机构为载体，首创"全程"服务理念，创新推出的三大融资工具——"信贷赢"间接融资工具、"投贷赢"投贷联动工具、"集合赢"直接融资工具，并推出海量产品，包括首创"银元宝"园区合作产品、合同能源管理企业"未来收益权质押融资"产品等，为科技型中小企业提供全方位融资解决方案。

（3）进行机构的创新

机构的创新意味着建立与之相关的，具有行业专门性的金融机构。科技银行就属于科技金融领域中专门为科技型中小企业服务的金融机构，通过向科技企业提供专业的科技金融服务，促进科技企业的发展和壮大。科技企业高投入、高风险、高收益的自身特点决定了当前的传统金融产品其风险判别和控制手段均不适用于科技型中小企业，这也导致了科技企业较其他企业更难获得融资支持的局面，以试点形式设立专门的科技银行，个性化创新金融产品，有望弥补现有商业银行信贷体系不支持科技企业的缺陷。

（4）加强金融衍生品的创新与应用

滨海确立的循环经济发展理念使得滨海的金融创新将有别于一般市场的金融创新，它更关注环境金融的发展。2008年天津已建立天津排放权交易所（TCX），未来有关环境的金融衍生品将有更多的市场机会，其影响力也将是国际性的。因此滨海金谷在衍生品的设计与创新中应结合滨海新区支持中国经济发展的战略安排，使金融衍生品的应用更具有促进经济发展的长效作用。

（二）滨海金谷平台运作中政府的定位与作为

1. "滨海金谷"模式中的政府定位

在我国科技金融的发展中，政府具有管理者、所有者和参与者的三重身份，这样的角色赋予政府过多的权力，政府在科技金融发展中成为主要的资源配置者和资金支持者，在一定程度上解决了科技企业或产业早期起步时因高风险、低收益而难以获得资金的状况。但是这也带来许多问题：一是政府有限的识别能力与协调能力对科技企业与产业发展难以有效甄选；二是政府资金支持必然成为风险承担者使得套利投机成为可能；三是偏离政府职能定位降低市场效率。因此，"滨海金谷"发展中政府的定位应从过去科技金融中的三重身份转变为服务与管理的角色，体现为"培育平台+支持市场+制度保障+功能性监管"的统一。

（1）支持市场

明确政府与市场的关系，确立滨海金谷的市场主导地位。市场体系中，政府与市场的关系通常是相互促进的，但需要有一方为主导。市场是社会存在，属于客观因素，而政府是社会意识，属于主观因素。政府的重要性表现为反映社会意识和代表社会管理主观因素的政府自觉作用。政府的充分自觉要与市场的充分自发很好地结合起来，要以市场作用为主导，政府规范为辅助，市场自发进行资源的汇集和分配，政府则合理引导市场发展，发挥市场的积极面，规避市场发展产生的负面影响。随着市场主导、政府为辅的持续运作，市场在健康的环境下不断延续扩展，负面影响越来越小，正面作用越来越大。

（2）制度保障

主要是强调政府的政策支持的系统性、制度的规范化和法律的保障。目前看来"滨海金谷"相关的促进科技金融发展的文件虽然涉及面广，但是都较为分散，没有系统性，相互之间独立存在，缺少贯穿整个内容的衔接纽带。往往在实施过程中达不到整体效果，同时也限制了单个方面的发展，出现规划不清、规范不力的局面。而且，由于整体制度的非系统性，管理部门责权模糊不清，缺乏统筹协调，这就决定了在实践过程中可能会出现协调不足、执行不畅通、权责越位等问题。因此，必须强调突出滨海金谷的市场主体地位，除去主

观因素，科技金融的发展应该综合运用自然科学和人文社会科学的工具，从客观的角度来进行有效管理。

为此，应明确设立滨海金谷的政府管理部门，赋予其高于滨海高新区具体科技、金融管理部门的管理权限，负责与科技金融相关的政策协调、管理职能协调以及管理信息的共享，加强跨部门的协作，整合科技、财政、税收、金融、土地、环保等政策力量，形成政策合力。同时必须具有依法行责的能力。

(3) 功能性监管

功能性金融监管主要有避免多重监管和监管空白、跨市场监管、防控系统性风险、监管体制和规则具有连续性和一致性等优点。针对"滨海金谷"平台金融的模式，可以进行功能性监管的尝试与创新。建立统一的监管部门，在防范风险的同时允许最大限度的金融创新。通过监管的高透明度来强化市场约束力，提高有关信用、市场、衍生金融工具等风险的信息披露水平。

2. "滨海金谷"模式中政府的作为

(1) 合理利用政府资金的杠杆作用和激励作用

①引入引导基金。政府可以通过多种形式引入企业创业引导基金，同时发展创业风险投资基金和私募股权投资基金。一方面，由政府出面作为信用担保，吸纳社会资金，放大财政资金的使用效果，实现以较少的政府资金汇集成庞大的资金池，为科技型中小企业提供资金支持，解决科技企业的融资需求问题；另一方面，在引导基金、创业风险投资基金和私募股权基金多种模式共同作用的情况下，逐步构建完善的，以市场自发作用为主导、政府引导作用为辅助的特色融资服务体系。在这方面，通过政府的合理引领与指导，以色列孵化器模式取得了巨大的成功，我国可以借鉴以色列的模式进行本土化发展。

②强化政策支撑和激励作用。科技型企业的行业特殊性意味着需要建立和完善补偿资金制度，以便科技企业能够平稳发展。可以对科技型中小企业采取有针对性的资金补贴，如担保补贴、利息补贴、税收补贴等等。对于上市科技型企业来说，应给予必要的资助和奖励，鼓励其不断创新，并为其提供个性化金融产品，满足它们的融资需求，降低它们的融资成本。

(2) 设立必要的政策性金融机构，促进平台金融的完整性

财政资金运用于科技金融有三种形式：直接财政拨款，无偿提供；通过政

策性金融，低成本提供；通过市场，按照市场化运作正常提供。目前，我国主要是采取第一种和第三种形式。受政府财力的限制，政府无偿提供资金的规模难以扩大。受国有资产管理的约束，为了追求风险与收益的匹配，创业投资基金更多投向中后期，实际中这两种形式对科技金融的支持效果都不十分有效。不管是市场主导还是政府主导的国家，政府政策性金融的支持都具有共性。在我国目前科技金融发展中政策性金融使用相对较少，因此，一方面可以加大我国现有政策性银行在滨海金谷的作用；另一方面也可以试点建设政策性担保公司、保险公司、证券公司和贷款公司，发展介于无偿供给和高成本之间的政策性金融机构，以提高平台金融模式金融服务的完整性与整体效率。

（三）滨海科技企业基于平台的金融行为

1. 科技企业基于平台的金融交易行为

（1）科技企业基于平台的投融资行为

不同种类、处于不同发展时期的科技企业，有着千差万别的投融资需求，如何利用平台快速高效地满足企业的投融资需求，是企业首先需要解决的问题。

对于处于种子期、初创期和成长期的企业，其融资需求比较旺盛。根据上文的介绍，融资方式主要以股权融资、债权融资和信贷融资为主。不同发展时期的企业的最优融资方式不同，如何确定最适合自己的融资方式，对于尚未成长起来的企业来说至关重要。

在平台投入使用后，处于种子期、初创期和成长期的企业需要融资时，除了将基本数据通过平台公布外，还可以披露一些基本财务数据，这些数据经过加密保存在平台的服务器，无论是平台的使用者还是管理者，未经授权均无权访问。平台的后台对这些数据进行处理，判断出企业所处的发展时期，并对其发展做出简单预测，向融资企业提供可行的融资建议。融资企业在收到平台的反馈建议后，对自身的融资需求修正，然后将修正后的融资需求公布在平台，以最合适的融资方式满足融资需求。

对于处于扩张期和成熟期的企业来说，其投资需求相对比较旺盛。出于未来战略发展的考虑，这类企业会对一些相关企业进行收购或并购。这些大企业

本身就拥有非常专业的财务团队，所以他们更多的是通过以大数据和云计算技术为基础搭建的金谷平台，快速地筛选出目标企业，完成战略投资。

（2）科技企业基于平台的交易行为

滨海区内众多的科技企业在满足自身投资需求的同时，也应该注意日常经营过程中的风险。能源、医药、航空航天等行业的企业，可以根据自身日常经营的需要，通过参与商品市场或者衍生品市场的交易，控制价格风险和其他风险。这些企业在参与市场交易时，应树立正确的市场参与观念，明确认识到参与交易的目的是规避风险，而非通过交易获利。无论是在完全标准化的市场还是在非完全标准化的市场，都应确保自身理性的交易行为，履行维护市场正常运行的义务。

2. 科技企业基于平台的金融服务行为

滨海区内众多的金融服务机构可以为企业提供各种量身定做的金融服务。担保机构、信用评级机构、会计师事务所、咨询机构等各司其职，为企业提供全面的金融服务，使企业健康成长。各类科技企业，尤其是发展初期的科技企业，除了依托平台满足投融资需求和金融交易需求外，还应积极地与金融服务机构合作，一方面，利用服务机构的资源，在生产、经营、销售、法律等诸多方面得到帮助，另一方面，在合作过程中可以通过学习加强企业自身在这方面的业务能力，同时也间接推动了信息平台的各个子数据库的建立，为金谷平台的完善贡献自己的一份力量。

B.10
专题报告2
滨海新区、浦东新区、深圳特区之比较

刘通午 等*

摘 要: 改革开放以来,随着长三角城市群、珠三角城市群、环渤海城市群的迅速崛起,中国经济的三大增长极发挥着我国南部、东部和华北地区经济增长极的作用。作为我国在探索改革开放路上的三个里程碑,深圳特区、浦东新区、滨海新区的发展不仅存在时间上的连续性,而且在内在机制上也存在着继承性,同时,依据各自不同的区域基础条件和政策条件,也形成了不同的经济发展模式和产业结构。本专题重点研究了滨海新区与深圳特区、浦东新区的区域产业结构演进、经济发展途径、特色金融发展、金融改革创新等几个方面,研究不仅涵盖了与区域金融相关的各个细分领域,而且能够把握区域金融的最新发展态势,对区域产融结合、金融生态建设、金融创新能力等进行分析与评估。

关键词:

滨海新区　浦东新区　深圳特区　区域比较

改革开放以来,随着长三角城市群、珠三角城市群、环渤海城市群的迅速

---

* 本研究的主持人为刘通午、周永坤。参与人员主要包括周凤兰、刘建军、王伟亮、张景政、张海林、张彤、侯玉莉、马文杰、曲彬、黄雯、王吉培、张晓杰、苏昱冰、吴树旺、周凤、段丽丽、王晶、杨峙林、谢心竹、马琳、余淼、刘海华、张洪伟、元喆涛、许允、张贵婗、徐文奇。

崛起，中国经济的三大增长极——广东深圳特区、上海浦东新区和天津滨海新区发挥着我国南部、东部和华北地区经济增长极的作用。作为我国在探索改革开放路上的三个里程碑，深圳特区、浦东新区、滨海新区的发展不仅存在时间上的连续性，而且在内在机制上也存在着继承性，同时，依据各自不同的区域基础条件和政策条件，也形成了不同的经济发展模式和产业结构。

一 三区产业结构及发展途径

（一）滨海新区经济发展路径

滨海新区作为国务院批准的第一个国家综合改革创新区，类似于上海自贸区，政策甚至超过上海自贸区。借助处于环渤海经济圈中心地带的地理优势，经过近二十年的发展，形成了功能区开发与优势产业集聚、产业布局优化同步提升的良好态势。

从历史沿革、发展路径和经济发展来看，滨海新区正处于工业化后期，具有工业比重大，产业结构相对稳定；工业规模增势强劲，但工业产品大多处在产业链低端，盈利水平不高；第三产业劳动生产率逐步提高，但仍低于第二产业等明显特征。在未来一个时期内，第二产业仍将是滨海新区经济发展的主要动力，对经济增长起着决定性作用。滨海新区应从这个实际出发，加快推进产业技术变革，不断提高自主创新能力，加快工业转型，提高产业间的关联度，以第二产业的优化升级带动现代服务业的快速、健康发展，实现经济发展阶段从工业化后期向后工业化阶段的平稳过渡。

1. "三驾马车"拉动力

从支出角度看，GDP 是最终需求——投资、消费、净出口这三种需求之和，因此经济学上常把投资、消费、出口比喻为拉动 GDP 增长的"三驾马车"。

从投资情况看，2012 年滨海新区固定资产投资总额为 4453.30 亿元，占 GDP 的 61.8%，对经济增长的贡献率为 75.3%。从消费情况看，2012 年滨海新区社会消费品零售总额为 1108.12 亿元，占 GDP 的 30.60%，对经济增长的贡献率为 22.1%。从外贸出口情况看，2012 年滨海新区外贸出口总额为 308.64 亿美元，对经济增长的贡献率为 3.17%。

2. 功能定位

滨海新区以天津港、天津经济技术开发区、天津港保税区为骨架，冶金、化工为基础，商贸、金融、旅游竞相发展，形成一个以新兴产业、外向型经济为主导，以自由港为发展方向，基础设施配套、服务功能齐全，面向 21 世纪的高度开放的现代化新区。立足天津、依托京冀、服务环渤海、辐射"三北"、面向东北亚，努力建设成为高水平的现代制造和研发转化基地、北方国际航运中心和国际物流中心、宜居的生态城区。产业发展目标定位于坚持"二三一"产业发展方针，围绕五大功能，建设现代化经济新区和综合改革试验区。

3. 特色发展

近年，滨海新区在快速发展过程中呈现鲜明特色。

（1）滨海新区的开发建设抓住了国际产业结构调整机遇，实现了高起点跨越式发展。建设之初适逢国际产业结构加速调整和重组。滨海新区现已形成航空航天、石油化工、装备制造、电子信息、生物制药、新能源新材料、国防科技和轻工纺织等八大优势产业，产值占全市工业的比重达 90%。高新技术产业产值占工业总产值的比重达到 49%，成为一个明显的经济"增长极"。

（2）滨海新区推动着天津经济社会发展进入新阶段。"十一五"期间，天津经济社会的发展向新的阶段转变。经济总量增长迅速，国内生产总值由 2006 年的 4462.70 亿元增长到 2010 年的 9108.80 亿元。

（3）滨海新区各产业发展特点鲜明。

①现代制造业优势明显。航空航天、电子信息等八大主导产业总产值 9168 亿元，占工业总量的 86%。其中，石油和化工产业规模突破 3000 亿元，电子信息等三个产业规模突破 1000 亿元。未来，滨海新区将成为中国最大的航空航天产业基地和世界级石化基地。

②服务业快速发展。现代物流、现代金融、服务外包等新的优势产业正在迅速崛起。

(二)浦东新区经济发展路径

浦东新区经过20多年的发展,已基本确立以消费拉动经济增长为主,外贸为辅的经济拉动方式,形成金融机构集聚、新一代信息技术等战略性新兴产业快速发展的特色产业模式。

1. "三驾马车"拉动力

从国民经济的"三驾马车"对浦东新区经济增长贡献率上看,消费已成为拉动经济增长的主要力量。

从投资情况看,2012年浦东新区固定资产投资总额为1454.98亿元,占GDP的24.54%,对经济增长的贡献率为4.4%。从消费情况看,2012年浦东新区社会消费品零售总额为1349.73亿元,占GDP的22.76%,对经济增长的贡献率为32.70%。从外贸出口情况看,2012年浦东新区外贸出口总额为939.83亿美元,对经济增长的贡献率为14.41%。

2. 功能定位

开发开放浦东,是20世纪90年代初,党中央国务院决策、上海市委市政府组织实施的一项国家战略。党的十六大再次提出了"鼓励经济特区和上海浦东新区在制度创新和扩大开放等方面走在前列"的新要求,进一步凸显了浦东开发开放的国家战略地位。新世纪新阶段的浦东开发开放,不仅致力于之前的改革目标,而且将辐射全国经济作为更高的建设方向,其发展的目标更是囊括了金融、海洋、运输、贸易等方方面面。

3. 特色发展

按照"十二五"规划要求,浦东新区将大力发展金融、航运、贸易产业,带动服务业整体发展,进一步完善和提升城市综合服务功能,到2020年基本建成科学发展先行区、"四个中心"核心区、综合改革试验区和开放和谐生态区,全面建成外向型、多功能、现代化新城区。

(1)加快建设重大商品交易市场和平台。集聚高能级贸易主体;大力引进国内外大企业地区总部、营运中心、物流分拨中心、采购销售中心、结算中心、定价中心、具有综合商社功能的大型商贸企业、贸易促进机构和行业组织;聚焦重点商业贸易集聚区建设,营造一流的商贸环境。

（2）提升服务业整体发展水平。大力发展金融、航运、贸易产业，带动服务业整体发展，进一步完善和提升城市综合服务功能。①以迪士尼乐园建设和世博后续开发为契机，积极提升会展旅游、文化及创意产业能级。加快亚太会展中心和国际旅游度假区建设。②着眼于城市综合服务功能完善和环境营造，加快发展生产和生活支撑性服务业。

（三）深圳特区经济发展路径

深圳特区作为中国改革开放的先行者，国家从地方立法权及税收优惠等方面提供诸多有利的优惠政策，同时由于其地处珠江三角洲前沿地带的地理优势，有力地吸引了外商投资，三次产业结构不断优化升级，形成了以高新技术产业和现代物流等为代表的新兴优势产业，城市综合实力不断增强。

自改革开放以来，深圳特区借助投资、消费和出口"三驾马车"的强势拉动，城市整体功能定位不断提高，在战略性新兴产业、自主创新、对外贸易及国际化等方面形成了自身发展特色和竞争优势。

1. "三驾马车"拉动力

从投资情况看，2012年深圳特区固定资产投资总额为2194.43亿元，占GDP的16.95%，对经济增长的贡献率为9.24%。其中，基础设施投资为527.60亿元，占固定资产投资总额的24.04%；房地产开发完成投资736.84亿元，增长43.15%，拉动固定资产增长2个百分点。从消费情况看，2012年深圳特区社会消费品零售总额为4008.78亿元，占GDP的30.96%，对经济增长的贡献率为33.78%。从外贸出口情况看，2012年深圳特区外贸出口总额为2713.62亿美元，对经济增长的贡献率为17.89%。

2. 功能定位

深圳经济特区建立之初的功能作用，体现在改革与开放两个方面，即开放的"窗口"与改革的"试验场"的作用。特区要发挥对内对外的窗口作用，是邓小平正式提出来的，他说"特区是个窗口，是技术的窗口，管理的窗口，知识的窗口，也是对外政策的窗口"。至于经济特区要承担经济体制改革的试验场作用，建立特区本身就是一种体制改革的试验，具体到特区内部，无论是早期的为实现以市场调节为主而进行的改革，还是在全国最早提出要建立社会

主义市场经济体制，特区自成立以来都进行了广泛的深层次改革的诸多试验，为全国提供了宝贵经验。

3. 特色发展

（1）战略性新兴产业和现代服务业成为经济发展双引擎。2012年，深圳重点扶持战略性新兴产业项目2000多个，互联网、新一代信息技术、新能源、生物、新材料及文化创意产业六大战略性新兴产业总体增速为经济增速两倍以上，占全市生产总值的比重超过25%，深圳成为国内战略性新兴产业规模最大、集聚性最强的城市之一。

（2）自主创新为深圳经济发展的主导战略。深圳是国家创新型城市，研发资金投入强度位居中国大陆各城市前列，是《自然》杂志评选出的"中国科研实力十强城市"之一，并荣登2011年福布斯中国大陆创新城市排行榜冠军。2012年，全市国内发明专利授权量为13068件，同比增长10.50%。

（3）对外贸易为拉动深圳经济增长的主要力量。深圳外贸进出口总值多年来一直保持快速增长态势，2012年外贸进出口总值达4668.30亿美元，同比增长12.7%。

（4）深港合作为深圳国际化的主要手段。香港在深圳经济增长和城市发展过程中，一直都起着重要作用，特别是在深圳的国际化发展过程中起到的作用尤为重要。

二 三区产融结合实证研究

本部分将从实证研究的视角，通过定量分析三区经济金融发展的各综合指标，利用VAR模型，对三区产融结合情况进行客观的数量分析。

（一）ADF检验

恰当的时间序列模型应满足时序的平稳性，经济金融数据的平稳性决定了计量模型的解释能力。本节运用Eviews 6.0软件进行ADF检验，对三区各变量的时间序列平稳性进行单位根检验，判断其平稳性。经检验，三区数据的原序列或一阶差分或二阶差分序列在99%的显著性水平下，不存在单位根，为同阶单整的平稳序列,满足协整检验的必要条件。

(1) 滨海新区数据的 ADF 检验结果

对滨海新区四个经济指标和三个金融指标时序进行 ADF 检验,得出 GDP 的一阶差分序列、FA 的二阶差分序列、SC 序列、EXP 的一阶差分序列、LTL 的二阶差分序列、RSD 的二阶差分序列以及 USDD 的一阶差分序列在 99% 的显著性水平下是平稳序列,即 SC 为平稳序列;非平稳序列 GDP、EXP、USDD 经过一阶差分后平稳,为一阶单整序列;非平稳序列 FA、LTL、RSD 经过二阶差分后平稳,为二阶单整序列(见表 1)。

表 1 滨海新区经济及金融数据 ADF 检验结果

经济数据			金融数据		
变量	统计量(t)	p 值	变量	统计量(t)	p 值
iGDP	-10.68663	0.0000	iiLTL	-5.656287	0.0001
iiFA	-5.993870	0.0001	iiRSD	-6.629741	0.0000
SC	-4.421076	0.0083	iUSDD	-5.216416	0.0003
iEXP	-7.211588	0.0000			

(2) 浦东新区数据的 ADF 检验结果

对浦东新区四个经济指标和三个金融指标时序进行 ADF 检验,得出 GDP 的一阶差分序列、FA 的一阶差分序列、SC 的一阶差分序列、EXP 的一阶差分序列、LTL 的二阶差分序列、RSD 的二阶差分序列以及 USDD 的一阶差分序列在 99% 的显著性水平下是平稳序列,非平稳序列 GDP、FA、SC、EXP、USDD 经过一阶差分后平稳,为一阶单整序列;非平稳序列 LTL、RSD 经过二阶差分后平稳,为二阶单整序列(见表 2)。

表 2 浦东新区经济及金融数据 ADF 检验结果

经济数据			金融数据		
变量	统计量(t)	p 值	变量	统计量(t)	p 值
iGDP	-6.121451	0.0000	iiLTL	-6.893413	0.0000
iFA	-5.472414	0.0002	iiRSD	-7.749893	0.0000
iSC	-7.832620	0.0000	iUSDD	-5.147942	0.0003
iEXP	-4.902822	0.0006			

（3）深圳特区数据的 ADF 检验结果

对深圳特区四个经济指标和三个金融指标时序进行 ADF 检验，得出 GDP 的二阶差分序列、FA 的一阶差分序列、SC 序列、EXP 的一阶差分序列、LTL 序列、RSD 的二阶差分序列以及 USDD 的一阶差分序列在 99% 的显著性水平下是平稳序列，即 SC、LTL 为平稳序列；非平稳序列 FA、EXP、USDD 经过一阶差分后平稳，为一阶单整序列；非平稳序列 GDP、RSD 经过二阶差分后平稳，为二阶单整序列（见表3）。

表3　深圳特区经济及金融数据 ADF 检验结果

经济数据			金融数据		
变量	统计量(t)	p 值	变量	统计量(t)	p 值
iiGDP	-3.522409	0.0014	LTL	-3.783457	0.0082
iFA	-5.503633	0.0003	iiRSD	-6.718113	0.0000
SC	-5.196525	0.0017	iUSDD	-4.381101	0.0020
iEXP	-5.980022	0.0000			

（二）Johansen 协整检验

Johansen 协整检验是基于 VAR 模型的一种检验方法，也可直接用于多变量间的协整检验；是 Johansen 于 1988 年，以及 Juselius 于 1990 年提出的一种用极大或然法进行检验的方法，通常称为 JJ 检验。通过 Johansen 协整检验，可判断多个变量序列间是否能够存在长期均衡稳定关系，文中根据迹统计量（TRACE）和最大特征根统计量（Max - Eigen）检验了三区相关经济金融变量的协整关系，此外还列出了根据 AR 根验证协整关系的过程。检验表明，三区的经济金融数据模型均具有协整关系，稳定性较好。

1. 滨海新区的模型检验

（1）Johansen 协整检验

选择协整方程结构假设为既有线性确定性趋势且协整方程仅有截距，得出滨海新区经济金融数据的 Johansen 协整检验结果如表4、表5所示。

专题报告2 滨海新区、浦东新区、深圳特区之比较

表4 滨海新区模型的迹统计量检验

协整向量原假设	特征值	迹统计量	5%的临界值	概率P值
None *	0.936350	206.8107	125.6154	0.0000
Atmost1 *	0.858430	135.1973	95.75366	0.0000
Atmost2 *	0.741137	84.36826	69.81889	0.0022
Atmost3 *	0.656766	49.23039	47.85613	0.0369
Atmost4	0.431512	21.42749	29.79707	0.3315

表5 滨海新区模型的最大特征根检验

协整向量原假设	特征值	最大特征根	5%的临界值	概率P值
None *	0.936350	71.61343	46.23142	0.0000
Atmost1 *	0.858430	50.82903	40.07757	0.0022
Atmost2 *	0.741137	35.13787	33.87687	0.0352
Atmost3 *	0.656766	27.80289	27.58434	0.0469
Atmost4	0.431512	14.68414	21.13162	0.3117

上述迹统计量和最大特征根统计量的检验结果表明,原假设为没有协整关系时,迹统计量值为206.8107大于临界值125.6154且概率P值为0.0000,最大特征根为71.6134大于临界值46.2314且概率P值为0.0000,可以拒绝原假设,认为至少存在一个协整关系;当原假设分别为最多有一个、最多有两个、最多有三个协整关系时,迹统计量值、最大特征根值均大于其对应的临界值且概率小于0.05,均应拒绝原假设。继续下一原假设为最多有四个协整关系时,迹统计量值21.42749小于临界值29.79707且概率为0.3315,最大特征根值14.68414小于临界值21.13162且概率为0.3117,可以接受原假设,因此滨海新区经济金融数据模型存在协整关系。根据第一个协整关系,可以得出滨海新区经济金融数据的协整方程为:

$$LNGDP = 0.4035LNFA + 0.3567LNSC + 0.0934LNEXP - 0.0433LNUSDD + 0.1033LNRSD - 0.0376LNLTL$$

(2) AR根验证

如下图所示,在滨海新区经济金融变量的模型中,关于AR特征方程特征根的倒数绝对值小于1,即均位于单位圆内,可见模型是稳定的。

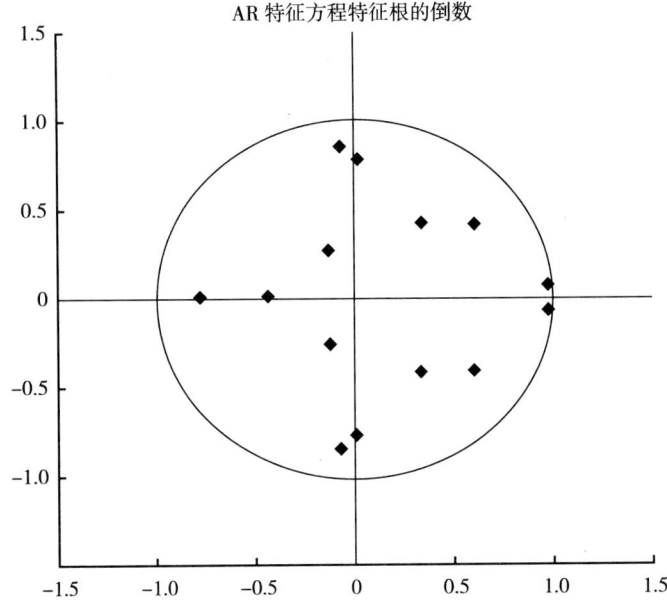

AR 特征方程特征根的倒数

2. 浦东新区的模型检验

(1) Johansen 协整检验

选择协整方程结构假设为既有线性确定性趋势且协整方程仅有截距，得出浦东新区经济金融数据的 Johansen 协整检验结果如下表所示。

表6　浦东新区模型的迹统计量检验

协整向量原假设	特征值	迹统计量	5%的临界值	概率P值
None *	0.924927	199.3866	125.6154	0.0000
Atmost1 *	0.857853	132.0649	95.75366	0.0000
Atmost2 *	0.660648	81.34163	69.81889	0.0046
Atmost3 *	0.604870	53.24301	47.85613	0.0143
Atmost4	0.515322	29.10093	29.79707	0.0600

表7　浦东新区模型的最大特征根检验

协整向量原假设	特征值	最大特征根	5%的临界值	概率P值
None *	0.924927	67.32163	46.23142	0.0001
Atmost1 *	0.857853	50.72331	40.07757	0.0022
Atmost2 *	0.660648	28.09862	33.87687	0.2090
Atmost3 *	0.604870	24.14208	27.58434	0.1299
Atmost4	0.515322	18.83101	21.13162	0.1018

上述迹统计量和最大特征根统计量的检验结果表明，原假设为没有协整关系时，迹统计量值为 199.3866 大于临界值 125.6154 且概率 P 值为 0.0000，最大特征根为 67.32163 大于临界值 46.23142 且概率 P 值为 0.0001，可以拒绝原假设，认为至少存在一个协整关系；当原假设分别为最多有一个、最多有两个、最多有三个协整关系时，迹统计量值、最大特征根值均大于其对应的临界值且概率小于 0.05，均应拒绝原假设。继续下一原假设为最多有四个协整关系时，迹统计量值 29.10093 小于临界值 29.79707 且概率为 0.0600，最大特征根值 18.83101 小于临界值 21.13162 且概率为 0.1018，可以接受原假设，因此浦东新区经济金融数据模型存在协整关系。根据第一个协整关系，可以得出浦东新区经济金融数据的协整方程为：

$$LNGDP = 0.1463LNFA - 1.0797LNSC - 0.1306LNEXP + 1.312LNUSDD - 1.1296LNRSD + 2.5425LNLTL$$

（2）AR 根验证

如下图所示，在浦东新区经济金融变量的模型中，关于 AR 特征方程特征根的倒数绝对值小于 1，即均位于单位圆内，可见模型是稳定的。

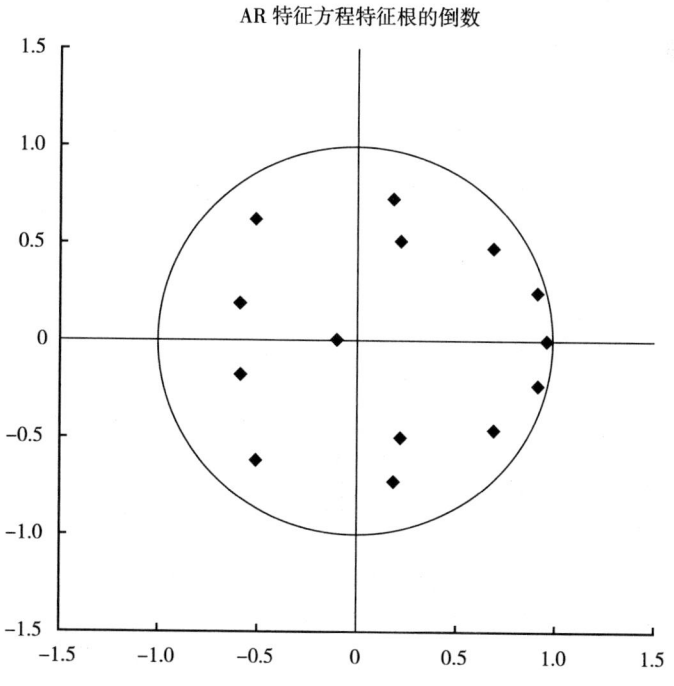

AR 特征方程特征根的倒数

3. 深圳特区的模型检验

（1）Johansen 协整检验

选择协整方程结构假设为既有线性确定性趋势且协整方程仅有截距，得出深圳特区经济金融数据的 Johansen 协整检验结果如下表所示。

表8　深圳特区模型的迹统计量检验

协整向量原假设	特征值	迹统计量	5%的临界值	概率P值
None *	0.904436	178.7907	125.6154	0.0000
Atmost1 *	0.859885	117.7439	95.75366	0.0007
Atmost2	0.659983	66.64629	69.81889	0.0872

表9　深圳特区模型的最大特征根检验

协整向量原假设	特征值	最大特征根	5%的临界值	概率P值
None *	0.904436	61.04684	46.23142	0.0007
Atmost1 *	0.859885	51.09762	40.07757	0.0020
Atmost2	0.659983	28.04771	33.87687	0.2113

上述迹统计量和最大特征根统计量的检验结果表明，原假设为没有协整关系时，迹统计量值178.7907大于临界值125.6154且概率P值为0.0000，最大特征根值61.04684大于临界值46.23142且概率P值为0.0007，可以拒绝原假设，认为至少存在一个协整关系；当原假设为最多有一个协整关系时，迹统计量值、最大特征根值均大于其对应的临界值且概率小于0.05，应拒绝原假设。继续下一原假设为最多有两个协整关系，迹统计量值66.64629小于临界值69.81889且概率为0.0872，最大特征根值28.04771小于临界值33.87687且概率为0.2113，可以接受原假设，因此深圳特区经济金融数据模型存在协整关系。

根据第一个协整关系，可以得出深圳特区经济金融数据的协整方程为：

$$LNGDP = 2.3242LNFA - 1.9308LNSC - 0.5391LNEXP + 0.0716LNUSDD + 1.4265LNRSD - 0.2523LNLTL$$

（2）AR 根验证

如下图所示，在深圳特区经济金融变量的模型中，关于 AR 特征方程特征根的倒数绝对值小于1，即均位于单位圆内，可见模型是稳定的。

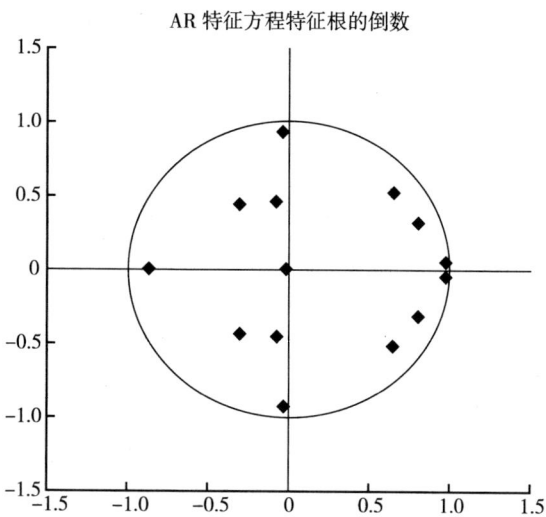

AR 特征方程特征根的倒数

（三）建立 VAR 模型

1. 滨海新区的 VAR 模型

根据 AIC、SC 准则，经检验，选择滞后期为 2，建立模型过程如下：

	LNGDP	LNEXP	LNFA	LNLTL	LNRSD	LNSC	LNUSDD
LNGDP(-1)	-0.131830 (0.45806) [-0.28780]	0.261325 (0.54927) [0.47577]	-0.490280 (0.80536) [-0.60877]	-0.083910 (0.14631) [-0.57350]	-0.034011 (0.08105) [-0.41965]	0.471415 (0.43760) [1.07727]	0.677834 (0.79425) [0.85343]
LNGDP(-2)	-0.886447 (0.50684) [-1.74898]	-0.195924 (0.60775) [-0.32237]	0.359349 (0.89112) [0.40326]	0.123846 (0.16189) [0.76500]	0.117752 (0.08968) [1.31309]	0.617198 (0.48420) [1.27467]	-0.731089 (0.87883) [-0.83189]
LNEXP(-1)	0.534833 (0.43405) [1.23219]	0.637549 (0.52048) [1.22493]	0.694427 (0.76315) [0.90995]	-0.341939 (0.13864) [-2.46633]	-0.050486 (0.07680) [-0.65739]	0.195202 (0.41467) [0.47074]	-0.334228 (0.75262) [-0.44409]
LNEXP(-2)	0.085478 (0.29590) [0.28888]	-0.457276 (0.35481) [-1.28878]	-0.173169 (0.52024) [-0.33286]	0.142702 (0.09451) [1.50985]	0.069116 (0.05235) [1.32018]	-0.189831 (0.28268) [-0.67154]	0.108832 (0.51307) [0.21212]
LNFA(-1)	-0.456307 (0.26253) [-1.73810]	-0.595142 (0.31481) [-1.89051]	-0.680475 (0.46158) [-1.47422]	0.326868 (0.08386) [3.89795]	0.141853 (0.04645) [3.05388]	-0.222376 (0.25081) [-0.88664]	-0.031671 (0.45522) [-0.06957]

续表

	LNGDP	LNEXP	LNFA	LNLTL	LNRSD	LNSC	LNUSDD
LNFA(-2)	0.151707 (0.22282) [0.68085]	-0.289705 (0.26719) [-1.08428]	-0.459735 (0.39176) [-1.17351]	0.078646 (0.07117) [1.10501]	0.016666 (0.03942) [0.42273]	-0.397846 (0.21287) [-1.86898]	0.354353 (0.38636) [0.91717]
LNLTL(-1)	0.330277 (1.00452) [0.32879]	-0.160675 (1.20453) [-0.13339]	1.750954 (1.76614) [0.99140]	0.742176 (0.32086) [2.31310]	0.043096 (0.17773) [0.24248]	0.322446 (0.95965) [0.33600]	-0.801014 (1.74178) [-0.45988]
LNLTL(-2)	0.083715 (0.85468) [0.09795]	0.422385 (1.02485) [0.41214]	-0.950986 (1.50268) [-0.63286]	-0.021460 (0.27300) [-0.07861]	-0.015942 (0.15122) [-0.10542]	-0.422284 (0.81650) [-0.51719]	0.621478 (1.48196) [0.41936]
LNRSD(-1)	-0.773792 (1.39042) [-0.55652]	-0.894421 (1.66727) [-0.53646]	0.704523 (2.44462) [0.28819]	1.242007 (0.44412) [2.79656]	1.104913 (0.24601) [4.49137]	0.637562 (1.32832) [0.47998]	2.992776 (2.41090) [1.24135]
LNRSD(-2)	1.874814 (1.44528) [1.29719]	0.897730 (1.73305) [0.51800]	0.815981 (2.54108) [0.32112]	-1.184023 (0.46164) [-2.56480]	-0.495630 (0.25572) [-1.93821]	0.591576 (1.38073) [0.42845]	-3.343493 (2.50603) [-1.33418]
LNSC(-1)	0.500128 (0.35867) [1.39438]	0.467173 (0.43009) [1.08622]	0.728934 (0.63062) [1.15591]	-0.022584 (0.11457) [-0.19712]	0.029956 (0.06346) [0.47203]	0.156758 (0.34265) [0.45748]	0.208443 (0.62192) [0.33516]
LNSC(-2)	0.054462 (0.32328) [0.16847]	0.139212 (0.38765) [0.35912]	-0.421489 (0.56839) [-0.74155]	-0.125377 (0.10326) [-1.21419]	-0.071021 (0.05720) [-1.24167]	-0.022906 (0.30884) [-0.07417]	0.334867 (0.56055) [0.59739]
LNUSDD(-1)	0.233440 (0.18829) [1.23977]	0.183235 (0.22579) [0.81154]	0.123187 (0.33106) [0.37210]	-0.071998 (0.06014) [-1.19710]	0.017422 (0.03331) [0.52296]	-0.059141 (0.17988) [-0.32877]	0.511354 (0.32649) [1.56621]
LNUSDD(-2)	-0.008320 (0.19003) [-0.04378]	-0.126900 (0.22786) [-0.55691]	0.129956 (0.33411) [0.38897]	-0.076398 (0.06070) [-1.25867]	0.016797 (0.03362) [0.49960]	0.051662 (0.18154) [0.28458]	-0.180184 (0.32950) [-0.54685]
C	-0.229537 (4.60670) [-0.04983]	3.598542 (5.52395) [0.65144]	-5.819353 (8.09946) [-0.71849]	0.767951 (1.47145) [0.52190]	0.865902 (0.81507) [1.06237]	-6.815016 (4.40095) [-1.54853]	2.088339 (7.98775) [0.26144]

可得滨海新区 VAR 模型如下，该方程的拟合优度较好，达 97.11%。

$$LNGDP = -0.1318 \times LNGDP(-1) - 0.8864 \times LNGDP(-2) +$$
$$0.5348 \times LNEXP(-1) + 0.0855 \times LNEXP(-2) -$$
$$0.4563 \times LNFA(-1) + 0.1517 \times LNFA(-2) + 0.3303 \times$$

$$\text{LNLTL}(-1) + 0.0837 \times \text{LNLTL}(-2) - 0.7738 \times$$
$$\text{LNRSD}(-1) + 1.8748 \times \text{LNRSD}(-2) + 0.5001 \times$$
$$\text{LNSC}(-1) + 0.0545 \times \text{LNSC}(-2) + 0.2334 \times$$
$$\text{LNUSDD}(-1) - 0.0083 \times \text{LNUSDD}(-2) - 0.2295$$

2. 浦东新区的 VAR 模型

根据 AIC、SC 准则，经检验，选择滞后期为 2，建立模型过程如下：

	LNGDP	LNEXP	LNFA	LNLTL	LNRSD	LNSC	LNUSDD
LNGDP(-1)	0.354951 (0.75655) [0.46917]	10.46845 (3.40929) [3.07057]	3.510636 (3.07873) [1.14029]	-0.029488 (0.15999) [-0.18431]	-0.071871 (0.34924) [-0.20579]	0.358186 (1.25775) [0.28478]	-0.070582 (0.31228) [-0.22602]
LNGDP(-2)	0.071661 (0.52072) [0.13762]	4.876513 (2.34656) [2.07816]	2.026556 (2.11904) [0.95636]	0.085971 (0.11012) [0.78073]	-0.067913 (0.24037) [-0.28253]	-0.150260 (0.86569) [-0.17357]	-0.245234 (0.21494) [-1.14095]
LNEXP(-1)	0.025055 (0.04821) [0.51976]	0.513607 (0.21723) [2.36431]	0.075107 (0.19617) [0.38286]	-0.006825 (0.01019) [-0.66949]	0.010185 (0.02225) [0.45772]	0.036172 (0.08014) [0.45135]	0.018857 (0.01990) [0.94769]
LNEXP(-2)	-0.076084 (0.04996) [-1.52295]	-0.254485 (0.22513) [-1.13039]	-0.452515 (0.20330) [-2.22581]	0.006221 (0.01056) [0.58888]	0.023480 (0.02306) [1.01813]	-0.077362 (0.08305) [-0.93145]	0.048734 (0.02062) [2.36326]
LNFA(-1)	-0.063687 (0.10141) [-0.62800]	-1.627673 (0.45700) [-3.56163]	-0.395332 (0.41269) [-0.95793]	0.023188 (0.02145) [1.08123]	0.044332 (0.04681) [0.94698]	0.049126 (0.16860) [0.29139]	-0.000352 (0.04186) [-0.00842]
LNFA(-2)	-0.084291 (0.05271) [-1.59902]	-0.626467 (0.23755) [-2.63718]	-0.483139 (0.21452) [-2.25220]	-0.006148 (0.01115) [-0.55150]	0.028021 (0.02433) [1.15151]	-0.004179 (0.08764) [-0.04769]	-0.006343 (0.02176) [-0.29149]
LNLTL(-1)	4.047220 (1.27867) [3.16517]	10.27803 (5.76219) [1.78370]	18.51410 (5.20350) [3.55801]	1.345243 (0.27040) [4.97501]	-0.375632 (0.59026) [-0.63639]	3.049605 (2.12577) [1.43459]	-1.215358 (0.52780) [-2.30269]
LNLTL(-2)	-3.597463 (2.02801) [-1.77388]	-26.63201 (9.13900) [-2.91410]	-26.18909 (8.25291) [-3.17331]	-0.458995 (0.42886) [-1.07026]	1.029536 (0.93617) [1.09973]	-1.968322 (3.37154) [-0.58381]	1.189793 (0.83711) [1.42132]
LNRSD(-1)	0.045634 (0.76378) [0.05975]	-2.192355 (3.44190) [-0.63693]	5.619988 (3.10819) [1.80812]	0.293250 (0.16152) [1.81559]	1.011815 (0.35258) [2.86977]	0.350839 (1.26978) [0.27630]	0.583254 (0.31527) [1.85002]
LNRSD(-2)	-0.142748 (0.97015) [-0.14714]	11.86126 (4.37187) [2.71309]	-4.127363 (3.94799) [-1.04543]	-0.112956 (0.20516) [-0.55058]	-0.128490 (0.44784) [-0.28691]	1.066503 (1.61286) [0.66125]	-0.594173 (0.40045) [-1.48376]

续表

	LNGDP	LNEXP	LNFA	LNLTL	LNRSD	LNSC	LNUSDD
LNSC(-1)	-0.071540	-2.974060	2.614585	-0.036822	-0.112441	-0.508317	0.227506
	(0.28719)	(1.29421)	(1.16872)	(0.06073)	(0.13257)	(0.47745)	(0.11855)
	[-0.24910]	[-2.29798]	[2.23713]	[-0.60629]	[-0.84814]	[-1.06464]	[1.91914]
LNSC(-2)	0.237006	3.825338	-0.236887	-0.023020	-0.234124	-0.212270	0.130043
	(0.41662)	(1.87746)	(1.69543)	(0.08810)	(0.19232)	(0.69263)	(0.17197)
	[0.56887]	[2.03750]	[-0.13972]	[-0.26128]	[-1.21736]	[-0.30647]	[0.75620]
LNUSDD(-1)	0.194904	-2.371646	-0.307699	-0.197258	-0.082748	-0.140365	0.415395
	(0.82342)	(3.71063)	(3.35086)	(0.17413)	(0.38010)	(1.36892)	(0.33988)
	[0.23670]	[-0.63915]	[-0.09183]	[-1.13284]	[-0.21770]	[-0.10254]	[1.22217]
LNUSDD(-2)	0.198863	-5.294159	0.391055	0.126044	0.042246	0.098784	0.339010
	(0.48638)	(2.19182)	(1.97931)	(0.10285)	(0.22452)	(0.80860)	(0.20076)
	[0.40886]	[-2.41542]	[0.19757]	[1.22546]	[0.18816]	[0.12217]	[1.68859]
C	-1.609303	17.60564	20.95954	-0.346116	-2.757529	-16.16574	1.818288
	(3.42738)	(15.4451)	(13.9476)	(0.72479)	(1.58214)	(5.69796)	(1.41473)
	[-0.46954]	[1.13989]	[1.50274]	[-0.47754]	[-1.74291]	[-2.83711]	[1.28526]

可得浦东新区 VAR 模型如下，该方程的拟合优度较好，达 97.61%。

$$\begin{aligned}
LNGDP =\ & 0.3550 \times LNGDP(-1) + 0.0717 \times \\
& LNGDP(-2) + 0.0251 \times LNEXP(-1) - 0.0761 \times \\
& LNEXP(-2) - 0.0637 \times LNFA(-1) - 0.0843 \times \\
& LNFA(-2) + 4.0472 \times LNLTL(-1) - 3.5975 \times \\
& LNLTL(-2) + 0.0456 \times LNRSD(-1) - 0.1427 \times \\
& LNRSD(-2) - 0.0715 \times LNSC(-1) + 0.2370 \times \\
& LNSC(-2) + 0.1949 \times LNUSDD(-1) + 0.1989 \times \\
& LNUSDD(-2) - 1.6093
\end{aligned}$$

3. 深圳特区的 VAR 模型

根据 AIC、SC 准则，经检验，选择滞后期为 2，建立模型过程如下：

	LNGDP	LNEXP	LNFA	LNLTL	LNRSD	LNSC	LNUSDD
LNGDP(-1)	1.296567	-0.115638	2.320860	-0.128925	-0.077709	-0.439536	0.838684
	(0.33617)	(1.51877)	(1.48240)	(0.08833)	(0.10322)	(1.49159)	(0.78376)
	[3.85691]	[-0.07614]	[1.56561]	[-1.45963]	[-0.75283]	[-0.29468]	[1.07007]

续表

	LNGDP	LNEXP	LNFA	LNLTL	LNRSD	LNSC	LNUSDD
LNGDP(-2)	-0.764477	-0.722081	-3.186676	-0.006189	0.139687	-0.481396	0.608990
	(0.26815)	(1.21149)	(1.18248)	(0.07046)	(0.08234)	(1.18981)	(0.62519)
	[-2.85089]	[-0.59603]	[-2.69490]	[-0.08784]	[1.69650]	[-0.40460]	[0.97408]
LNEXP(-1)	0.027125	0.111154	-0.365793	-0.107365	0.006610	-0.598878	0.166489
	(0.11212)	(0.50655)	(0.49442)	(0.02946)	(0.03443)	(0.49749)	(0.26141)
	[0.24193]	[0.21943]	[-0.73984]	[-3.64444]	[0.19199]	[-1.20380]	[0.63689]
LNEXP(-2)	0.098677	-0.322139	-0.380310	-0.025919	-0.053646	-0.526102	-0.005220
	(0.11979)	(0.54119)	(0.52823)	(0.03147)	(0.03678)	(0.53151)	(0.27928)
	[0.82377]	[-0.59524]	[-0.71997]	[-0.82349]	[-1.45851]	[-0.98984]	[-0.01869]
LNFA(-1)	-0.568310	-0.332732	-1.201981	0.070407	0.010441	0.192807	-0.491267
	(0.13651)	(0.61675)	(0.60198)	(0.03587)	(0.04192)	(0.60571)	(0.31827)
	[-4.16308]	[-0.53949]	[-1.99671]	[1.96292]	[0.24908]	[0.31831]	[-1.54353]
LNFA(-2)	-0.181447	-0.043042	0.336614	0.046610	-0.012545	0.212564	-0.273894
	(0.09223)	(0.41669)	(0.40671)	(0.02423)	(0.02832)	(0.40923)	(0.21503)
	[-1.96732]	[-0.10330]	[0.82765]	[1.92337]	[-0.44296]	[0.51942]	[-1.27373]
LNLTL(-1)	0.674863	-6.815997	-4.044950	0.644219	-0.380366	-8.248710	1.878760
	(0.92410)	(4.17501)	(4.07503)	(0.24281)	(0.28375)	(4.10030)	(2.15452)
	[0.73029]	[-1.63257]	[-0.99262]	[2.65321]	[-1.34049]	[-2.01173]	[0.87201]
LNLTL(-2)	-0.445442	6.286039	3.954265	0.144325	0.476237	8.453784	-2.391731
	(0.90367)	(4.08268)	(3.98491)	(0.23744)	(0.27748)	(4.00962)	(2.10687)
	[-0.49293]	[1.53969]	[0.99231]	[0.60785]	[1.71632]	[2.10837]	[-1.13520]
LNRSD(-1)	-0.026098	-3.875401	0.235378	0.142724	0.528803	-3.140950	-1.125512
	(1.01732)	(4.59617)	(4.48611)	(0.26730)	(0.31238)	(4.51393)	(2.37186)
	[-0.02565]	[-0.84318]	[0.05247]	[0.53395]	[1.69285]	[-0.69584]	[-0.47453]
LNRSD(-2)	0.056144	5.038792	0.255407	0.198080	0.162226	3.398284	0.794995
	(0.94420)	(4.26582)	(4.16367)	(0.24809)	(0.28992)	(4.18949)	(2.20139)
	[0.05946]	[1.18120]	[0.06134]	[0.79842]	[0.55955]	[0.81115]	[0.36113]
LNSC(-1)	0.420248	0.732549	1.874005	0.003560	0.015362	1.012592	0.222778
	(0.14948)	(0.67533)	(0.65916)	(0.03928)	(0.04590)	(0.66324)	(0.34850)
	[2.81144]	[1.08473]	[2.84304]	[0.09065]	[0.33470]	[1.52673]	[0.63924]
LNSC(-2)	0.161111	0.035493	-0.146256	-0.060856	0.065968	-0.133241	0.468898
	(0.13609)	(0.61482)	(0.60010)	(0.03576)	(0.04179)	(0.60382)	(0.31728)
	[1.18389]	[0.05773]	[-0.24372]	[-1.70196]	[1.57871]	[-0.22066]	[1.47786]

续表

	LNGDP	LNEXP	LNFA	LNLTL	LNRSD	LNSC	LNUSDD
LNUSDD(-1)	0.048377	-0.027096	0.663591	0.101027	0.017930	0.678021	0.794359
	(0.14766)	(0.66714)	(0.65116)	(0.03880)	(0.04534)	(0.65520)	(0.34428)
	[0.32761]	[-0.04061]	[1.01909]	[2.60386]	[0.39544]	[1.03483]	[2.30732]
LNUSDD(-2)	0.011383	0.164581	-0.456008	-0.117995	0.007142	-0.380897	-0.058469
	(0.17629)	(0.79645)	(0.77738)	(0.04632)	(0.05413)	(0.78220)	(0.41101)
	[0.06457]	[0.20664]	[-0.58660]	[-2.54742]	[0.13193]	[-0.48696]	[-0.14226]
C	0.915535	5.738596	6.924213	0.626815	1.063674	7.335608	-3.184738
	(1.25950)	(5.69029)	(5.55403)	(0.33093)	(0.38674)	(5.58847)	(2.93649)
	[0.72691]	[1.00849]	[1.24670]	[1.89409]	[2.75039]	[1.31263]	[-1.08454]

可得深圳特区 VAR 模型如下，该方程的拟合优度较好，达 97.11%。

$$\begin{aligned}
LNGDP = &\; 1.2966 \times LNGDP(-1) - 0.7645 \times LNGDP(-2) + \\
&\; 0.0271 \times LNEXP(-1) + 0.0987 \times LNEXP(-2) - \\
&\; 0.5683 \times LNFA(-1) - 0.1814 \times LNFA(-2) + \\
&\; 0.6749 \times LNLTL(-1) - 0.4454 \times LNLTL(-2) - \\
&\; 0.0261 \times LNRSD(-1) + 0.0561 \times LNRSD(-2) + \\
&\; 0.4202 \times LNSC(-1) + 0.1611 \times LNSC(-2) + \\
&\; 0.0484 \times LNUSDD(-1) + 0.0114 \times \\
&\; LNUSDD(-2) + 0.9155
\end{aligned}$$

（四）脉冲响应

脉冲响应函数（IRF：impulse response function）是描述在随机误差项上施加系统内部或外部的一个标准差大小的冲击后对内生变量的当期值和未来值所产生的动态影响，显示了任一扰动如何通过模型（市场），冲击其他所有变量的链式反应的全过程。对 VAR 模型而言，由于模型参数的 OLS 估计量具有一致性，单个参数估计值的经济解释难度较大，因此要做出分析，通常观察系统的脉冲响应函数。本章第二节到第四节分别比较了三区加入了金融变量后，各金融变量对拉动经济增长的"三驾马车"，即投资、消费、出口的响应情况和响应路径。

1. 中长期贷款对投资的脉冲响应关系

此处重点比较三区的中长期贷款对投资的脉冲响应情况和路径，图1、图2、图3分别描述了滨海新区、浦东新区、深圳特区的中长期贷款对投资的脉冲响应关系。在如下的表示图中，横向坐标代表的是期数，在上文所使用的模型中，设置的缺省期数为10，纵向坐标表示的是解释程度，虚线代表的是置信带，实线表示数值。

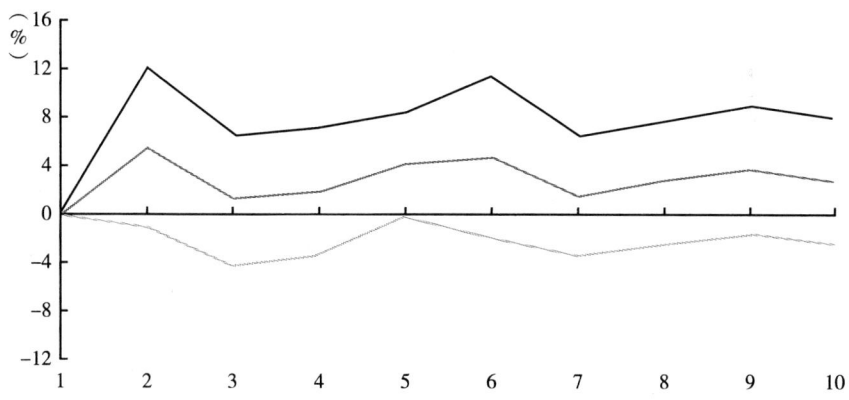

图1　滨海新区中长期贷款对投资的脉冲响应

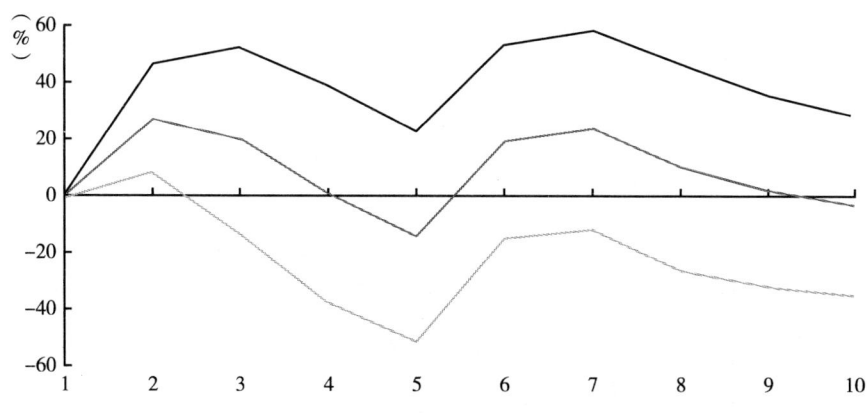

图2　浦东新区中长期贷款对投资的脉冲响应

三图分别反映了三区的相关金融指标——中长期贷款变动一个标准差后对三区的固定投资冲击作用，体现在图中两侧虚线表示的双倍标准误差呈离散状态。

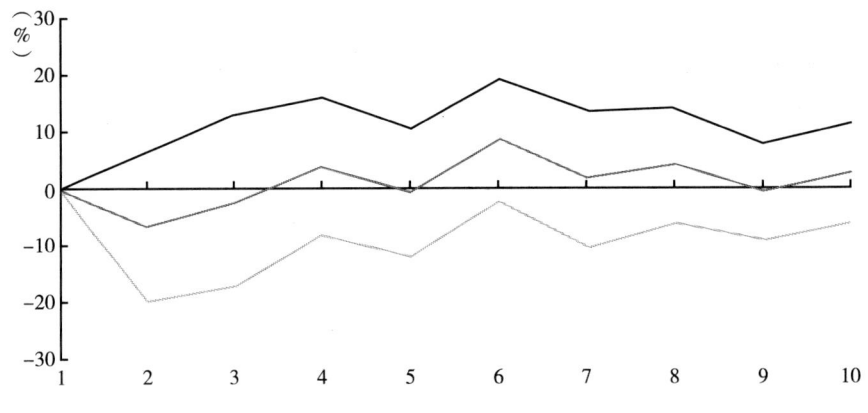

图3 深圳特区中长期贷款对投资的脉冲响应

从投资实线部分受到冲击后的运行轨迹及走势看，滨海新区脉冲响应变动呈现一定的周期规律性，与其他两区相比，其投资受中长期贷款一个标准差的冲击后其波动趋势较为平缓且冲击均为正向作用。在第2期达到"最大值"即5.5%的正向作用，第6期、第9期也分别达到了"极大值"，这3期的表现对投资的正向作用效果最好，随着追踪时期的递增，其"峰值"呈现递减趋势，冲击作用逐步趋于平缓。

浦东新区的脉冲响应变动曲线呈近似"V形"，经过第1期调整后在第2期就达到"最大值"，中长期贷款一个标准差的冲击对固定资产投资的正向作用达到27.1%，随后正向作用不断减弱，到第4期其正向作用接近于0。第4期之后中长期贷款对固定资产的冲击反应为反向作用，第5期到达"谷底"，其反向作用达到-14.4%。经过第6期的调整，冲击作用在第7期重回"波峰"，正向作用达到23.6%。随后与第2期之后的情况类似，冲击作用不断减弱直至为负，第10期之后作用趋于平稳，围绕0值微弱波动。

深圳特区中长期贷款对投资的脉冲响应轨迹，在前几期经过与浦东新区相反的调整过程后，在后期冲击作用逐渐平缓，从第7期开始，冲击作用明显变小，围绕0值微弱波动。与其他两区在第2期就达到"峰值"不同，深圳特区冲击响应正向作用的时滞调整期较长，经过5期调整后在第6期才达到8.4%的正向作用"峰值"。

总的来看，滨海新区的中长期贷款对固定资产投资的冲击作用正向性特征明显且反应迅速，冲击作用不大但较为持续，正向冲击的最大值仅为5.5%，但在第10期仍能持续2.7%的正向作用；浦东新区中长期贷款对固定资产投资的冲击作用最大且反应迅速，正向最大值达27.1%，负向最大值达-14.4%，在第7期之后冲击作用锐减，第10期之后作用趋于消失；深圳特区中长期贷款对固定资产投资的冲击效果出现的时滞最长，冲击作用居中，在第6期达到8.4%的正向最大冲击后锐减，第7期之后作用趋于消失。

2. 储蓄存款对消费的脉冲响应关系

本节重点比较三区的储蓄存款对消费的脉冲响应情况和路径，图4、图5、图6分别描述了滨海新区、浦东新区、深圳特区的储蓄存款对消费的脉冲响应关系。

与上节类似，横轴代表响应函数的追踪期数，浦东新区和深圳特区使用响应函数追踪期数的缺省设置10期，对于滨海新区的脉冲响应，经对比10期和20期的效果，发现10期并不能完全描述其冲击路径，与之前的图示类似，横向坐标代表的是期数，纵向坐标表示的是解释程度，虚线代表的是置信带，实线表示数值。

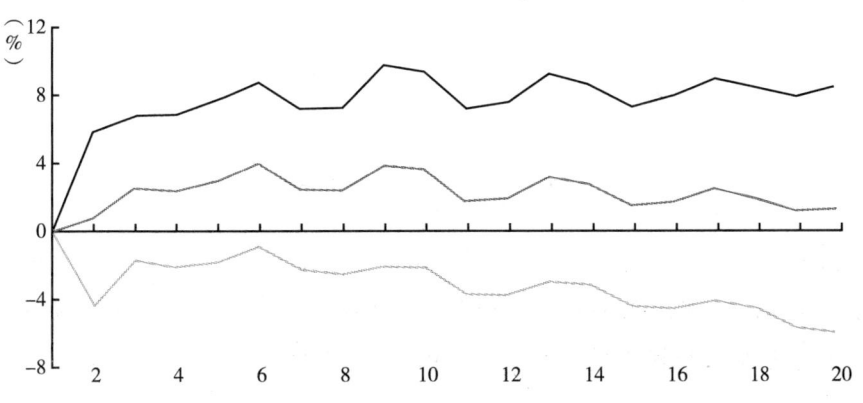

图4　滨海新区储蓄存款对消费的脉冲响应

从消费实线受到冲击后的运行轨迹及走势看，滨海新区与其他两区相比，脉冲响应呈现明显的周期性、持续性和正向性。消费受储蓄存款一个标准差的冲击后，经过20期，或者说五个周期的调整后，才逐渐从正向趋于平缓。在

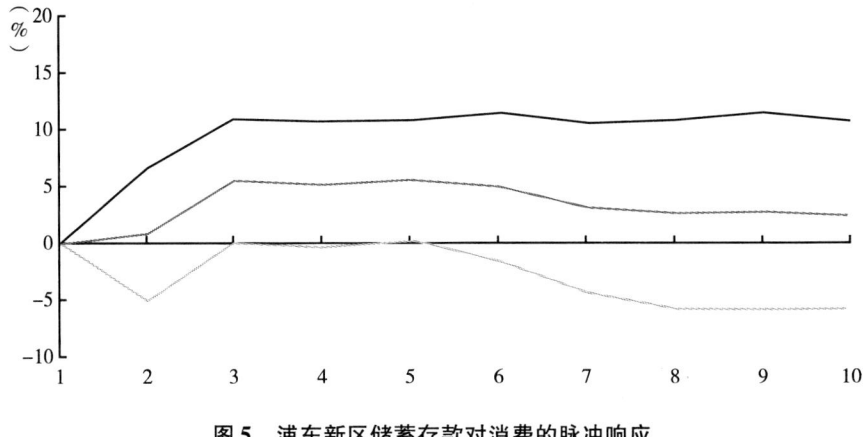

图 5　浦东新区储蓄存款对消费的脉冲响应

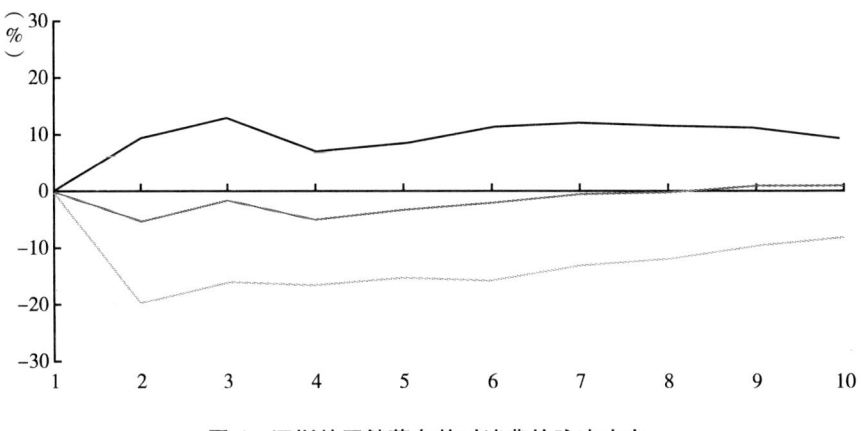

图 6　深圳特区储蓄存款对消费的脉冲响应

第 6 期、第 9 期分别达到了近 4%的"峰值",随着追踪时期的递增,每个周期的"峰值"呈现递减趋势,冲击作用从正向逐步趋于减弱。这反映出滨海新区的居民消费与其储蓄存款相关性较高,储蓄存款对居民消费产生着持续、交互、正向的影响。

浦东新区的消费实线受到冲击后,其冲击曲线呈近似"倒 V"形,先经过一个短期时滞调整达到峰值,再持续、缓慢地减弱,并始终保持着正向作用,后拖尾较长。储蓄存款的一个标准差冲击对消费水平的作用经过 2 期调整后,从第 3 期至第 5 期持续保持着 5%左右的正向"峰值"水平,随后正向作用不断减弱,到第 10 期其正向冲击降至 2%左右,但到第 20 期其正向冲击作用还保持在1%以上。这反映出浦东新区的居民储蓄存款对其消费的作用较为快速且持久。

深圳特区的储蓄存款对消费的冲击曲线表现为0值以下近似"W形"的运行轨迹，呈现与其他两区截然不同的冲击作用。负向冲击一直从第2期持续到第8期，并在第2期和第4期两次达到-5%左右的负向冲击"谷底"。从第9期转负为正，同时达到正向作用的"峰值"0.8%，之后保持正向作用且持续、缓慢地继续减弱，直到逼近0值，冲击作用逐渐消失。这反映出，深圳特区的储蓄存款对消费的冲击作用与其他两区不同，储蓄存款的一个标准差冲击导致了消费的负向响应，产生了一定的抑制效应，后期虽然仍有正向促进作用，但时滞调整期过长且作用比较微弱。这也从侧面反映出深圳居民储蓄中用于消费的部分较其他两区小，或者说投资渠道和投资方式的多样化导致了居民储蓄用途更加多元化。

总的来看，滨海新区和浦东新区的储蓄存款对消费有着明显的正向促进冲击，正向冲击的"峰值"分别可以达到4%、5%的水平，且正向冲击能保持较长时期，其中浦东新区的时滞调整期较短，仅为2期，正向最大冲击出现的时期较早，而滨海新区要经过5期的调整后才能达到正向最大冲击效果。深圳特区的储蓄存款对消费则表现出负向的抑制冲击，负向作用的最大值也达到了-5%左右的水平，且持续较长时间，直到第9期才能将负向冲击消除。

3. 外汇存款对出口的脉冲响应关系

本部分重点比较三区的外汇存款对出口的脉冲响应情况和路径，图7、图8、图9分别描述了滨海新区、浦东新区、深圳特区的外汇存款对出口的脉冲响应关系。与前两节类似，横轴代表响应函数的追踪期数，滨海新区和深圳特区使用响应函数追踪期数的缺省设置10期，对于浦东新区的脉冲响应，经对比10期和20期的效果，发现10期并不能完全描述其冲击路径。

从出口实线受到冲击后的运行轨迹及走势看，滨海新区与其他两区不同，脉冲响应呈现较为明显的周期性，且冲击函数值先正后负。出口受外汇存款一个标准差的冲击后，在第2期就达到正向作用的"峰值"，约为2.5%，之后正向促进作用迅速消失，负向抑制作用取而代之，在第4期~第7期均保持为

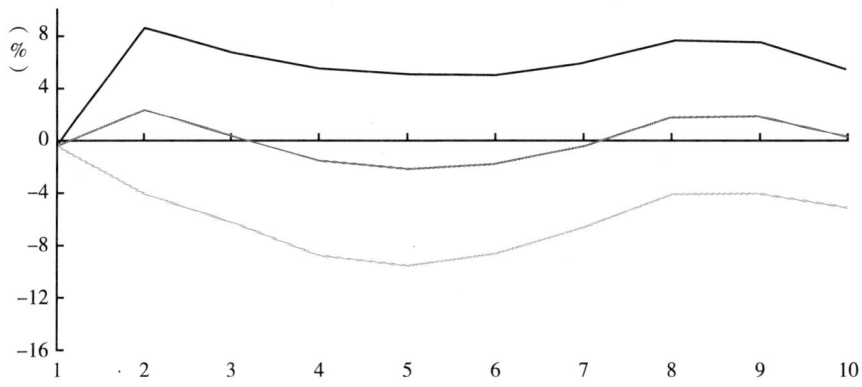

图 7　滨海新区外汇存款对出口的脉冲响应

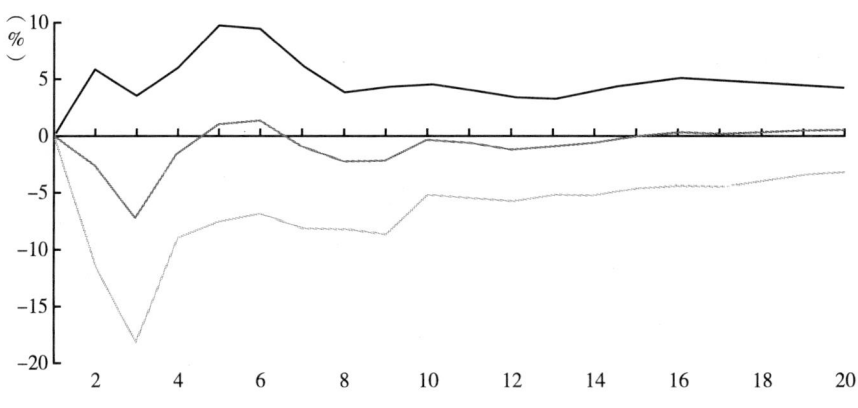

图 8　浦东新区外汇存款对出口的脉冲响应

负值,且在第 5 期达到负向作用最大点,约为 -1.9%;之后下个周期开始,在第 8 期、第 9 期再次达到 2% 左右的正向作用"峰值",继而正向作用再次衰减,所不同的是随着周期数的增加,各周期"波峰"和"波谷"的极差不断缩小,且逐渐向 0 值稳定。

浦东新区的出口实线受到冲击后,其冲击曲线呈近似"W"形,先经过一个短期时滞调整后,在第 3 期达到负向抑制作用的"谷底",负向作用约为 -7.3%。然后负向作用迅速减弱,在第 5 期转正为负,并在第 6 期达到正向作用的"峰值"1.3%,继而正向作用迅速减弱,并从第 7 期开始持续表现为负向抑制作用,且第 7 期的负向抑制作用达到一个"极小值",约为 -2.2%,

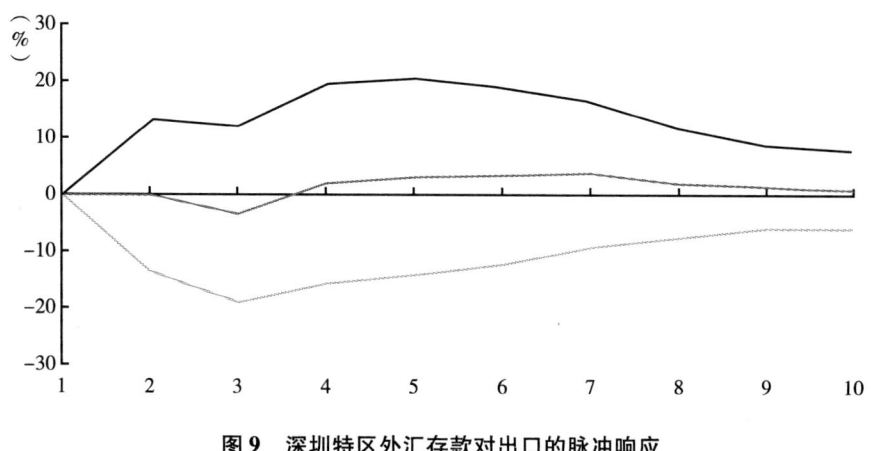

图9　深圳特区外汇存款对出口的脉冲响应

之后负向抑制作用开始缓解并逐渐逼近0值线，在第16期回归正向值，之后保持正向并趋向0值。

深圳特区的外汇存款对出口的冲击曲线，从长期看与浦东新区有一定的相似性，总体趋势也是从负向抑制作用逐渐调整为正向作用并趋近0值，但其脉冲响应曲线更接近于"V形"。其负向冲击仅持续了第2期和第3期两期，其中第3期为负向作用的"波谷"，负向作用达到了 -3.5%，从第4期开始持续为正，并在第5期至第7期保持着正向作用的"峰值"状态，为3%~4%。随后正向作用明显衰减并持续逼近0值线。

总的来看，从趋势上说，滨海新区外汇存款对出口的冲击作用先正后负再转为正向后趋于0，浦东新区的冲击作用经过两次先负后正的响应后逐渐趋于0值，深圳特区的冲击作用先负后正并趋于0。从作用大小上说，滨海新区的振幅最小，趋势最为平缓；浦东新区的振幅最大，响应的趋势变换最为频繁，且其负向冲击的作用最大；深圳特区的振幅居中，但其正向冲击的作用最大，且其正向冲击持续时间最久。

四　滨海新区发展展望

本部分在前面内容的基础上，完成对滨海新区、浦东新区、深圳特区经济金融发展的总结综述。

（一）实证检验结论

对滨海新区、浦东新区、深圳特区经济金融发展比较研究进行系统性总结评述后，本章落脚点将回归滨海新区。内容安排如下：首先，从宏观层面、中观层面、微观层面分层对滨海新区发展进行总体评价；然后，结合实证研究结果，对滨海新区目前金融支持经济发展存在的主要问题进行着重分析。

1. 滨海新区金融发展总体评价

（1）宏观层面——金融生态环境建设方面

"政府主导、央行推动、部门配合、社会参与"的金融发展协同效应日益显现。滨海新区金融生态内部系统的核心要件和外部运行环境持续改善，金融发展能力、金融创新与金融生态建设的协同效应作用逐年提高，在经济活动中具有内在逻辑安排的发展规律逐渐呈现，体现在经济发展水平、信用环境建设、金融要素市场、创新能力发展等如下几方面：

①经济发展水平

经济发展水平是区域金融发展的基础载体。自建区以来，滨海新区经济始终保持高速增长态势，增速水平高于全国和天津市水平。滨海新区积极推进经济结构优化升级，以航空航天、装备制造、石油化工、电子信息、高新纺织为代表的高端制造业项目加速聚集，充分发挥支柱产业优势，初步形成"两带聚集、多极带动、周边辐射"的发展格局。

②信用环境建设

信用环境建设为区域金融发展提供约束保证。近年来，滨海新区高度重视信用环境建设工作。深入开展征信宣传教育活动，通过悬挂宣传口号条幅、张贴宣传活动海报、发放宣传手册、LED显示屏播放征信宣传片等方式，引导社会公众关注个人信用信息，维护个人信用权益。各相关部门通力合作，促使滨海新区信用环境逐步得到改善，信用意识明显增强。

③金融要素市场

金融要素市场是区域金融发展的构成要件。滨海新区以建立完善的金融市场要素市场为目标，大力推进金融企业、金融业务、金融市场、金融开放等方面的先行先试。目前，初步形成了以政策性银行、国有银行、股份制银行、城市商业银行等银行机构为主体，多种新金融业态为补充，功能较为齐全、协调发展的金融市场结构。

④创新能力发展

创新能力发展是区域金融发展的先导条件。党的十八大对全面建成小康社会和全面深化改革开放做出新的部署，"五位一体"的总布局指引滨海新区继续深化发展。滨海新区围绕区域功能定位，致力于提升改革创新能力，坚持"系统设计、开放互动、协同推进"的原则，以产业金融发展助推高水平现代制造业基地建设，以航运金融的发展助推北方国际航运中心建设，以科技金融的发展助推高水平研发转化基地建设，目标清晰，成果丰硕。在综合配套改革中，滨海新区金融先行先试的成果显著，融资租赁、商业保理发展亮点突出，极具示范效应；新兴金融业态充分发展，直接融资渠道得到扩充，社会融资总量规模显著提升。

(2) 中观层面——金融服务地区经济方面

"协调联动、亮点频现、产融结合、服务为主"的特色金融服务方式，有力地支持了滨海新区经济发展和产业结构调整，区域现代金融服务体系日益完善。融资租赁业发挥示范引领作用，以"东疆模式"为代表的融资租赁业务领跑全国。股权投资基金汇集成流，初步形成我国PE发展聚集地。多种经营、结构合理、功能完善、专业高效的现代金融服务体系初见端倪，呈现"企业盈利，行业获利，产业收益，区域受益"的共赢局面。主要表现在以下几方面：

①创新服务特色鲜明

以服务实体经济为目标方向，滨海新区的融资租赁、股权基金及商业保理等行业发展迅速。截至2012年末，总部设在滨海新区的融资租赁企业已达115家，约占全国的五分之一；融资租赁业务总量达到3700亿元，约占全国的四分之一。截至2012年末，滨海新区拥有商业保理公司58家。国家发改委批准设立3只产业投资基金，3只创业投资基金，在全国率先形成比较完善的股权投资基金政策制度和监管服务体系。

②产融服务持续推进

全面推动航运金融、科技金融等专业化产融服务发展，支持产业资本与金融资本融合。航运金融方面，滨海新区紧紧围绕国家关于把滨海新区建设成为

"具有国际航运物流资源优化配置的北方国际航运中心"的定位要求,借助金融改革创新"先行先试"机遇,深化体制机制改革,在船舶产业投资基金、融资租赁、单机单船公司等多领域服务取得了实质性的进展,形成了独特的"东疆模式"。科技金融方面,着力推动银企对接活动和金融产品创新,向金融机构推介投资项目,通过部门联手,积极组织各类科技企业与银行、担保、小额贷款公司等对接活动。致力于将产业和金融有机结合,促进区域产业调整升级,打造我国北方经济新增长极,从而完成新时期国家赋予滨海新区重大战略发展的使命。

③载体服务健康发展

截至2012年末,滨海新区拥有天津排放权交易所、天津矿业权交易所、天津金融资产交易所、天津滨海柜台交易市场股份公司、天津股权交易所、天津文化艺术品交易所、天津贵金属交易所、天津铁合金交易所、天津滨海国际知识产权交易所等9家创新型交易所,金融载体服务日趋多元。截至2013年底,天交所累计挂牌企业412家,分布于28个省115个地市,直接融资63.3亿元,间接融资153.75亿元,总计217.05亿元。截至2013年底,铁合金交易所全年累计交收12.7万吨,成交金额81.87亿元;自开业累计交收76.37万吨,成交金额594.31亿元。

④外汇服务效果明显

批准中新生态城和东疆保税港区开展外资企业资本金意愿结汇试点。改进外商投资企业外债管理方式,积极开展跨境人民币结算业务。推进进出口收付汇核销制度改革,简化贸易信贷登记管理。结售汇管理逐步趋于完善,渤海银行成为全国第一家实行结售汇综合头寸正负区间管理模式的商业银行。经常项目外汇管理不断提升。资本项目外汇管理日益开放。2008年3月,经国家外汇管理局批准,中海油田服务有限公司在上海浦东发展银行开立离岸账户,实现对13家境外成员公司外汇资金的集中管理和运营,首开滨海新区企业集团通过在境内银行开立离岸账户集中管理境外资金的先河。

(3) 微观层面——金融个体组织结构健全方面

"种类完备、多点开花、快速增长、优势互补"的宽领域、多层次、新形式的金融组织架构正在搭建,金融体系日益完善。主导金融业态发展迅速,新兴金融业态活力绽放。主要表现在以下几方面:

①主导金融业态发展迅速

截至 2012 年末,滨海新区银行类分支机构达到 71 家,银行业金融机构网点 560 余个。机构级别有所提升,二级以上分支机构、现有外资银行均为 2006 年设立,新增地方法人 2 家,一级分行 3 家,二级分行 5 家;新增外资银行 9 家;新增渤海银行、北京银行、广东发展银行等股份制银行 11 家,增长 1 倍以上。

②新兴金融业态活力绽放

截至 2012 年末,保理公司 58 家、货币兑换机构 1 家、小额贷款公司 34 家、融资性担保公司 30 家。拥有股权交易所、排放权交易所、贵金属交易所、金融资产交易所、铁合金交易所等金融市场 9 家。全国中信天津金融服务外包公司开办票据分配现钞物流管理业务,市场占有率位居全国第一。拥有我国首家外商独资消费金融公司,世界领先的金融服务供应商捷信消费金融有限公司,并使天津成为继北京、上海和成都之后的第四座消费金融公司试点城市。中信天津金融服务外包公司开办票据分配现钞物流管理业务,市场占有率居全国领先地位。

2. 金融对经济贡献度分析

(1) 金融业对经济贡献度不足

金融业对经济的贡献度反映了一个区域金融产出占整个社会经济产出的水平。从 2008~2012 年的情况看,滨海新区金融业对 GDP 贡献度基本维持在 2%~3%,而浦东新区和深圳特区基本保持两位数水平,浦东新区维持在 17%~18%,深圳特区维持在 12%~14%。从增速情况看,浦东新区、深圳特区"十一五"期间金融业对 GDP 贡献度分别提升 4.27 和 5.36 个百分点,滨海新区仅提高 1.42 个百分点。(见表 10)

表 10 滨海新区、浦东新区、深圳特区金融业贡献度表

单位:%

	2008 年	2009 年	2010 年	2011 年	2012 年
滨海新区	2.0	2.1	2.12	2.88	3.45
浦东新区	17.56	17.70	17.54	18.08	18.03
深圳特区	12.45	13.54	13.57	13.59	13.29

(2) 经济货币化程度不高

分区域来看,浦东新区是经济货币化程度最高的区域,2008~2012年,经济货币化指标分别为2.45、2.63、2.78、2.84、2.87,各年指标均在2以上,呈逐年递增趋势。深圳特区次之,2008~2012年,经济货币化指标分别为1.83、2.24、2.29、2.18、2.29,各年货币化程度指标均在1以上,指标增长较为稳定。滨海新区经济货币化指标远远低于其他两区水平,2008~2012年,经济货币化指标分别为0.66、0.81、0.72、0.59、0.61,2009年达到最高值,为0.81,之后开始下降,2011年最低,仅为0.59,2012年有所回升为0.61,仍不足1,金融特别是银行业对经济的参与程度亟待提高,货币经济向非货币经济领域的渗透力、推动力和调节功能有待加强。

表11 滨海新区、浦东新区、深圳特区货币化程度指标表

	2008年	2009年	2010年	2011年	2012年
滨海新区	0.66	0.81	0.72	0.59	0.61
浦东新区	2.45	2.63	2.78	2.84	2.87
深圳特区	1.83	2.24	2.29	2.18	2.29

3. 金融聚集发展情况分析

(1) 间接融资——银行业聚集程度低

滨海新区现有银行业金融机构普遍层级较低,缺乏金融创新发展的聚类效应和规模效应。以外资银行为例,截至2012年12月末,滨海新区外资银行有12家,只有1家是分行级别,91.7%属于支行机构。对比浦东新区情况,截至2012年12月末,浦东新区有147家[①]外资银行,其中,法人行有18家,分行级别有61家,总、分行级别数量占到53.7%。与浦东新区相比,滨海新区这种"层级低""小而散"的金融聚集形态不利于提升金融创新能力,通过创新成果促进产业升级的渠道也会受到影响和制约。对于滨海新区支行级别商业银行而言,尽管了解滨海新区一线的金融产品创新需求,但往往忙于日常业务,不具备金融创新的资金、技术、人才优势,也缺乏金融创新的专职研发部

---

① 资料来源:《2013年上海浦东新区统计年鉴》。

门。而反馈至总行需要较长的时间间隔,创新的产品服务可能与滨海新区经济需求实际产生滞后性。因此,需要逐步提升滨海新区金融机构层级,尝试建立滨海新区金融创新事业部或金融创新研发中心,提供专职人力、技术、资源,致力于研发与区域经济发展契合度较高的金融创新服务。这不仅有利于滨海新区提升金融机构层级,也有利于统筹协调滨海新区银行业机构的业务发展,更有利于真正"做实"滨海新区本币业务的金融创新。

(2) 直接融资——资本市场参与程度低

地区企业参与资本市场程度低,直接融资体系有待完善。目前,作为重要的研发转化基地,滨海新区拥有大量的创新型企业,特别是科技型中小企业,其从事的技术创新与商业化活动具有不确定性强、商业风险极大的特点。在这样的情况下,完全依靠银行贷款肯定是行不通的,这就需要推进金融机构创新,建立更多的风险投资公司和风险投资基金,为创新型企业提供尽可能好的融资服务,进而实现新区内产业的升级。目前,滨海新区经认定的科技型中小企业突破万家,占天津市的70%以上。由于资产规模小,缺少"有形"资产抵押担保等特点,资金需求较难满足,同时,抵押物权的传统信贷模式容易导致"重资产、轻发展"的评判锁定。从世界成熟经济体发展经验看,以美国为代表的发达国家企业资本的筹集方式主要依靠资本市场,并形成了以纽约证券交易所为代表的主板市场、以纳斯达克(NASDAQ)①为核心的二板市场,包含OTC三板市场的完善的直接融资体系。从国内发达地区经验来看,浦东新区、深圳特区近年来也一直致力于发展资本市场,2011年上海证券交易所股票市值达到14.8万亿元,成交金额为45.5万亿元。而目前滨海新区尚没有全国性的资本市场交易场所,仅有渤海证券、国泰君安营业部等经营交易场所。从区域企业上市情况看,目前区域上市企业不足30家,且融资金额不多,"新三板"扩容试点发展刚刚处于起步阶段。因此,直接融资是滨海新区金融发展的必经之路,拓展区域企业特别是科技型中小企业融资的另一条重要渠道是将有条件的科技型中小企业引入资本市场,实现"IPO",并通过"市场"这只无形的手实现资源的优化配置功能。

---

① 纳斯达克上市公司特征:高科技含量、高风险、高回报、规模小、成长性强。

（二）展望

为加快构建滨海新区现代金融体系和全国金融改革创新基地，滨海新区需坚持整体推进与重点突破相结合，先行先试与体系建设相结合，产业发展与金融资本相结合，改革创新与风险防范相结合的原则，力争用2011～2013年的三年时间实现总体目标：在航运金融、融资租赁、私募基金、产业金融、科技金融、外汇改革、保险改革、综合经营等八个重点领域改革创新取得新突破；金融市场、金融机构、金融服务、金融基础设施、金融风险防范、金融生态环境等六大金融体系框架初步形成；金融机构各类存款余额和贷款余额均超过6000亿元，融资租赁合同余额超过2600亿元；金融业增加值力争超过350亿元，占地区生产总值的比重提高到4.5%。

根据天津市对金融行业第十二个五年规划的设计，希望天津市的金融行业在这五年期间，能够建成与本地经济发展和周边经济需要的金融层次和体系，实现国务院对于天津金融改革预设的创新基地目标，将城市的可持续发展理念植入到金融发展和经济发展中。从目标内涵上看，滨海新区金融改革创新目标与天津金融业定位目标具有内在一致性，加快滨海新区金融改革创新，将有利于实现天津金融业的定位目标。

机遇与挑战并存，困难与希望同在。与先进地区比较重在"见贤思齐"，通过与深圳特区、浦东新区的系统性比较，我们发现并总结了一些规律，也找出了滨海新区自身存在的优势与不足，更有利于我们把好"滨海脉搏"，探寻一条真正适合滨海新区发展的"特色之路"。为此，我们尝试性地提出滨海新区"九维并进"的"立体式"金融发展目标体系与展望，即：第一维度：以银行业发展为主线，以利率市场化为契机，加强本地银行机制体制创新，大胆尝试银行业综合经营；第二维度：增强融资租赁"亮点"的示范作用，提高金融创新对产业的"渗透率"，推动航运产业的国际化进程；第三维度：以资本市场为金融加速器，尽快培育全国性场外交易市场，打造"高新、高端、高质"的创新型投融资体系；第四维度：充分发挥政府的引导、协调作用，引导民间资本与区域产业的"无缝"对接；第五维度：发展滨海新区特色产业金融，有效促进金融服务实体经济；第六维度：新金融、新驱动，构筑滨海新区科技金融创新服务体系；第七维度：深化外汇管理改革，促进投资和贸易便利化综合创新发展；第八维度：发展金融聚集，提升金融业竞争力；第九维度：推进"包容性金融"发展，走金融普惠与经济增长的协同之路。（见图10）

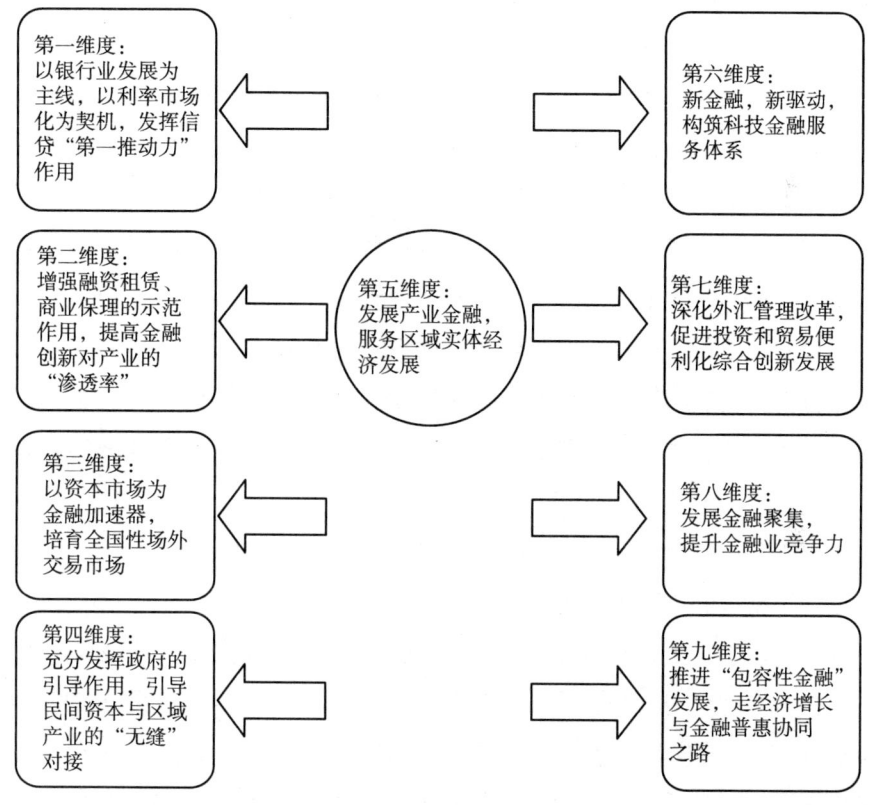

图10　"九维并进"的滨海新区现代金融服务体系展望图示

1. 第一维度　以银行业发展为主线，发挥信贷"第一推动力"的作用

我国的金融体制是典型的银行主导型，信贷在现代经济增长中发挥着"第一推动力"的作用。一个区域的发展离不开信贷资金的支持，信贷资本是我国现阶段经济发展水平下最主要的资金来源之一，与此同时，银行在推动产业结构调整方面具有"天然"优势，能够产生有效的资金形成机制、导向机制和催化机制，实现资源供给结构再分配，支持经济发展与产业升级。可以

说，信贷对区域经济增长的作用是不可替代的。为此，我们提出第一维度：以银行业发展为主线，发挥信贷在现代经济增长中的"第一推动力"的作用。

（1）加强本地银行机制体制创新

浦东新区和深圳特区的发展经验告诉我们，一个地区经济的腾飞离不开本地银行业强有力的支持。浦东新区和深圳特区当年的发展离不开上海浦东发展银行、平安银行等区域银行的有力支持。未来，滨海新区改革的深入推进、经济的进一步发展，需要依靠渤海银行等代表性区域性银行创新发展的金融带动支持。而机制体制创新是商业银行经营转型成功的根本保证[①]，通过本地商业银行战略联盟，实现优势合力、资源共享，增强传统银行业的资本实力和核心竞争力支持区域经济发展。与此同时，商业银行的业务和产品创新大多是紧密联系所在环境和时代浪潮的，并且随着环境和监管的力度在不断前进。为此，作为本地商业银行，只有瞄准所处本区域经济发展的真实需求才能生存发展，实现银行自身发展与区域经济发展的深度融合，才能紧紧把握住产品创新、服务创新、管理体制创新的脉搏，真正实现滨海新区银行业本币业务的砥砺创新。我们提出如下建议：

①以管理机制为创新抓手，打造区域特色信贷服务体系

以我国推进利率市场化为契机，完善银行业创新的内部管理体系。可从设立创新部门入手，鼓励有条件的银行设立创新部门，或将金融产品创新部门从银行内部业务部门分离出来，统一制定产品创新的战略规划。设立"滨海创新事业部""滨海创新产品研发中心"等，通过机构设置完成对人民币业务创新的实现，并满足滨海新区的经济发展需求。与此同时，商业银行还需要根据自身的经营特点、自身在市场中的位置来具体操作创新的步骤，并且要利用好银行已经具备的基础，提高创新的规模和效果。另外人才的运用也是不可或缺的，对于商业银行而言，不仅需要专门的金融人才，更需要跨学科的高级复合人才，而且还要对银行内部的职工进行必要的培训，充分发挥员工的主观能动性。

---

① 引自《我国商业银行经营转型过程中的机制体制创新》，2008年2月20日《中国金融》。http://www.docin.com/p-242253373.html。

②以客户至上为创新导向，研究差异化市场细分需求

坚持个性化、差异化、适用性原则，对现有或潜在客户进行科学、明确的市场细分。对滨海新区现有的银行业务进行进一步细化，重视对中小企业、区域支柱产业、科技型企业的信贷产品研发和金融服务，通过科学的市场细分使银行的信贷服务更具有针对性。要以客户需求为中心，而不是以产品为圆心，有选择地为不同市场中的客户设计符合其需要的产品。将具有相似需求特征的客户划分为统一类别，以市场机制观念为导向，通过产品的整合设计，针对企业营运各方面的核心需求，尽可能切入目标企业的业务链条。增强信贷产品种类，实现对客户从粗放式经营到精细化管理的转变。

③以特色服务为创新理念，形成定期监测的长效机制

金融服务更需要金融企业结合自身的特色和基础，根据滨海新区区域的发展规划和目标，采取适合的创新服务，客户经理能够针对每一位来行的客户指定个性化的服务和产品。同时，对于标准化的产品，也需要产品经理进行必要的回访，对市场的反馈进行收集和整理，对产品的发展前景进行跟踪和了解。只有在综合掌握银行的产品、产品市场、目标客户的基础上，才能对客户提供"量身定做"般的服务，对产品和客户都能做到长期有效的检测和管理。

(2) 尝试性探索综合经营发展模式

随着信息技术的普及和应用，全球化的浪潮一浪高过一浪，任何一个国家或地区都不能偏安一隅，而商业银行的综合经营，也成为新浪潮的领军潮流。对于中国也好，滨海新区也好，综合经营的先试先行都是势在必行的，这样不仅能够提高金融机构的服务水平，也能够拓宽机构的盈利水平。根据天津滨海新区改革的方案，允许有条件的机构或者企业，在经过允许的前提下，进行试点。因此，滨海新区内的企业或者机构，需要充分挖掘政策意图，充分利用好先试先行的机会，尝试性探索金融综合经营发展模式。

①现有发展基础具备可行性

天津市《关于加快滨海新区金融改革创新的意见》中指出，要开展综合经营试点，增强地方金融机构的竞争力和影响力。滨海新区在开展金融综合经营试点相关准备工作方面进行了诸多有益尝试。作为天津市第一家全国性商业银行的渤海银行，于2006年开始正式在滨海新区设立分行，而随着滨海开发

开放力度的增强,该银行 2007 年又开设了流程银行体制,为滨海新区在金融领域的创新迈出了坚实的一步。而后滨海新区的金融氛围越发开放和宽松,先后有不少银行的金融租赁公司在滨海进行经营,并在保险创新领域迈出重大创新步伐。2012 年,《天津市第三批金融改革创新重点工作》提出,探索开展金融业综合经营,调整整合天津市泰达国际控股(集团)有限公司股权结构,引进战略投资者,增强持续发展能力,通过加强对控股企业的管控,逐步实现参股控股金融机构协同发展。

②综合经营模式探索

根据巴塞尔监管委员会、国际证券联合会、国际保险监管协会发布的《对金融控股集团的监管原则》,金融控股公司是在同一控制权下,由银行、证券、保险中,至少两个不同金融行业大规模提供相关服务的金融集团公司。一般情况下,金融控股公司分为纯粹型控股公司和经营性控股公司。

一定时期内,我国尚不具备类似成熟经济体开展全面综合经营所必备的金融市场环境。因此,建立纯粹型金融控股集团公司是目前滨海新区探索综合经营发展模式的现实选择。可以考虑整合滨海新区金融资源,打造纯粹型地方金融控股公司,通过制度创新改革来实现金融资源的有效利用,提升金融资源的竞争力。对银行、证券、保险、信托、基金等金融机构进行控股,"有计划、分步骤、针对性"地实现综合经营。在推动金融业综合经营试点过程中,要遵循市场规律,注意用市场化手段解决试点中出现的各种问题。金融监管部门要按照职能分工加强对各自领域准入业务的监管,确保市场健康有序发展。在风险可控的前提下,控制节奏,有序开放,选择具备一定条件的机构开展综合经营。有针对性地借鉴成熟经济区域在银行综合经营改革中的经验,将本地银行及金融控股公司作为突破口,要处理好"试点"与"推广"的关系,涉猎混业经营"深水区",带动和提升滨海新区金融业经营水平和整体发展水平。

2. 第二维度 增强融资租赁"亮点"的示范作用,提高金融创新对产业的"渗透率"

融资租赁,集金融、贸易、服务为一体,具有独特的金融功能,在国际上是仅次于银行信贷的第二大融资方式,被誉为"朝阳产业"及"新经济的促进者"。近年来,滨海新区融资租赁业发展优势逐步形成,配套机制日趋完善，机构体系不断健全，业务规模逐步扩大，资产经营质量明显提高，"东疆模式"初步形成，聚集效应日益显现，对区域经济发展与金融改革创新发挥了显著的带动作用，在全国产生了很强的示范效应。为此，我们提出第二维度：增强融资租赁"亮点"的示范作用，提高金融创新对产业的"渗透率"，加快航运产业的国际化进程。

（1）巩固优势，发挥功能区的优势作用

对于天津滨海新区的开发开放，国家先后给予众多的批复和政策的支持，对于东疆港的最大政策红利就是将其打造成为跨境的融资租赁中心。其具体实现计划，首先是深入挖掘东疆港在融资租赁方面的优势和潜力，以保税区作为核心，开展更加广泛的租赁业务。其次是利用好在东疆港进行船舶租赁试点的契机，推动其成为全国的示范点并辐射全国。第三是主动与国际接轨，与国际成熟的租赁企业、租赁组织建立更加长期的合作。第四是在大型租赁的前提下，不断地探索其他领域的租赁业务。

（2）锐意创新，展现滨海新区融资租赁的基础优势

滨海新区的融资租赁业务发展以来，虽然在很大程度上推动了租赁行业的发展和进步，但是仍然存在一些不足之处，因而当前的工作重点就是积极巩固已经取得的成绩，对于不完善的地方，需要查漏补缺，不断地完善。当务之急是探索在滨海新区建立一个可以规范市场面向各地的登记中心，同时建立一家全国性的交易机构对整个市场进行必要的规范和管理，并在不断完善产业链条的基础上，重点完善融资租赁的退出机制。在此基础上，可以尝试建立融资租赁相关基金，重点扶持区域内的企业，同时扩大覆盖面，提供引导行业发展的制度和机制。

（3）完善制度，加强对融资租赁的监督管理

融资租赁作为一种在中国近年才兴起的业务，在发展中还有许多不尽完善之处，特别是监督管理滞后于创新的发展，因为面对当前出现的各种不足和问题，对滨海新区的金融租赁也可以进行业务划分的管理，经过必要的审批，这一机制在短期内还是有效的。为了加强租赁行业内部的监管，在市政府的层面，还需要金融办专门设置机构进行专项管理，并与平行机构之间加强联系，关注市场和各机构的动态，预警风险。此外，需要将相关的信息和资料纳入人

民银行的征信体系，从而健全相关业务程序，设置科学的管理系统，减少寻租行为，并且保障各方当事人的利益。

（4）注重人才，加强对于专业人才的培养挖掘

当前滨海新区的融资租赁业务还属于"野蛮开荒"的阶段，许多长效机制尚不完善，特别是对于人才的使用和培养，还没有形成统一的规范，从更长远的角度来看，不利于滨海新区在未来与其他地区的竞争。因而在完善经营的过程中，还需要发展基础性的教育，支持区域内的金融高等院校培养专门的租赁人才，也鼓励融资租赁企业与高校之间进行战略性的合作，为企业的人才需求和高校的人才培养建立长效机制。另外，就企业本身而言，也需要为本机构的员工提供后续教育的机会和支持，鼓励员工更大程度地掌握本行业经营和市场拓展所需要的知识。最后，还可以推动建立全国的租赁人才认证证书，对相关人才进行系统的培训，以达到企业的需求。

（5）汲取经验，利用行业协会实现互惠共赢

利用融资租赁协会的行业网络资源，借鉴国际先进融资租赁发展的成熟经验，加强风险控制，拓宽贸易融资解决渠道。通过与企业建立对话机制，参加顶级展会等形式，加强互惠互通，与国际知名的同业加强业务往来与信息沟通，有效提升滨海新区融资租赁业的国际竞争水平。积极支持融资租赁、商业保理与银行、保险公司等金融机构合作，引导民间资本助力滨海新区融资租赁业。通过明确准入门槛、扩大融资模式等多种方式，打造"搭建平台、培育市场、共同成长、互惠共赢"的局面初步形成。

3. 第三维度　以资本市场为金融加速器，培育全国性场外交易市场

与深圳特区、浦东新区相比，滨海新区一个较大的金融弱势就是直接融资进程缓慢，没有一个坐落于自身区域的资本市场。2008年3月17日，国务院在《关于天津滨海新区综合配套改革试验总体方案的批复》中明确指出，天津要以金融改革为重点，为在天津滨海新区设立全国性的非上市公众公司股权交易所创立条件。"十一五"期间，滨海新区建立了天津股权交易所和天津滨海国际股权交易所等多家股权交易机构，但是一直没有形成统一的、全国性的、规范性的场外交易市场的运行模式。为此，我们提出滨海新区金融发展体系的第三维度：以资本市场为金融加速器，全面推进全国性场外交易市场，打

造"高新、高端、高质"的创新型投融资体系。

(1) 场外交易市场对滨海新区经济发展的意义

场外交易市场，又称柜台交易市场，与交易所市场完全不同，没有固定的场所，没有规定的成员资格，没有严格可控的规则制度，没有规定的交易产品和限制，主要是交易对手通过私下协商进行的一对一的交易。目前，全世界比较有影响力的市场包括：美国的纳斯达克（NASDAQ）、场外证券交易行情公告榜（OTCBB）、粉红单（Pink Sheets）；法国店头市场（CMF）、巴黎新兴市场（New Market）；韩国店头市场、中国的银行间债券市场等。作为资本市场体系的重要组成部分，场外交易市场可以为所在国、区域的经济发展筹集大量资金，为风险投资提供退出通道，带动高科技的发展和产业结构的升级，有利于完善上市公司的退出机制。

2008年3月，国务院在《天津滨海新区综合配套改革试验总体方案》的批复中，正式批准了在天津滨海新区建立非上市公司股权交易市场，标志着滨海新区资本市场体系建设又向前迈进了一步，是中国多层次资本市场体系建设的重要战略环节，对于天津滨海新区经济的发展有重要意义。目前，我国企业直接融资的渠道非常狭窄。从沪、深交易所来看，在主要服务于国企改革的宏观政策背景下，两地的上市公司中大多数是大型国有企业。对中小企业来说，到证券市场融资是非常困难的，这对企业直接融资形成约束。因此，应加快对于门槛比较低的非上市公司股权交易市场建设，使企业股权流动不再受资产规模、盈利能力的严格限制，从而缓解企业融资困难的局面。2014年，中新生态城注册的文化企业成功登陆天津滨海柜台交易市场非上市股份公司股份转让平台，成为首家在非上市公司股权交易市场挂牌的文化创意企业。

(2) 发展建议

①借助区域成果形成发展经验，打造全国性场外交易市场

多年来，天津滨海新区一直致力于产权市场的发展，天津股权交易所、天津滨海国际股权交易所、天津产权交易中心三级场外交易市场体系已见雏形。天津股权交易所是我国第一个专门定位于中小企业股权融资、交易的平台。经过几年发展，已经初步形成较为成熟的场外交易市场化运行模式。在市场定位

方面，锁定成长性企业、中小企业和高新技术企业，为其提供融资渠道。按照"筛选企业－辅导改制－登记托管－私募融资－挂牌交易－持续培养－公开市场上市交易"的过程逐步完善市场化的孵化、筛选机制，从而为主板、创业板和中小企业板培养后备上市资源。在制度建设方面，采用了全国首创的"集合竞价、做市商双边报价、协商定价"相结合的混合型做市商交易定价模式。在市场监管方面，建立了统一制度下以自律为主、多主体共同参与的多层次监管体系，保证高效、安全运作。应充分利用好天津股权交易所的发展成果，推进做市商制度，科学制定符合场外交易市场定位的企业准入安排，立足滨海新区创新型企业和传统产业发展需要，建立与企业准入条件相适应的投资者适当性制度。

②借重首都资源形成优势合力，打造全国性场外交易市场

2013年5月，习近平总书记来天津视察时，对天津工作提出"三个着力"的重要要求和推进京津冀、环渤海区域一体化发展的重要指示，提出要积极主动借重首都资源，进一步密切交流合作，加强优势互补，推动天津打造新时期社会主义现代化的"双城记"，推进区域一体化发展。北京市政府发布《关于促进首都金融业发展的意见》，其中提到将逐步使"新三板"发展成统一监管下的全国性场外交易市场。天津滨海高新区作为中关村新三板扩容试点，通过加强区域合作，借重首都资源，特别是在科技创新、人才共享上加强合作，能够形成"合力"在中国北方打造OTC场外交易市场。

③借力地方政府形成聚集能量，打造全国性场外交易市场

国际和国内经验表明，证券市场所在地政府一般会充分利用地理位置优势，积极推动本地企业直接融资进程。通过地方政府牵头，进行规范、专业评估筛选，打造一支滨海新区拟上市企业资源库，扶持和培育一批本地企业作为场外交易备选上市资源。引导和鼓励科技型中小企业、战略性新兴产业在主板、中小企业板、创业板前，在OTC市场进行路演，为上市做好充分准备，逐步形成具有影响力的滨海新区上市公司板块。把资金的供给、需求交给市场进行谈判、博弈、辨识，以改变区域经济、中观产业、微观企业的融资模式，支持滨海新区企业加快直接融资进程发展，形成滨海新区经济开发开放和金融创新先行先试的金融"加速器"。

4. 第四维度 充分发挥政府的引导作用，引导民间资本与区域产业的"无缝"对接

中国的民间资本蕴藏着巨大的能量，已成为国有资本、跨国资本以外的第三支重要力量。不同于正规渠道的正规金融，民间金融自身具有不稳定性因素。因此，探索适合民间金融的发展模式，如何充分利用这些民间资本为区域经济建设服务，是用好民间金融发展的关键所在。与发达地区相比，天津市民间投资占全社会投资的比重仍然较低，迫切需要加快发展[1]。因此，如何充分用好民间资本，充分发挥其在滨海新区促进经济增长、优化产业结构、繁荣市场等方面的作用显得至关重要。为此，我们提出第四维度：充分发挥政府的引导、协调作用，引导民间资本与区域产业的"无缝"对接。

中国人民银行的相关报告中认为：民间金融是相对于国家依法批准设立的金融机构，泛指非金融机构的自然人、企业、其他经济主体（财政除外）之间以货币资金为标的价值转移及本息支付的存在形式，包括：小额贷款公司、担保公司、典当行等多种形式。相关调查显示，目前我国的民间资本已经超过10万亿元，其中绝大多数在休眠[2]。如何将庞大的民间资本充分激活，拓宽民间投资领域，加快民间资本发展，促进民间投资转型升级，并有效地为国家与地区经济建设服务，这是当下金融体制改革步入"深水区"面临的新课题之一。

从国家的规划来看，李克强总理专门部署金融对于实体经济的推动，逐步撤销繁杂的行政审批，其中之一就是加大对于民间资本的支持，不仅支持其进入相关的实业，也支持其进入金融领域。其中明确表明鼓励民间资本进入促进金融改革的领域，充分发挥民间金融的积极作用。

从滨海新区的发展角度来看，各地的金融改革深化方案都提及对民间金融的鼓励和支持，滨海新区作为国家先试先行的金融改革基地，民间金融的作用更是不容忽视，包括既支持民间资本参与传统的金融领域，也鼓励民间资本进入金融改革的领域，设立小额的再贷款公司等。

---

[1] 引自天津市人民政府津政发〔2011〕25号文件《关于鼓励和促进我市民间投资健康发展的实施意见》。

[2] http://business.sohu.com/63/98/article13839863.shtml，搜狐工商财经。

①发挥政府引导作用,引导民间资本为区域产业服务

发挥政府引导作用,引导和整合社会金融资源向滨海新区"八大产业"中的重点项目、重点行业、重点领域倾斜,通过"政府+市场""两只手"实现金融资源优化配置。具体运作模式可参考深圳特区、浦东新区做法。浦东新区成立我国第一个由地方政府设立创业风险投资引导基金,与传统政府无偿资助的运作模式不同,强调引导性,不介入日常经营管理和日常投资决策等具体项目。2009年"深圳创投"引导民营资本向政府重点发展产业聚集,实现多方金融工具组合。根据滨海新区发展高端制造业和现代服务业"双轮驱动"的产业发展模式和实际需求,打造"政府+行业协会+社会资金管理机构"三方配合长效机制,通过区域金融政策、产业政策、财税政策宣讲,有针对性地引导社会闲置资本流入正规渠道,发挥"正能量"作用,补充和完善产业金融服务体系,实现民间资本与产业经济的"无缝"对接。

②完善激励担保机制,引导民间资本为区域民生服务

从发达国家民间资本运作的成功经验来看,只有保障投资者的基本权利,降低投资的风险,才能够有效提高民间金融投入的吸引力。在合理金融体制下,民间金融与正规金融是互补关系,二者相互竞争,可以降低资金成本,提高市场效率。完善激励担保机制,支持民间资本发起设立融资性担保公司,完善风险补偿和分担机制。鼓励担保机构为符合条件的民营企业提供融资担保,通过资本金注入、业务补助、创新奖励等形式支持符合条件的担保机构。通过财政补贴、转移支付等途径,鼓励和引导民间资本以联合、联营、参股等方式,服务滨海新区"三农"、中小企业发展、保障性住房建设等社会事业领域。鼓励和引导民间资本进入教育、文化、医疗卫生、养老等社会事业领域,提供给民间金融一定的激励机制和担保机制,增强民间资金所有者投资积极性和信心,真正实现"取之于民、用之于民"。

③建立有效监测系统,引导民间资本为区域经济服务

如何利用好民间金融这把"双刃剑",民间金融的发展需要一个引导、规范、保护的过程,有效掌控、规范引导是关键。尽管政府建立对民间金融的监测难度很大,但民间金融与正规金融密切相关。目前,人民银行塘沽中心支行已经尝试对滨海新区社会融资总量的测度,将银行业以外的非间接融资纳入监

测范围。实证技术手段研究发现：滨海新区社会融资总量与滨海新区主要经济指标的相关度显著高于传统业金融机构信贷数据与经济指标的相关度。随着日后技术手段进一步完善与常态化监测方式的不断推进，初步建立民间融资监测体系服务区域实体经济发展存在可能。切实督促民间投资主体履行投资建设手续，严格遵守国家产业政策和环保、用地、节能以及质量、安全等规定。加强对民间投资的统计、监测和分析工作，及时反映民间投资在不同行业、地区间的分布和进展情况。投资主管部门、行业主管部门及行业协会要切实做好民间投资的监测和分析工作，及时把握民间投资动态，合理引导民间投资更好发展。

5. 第五维度　发展产业金融，服务实体经济

产业是经济的灵魂，金融是产业的有力后盾。二者有机融合，既能够避免资金脱离实体经济，规避金融资本的"体外循环"，防止"金融泡沫"，又可有效地将有限的金融资源注入急需资金的经济供给环节。因此，发展产业金融对于以第二产业为主导的滨海新区来说势在必行，产业与金融密切融合，有效地汇集资金、注入特定的产业，根据产业的发展需要进行资金配置，最终实现调整产业结构和促进产业升级的目标。只有二者之间有机结合和良性互动，充分发挥金融对产业的资金融通和资源整合的支持作用，才能实现区域产业与区域资本之间的深度融合。为此，我们提出第五维度：发展滨海新区特色的产业金融，有效促进金融服务实体经济。

（1）产业金融的释义

产业金融是在现代金融体系趋向综合化的过程中出现的依托，能够有效促进特定产业发展的金融活动。产业金融的基本原理就是通过将资源、资产、知识产权和未来价值分别资本化，实现产业与金融的密切融合，促进二者互动发展，从而最终实现价值增值。

（2）发展产业金融对滨海新区的重要意义

①发展产业金融，有利于滨海新区产业结构的优化

产业金融推动主导产业发展的过程也是地区经济发展过程中产业结构不断优化提升的过程，这表现在：一是促进产业互动优化。实现产业发展与金融资本的互助性发展。　方面能够优化产业本身的资金运用，吸引社会资金流入这

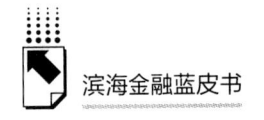

一产业，另一方面能够对特定产业的发展起到加速作用。二是促进产业内部优化。产业金融能够优化产业内部的资金循环，保证对特定产业的发展提供连续稳定的金融支持。由于高科技产业的发展具有较大的不确定性，决定了其高风险、高收益的投资特点，这一特点和传统金融的审慎经营原则是冲突的，必须通过发展有针对性的产业金融加以扶持。

②发展产业金融，有利于滨海新区经济发展的转型

产业金融以"产业为本，金融为用"，产融有效结合，将推动企业资金管理模式的改革和经济结构的转型。一是完善产业金融服务框架。滨海新区已步入改革发展的"深水区"，要在更高起点上按照更高的标准加快发展，进一步发挥好先行先试作用，在国家政策支持的范围内，深化综合配套改革，建立并逐步完善现代化的产业金融服务体系。二是提升产业金融的辐射能力。继续发展滨海特色的高端制造业与现代服务业的双轮驱动发展模式，逐步完善滨海新区特色的现代金融服务体系，积极推进区域投资与贸易的便利化发展，提升金融服务实体经济的辐射能力。三是努力构建产融结合的长效机制。加速产业与金融的深度融合，为航运、物流、生产加工、科技创新等产业链的关键环节注入资金源流，不断激发市场活力和经济发展的内生动力，形成产融结合的长效机制。

③发展产业金融，有利于滨海新区金融改革的深化

产业资本的金融化是未来金融创新发展的一种趋势与着力点。一是发展产业金融能够丰富金融市场内涵，增加金融主体的种类和数量，改变传统金融格局中商业性金融和政策性金融的二元主体结构，有力地促进滨海新区金融创新改革的深化。二是产业金融是产业与金融的紧密融合，涵盖科技金融、能源金融、交通金融、物流金融、环境金融等多种存在形式，发展产业金融有利于金融自身的发展与升级。三是发展产业金融能够实现资金融通、资源整合、价值增值。产业发展对资金的需求犹如人体对血液的要求，而金融在提供资金来源方面起到了决定性的作用，金融起到"催化剂"和"倍增剂"的作用，产融互动创造新的价值，产融结合深度发展有利于促进金融改革的不断深化。

（3）发展建议

①产融互助，构建"产业+金融"的系统性发展模式

根据滨海新区产业发展实际特点，结合区域内部企业自身组织架构发展，

吸引有实力的金融机构参股，形成产业金融互助式发展的科学、有效的机制，构建"产业+金融"的系统性发展模式。一是"产业+商业银行"模式实现产业与金融资本对接；二是"产业+保险公司"模式提高金融风险防范能力；三是"产业+财务公司"模式完善财务管理服务；四是"产业+金融服务机构"模式，为滨海新区企业实现产融结合创造良好的配套体系和运营环境。

②产融互动，扩大区域主导产业与金融结合的一体化趋势

第二产业作为滨海新区经济的主导产业，与其他区域的产业发展相比，优势显著、实力雄厚，但其内生性增长强，部分大型制造业企业主要依靠自有资本金，融资结构单一，信贷供给"发动机"作用较弱。建议通过产融互助的形式引导资金与生产要素的再分配功能发挥作用，扩大产业与金融结合一体化的纵深发展。依托滨海新区金融改革创新先行先试的政策优势，发展产业链金融，鼓励信贷资金跟进航空航天、石油化工等八大支柱产业的上下游企业，通过产融互助方式，建立和巩固金融机构与实体企业长期稳定的关系。同时，通过完善制度法规和制度设计，出台税收优惠政策，引导资金最终的产业投向。

③产融结合，引导产业资源与金融资本的深度融合

产业金融集团的发展模式能够改革公司治理结构，通过参股有效利用多种资本资源实现整合功能，鼓励区域资金实力雄厚、符合条件的大型企业，在保证企业正常生产经营的条件下，考虑发展产业金融混合资本集团，创造产业金融的协同效应。以现有财务结算部门为基础，引入外部成熟的金融机构作为战略投资者，设立财务公司对集团及成员单位资金进行集中管理，从传统存贷款业务出发，逐步扩大财务公司经营范围。整合内外部金融资源，组建规范化、现代化的产融结合型金融控股公司，实现产业资本与金融资本的深度融合，助推企业集团的跨越式发展。

6. 第六维度　新金融新驱动构筑科技金融服务体系

科技金融隶属于产业金融的范畴，抢占了资金与技术的两个经济发展要素的制高点。经济振兴依靠科技推动，科技发展急需金融供给，二者有机融合能够有效推动区域经济发展。多年来，天津市政府一直坚持"科技创新驱动战略"，滨海新区在天津市委、市政府领导下，积极探索科技与金融融合途径，科技金融服务体系初现规模，从"滨海制造"转向"滨海创造"的效应显著

提升。未来，为滨海新区实现更好、更快发展，应继续完善科技创新驱动战略，引领区域经济实现转型升级。为此，我们提出第六维度：新金融、新驱动，构筑滨海新区科技金融创新服务体系。

(1) 滨海新区的科技金融发展基础

①政策有力支持，发展科技金融"优势凸显"

滨海新区的科技金融政策种类多、辐射面广、针对性强，科技创新政策设计呈现体系性。政策涵盖科技投入、税收激励、金融支持、政府采购、鼓励创业、知识产权保护、科技人才队伍建设、创新载体建设、产业扶持提升等多个方面。从国家层面，中国人民银行、科技部、银监会、知识产权局等部办委局出台《关于大力推进体制机制创新扎实做好科技金融服务的意见》，大力推动体制机制创新，促进科技和金融的深层次结合。从天津市层面，2003～2010年，市政府及相关部门出台了《关于加强对科技型中小企业金融服务的指导意见》《关于进一步加大对科技型中小企业信贷支持的指导意见》等多项政策，力促科技型企业的发展。2011年，天津市通过搭建金融服务平台，出台《关于进一步促进我市中小企业发展的意见》，对金融机构建立健全科技型中小企业金融服务专营机构给予政策支持，对各类投资主体设立小额贷款公司给予支持；并提出逐步拓宽融资渠道，完善中小企业信用担保体系，对符合条件的担保机构，按贷款担保额的一定比例给予补贴。从区域层面，2011年10月，出台《天津滨海高新技术产业开发区科技企业孵化器管理办法》，加快高新区孵化基地建设，促进科技成果转化提升孵化体系建设水平，为金融业提供更多更好的实体经济项目源。2011年12月，出台《中心商务区鼓励科技型中小企业发展扶持办法》，给予科技型中小企业一次性贷款贴息支持。

②金融创新服务，发展科技金融"得天独厚"

由于科技行业的特殊性，科技融资渠道窄、质押融资发展存在困难。2011年6月，天津滨海知识产权交易所成立，适时、逐步推出基于知识产权本质属性、内在需要、价值发现和金融创新的交易品种和交易模式的发展方向；联合国内外有影响的专业金融机构及中介服务机构，汇集战略性新兴产业和文化创意产业的可交易知识产权项目及公司；借助滨海新区先行先试、金融创新试点的优势和政策，对具有完全民事行为能力的特定机构、特定投资群体和个人投资者，开展全方位、高效率、专业化、国际化的知识产权投、融资及交易服务；努力把交易所办成有世界影响的知识产权要素市场和资本市场风向标。已设立生物医药、新能源新材料、现代制造、信息工程、现代农业、文化创意、移动互联及城市创新"7+1"专业服务平台，形成逾2500项项目资源库，涉及各个领域、各个行业，探索知识产权质押物处置机制，为开展知识产权质押融资提供高效便捷服务，帮助科技型企业解决知识产权质押难题，开启科技融资新渠道。

③功能区集合发展，发展科技金融"专业高效"

滨海新区拥有专业发展科技金融的功能区域——滨海高新区，区内科技型中小企业数量众多，约占天津市数量的20%，已经成为滨海新区科技创新驱动与科技金融融合的代表区域和领军力量。滨海高新区启动科技金融体系建设，根据企业发展的不同阶段有针对性地扶植科技型中小企业，进一步扩展载体，启动"孵化器"+"加速器"建设战略，为科技型企业提供从孵化到加速成长"一条龙"的专业化科技金融服务。落实科技型中小企业扶持资金达7.25亿元，认定科技型中小企业累计达到6670家、科技小巨人企业累计达到262家，优化金融服务，专业服务科技企业成长壮大。此外，开发区、空港经济区科技金融专业发展成效显著，有效促进区域科技与金融的深层次融合，形成了滨海新区科技金融的专业化发展、聚集发展模式。

（2）发展建议

①完善科技信贷管理机制，形成科技金融融合

研究设立针对科技金融发展的金融定向服务机构，为企业提供信贷、资金支持。鼓励有条件的商业银行以滨海新区产业园区为依托，设立科技分支机构，从客户资质评估、产品创新、信贷审批流程、风险管理、人力资源等多个方面探索建立适应金融产业特点的模式。鼓励银行业金融机构完善科技企业贷款利率定价机制，充分利用贷款利率风险定价和浮动计息规则，根据科技企业成长状况，动态分享相关收益。完善科技贷款审批机制，通过建立科技贷款绿色通道等方式，提高科技贷款审批效率。完善科技信贷风险管理机制，探索设计专门针对科技信贷风险管理的模型，提高科技贷款管理水平。建立小微科技企业信贷业务拓展奖励办法，落实授信尽职免责机制，有效发挥差别风险容忍

度对银行开展科技信贷业务的支撑作用。

②拓宽科技创新融资渠道，形成科技金融融合

不断完善科技创新的力度，将科技成果应用于实际的生产与生活，拓宽直接融资的渠道，发挥政府资金杠杆作用，充分利用现有的创业投资基金，完善创业投资政策环境和退出机制，鼓励更多社会资本进入创业投资领域。推动各级政府部门设立的创业投资机构通过阶段参股、跟进投资等多种方式，引导创业投资资金投向初创期科技企业和科技成果转化项目。支持科技上市企业通过并购重组做大做强，鼓励这些企业寻求金融支持，帮助它们实现融资渠道的扩展，同时扶持辅助企业积极利用债券市场进行融资。

③增强金融创新能力，形成科技金融融合

围绕主导产业，形成以龙头企业带动、中小配套企业完备的完整产业链，同时启动创新联盟等推动企业间合作交流的互动机制，促进企业的技术进步和市场开拓。金融方面的服务应围绕不同阶段企业发展需求，提供综合性融资工具扶持，为科技企业提供一站式服务平台。深度利用数据和信息，利用网络技术等手段，提升商业银行的产品技术性，实现创新能力的提高。此外，追踪国际上商业银行的发展潮流，根据滨海新区目前金融产品的不足之处，利用新技术、新手段来完善手机银行、网络银行等，为客户提供个性化的服务，同时促进行业向着更加自动化、自主化的方向发展。

④培养复合型人才，形成科技金融融合

由于科技金融在我国尚属全新领域，亟须探索与创新。做好人才储备，做到"人尽其才，物尽其用"，具有十分现实的意义。同时，大力培养科技金融复合型人才，具体包括：科技金融战略型人才、组织运作实施人才、操作实践人才、理论研究人才、工具与机制运用人才等，使得科技金融工作能够不断顺利进行。

7. 第七维度 深化外汇管理改革，促进投资和贸易便利化综合创新发展

伴随着经济全球化的快速发展，对外开放步伐不断加快，地处"环渤海"这一地理优势决定了滨海新区成为我国最为活跃的对外开放经济区域之一。作为中国经济第三增长极的滨海新区站在开发开放的更高起点上，近年来在外汇管理体制改革等方面进行了积极探索，硕果累累。外汇创新管理与服务有力地带动了区域经济发展和滨海新区开发开放。为此，我们提出第七维度：进一步深化外汇管理改革，加快人民币国际化进程，推进金融市场开放，服务区域经济发展，促进实体经济贸易与投资便利化。

（1）滨海新区外汇管理改革成果

滨海新区具有集港口、经济技术开发区、高新技术园区、出口加工区和保税区于一体的功能聚集优势，并拥有我国最好的国家级开发区和北方最大的保税区，外向型经济特征明显，实现贸易和投资便利化得天独厚优势显著。近年来，滨海新区在外汇管理改革方面先行先试，外汇改革成果显著。

以巩固基础、扩大成果为目标，推动资本金结汇管理改革试点取得新进展。

2009年、2012年，滨海新区中新天津生态城与东疆保税港区先后获批开展资本金结汇改革试点。按照"双轨并行、名录管理、控制流出、事后核查"的工作思路，构建了配套制度框架。加强协调联动，研究探索现场、非现场监管的有效方法，为风险防控提供了坚实保障。积极开展资本金结汇改革试点推广的可行性研究，争取将试点范围扩大到整个新区。试点开始至2013年12月末，累计意愿结汇企业37家，意愿结汇金额为7.54亿美元，进一步减轻了企业财务负担，释放了区域经济活力。

以协调联动、形成合力为手段，推动跨境人民币业务推广取得新亮点。

自2010年6月天津成为人民币结算试点城市以来，积极开展各级主体之间的互动，初步实现了内外之间、本外币之间、需求与创新之间的互动，并且先后实现境外投资、跨币种转口贸易等业务，截至2013年末，滨海新区跨境业务的总额度超过千亿元，达1196.3亿元，占天津市的49.3%，呈现出收支规模持续增长、收支结构更趋均衡、业务种类不断丰富、交易区域不断扩大、工作机制不断完善的良好态势。

以宣传和沟通作为重点，促进贸易相关的改革取得新进展。

天津作为试点城市之一，率先进行了进口汇付监管模式的调整，为贸易相关的外汇制度监管提供了更多的经验。货物贸易、服务贸易改革先后在全国范围推广以来，按照"抓改革、促便利、转思路、惠企业"的工作思路，深度使用国家数据平台的相关渠道进行营销，有效提升宣传效果。加强与国家部委

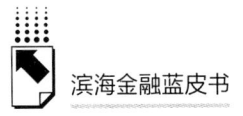

之间的沟通交流，多渠道听取银企反馈意见，确保改革在滨海新区的顺利实施，显著提升滨海新区对外贸易便利化水平。

以落实政策、服务需求为导向，推动离岸金融取得更大的进展。

天津滨海新区根据国务院对于天津功能区建设的批复，积极选取能够对接试点的机构和单位，组织相关部门制定《对接方案》，逐步、合理、科学地推进离岸金融的发展，不断提升企业资金的使用效率，并且降低可控的风险水平。

以量体裁衣、政策护航为理念，推动特色行业发展取得新成果。

支持融资租赁行业加速聚集。建成了"绿色服务通道"，为企业实现全方位多层次的一站式服务，积极推动融资租赁交易市场建设，助力滨海新区争取到国内首笔飞机的联合租赁，并由此巩固了滨海新区的租赁基础优势，同时还创新了租赁的范围和领域，在风险可控的前提下突破政策瓶颈，为交易市场发展提供政策便利。

（2）发展建议

①聚集创新示范优势，助力投资与贸易便利化发展

根据滨海新区建设投资和贸易便利化综合改革创新区的总体要求，结合区域发展现状，以"瞄准特色行业，扩大资金渠道，加强平台建设"为主线，区域特色行业聚集发展，突出贸易自由、投资便利、金融服务完善、高端产业聚集、法制运行规范、监管透明高效、辐射带动效应明显等功能。以"规范程序，用足政策，积极探索"为原则，坚持政策请示和特事特办双管齐下，加快推动滨海新区投资和贸易便利化的综合创新发展。

②推动资本项目改革，助力金融改革创新增添新动力

积极研究探索加快北方航运中心的外汇管理改革，争取物流、融资租赁配套试点业务，重点做好自贸区建设、资本金结汇改革、跨国公司外汇资金集中运营、离岸金融、境外投资等方面改革创新工作，积极争取外汇新业务在滨海新区先行先试，保持金融创新领先优势。

③突出外汇服务职能，助力区域特色行业发展

不断深化外汇管理的服务职能，持续推动融资租赁、国际保理等区域特色业务发展。针对新的业务类型和企业需求，研究支持行业、企业发展的政

策或措施，保持新区优势行业在全国的领先地位。引导银行充分发挥外汇信贷导向作用，大力支持融资租赁行业优先发展，积极采取同业授信、银团贷款等信贷模式，扩大融资租赁企业融资规模；引导融资租赁企业运用授信转让、保理等方式，拓宽融资渠道、降低融资成本。逐步打造体系完整、分工明确、运行高效、监管有力的全方位服务体系，增强区域优势企业的国际竞争力。

④推进资本国际化进程，助力区域优势企业"走出去"

推进区域资本国际化进程，从单纯支持产品出口到支持服务出口，以及为区域企业"走出去"扩展国际市场提供政策支持和融资。采取多种措施引导企业优化产品结构，提高自主知识产权和核心技术在产品中的比重，重视自主品牌建设，增强自身核心竞争力，提升国际贸易话语权。拓展国际国内两个市场，增强贸易风险抵御能力，带动区域资本的国际化进程。

8. 第八维度　发展金融聚集，提升金融业竞争力

根据"十二五"时期天津市金融改革创新"一个体系、一个基地、一个集聚服务区"的发展思路，应该致力于加快形成滨海新区现代化金融聚集的发展模式。从总体来看，滨海新区金融机构大多规模较小、层次较低，风险承载能力较弱，亟须通过金融聚集功能发挥"乘数效应""协同效应"，壮大金融机构综合实力和风险承载力。为此，我们提出第八维度：发展金融聚集，提升金融业竞争力。强化金融产业集群，尊重现代服务业"集中、便捷、易达"的发展规律，充分释放滨海新区的集聚效应和示范效应，有效促进金融业的规模性发展。

目前，天津市的金融总部和主要高级分支机构大多设在了市内，滨海新区的银行、保险、证券机构绝大多数都是全国或天津市法人机构的基层分支、营业网点，层次较低，创新自主权十分有限，自身业务功能单一，资金、信息、人才等优势相对较弱。相对于市内金融聚集优势而言，滨海新区金融业发展形态较为零散，能级较低，不利于发挥金融市场配置功能，限制了金融创新能力的发挥。因此，发展金融聚集有利于将有限的金融资源更有效地发挥集合作用，集中优势进行滨海新区金融创新改革。为此，我们提出发展金融聚集的如下建议。

（1）发展金融聚集，优化区域金融生态建设

坚持发展金融聚集与生态环境建设相结合。在加大金融改革创新力度、加快现代金融体系发展的同时，不断加强和完善金融聚集区的金融生态建设。加强金融聚集区的金融制度建设，形成体系。积极推进体制机制创新，提升金融及相关机构登记注册和项目审批的效率。出台优惠政策和鼓励措施，鼓励金融机构和金融人才加快向滨海新区集聚，为滨海新区金融改革创新培育极具竞争力的外部环境。强化金融协调服务，构建"公平、安全、和谐、专业、繁荣"的金融生态环境。

（2）发展金融聚集，借鉴成熟区域发展经验

根据天津市委市政府对于家堡金融区开发建设的要求，于家堡金融区的功能定位为：滨海新区中心商务区的核心区，国家级产业金融中心，全国领先、国际一流、功能完善、服务健全的金融改革创新基地和APEC首个低碳示范城镇。坚持把"可持续发展"理念贯穿于于家堡金融区核心功能形成、城区开发运营和低碳示范发展的全过程。可借鉴上海陆家嘴金融贸易区开发股份有限公司成功上市的经验，考虑积极推进于家堡金融区开发运营企业的跨越式发展，通过资源整合、资本运作等创新措施，提高于家堡开发运营主体的融资能力，提高资产运营效率。坚持能源集约使用，着力优化能源结构，降低商业办公楼宇和公共空间的能耗水平。此外，推动于家堡金融区APEC首个低碳示范城镇建设，使金融区成为绿色技术应用和低碳循环发展的示范区。

（3）发展金融聚集，完善金融服务功能体系

完善金融中介服务体系，形成"一条龙""保姆式"服务。引进和重组各类金融机构，形成门类齐全的金融机构体系。在金融聚集区引进包括会计师事务所、律师事务所、信用评级机构、资产评估机构、管理咨询机构、融资担保机构、理财咨询机构等多样化的金融中介服务机构，进一步丰富和发展滨海新区的专业服务业。重点考虑引进银行的金融创新事业部，突出解决滨海新区产品创新能力的提升，增强地方金融机构的竞争力和影响力。

（4）发展金融聚集，突出"软实力"能力提升

如果说硬件基础建设是发展金融聚集的"身体"，"软实力"建设就是发展金融聚集的"灵魂"。通过打造与硬性基础设置相匹配的"软实力"，形成滨海新区独具特色的"人文"氛围,通过政策吸引、机制创新、政府宣传、创新扶持等措施创造良好的配套政策和环境吸引高素质创新人才、领军人物向滨海新区聚集。在滨海新区形成经济学家、业内实业领袖、金融工程师、保险精算师、注册会计师、高校知名学者、行业专家的优先聚集地,为滨海新区的发展出谋划策,培育"创业干事"的土壤,打造滨海新区优质"无形资产"和"商誉价值"。

9. 第九维度　推进"包容性金融"发展,走经济增长与金融普惠的协同之路

民生是国民经济发展之本,一个区域要可持续发展,民生是根本保障。党的十八大报告明确提出保障和改善民生问题,要求立足扩大内需推进经济结构调整。滨海新区在未来的发展当中应当坚持强调"民生与经济均衡发展"的统筹原则,在关注经济增长的同时,更加注重保障民生,强调发展成果共享,走和谐共生之路。为此,我们提出本书展望的最后一个维度——第九维度:推进"包容性金融"发展,实行"政府+金融机构"的联动帮扶机制,让经济发展成果惠及广大人民群众,促进滨海新区经济的持续健康发展。

(1) "包容性金融"释义

"包容性金融"是在《求是》杂志《践行党的群众路线推进包容性金融发展》文章中提到的新概念。

"包容性金融"的内容涵盖"以人为本,服务民生",涉及文化、教育、卫生、"三农"等多个领域。发展"包容性金融"有利于实现滨海新区将经济发展与切实解决好人民群众最关心、最直接、最现实的问题的有机结合,有利于实现经济增长与人民生活质量提高的和谐共生,有利于滨海新区经济的可持续发展。

(2) 发展建议

①加强政策引导,营造"民生金融"的生态环境

一是发挥政策导向,充分发挥信贷政策的先导作用。做好国家关于民生、扩大内需领域政策的贯彻落实工作,科学引导银行信贷投向民生领域。二是形成政策合力,提高信贷政策与财政政策、产业政策的契合程度,更好地促进民生"政策投入"向民生"金融产出"转化。合理优化与配置区域信贷资金,

摆好"经济增长与改善民生"之间的平衡关系。三是加强意识引导，鼓励商业银行关注"社会效益"，分担"社会责任"，为支持民生领域发展营造良好的金融生态环境。

②引入市场机制，撬动"民生金融"的融资杠杆

借鉴成熟经济体国家的发展经验，结合滨海新区的实际情况，尝试逐步推行"民生金融"的证券化模式，鼓励符合条件的企业发行债券融资，鼓励社会基础设施、公共事业等民生领域实现未来收益权证券化。打造"参与性广、融资门槛低、交易活跃、运作高效"的区域性民生金融直接投融资体系，发挥金融对民生发展的杠杆性作用。

③细化金融服务，创新"民生金融"的信贷产品

打造民生领域专属产品，通过"差别化"服务实现民生金融产品创新。针对"三农"、文教、文化、社会公益事业等民生领域的不同需求，研发具有差异性的信贷产品。改变传统的营销模式，实现业务流程再造，增强民生金融产品的适用性，完善包括产品服务体系、营销手段在内的全方位、综合性金融服务。通过树立民生金融品牌性经营理念，使社会公众了解商业银行的社会责任，进而取得短期盈利与长远利益的统一。

④完善风险管控，保障"民生金融"的持续发展

一是完善信用体系建设。增强银行信用风险把控，完善民生金融交易规则。尝试建立医疗、文教、公共设施等行业信用评级，增强民生企业的资信收集和识别。二是完善担保体系。建立完善的民生金融担保体系，使金融机构增加对民生领域的积极性和"安全感"，为民生金融的可持续发展"保驾护航"。

⑤提供激励机制，提升"民生金融"的利用效率

引导金融资源更多投向经济瓶颈领域和薄弱环节，加大对"三农"等领域基础设施的投入力度。在风险可控的前提下，全面加强和提升对关系民生领域的信贷支持和服务。积极发挥政策性金融机构作用，加大对基础性、公益性社会公共项目的支持力度。引导地方法人金融机构创新体制机制，特别是支持实力雄厚、声誉良好的大型银行增强社会责任意识，提升对"三农"、文教、卫生、交通基础设施、保障住房等信贷支持，实现"普惠"式发展，促进民生金融的"阶梯式"增长。提升支持新型城镇化金融服务能力，推动金融支

持城乡统筹联动协调发展。挖掘城镇化发展中的有效信贷需求,深化金融服务,切实加大对城镇交通、城市基础设施建设及城镇土地综合整治、城镇生态建设的金融支持力度。

⑥适度放宽市场准入,拓宽"民生金融"的融资渠道

一是加大对中小企业金融支持的力度,克服其融资中存在的薄弱环节。实施有效的评价机制,对于中小企业的信用、资质等进行量化,引导金融行业对中小企业进行合理的投放。二是加大民间资本对小微企业的投资力度。有效利用创业风险投资引导基金,同时对有潜力、优质的科技型创业投资企业加大税收优惠和政府补贴,逐步完善有利于创投企业投资的配套机制。三是加快设立产业投资基金。扶持中小科技型企业发展、加强创业产业的薄弱环节建设、促进技术性产业的规模化发展。四是实现多元化的投资方式,为中小企业的融资开辟渠道,不断完善多层次的市场结构和体系,支持更多的交易方式运用于创业初期的中小企业。

专题报告3
于家堡金融区建设发展评价指标体系的研究*

姬孟祥 等

摘　要：

> 打造标志性金融服务区，建成于家堡金融起步区，实现金融业高度聚集发展。要坚定不移地实现于家堡金融区的功能定位，要制定一个目标和规划，一定要有具体的指标，有一个指标体系。指标体系有助于科学、系统、客观测度和评价于家堡金融区建设发展水平；有助于明确于家堡与其他金融中心或金融区的优势和不足，使建设发展更具方向性和目标性；有助于为于家堡开发运营提供具体的指标考核内容，最终，成为指导于家堡规划、设计、建设和运营的支撑体系。因此本报告集成于家堡金融区的功能定位内涵和奋斗目标，科学、客观、全面地测度和评价于家堡功能定位的实现程度，系统反映于家堡金融区规划设计特点和开发建设成果，为观测和督导于家堡先进发展理念落实水平提供标准与依据。

关键词：

> 指标体系　于家堡　建设发展

一　研究的背景、目的和意义

（一）研究背景

2006年5月，国务院发布《关于推进天津滨海新区开发开放有关问题的

---

* 本课题由姬孟祥、王爱俭、仙燕明、林文浩共同完成。

意见》,《意见》指出:"要鼓励天津滨海新区进行金融改革和创新。"按照意见精神,天津制定了一系列金融业及其配套产业的改革创新战略,促进天津金融业的跨越发展。2009年国务院批复《天津滨海新区综合配套改革试验金融创新专项方案》,明确加快天津滨海新区金融先行先试步伐,努力建设与北方经济中心相适应的现代金融体系和全国金融改革创新基地。2012年5月,天津市第十次党代会指出,加快建设现代金融体系、金融改革创新基地和金融服务区,积极推进于家堡金融区亚太经合组织首个低碳示范城镇建设。2012年8月,天津金融工作会议指出,要建立符合绿色城市理念和集中集聚集约要求的金融服务区。要充分发挥比较优势和政策优势,突出自身特色,大胆先行先试,实现重点突破,着力打造一批金融改革创新发展的分中心。打造标志性金融服务区,建成于家堡金融起步区,实现金融业高度聚集发展。开发建设于家堡金融区是市委市政府贯彻落实中央部署,实现天津城市功能定位的重大举措。

近年来,科学管理和量化评价方法在城区开发运营中应用日益广泛。市领导在中心商务区调研时指出,要坚定不移地实现于家堡金融区的功能定位,要制定一个目标和规划,一定要有具体的指标,有一个指标体系。指标体系有助于科学、系统、客观测度和评价于家堡金融区建设发展水平;有助于明确于家堡与其他金融中心或金融区的优势和不足,使建设发展更具方向性和目标性;有助于为于家堡开发运营提供具体的指标考核内容,最终,成为指导于家堡规划、设计、建设和运营的支撑体系。目前,国内外现有金融中心评价指标体系[如全球金融中心指数(GFCI)、新华—道琼斯国际金融中心发展指数(IFCD Index)等]并不完全适用于家堡这个处于建设发展期、规划面积为城区级、秉承低碳发展思路、突出金融改革创新基地核心功能的新兴金融区的测度和评价。因此,需要紧密围绕于家堡的功能定位和规划建设特征,设计一个科学严谨、代表性强、操作性好的指标体系,为促进于家堡高水平实现奋斗目标提供决策依据。

(二)研究目的

1. 明确、深化、集成于家堡金融区的功能定位内涵和奋斗目标。

2. 科学、客观、全面地测度和评价于家堡功能定位的实现程度。

3. 量化和系统反映于家堡金融区规划设计特点和开发建设成果。

4. 为观测和督导于家堡先进发展理念落实水平提供标准与依据。

（三）主要意义

1. 明确并引导于家堡金融区功能定位的全面实现。

2. 体现于家堡金融区规划建设的开创性和独特性。

3. 科学准确地反映于家堡开发建设的进程和特征。

4. 为政府以及开发部门提供决策参考和督导依据。

二 研究的思路、原则和方法

（一）研究思路

1. 指标体系研究思路

坚持将于家堡金融区的功能定位、规划设计特征及建设进程（成果）作为评价的导向和核心，遵循代表性、独立性、完备性、精简性和数据稳定性原则选取指标。在研究过程中，广泛借鉴已有研究成果，综合运用多学科方法，设计并应用于家堡金融区建设发展评价指标体系，使之成为反映于家堡金融区功能定位和规划建设特征的支撑体系。在深入比较于家堡金融区建设发展评价指标体系和国内外现有金融中心评价指标体系的基础上，阐述于家堡评价指标体系的特征和创新点。

2. 研究技术路线

在全面阐释于家堡金融区规划设计特征和建设进程（成果），深入解析于家堡功能定位内涵与核心要素的基础上，结合于家堡金融核心功能、城区开发运营及低碳示范城镇三个发展目标（领域），构建于家堡金融区建设发展（三级）评价指标体系。此后，比较分析于家堡评价指标体系与其他金融中心指标体系，并详细阐述于家堡评价指标体系的应用方法。立足上述分析，归纳和凝炼于家堡评价指标体系的特征和创新点。具体见图1。

专题报告3 于家堡金融区建设发展评价指标体系的研究

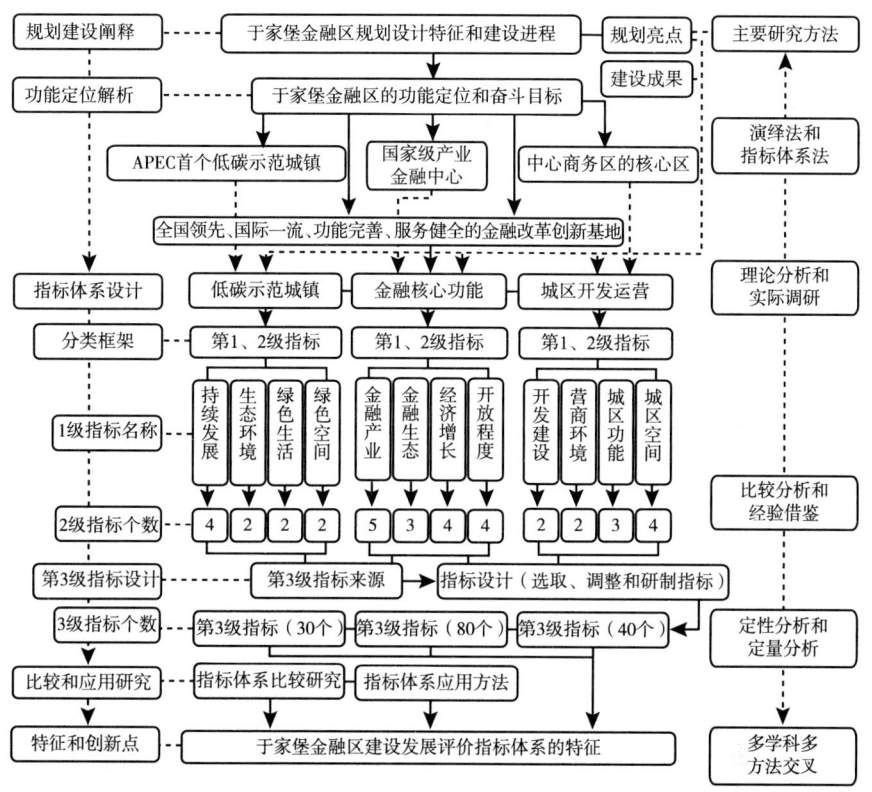

图1 指标体系研究技术路线图

资料来源：课题组整理。

（二）研究原则

1. 国际性原则

以于家堡功能定位和规划建设特征为导向，借鉴国内外金融中心指标体系，设定与国际接轨的评价指标。按照全国领先、国际一流、功能完善、服务健全的要求，设定指标参考目标值，体现于家堡建设的高标准。

2. 代表性原则

充分反映于家堡功能定位、规划亮点和建设成果。在系统性和完备性的要求下，从不同层次和角度整合于家堡的奋斗目标、规划特征与核心竞争力，每个指标都是跟踪、控制目标实现的工具。

3. 可操作原则

指标数量合理精练，指标内涵科学严谨。指标数据来源稳定、数据连续规范、口径统一、易于采集、处理和比对。确保参考目标值能够依据领先地区发展经验和于家堡规划目标加以客观测度。

4. 开放性原则

指标体系设计坚持开放性、动态性和弹性原则，能够反映于家堡建设发展的阶段性特征和动态趋势，还可针对金融区发展阶段和应用领域的变化对指标进行适时、适度修订和完善。

（三）研究方法

本研究基于金融学、统计学、发展经济学、产业经济学、区域经济学的相关理论，综合运用多种研究方法，设计和应用于家堡金融区建设发展评价指标体系，使之成为观测、评价和指导于家堡建设发展，促进金融区功能定位和规划设计特征高水平实现的有益工具。

1. 演绎法与指标体系法相结合的方法

立足于家堡功能定位、规划设计特征和建设成就，借鉴先进地区经验，演绎出立体、集成、全景式的发展蓝图，剖析区域功能代表性特征，择选具有代表性的指标，努力使评价对象降低复杂性，以便使问题可量化可度量。

2. 理论分析与实际调研相结合的方法

运用指标体系在较小地域范围的城镇区域或项目上进行量化管理，是一个创新型课题。为了确保研究的科学性与严谨性，坚持理论研究和实际调研相结合。在借鉴现有研究成果的基础上，与金融区开发人员、统计工作者深入沟通、交流，设计指标体系。

3. 比较分析和历史经验分析相结合的方法

综合运用比较分析和经验分析方法，归纳规律性和一般性因素，提高研究的科学性和稳健性。现有金融中心指标体系、低碳（生态）城市指标体系的研究成果，拓宽了研究思路，丰富了指标样本；国际金融中心和新兴金融区的建设经验则提供了现实依据。

4. 定性分析和数理统计分析相结合的方法

采取定性分析和数理统计分析相结合的方法。运用定性分析方法，构建设计指标与于家堡功能定位、规划建设特征的对应关系，确保指标体系的代表性、针对性和适用性；运用数理统计方法进行指标体系量化评估，通过国内外样本地区核心指标对比，为于家堡建设发展设定参考目标值。

三 指标体系的构建

（一）于家堡金融区规划设计特征和建设进程

于家堡金融区占地面积386万平方米，规划建设120座楼宇，地上建筑面积968万平方米，地下建筑面积400万平方米，是目前世界上规划面积最大的金融区。

1. 于家堡金融区规划亮点

规划功能业态：汇集市场会展、传统金融、现代金融、教育培训、商业商住五大业态。

规划设计原则：金融主业、超大规模；立体架构、复合功能；总体规划、分期建设。

规划设计特色：高强度复合使用的楼宇功能；窄街廊、密路网、全区慢行系统；环境优美、生态宜居、人文亲和；地下超大空间；环保节能、可持续发展、能源集约利用。

2. 于家堡金融区建设成果

从建设进展情况看已呈现出四大亮点：规划起点高、理念超前、进度快；载体面积大、绿色建筑特色鲜明；金融主业突出、创新政策引力明显；人文生态环境好，集聚潜力大。

经过10年的开发建设，于家堡金融服务区基础设施和重点项目将基本建成，达到规划设计要求，具备现代化设施和国际化服务功能，初具全国领先、国际一流、功能完善、服务健全的金融改革和创新基地。

（二）于家堡金融区的功能定位和奋斗目标

1. 滨海新区中心商务区的核心区

于家堡金融区是中心商务区乃至滨海新区空间位置的中心区，位于滨海新区"一轴""一带"交汇点，交通便捷，区位优势突出。于家堡是中心商务区经济功能的核心区，作为以创新型金融服务为主导的现代综合金融区，于家堡将以其金融主业地位提升滨海新区的经济功能。于家堡是中心商务区生态景观的重心区，相邻东西沽生态居住区、蓝鲸岛生态区，生态景观别具一格。

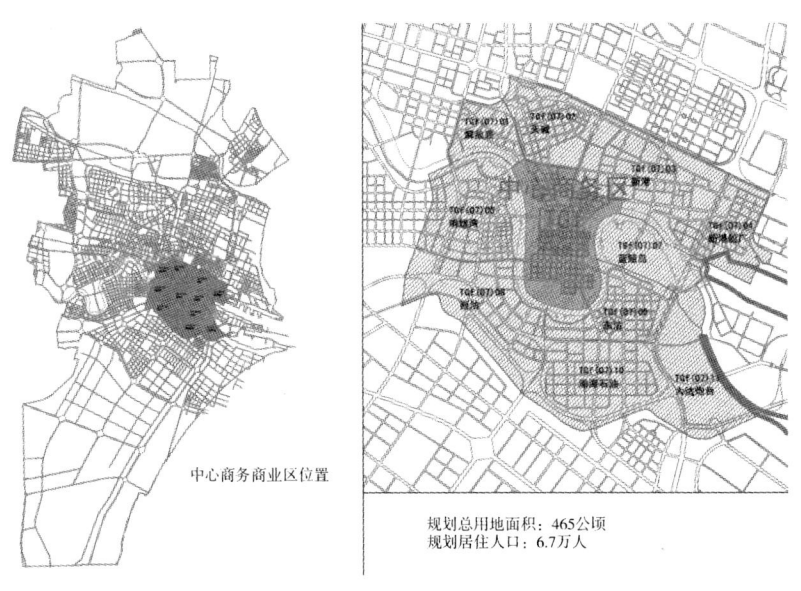

图 2　处于中心商务区核心区的于家堡金融区

资料来源：中心商务区 TGF（07）06 于家堡单元土地细分导则。

2. 国家级产业金融中心

于家堡金融区将建成国家级产业金融中心，成为我国金融业支持实体经济发展的创新区。于家堡将逐步建成国家级要素交易市场中心，国家级股权投资基金中心，国家级金融租赁业发展中心，国家级海洋金融创新中心等。伴随一系列国家级产业金融市场和机构汇集于家堡，金融区将成为我国乃至全球产业金融资源和人才的聚集地，以及产业金融社会资本的重要载体。

3. 全国领先、国际一流、功能完善、服务健全的金融改革创新基地

于家堡金融区将建成全国领先、国际一流、功能完善、服务健全的金融改革创新基地。该定位是于家堡奋斗目标的凝练和诠释，涵盖并超越滨海新区中心商务区核心区、国家级产业金融中心等目标。

作为该定位的落脚点，"金融改革创新基地"旨在突出于家堡在滨海新区综合配套改革，特别是金融先行先试中的核心地位，是滨海新区金融改革创新的实践基地和试验平台。作为该定位的具体要求，"全国领先"旨在强调于家堡争强金融体制机制活力、破解金融重点难点问题等方面的先行地位，及其建设发展的若干成绩达到国内领先水平；"国际一流"旨在明确于家堡在城区开发运营理念和基础设施建设等方面坚持与国际接轨的超前意识，及其建设发展的若干成就达到国际先进水平；"功能完善"旨在突出于家堡现代金融体系、专业服务体系，特别是金融创新体系的成熟发展及其对应的完善的现代金融、经济功能；"服务健全"强调于家堡在营造金融生态、营商环境、人文环境、低碳环境等方面的高水准服务理念和措施。

在此定位指引下，于家堡将建成金融总量巨大、金融机构集聚、金融市场深化、金融人才云集、金融创新活跃、金融生态良好、金融开放包容，且与北方经济中心定位相适应的金融改革创新平台和载体。

4. 亚太经合组织（APEC）低碳示范城镇

于家堡金融区是亚太经合组织全球首个低碳示范城镇和世界上第一个低碳中心商务区（CBD）。于家堡在国家能源局、天津市、滨海新区等有关部门的支持下，按照绿色城市理念和集中集聚集约要求，实践全方位、全领域、全过程的低碳、绿色、循环建设发展方式，为全球新兴低碳CBD的开发建设、运营管理探索经验。环境优美、生态宜居的办公环境，低碳环保、亲近自然的生活方式，是于家堡金融区的低碳标志。

（三）指标体系的设计、结构和各级指标对应内涵

1. 指标体系的设计

（1）指标体系设计原则

指标体系的设计秉持科学性、代表性、针对性和适用性原则：第一，反映

于家堡功能定位、规划设计特征和建设进程；第二，代表性和相对独立性；第三，完备性和数据稳定性；第四，指标数量精简。

（2）指标体系第一、二级指标设计

准确的分类框架是确保指标体系科学性的前提。当前较为普遍的指标体系分类框架为基于特定发展目标、领域和专题进行设置的专题型指标体系框架。这种框架具有覆盖面广，描述性、灵活性、通用性较强，易于比较等特点。本研究利用专题型指标体系框架描述于家堡金融区功能定位、规划设计特征及建设成果的核心内容。于家堡金融区建设发展评价指标体系，由150个三级指标构成，测度金融核心功能、城区开发运营、低碳示范城镇三个核心发展目标（领域），每个发展目标（领域）之下设置两个级别的专题类指标，在两个级别的专题类指标（第一、二级指标）下面设置一系列具体控制指标（第三级指标）来诠释各专题类指标的发展状况。

第一，金融核心功能分类框架的设计

金融核心功能分类框架包括4个一级指标和16个二级指标，其中一级指标包括：金融产业、金融生态、经济增长、开放程度；二级指标包括：金融总量、金融市场、金融机构、金融人才等（见图3）。上述各级指标与于家堡金融区功能定位、规划设计特征和建设成果的对应关系，表明金融核心功能分类框架主要反映于家堡定位于全国领先、国际一流、功能完善、服务健全的金融改革创新基地，国家级产业金融中心，滨海新区中心商务区核心区的奋斗目标。

第二，城区开发运营分类框架的设计

城区开发运营分类框架包括4个一级指标和11个二级指标，其中一级指标包括：开发建设、营商环境、城区功能、城区空间；二级指标包括：开发强度、机构入驻、公共服务、运营成本等（见图4）。上述各级指标与于家堡金融区功能定位、规划设计特征和建设成果的对应关系，表明城区开发运营分类框架主要反映于家堡金融区规划设计特征和建设成果，兼顾反映于家堡金融区定位于全国领先、国际一流、功能完善、服务健全的金融改革创新基地、滨海新区中心商务区核心区的奋斗目标。

第三，低碳示范城镇分类框架的设计

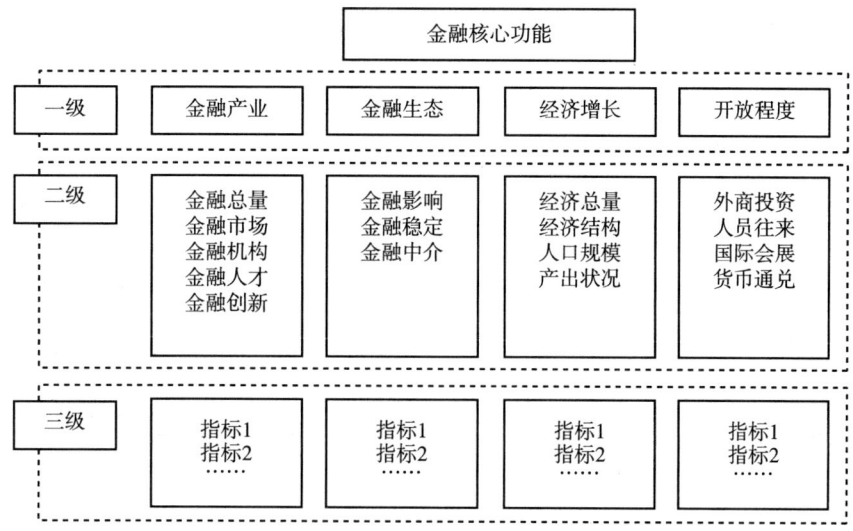

图 3　金融核心功能发展目标（领域）的分类框架

资料来源：课题组整理。

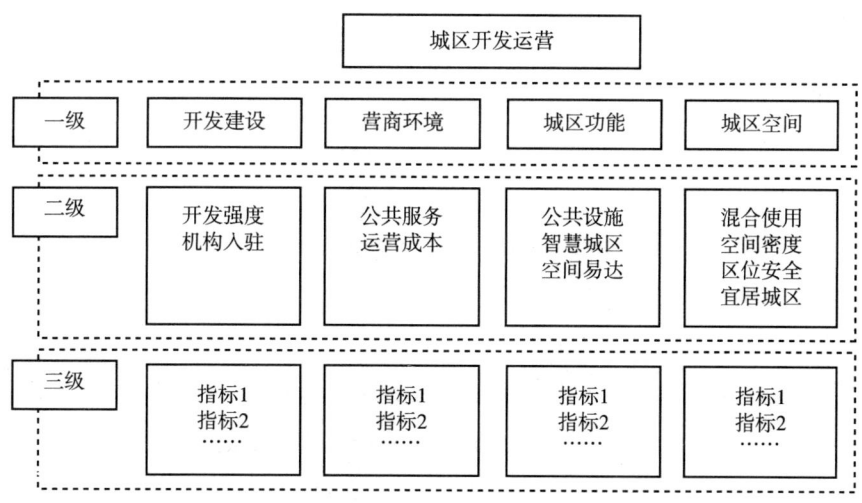

图 4　城区开发运营发展目标（领域）的分类框架

资料来源：课题组整理。

低碳示范城镇分类框架包括4个一级指标和10个二级指标，其中一级指标包括：持续发展、生态环境、绿色生活、绿色空间；二级指标包括：能源利用、废物处置、水源利用、低碳排放等（见图5）。上述各级指标与于家堡金融区功能定位、规划设计特征和建设成果的对应关系，表明低碳示范城镇分类框架主要反映于家堡建成APEC首个低碳示范城镇的功能定位，兼顾反映于家堡规划设计特征和建设成果。

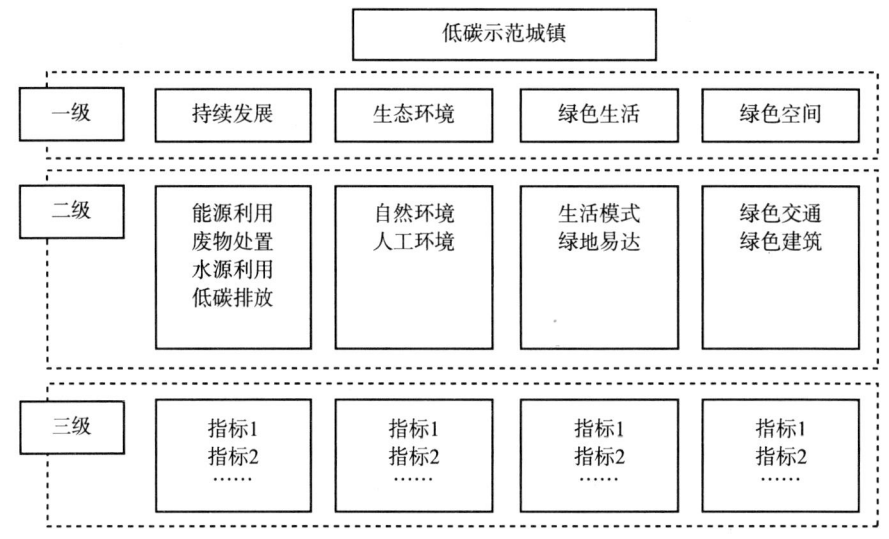

图5 低碳示范城镇发展目标（领域）的分类框架

资料来源：课题组整理。

（3）指标体系第三级指标的设计

第一，明确第三级指标的来源

全部第三级指标既要与国际接轨，又要符合国内行政体制和现行统计制度。一方面，本研究通过广泛搜集相关资料和综合对比、遴选，采用全球金融中心指数（GFCI）、新华—道琼斯国际金融中心发展指数（IFCD Index）等9个指标体系作为第三级指标的主要来源，选取或调整了若干指标，保证了第三级指标的严谨性、普遍性、适用性、科学性（从研究结果看，此类指标约占第3级指标总数的70%）；另一方面，考虑到于家堡金融区功能定位内涵、规划设计特征、建设发展阶段、指标数据可统计性等个性因素，本研究借鉴于家堡金融区总体规划、绿色导则等文件中控制目标和基本准则，并与于家堡金融区开发人员及专业统计工作者深入研讨，新设或研制了若干指标，保证第三级指标的代表性、针对性和合理性（从研究结果看，新设或研制指标约占第3级指标总数的30%）。

表1 指标体系第三级指标的来源

类型	编号	名称	制定机构
国内外参考指标体系（或标准）	1	全球金融中心指数（GFCI）	英国咨询公司 Z/Yen Group
	2	新华－道琼斯国际金融中心发展指数	新华社、芝加哥商业交易所集团（CME）
	3	中国金融中心指数（CDI CFCI）	综合开发研究院（深圳）
	4	上海金融景气指数	罗兰贝格管理咨询公司
	5	中新天津生态城指标体系	天津市
	6	曹妃甸国际生态城指标体系	唐山市
	7	天津城市定位指标体系	天津财经大学课题组
	8	国家卫生城市标准	全国爱卫会办公室
	9	中国生态城市评价指标体系	学术研究
指导文件	1	于家堡金融区总体规划	新金融投资公司
	2	于家堡金融区低碳导则	新金融投资公司
	3	金融区"9+3"地块绿色建筑区域规划	新金融投资公司

资料来源：课题组整理。

第二，第三级指标设计过程

第三级指标的设计过程包括：①指标提名。基于各级专题类指标，从国内外样本指标体系中选取（或适度调整）反映本专题的现有指标，此后结合指标体系的导向原则和于家堡金融区的特征因素，设计、研制了若干指标，以解决现有常用指标覆盖面不及的问题。此后，进行同类合并、剔除明显不符合于家堡金融区实际情况和国内现有统计制度的指标，选出一定数量的备选指标。②指标精选。在获得提名的指标中，根据每个指标的科学性、可比性、决策相关性、易于获取、简明性、普适性、敏感性等特征进行详细评估。③确定指标。在指标精选的基础上，通过专家交流和研讨，最终选定了150个第三级指标作为评价指标体系的具体控制指标，其中隶属于金融核心功能的第三级指标80个、隶属于城区开发运营的第三级指标40个、隶属低碳示范城镇的第三级指标30个。

2. 于家堡金融区建设发展评价指标体系的结构

评价指标体系从金融核心功能、城区开发运营、低碳示范城镇3个发展目标（领域）出发，反映于家堡金融区功能定位、规划设计特征和建设进程（成果）。3个发展目标（领域）下辖12个一级指标，37个二级指标，150个三级指标。金融核心功能、城区开发建设、低碳示范城镇三个发展目标（领域），彼此之间侧重点突出，关联紧密，客观、准确、全面反映于家堡金融区建设发展水平和综合实力。于家堡金融区建设发展评价指标体系如图7、图8所示。

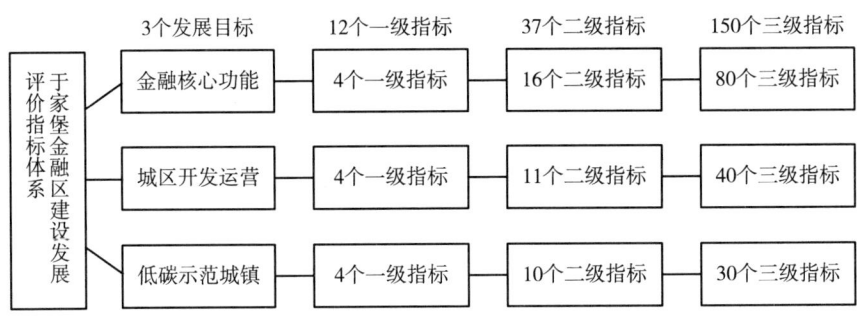

图6　于家堡金融区建设发展评价指标体系的各级指标分布

资料来源：课题组整理。

3. 评价指标与功能定位、规划建设特征的对应关系

明确于家堡金融区功能定位内涵、规划建设特征与各级指标的对应关系，是设计于家堡金融区建设发展评价指标体系的重中之重。从指标体系的出发点和落脚点来看，这将直接影响评价指标体系的科学性、针对性和代表性。

表2　滨海新区中心商务区核心区的对应指标

功能定位	要素	一级指标	二级指标	三级指标	指标特征
滨海新区中心商务区核心区	空间区位的核心区（全国领先、服务健全）	城区功能	公共设施[2/6]	城市轨道交通站点个数、公交线路个数	强调于家堡的区位优势和强大的交通系统
			空间易达[1/4]	平均通勤时间	

续表

功能定位	要素	一级指标	二级指标	三级指标	指标特征
滨海新区中心商务区核心区	经济功能的核心区（全国领先、功能完善、服务健全）	金融产业	金融总量[2/9]	金融机构总数（含创新类机构）、金融业增加值	突出于家堡经济增长质量的比较优势
		经济增长	经济总量[5/5]	区域生产总值、服务业增加值、固定资产投资额、区域内资资产总额、区域外资资产总额	
			经济结构[8/8]	区域生产总值占天津市比重、区域生产总值占滨海新区比重、区域生产总值占中心商务区比重、服务业增加值占天津市比重、服务业增加值占滨海新区比重、金融业增加值占天津市服务业比重、金融业增加值占滨海新区服务业比重、文化产业增加值占服务业比重	
		开放程度	人口规模[2/2]	区内常住人口、区内从业人员总数	
			产出状况[2/2]	利润总额、上缴税费总额	
		开发建设	机构入驻[4/4]	可使用楼宇入住率、入驻机构总数、世界500强企业个数、跨国公司总部（含地区总部）个数	
		营商环境	运营成本[3/3]	副总以上高管个人所得税税负、金融企业税负、办公室租用成本	
		城区空间	空间密度[1/2]		
	生态景观核心区（全国领先、功能完善）	城区空间	宜居城区[1/4]	区内人口密度	反映中心商务区生态景观核心区特征
				沿河观光旅游设施个数	

资料来源：课题组整理。

（1）评价指标与于家堡金融区功能定位的对应关系

第一，滨海新区中心商务区核心区的对应指标

于家堡金融区是滨海新区中心商务区空间位置、交通系统、经济功能和景观环境的中心，这使得中心商务区核心区这一功能定位的内涵十分丰富，既要反映中心商务区的基本特征，又要突出CBD核心区的比较优势和特色。遵循

代表性、独立性、完备性、精简性和数据稳定性原则，本研究选取金融产业、经济增长、开发建设、营商环境、城区功能、城区空间6个一级指标下的金融总量、经济总量、经济结构、人口规模、产出状况、机构入驻、运营成本、公共设施、空间易达、空间密度、宜居城区11个二级指标，反映于家堡作为中心商务区经济功能、空间区位（交通系统）和生态景观中心的优势和特征，体现于家堡全国领先、功能完善、服务健全的发展要求。

第二，国家级产业金融中心的对应指标

于家堡金融区将建成国家级产业金融中心，该功能定位内涵明确、重点突出，但从该定位的内涵上看，应属于金融改革创新基地范畴的一部分。结合滨海新区金融先行先试状况、特征和趋势，国家级要素交易市场中心，国家级股权投资基金中心，国家级金融租赁业发展中心，国家级海洋金融创新中心等重点领域将成为支撑和发展国家级产业金融中心的基石。为测度和反映于家堡金融区作为国家级产业金融中心的发展状况，选取金融产业、金融生态2个一级指标下的金融总量、金融市场、金融机构、金融创新、金融中介5个二级指标，反映于家堡国家级金融租赁业发展中心，国家级要素交易市场中心，国家级股权投资基金中心，国家级海洋金融创新中心等金融支柱领域的国家级产业金融中心的发展状况，体现于家堡全国领先、功能完善的发展要求。

第三，全国领先、国际一流、功能完善、服务健全的金融改革创新基地的对应指标全国领先、国际一流、功能完善、服务健全的金融改革创新基地是于家堡金融区奋斗目标的高度凝练和深刻诠释，从该功能定位的范畴看，涵盖并超越了中心商务区核心区、国家级产业金融中心等定位目标，是于家堡金融区的重要特征。金融区建设发展评价指标体系的全部指标可以直接或间接地反映

表3 国家级产业金融中心的对应指标

功能定位	要素	一级指标	二级指标	三级指标	指标特征
国家级产业金融中心	国家级金融租赁业发展中心（全国领先、功能完善）	金融产业	金融总量[1/9]*	融资租赁资产规模	反映国家级金融租赁业发展中心的发展水平
			金融创新[1/14]	融资租赁公司个数	

续表

功能定位	要素	一级指标	二级指标	三级指标	指标特征
国家级产业金融中心	国家级要素交易市场中心（全国领先、功能完善）	金融产业	金融市场[3/7]	股票市场融资额、债券市场融资额、黄金市场交易量	反映国家级要素交易市场中心的发育状况
			金融创新[2/14]	国家级要素交易市场个数、碳排放交易量	
		金融生态	金融中介[1/5]	国际3大信用评级机构进驻数	
	国家级股权投资基金中心（含国家级海洋金融创新中心）（全国领先、功能完善）	金融产业	金融机构[1/7]	基金个数	反映国家级股权投资基金中心（及国家级海洋金融创新中心）的建设水平
			金融市场[1/7]	股票市场融资额	
			金融创新[1/14]	股权投资和创业投资基金（公司）个数	
	总体发展水平（全国领先、功能完善）	金融产业	金融创新[4/14]	创新型金融机构个数、金融机构种类数、金融产品创新个数、金融法规和政策改革（创新）个数	从总体上反映于家堡国家级产业金融中心的建设水平

* ［X/Y］表示二级指标下辖的全部Y个三级指标中有X个，用于反映该功能定位或规划建设特征的某个方面。

资料来源：课题组整理。

于家堡金融区功能定位。遵循突出重点、把握主线的原则，重点选取金融产业、金融生态、开放程度、营商环境4个一级指标之下的金融总量、金融市场、金融机构、金融人才、金融创新、金融影响、金融稳定、金融中介、外商投资、人员往来、国际会展、货币通兑、公共服务12个二级指标，反映全国领先、国际一流、功能完善、服务健全的金融改革创新基地定位的核心内涵，呈现于家堡未来成为金融总量巨大、金融机构聚集、金融市场深化、金融人才云集、金融创新活跃、金融生态良好、金融开放包容，且与北方经济中心定位相适应的金融改革创新平台和载体的宏大愿景。

表4 全国领先、国际一流、功能完善、服务健全的金融改革创新基地的对应指标

功能定位	要素	一级指标	二级指标	三级指标	指标特征
全国领先、国际一流、功能完善、服务健全的金融改革创新基地	金融改革创新与金融业发展*（全国领先、功能完善）	金融产业	金融总量[8/8]	金融机构个数（含创新类机构）、金融资产总额、证券市场交易额、金融业增加值、存款余额、贷款余额、保费收入、融资租赁资产规模	反映于家堡金融主业发展水平，尤其是金融先行先试取得的成就，体现了于家堡全国领先、功能完善的发展要求
			金融市场[7/7]	股票市场融资额、债券市场融资额、债券市场交易额（银行间债券市场）、货币市场交易额（同业拆借+回购交易）、期货市场交易量、外汇市场交易额（日均交易额）、黄金市场交易量（日均交易量）	
			金融机构[7/7]	银行机构个数、银行机构总部个数、证券公司个数、保险公司个数、期货公司个数、基金个数、信托公司个数	
			金融人才[6/6]	金融从业人员总数、外籍金融从业人员（含港澳台人员）比重、国际金融财务证照持有者人数占金融从业人数比重、本科以上金融从业人员比重、金融从业人员工资水平（年薪）、青年金融人才公寓面积	
			金融创新[13/13]	创新型金融机构个数、金融机构种类个数、外资银行个数、非银行外资金融机构及代表处个数、融资租赁公司个数、股权投资和创业投资基金（公司）个数、国家级要素交易市场个数、离岸金融市场交易额、跨境人民币结算总额、碳排放交易量、金融产品创新个数、金融法规和政策改革（创新）个数、金融机构数字化管理程度（问卷）	
	良好的金融生态环境（全国领先、功能完善）	金融生态	金融影响[4/4]	国际政府及学术会议、论坛永久性会址个数、全球财经金融资讯公司个数、官方信息对外发布能力（问卷）、对外宣传投资预算比重	反映于家堡的国内外金融影响力、金融创新背景下的金融稳定性以及金融中介服务体系的发育状况，综合考量了于家堡的金融生态环境，体现出于家堡全国领先、功能完善的发展要求
			金融稳定[4/4]	风险预警系统建设程度、商业银行不良贷款率、信用数据企业覆盖率、信用数据居民覆盖率	
			金融中介[5/5]	金融中介服务机构个数、外资金融中介服务机构个数、国际3大信用评级机构进驻个数、金融中介服务从业人数占区内从业人数比重、金融中介服务业增加值占区域生产总值比重	

续表

功能定位	要素	一级指标	二级指标	三级指标	指标特征
全国领先、国际一流、功能完善、服务健全的金融改革创新基地	开放包容的发展环境（全国领先、功能完善）	开放程度	外商投资[2/2]	外国直接投资（FDI）占本地投资比重、外商投资项目数量（1000万美元以上）	反映于家堡金融改革创新基地建设发展过程中的开放包容程度，体现了于家堡全国领先、功能完善的发展要求
			人员往来[3/3]	常住人口中外国常住人口比重、接待入境国际旅游者人数、接待国内旅游者人数	
			国际会展[2/2]	会展个数、国际高水平会展个数	
			货币通兑[2/2]	国际主要货币通兑率（经常项目）、国际主要货币通兑率（资本项目）	
	优越的软性基础设置（全国领先、服务健全）	城区功能	公共服务[4/4]		反映于家堡积极实践体制机制创新，提高公共服务水平，提供优质软性基础设置等方面取得的成就，体现了于家堡全国领先、服务健全的发展要求。
				营商便利指数（开办企业便利性）（问卷）、公平竞争程度（腐败指数）（问卷）、风险投资获得的便利性（问卷）、政府监管及应变能力（问卷）	

金融创新："当一个新的金融产品或服务被人们广泛接受用来代替或补充已有的金融工具、机构或业务流程时，就可以称之为创新性的，而不只是新的或新颖的，这和任何其他创新性产品或服务一样。……金融创新重要的不是一种产品或过程（这通常是不明显）的创新，而是创新在市场中的扩散。"引自《帕尔格雷夫经济学大辞典》。

资料来源：课题组整理。

第四，亚太经合组织（APEC）低碳示范城镇的对应指标

于家堡金融区是亚太经合组织（APEC）首个低碳示范城镇和世界上第一个低碳CBD。该功能定位内涵明确、重点突出，反映出于家堡在低碳绿色发展方面的领先性和示范性。选取持续发展、生态环境、绿色生活、绿色空间4个一级指标下的能源利用、废物处置、水源利用、低碳排放、自然环境、人工

环境、生活模式、绿地易达、绿色交通、绿色建筑10个二级指标，客观反映于家堡全方位、全领域、全过程的低碳、绿色、循环发展方式和亲近自然的运营理念，体现于家堡国际一流、服务健全的发展要求。

表5 亚太经合组织（APEC）低碳示范城镇的对应指标

功能定位	要素	一级指标	二级指标	三级指标	指标特征
亚太经合组织（APEC）首个低碳示范城镇	全方位、全领域、全过程的低碳、绿色、循环发展方式（国际一流、服务健全）	持续发展	能源利用[5/5]	单位生产总值能耗、机关单位建筑面积能耗、商业单位建筑面积能耗、居民单位建筑面积能耗、可再生能源利用率	反映于家堡集约、循环、低碳发展的总体水平，体现出环保节能、可持续发展、能源集约利用的规划特征
			废物处置[2/2]	垃圾回收利用率、危废与生活垃圾无害化处理率	
			水源利用[1/1]	中水利用率	
			低碳排放[1/1]	单位生产总值碳排放强度	
		生态环境	自然环境[6/6]	可吸入颗粒物（PM10）日均平均浓度达二级标准天数、细微颗粒物（PM2.5）日均浓度达二级标准天数、二氧化硫和氮氧化合物日平均浓度达一级标准天数、区内地表水环境质量（水质水体等级）	反映于家堡自然环境友好程度
		绿色空间	绿色交通[3/3]	地下人行系统长度、地面非机动车行驶道路长度	反映于家堡绿色交通系统和绿色建筑群的发展水平
			绿色建筑[2/2]	绿色建筑总数、绿色建筑比例	
	亲近自然的运营理念（国际一流、服务健全）	生态环境	人工环境[6/6]	室内空气环境质量、建成区绿化覆盖率、人均公共绿地面积、区域噪声平均值、交通干线噪声平均值、生活饮用水水质达标率	反映于家堡人工环境友好程度
		绿色生活	生活模式[3/3]	日人均垃圾产生量、每日人均用水量、绿色出行比例	反映地区人群绿色低碳生活理念和亲近自然、享受绿地的能力
			绿地易达[2/2]	在500米内可达城市绿地、在50米内可以达到小绿地的办公/商业区比例	

资料来源：课题组整理。

专题报告3　于家堡金融区建设发展评价指标体系的研究

（2）评价指标与于家堡规划设计特征、建设进程（成果）的对应关系

作为目前全球规划面积最大的金融区，于家堡金融区功能丰富、业态明晰，规划设计特色突出。建设发展呈现：规划起点高、理念超前、进度快；载体面积大、绿色建筑特色鲜明；金融主业突出、创新政策引力明显；人文生态环境好，集聚潜力大等一系列亮点。区域规划设计及其指导下的建设成就，是落实于家堡功能定位（奋斗目标）的具体体现，前者是后者的指导思想和远景蓝图。指标体系的全部指标可以直接或间接地对应于家堡规划设计特征和建设成果，反映于家堡的空间建设和配套设施的规划及建设情况，即反映该地区硬性基础设置的建设水平。选取开发建设、城区功能、城区空间、绿色空间4个一级指标下的开发强度、公共设施、智慧城区、空间易达、混合空间、空间密度、区位安全、宜居城区、绿色交通、绿色建筑10个二级指标，反映于家堡的规划设计特征和建设进程（成果），体现于家堡全国领先、国际一流、服务健全的发展要求。

表6　于家堡金融区规划设计特征及建设成就的对应指标

规划建设特征	要素	一级指标	二级指标	三级指标	指标特征
规划设计特征、建设进程（成果）	领先的开发规模、进度和水平	开发建设	开发强度[4/4]	规划用地总面积、已开工用地面积比率、可使用建筑面积占该地区规划总建筑面积比例、投资强度	体现于家堡超大规模、总体规划、分期建设的规划特征及载体面积大、建设进度快的建设特征
	完善的基础设施、交通系统和先进的智慧城区	城区功能	公共设施[5/5]	500米内可以达到公共空间的建筑面积的比例、市政管网普及率、共同沟系统长度、城市轨道交通站点个数、地下车行系统长度	体现于家堡立体架构、地下超大空间的规划特征及规划起点高、理念超前的建设成果
			智慧城区[2/2]	无线网络覆盖率、智能化设备覆盖率	
			空间易达[4/4]	公共停车位个数、步行100米可从办公点/住所到达公共交通场所的比率、无障碍设施率、平均通勤时间	

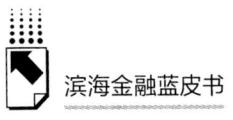

续表

规划建设特征	要素	一级指标	二级指标	三级指标	指标特征
规划设计特征、建设进程（成果）	合理的空间布局和宜居的生活环境	城区空间	混合空间[6/6]	地下空间面积、金融会展面积、现代金融面积、传统金融面积、教育培训面积、商业商住面积	体现于家堡高强度复合使用楼宇功能、地下超大空间、生态宜居的规划特征及金融主业突出、人文生态环境良好的建设成果
			空间密度[1/2]	容积率	
			区位安全[2/2]	人均应急避难场所面积、近5年自然灾害损失占当年区域生产总值比重	
			宜居城区[4/4]	文、体、教、卫机构个数、高档商业机构（餐饮、娱乐、商场）个数、高档居住物业面积数、沿河观光旅游设施个数	
	卓越的绿色空间建设水平	绿色空间	绿色交通[3/3]	地下人行系统长度、地面非机动车行驶道路长度、公共交通分担率	体现该地区窄街廊、密路网、全区慢行系统的规划特征及绿色建筑特色鲜明的建设成果
			绿色建筑[2/2]	绿色建筑总数、绿色建筑比例	

资料来源：课题组整理。

4. 于家堡金融区建设发展评价指标体系

（四）评价指标体系的应用

1. 指标体系应用的主要流程

评价指标体系是引导实现于家堡金融区功能定位和规划建设特征的评估体系，具有科学性、适用性和可操作性的特点。基于已构建的指标体系，通过数据获取（建立跨区域的数据交换机制）、量化分析、国内外比较、信息内外部交流（公开发布）、指标体系修订完善等环节的工作，确保指标体系科学、稳健、持续地反映和评估于家堡功能定位和规划建设特征的实现状况，以期达到指标体系设计的初衷。

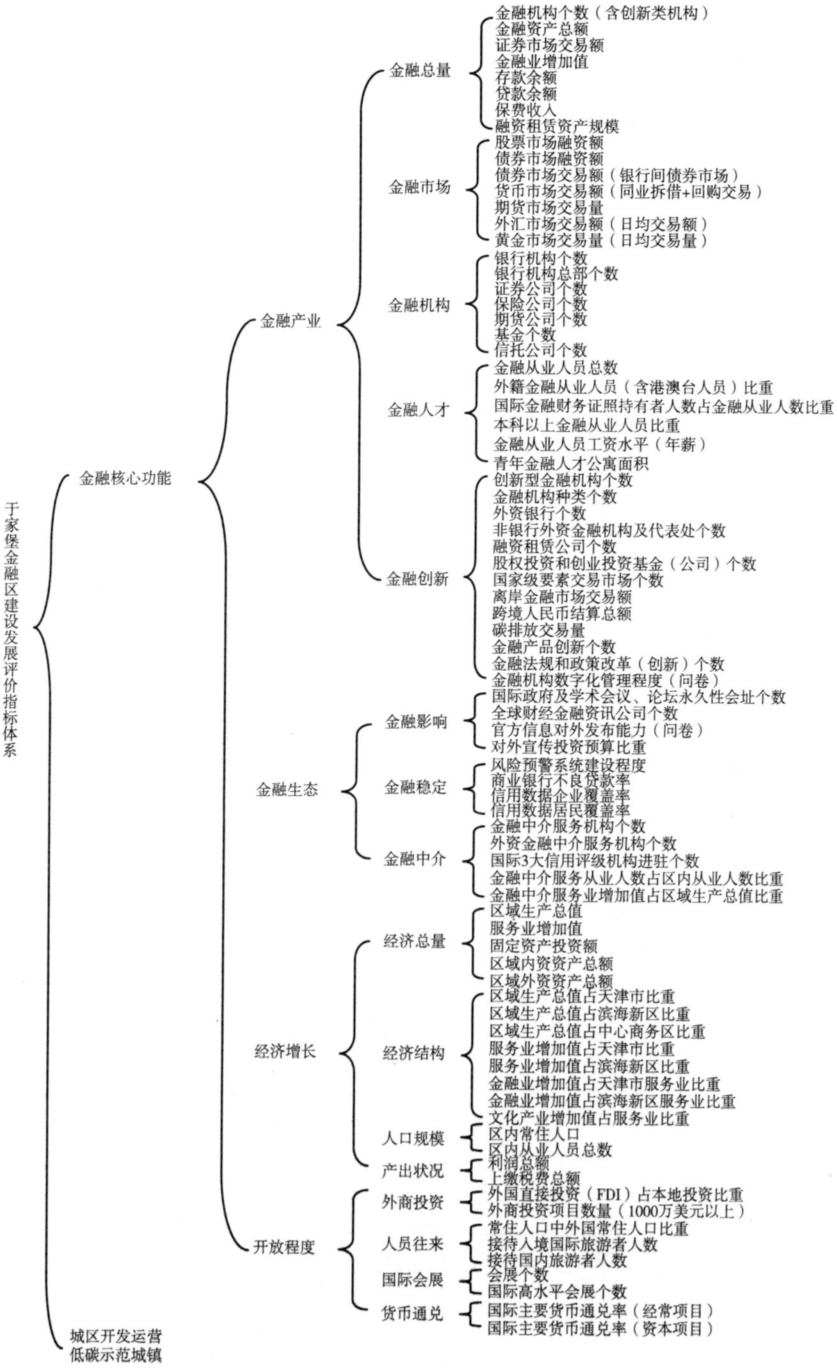

专题报告3　于家堡金融区建设发展评价指标体系的研究

图7　于家堡金融区建设发展评价指标体系（金融核心功能部分）

于家堡金融区建设发展评价指标体系
- 金融核心功能
  - 金融产业
    - 金融总量
      - 金融机构个数（含创新类机构）
      - 金融资产总额
      - 证券市场交易额
      - 金融业增加值
      - 存款余额
      - 贷款余额
      - 保费收入
      - 融资租赁资产规模
    - 金融市场
      - 股票市场融资额
      - 债券市场融资额
      - 债券市场交易额（银行间债券市场）
      - 货币市场交易额（同业拆借+回购交易）
      - 期货市场交易量
      - 外汇市场交易额（日均交易额）
      - 黄金市场交易量（日均交易量）
    - 金融机构
      - 银行机构个数
      - 银行机构总部个数
      - 证券公司个数
      - 保险公司个数
      - 期货公司个数
      - 基金个数
      - 信托公司个数
    - 金融人才
      - 金融从业人员总数
      - 外籍金融从业人员（含港澳台人员）比重
      - 国际金融财务证照持有者人数占金融从业人数比重
      - 本科以上金融从业人员比重
      - 金融从业人员工资水平（年薪）
      - 青年金融人才公寓面积
    - 金融创新
      - 创新型金融机构个数
      - 金融机构种类个数
      - 外资银行个数
      - 非银行外资金融机构及代表处个数
      - 融资租赁公司个数
      - 股权投资和创业投资基金（公司）个数
      - 国家级要素交易市场个数
      - 离岸金融市场交易额
      - 跨境人民币结算总额
      - 碳排放交易量
      - 金融产品创新个数
      - 金融法规和政策改革（创新）个数
      - 金融机构数字化管理程度（问卷）
  - 金融生态
    - 金融影响
      - 国际政府及学术会议、论坛永久性会址个数
      - 全球财经金融资讯公司个数
      - 官方信息对外发布能力（问卷）
      - 对外宣传投资预算比重
    - 金融稳定
      - 风险预警系统建设程度
      - 商业银行不良贷款率
      - 信用数据企业覆盖率
      - 信用数据居民覆盖率
    - 金融中介
      - 金融中介服务机构个数
      - 外资金融中介服务机构个数
      - 国际3大信用评级机构进驻个数
      - 金融中介服务从业人数占区内从业人数比重
      - 金融中介服务业增加值占区域生产总值比重
  - 经济增长
    - 经济总量
      - 区域生产总值
      - 服务业增加值
      - 固定资产投资额
      - 区域内资资产总额
      - 区域外资资产总额
    - 经济结构
      - 区域生产总值占天津市比重
      - 区域生产总值占滨海新区比重
      - 区域生产总值占中心商务区比重
      - 服务业增加值占天津市比重
      - 服务业增加值占滨海新区比重
      - 金融业增加值占天津市服务业比重
      - 金融业增加值占滨海新区服务业比重
      - 文化产业增加值占服务业比重
    - 人口规模
      - 区内常住人口
      - 区内从业人员总数
    - 产出状况
      - 利润总额
      - 上缴税费总额
  - 开放程度
    - 外商投资
      - 外国直接投资（FDI）占本地投资比重
      - 外商投资项目数量（1000万美元以上）
    - 人员往来
      - 常住人口中外国常住人口比重
      - 接待入境国际旅游者人数
      - 接待国内旅游者人数
    - 国际会展
      - 会展个数
      - 国际高水平会展个数
    - 货币通兑
      - 国际主要货币通兑率（经常项目）
      - 国际主要货币通兑率（资本项目）
- 城区开发运营
- 低碳示范城镇

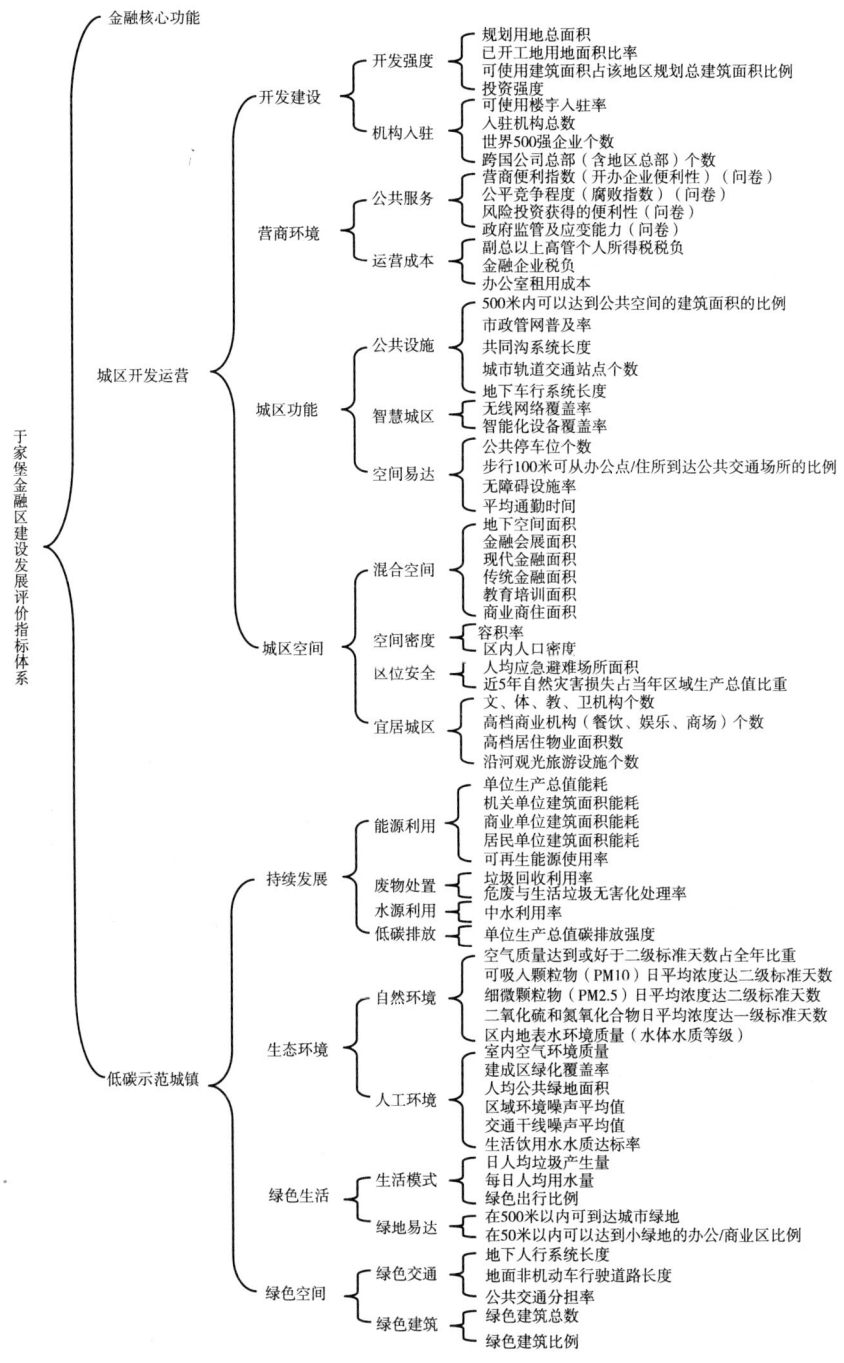

图 8　于家堡金融区建设发展评价指标体系（城区开发运营和低碳示范城镇部分）

资料来源：课题组整理。

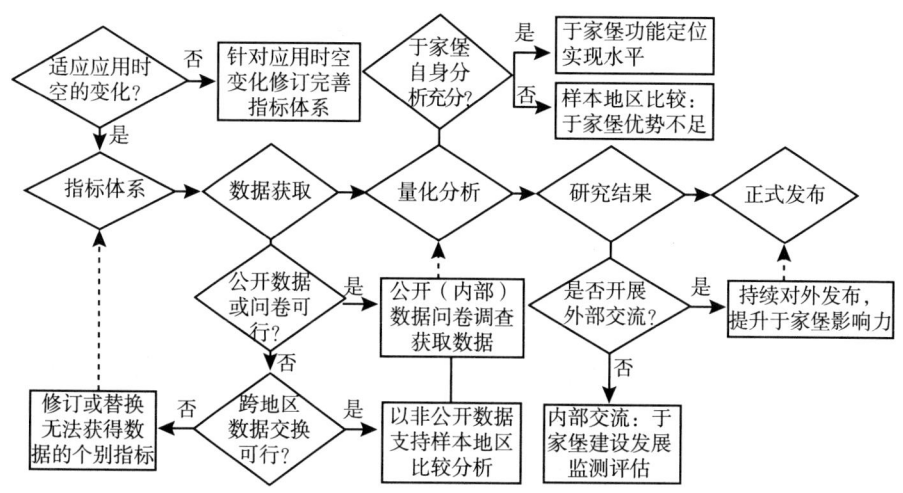

图 9　指标体系的应用流程图

资料来源：课题组整理。

2. 指标体系量化分析方法

首先，确定指标体系各个第三级指标的参考目标值及指标的不同时间点的预测值，构成指标体系的样本数据集合。其中，参考目标值既是定量分析各个三级指标达标程度的主要依据，又是综合评价于家堡功能定位、规划设计特征、建设进程实现状况的参照系。可以结合于家堡金融区总体规划和相关文件的规定和主要精神，国内外相关标准（研究成果）以及先进地区的发展经验，对指标体系参考目标值进行估算。考虑到于家堡正处在建设阶段，若干与金融、经济相关的指标尚无实际数据，因此可以利用不同时点的预测值反映近期于家堡金融区预达水平。此后，利用统计分析方法，对指标数据进行两阶段分析，反映于家堡功能定位和规划建设特征的总体实现水平及个别领域的潜在问题。此外，该方法同样适用于不同地区间的比较研究。

第一阶段，评估于家堡奋斗目标的整体实现水平。经过原始数据可比化处理（避免指标的极值和经济含义的不一致，实现数据的可加性）后，利用逐级等权重加总方法，测算于家堡及其三大目标（领域）[①]的整体发展水平。第

---

① 三大发展目标（领域）包括：金融核心功能、城区开发运营和低碳示范城镇。

二阶段，从局部入手，分析于家堡距离奋斗目标或规划设计要求的具体差距。以参考目标值为基准计算各个预测时点上全部第三级指标的达标率，对关键时点（如建设期中期）达标率过低或达标率逐年恶化的指标加以关注，识别和解析这些"问题指标"。重视并化解"问题指标"，将有助于实现于家堡的功能定位和规划建设特征。

3. 指标体系应用的拓展

指标体系在综合评价于家堡建设发展水平的同时，可以编制用于国内外对比的"简化版"指标体系，比较分析国内外（样本）金融中心或新兴金融区的发展水平，进而反映于家堡的核心竞争力、比较优势和主要差距。于家堡金融区建设发展评价指标体系研究成果为拓展评价金融区创造了坚实基础和广阔空间。

四 指标体系的特征

于家堡金融区建设发展评价指标体系研究是建立在理论分析和实际调研基础上的，研究成果经过多轮深入探讨、完善，具备针对性、可操作性、实际应用性、普适性、代表性、科学性、创新性、阶段性、可优化性特征。

（一）指标体系的针对性

于家堡金融区建设发展评价指标体系针对性强，是监测于家堡规划、设计、建设和运营的评估体系，能够系统完备、重点突出地反映于家堡功能定位、规划设计特征和建设进程（成果）。评价指标体系从不同层次和角度测度于家堡金融区的奋斗目标、规划建设特征、比较优势和核心竞争力，每个指标都是跟踪于家堡金融区目标实现的有益工具，同时也是项目投资者、开发和管理者内部交流以及对外交流的重要内容，指引于家堡的长期目标和进一步努力的领域，为推动该地区的健康发展提供科学监测工具。

（二）指标体系的可操作性

于家堡金融区建设发展评价指标体系可操作性强，在指标体系设计过程中,始终坚持指标相对独立性、指标数量精简、数据来源稳定等原则,在不丢失核心信息的条件下,合理精炼指标数量,避免指标反映信息上的交叉和重叠。样本数据取自公开数据、于家堡内部数据、问卷调查数据以及跨区域(例如,津京沪渝穗等地金融区或CBD)数据共享(互换)机制下的非公开数据等渠道,数据来源稳定、客观真实有效、数据连续规范、口径统一、易于采集、处理和比对,明确易行,具有良好的可操作性。

(三)指标体系的实际应用性和普适性

于家堡金融区建设发展评价指标体系实际应用性和普适性兼具。指标体系是一个开放、包容的系统,伴随应用领域和金融区发展阶段变化,不断瞄准金融服务业专业人士(及金融监管人员、开发建设人员)优先考虑的因素,适时、适度地对指标体系进行修订、调整,确保及时、客观反映金融区竞争力状况及支撑地区竞争力的基础性因素,评估和反映国内外其他新兴金融区建设发展情况,普适性和兼容性良好。指标体系特定的设计初衷和思路,在研究成果中得到体现,确保指标体系可以胜任评估、监测于家堡功能定位实现状况的任务,具有突出的实际应用性。

(四)指标体系的代表性

于家堡金融区建设发展评价指标体系坚持以于家堡功能定位、规划设计特征和建设进程(成果)作为评价导向和重点内容,渐进式、多层级地阐释于家堡作为经济功能区、金融产业为主的功能区、秉持低碳生态理念的金融产业功能区的功能属性和本质特征。各级指标反映出于家堡金融区建设发展过程中"领先要求""规模集约""特定阶段""低碳示范"等一系列特征因素,实现了于家堡金融主业、基础设置、创新成长、低碳运营等核心内涵的全面集成和深度融合。

(五)指标体系的科学性

于家堡金融区建设发展评价指标体系在学习和借鉴现有研究成果的基础上,做出探索和创新。指标体系源自于家堡金融区功能定位、规划设计特征、

建设成就和现有理论方法的紧密结合。指标体系拥有严谨的分析性结构和符合逻辑基础的指标甄选过程。研究中综合运用多学科交叉分析方法，在广泛借鉴已有研究成果的基础上，深入于家堡进行调研，获得大量珍贵的第一手资料，确保指标体系能够切实有效地观测、评估和引导于家堡的建设发展。

（六）指标体系的创新性

于家堡金融区建设发展评价指标体系研究为深入研究奠定扎实基础，提供广阔空间。该评价指标体系研究是一个具有创见性和挑战性的选题，通过深入调研和严谨分析，课题组发展了区域经济学和经济功能区（特别是植入全新运营理念的新兴城区）指标体系研究。于家堡指标体系能够直接应用于城区空间级别（符合集约型金融区建设发展要求）、处于空间开发建设特殊阶段、具有绿色低碳发展理念的新兴金融区发展水平的量化考核。研究不仅尝试性地设计了量化测度新兴金融区综合功能定位实现水平的方法，而且紧密围绕研究主线，进行了一系列基础性和拓展性研究。

（七）指标体系的阶段性

于家堡金融区建设发展评价指标体系研究是一个阶段性的，体现一定领先性、创新性的科研成果。研究课题自立项之始，就期望经过三个阶段，逐步将这一指标体系最终形成评价新兴金融中心（金融区）建设发展的，在国内外具有一定影响力的指标体系。现研究成果是一个阶段性成果，实现指标体系更为广阔的应用尚需一个过程。由于指标体系的理论与实践基础、评价对象处在动态发展之中，于家堡金融区建设发展评价指标体系在实践检验中需要进行修改完善，得到升华，朝着课题研究之初衷而努力。

（八）指标体系的可优化性

于家堡金融区建设发展评价指标体系研究存在有待改进之处，今后需要继续深入研究和完善。例如，在设计和编制于家堡指标体系之初，考虑到了建立专门的统计制度、发布金融中心（金融区）指数等一系列设想，目前，研究成果尚不能满足宏观层次指数化评价，指标体系中需要开展问卷调查，并引进若干定性指标，但目前指标体系的各级指标中主要以定量指标为主。应在丰富（优化）指标体系、构建统计制度和发布景气指数等多个方面进行深入的探索，在实践基础上，升华为具有普适性的评价金融区建设发展指标体系，更进一步发展为"金融指数"评价体系。

五　金融区建设发展及其经验借鉴

本研究从金融区的特征、功能和发展条件（因素）出发，重点进行了国内外金融中心（区）建设发展经验比较分析和于家堡金融生态环境分析，这些研究丰富了于家堡金融区建设发展评价指标体系的理论基础和现实依据，为提出促进于家堡建设发展的总体战略和具体对策建议创造了更为充分的条件。

（一）金融区的特征、功能及其形成的条件

1. 金融区的内涵界定

金融区（Financial District）是城市化进程之中，伴随经济发展对于金融业服务支撑的需求，金融机构自然自发或由政府推动聚集于城市中的某个区域。在当今城市功能区规划设计中，金融区往往是其中极为重要的部分。从国内外金融区建设发展的经验看，政府在金融区规划发展中的作用日益重要，依托政府规划和优惠政策，金融资源和人才向城市金融区不断聚集，进而形成城市的金融"心脏"。随着金融区发展和功能日益强大，金融区可能沿着国内金融中心、区域金融中心、全球金融中心的路径升级发展。

金融区和金融中心存在明显差异。首先，在地理空间上，金融区是指城市各类金融机构和金融中介服务业高度密集的街区或功能区，而金融中心往往是指整个城市，除了金融区，它可能还包括工业区、贸易加工区、商业区等其他城市功能区；其次，虽然商业楼宇密集的金融区是城市（金融中心）主要的物理载体，但是分布在城市金融区之外的其他金融机构或者中介服务机构也为实现金融中心功能提供了支持；最后，一定程度上，能够将辐射范围扩及全国甚至全世界，凭借的是金融中心所在城市的综合实力及城市倚重的庞大的腹地经济，当然，金融区内部金融市场越发达，金融人才层次越高，金融创新越活

跃，金融中心的辐射能力就越强。因此，对于金融中心而言，金融区最主要的作用在于为金融中心功能的发挥提供集聚效应和规模优势，而金融区规划管理越完善，则越有助于实现金融中心的辐射功能。

2. 金融区的特征分析

第一，以极具竞争力的空间区位为依托

目前，世界上主要金融中心除了单纯簿记型金融中心（或避税天堂）外，大多同时是经济、贸易和航运的中心，具有优越的时空位置，例如香港与新加坡都恰好处于纽约与欧洲金融中心交易时间联系处，可以保证世界金融市场24小时不间断地交易，与此同时，其背后依靠的庞大的经济腹地更是成就这些金融中心的根基。美国纽约虽然是全球金融中心，但它更多服务北美的经济；伦敦这一老牌金融中心，则更多服务于欧洲大陆经济；近年来，快速发展的香港金融中心，则得益于中国内地经济的崛起。由此观之，于家堡的发展，离不开天津北方经济中心和北方国际航运中心城市定位的建设发展。于家堡功能定位的实现将在天津由产业型城市向功能型城市转变中发挥重要作用。

第二，以集中规划管理的核心街区为载体

任何国家或地区的金融中心核心区都建立在一定的空间载体上，据统计，国际金融中心核心区的办公面积大多一般在1000万平方米左右，可以满足金融机构总部、分支机构、办事处以及金融中介服务机构的需求。于家堡金融区地上建筑面积968万平方米，地下建筑面积400万平方米，规划设计亮点突出，其前瞻性设计理念，不仅开启全球低碳CBD发展序幕，而且避免了一些金融中心因空间问题出现的不便。

第三，以各类金融机构的聚集共生为特征

金融区是以金融机构和金融专业人才聚集共处为特征的，这不仅实现了金融区丰富的金融功能，而且形成了必要的社会资本和隐性知识存量，为金融创新内生发展创造了条件。国际化程度高的金融功能区更是以外资银行、非银行外资金融机构、外国公司地区总部的高度聚集以及国际金融业务的蓬勃发展著称于世。伴随着于家堡金融区逐步形成，该地区的金融集聚效应和规模效应将更加显著，届时，于家堡将有更多更新的金融交易平台、金融机构和金融产品应运而生。

第四，以现代服务经济的高度发达为表征

从国际经验看，金融业和其他现代服务业之间的互利共生现象十分明显。一方面，伴随着分工的细化，金融业离不开以金融中介服务业、信息服务业为代表的其他服务业的支持；另一方面，金融业和其他现代服务业都具有高附加值的特点，而这些行业的从业者往往是高收入群体，这就为该地区服务经济的发展创造了必要的市场需求。未来，于家堡规划中的五大业态将深度交融、互惠共生，形成高度发达的现代服务业群落。

第五，以规模庞大的各类专业人才为基础

作为影响地区核心竞争力的基础之一，人的因素不可忽略。正因如此，很多新兴或后发的金融区特别重视全球金融业专业人士所关注的因素。因为新兴的、具有发展潜力的金融区往往能够通过丰厚的条件和良好的环境吸引到优秀的金融及其他专业人才，进而实现本地区的快速崛起。于家堡金融区高度重视各类专业人才的引进、培养和集聚，有了充足的人才，就意味着有了"思路"和"干劲"，这是新兴金融区成功崛起的必要条件。

第六，以完善合理的金融体制机制为保障

一般而言，良好的金融秩序和营商环境，会对金融机构形成吸引力，而健全有效的金融法律和监管体制更是金融机构优先考虑的因素。所谓好的金融法律和监管体系不仅要维护金融稳定，还要为金融创新提供必要的空间。伦敦金融城、纽约曼哈顿等国际金融中心的监管者们深谙"监管，但不能管死"的道理。于家堡金融区的开发建设是滨海新区综合配套改革的组成部分，积极增创体制机制新优势，在重点难点领域先行先试，将为实现于家堡功能定位提供制度保障。

3. 金融区的功能和作用分析

第一，金融区的功能

金融区的功能主要包括融资功能、投资功能、交易功能、综合服务功能、创新功能和产业辅助功能等，而这些功能中处于核心地位的功能是在不确定环境中为资源跨越时间和空间的配置提供便利。当然，在金融区的集聚、辐射和服务功能的支持下，将进一步释放金融区的上述功能。

第二，金融区的作用

金融区的作用主要包括优化资源配置、推动产业结构升级、加快金融产业

发展、集聚社会资本和隐性知识、防范和化解金融风险、金融深化推动科技进步等等。

第三，于家堡金融区的功能

根据于家堡的功能定位，它将建设成为滨海新区中心商务区、国家级产业金融中心、APEC首个低碳示范城镇，而处于核心地位的功能定位是全国领先、国际一流、功能完善、服务健全的金融改革创新基地。因此，于家堡在丰富和完善以投融资为代表的传统金融功能的同时，将重点发展金融区的金融创新功能、产业辅助功能、要素交易功能、综合经营功能，尤其通过推动注重事前管理的创新型金融发展，服务国内先进制造业和研发创新活动，使金融区成为与北方经济中心相适应的金融改革和创新平台与载体。

4. 金融区建设发展形成的条件

理论研究和实践经验表明，金融区（乃至金融中心）的形成不是由单一因素促成的，而是受到诸多因素的共同影响。无论是区位经济理论、规模经济理论、金融地理理论、交易费用理论视野下的空间区位、规模效益、成本降低、信息流动等因素，还是国内外金融区演变发展经验揭示的政策环境、监管框架或市场深度等因素，都反映出金融区建设发展形成条件的复杂性。综合理论研究和经验分析，本研究认为：庞大的经济腹地，稳定的政治经济环境，可预见性的政策环境、完善的城市基础设施、充裕的高素质金融专业人才、符合国际惯例的监管框架、空间区位优势、开放包容的市场体系、具备一定广度和深度的金融市场以及为国际金融机构所认可的营商环境等都将成为促进金融区形成发展的重要因素。

（二）金融中心（区）建设发展经验比较与借鉴

1. 建设发展路径

国内外金融区的建设及发展路径存在差异，除了历史背景与国际环境影响外，政府支持与区域规划成为影响其发展的重要因素。

从金融区形成机理看，传统金融区多为自发形成，新兴金融区则更注重政府规划和环境建设。伦敦金融城的形成主要依托地理优势、国家及城市实力和国际贸易规模，纽约金融中心则依赖美元霸权地位的确立及经济全球化，巴黎、法兰克福、新加坡等主要依赖金融业的迅速发展，欧洲美元市场及自由港的带动作用。而近年来，新兴金融区则更注重政府规划和环境建设，如上海、深圳制定宽松的财税政策，营造开放的人文环境，实施灵活的监管制度等，同时十分重视中心商务区、基础设施、商业环境的超前规划和设计。

从发展思路看，传统金融区在金融市场、金融业务方面影响带动优势明显，新兴金融区则更突出特色化和创新性业务发展。由于发展环境和路径不同，传统金融区多已形成金融市场完善、开放度高、金融业务影响力强大等特点，如伦敦金融城和纽约华尔街作为全球性金融中心，集聚大量影响全球金融市场的金融业务，进而辐射与影响全球经济。新兴金融区则在一些创新型业务上独树一帜，如香港在发展人民币国际化方面优势明显，新加坡在资产管理业务、房地产投资基金市场国际化等方面快速发展。

2. 经验借鉴及启示

第一，金融区的科学规划和政府管理发挥重要作用。伦敦金丝雀码头金融城的规划建设，以及新加坡政府对金融中心蓝图的构建与其规划智囊团队的组建、监管机构的统一等，对金融区的发展起到过积极推动作用。

第二，政策环境成为业务创新的重要推动力。新加坡政府将开设在中心商务区（CBD）内跨国银行的外汇交易、离岸市场交易、投资和财务服务的溢利税率由32%减至10%，规定外国银行保留20%存款流动的比率，并把海外业务收入的所得税由40%减为10%，这些宽松的政策为业务集聚和金融创新注入了新的活力。

第三，金融产品和金融业务创新是金融区发展的动力源。风险资本、非公开权益资本、投资、金融贸易、结构性融资、兼并与收购、衍生产品等一系列金融创新活动曾为伦敦金融城的崛起注入巨大活力，金融产品和业务创新为金融市场带来无穷活力。

第四，经济发展大趋势为金融区兴起提供良机。伦敦和纽约金融区都曾因自身主权货币的国际地位而拥有全球金融中心地位。在美元本位制的时代，伦敦利用欧洲美元市场，香港和新加坡凭借亚洲美元市场促进了金融中心的发展。于家堡金融区的建设发展应不失时机地把握住人民币国际化、天津积极建立北方经济中心、滨海新区金融先行先试等一系列重大历史机遇，为自身创新发展开拓新的空间。

(三)金融生态环境内涵与于家堡金融生态建设

金融生态环境是指和金融机构、金融市场生存发展具有互动关系的各种因素的总和。金融生态环境的内容十分广泛,既包括经济环境、法律环境、信用环境、政策环境等,也包括政治、社会、文化、地理、人口、中介服务体系等。金融生态环境构成金融机构和金融市场的服务对象和活动空间,它决定着金融主体的生存条件、健康状况、运营方式和发展方向。从生态学的观点来看,通过完善金融生态环境来提升金融效率和管理金融风险,具有更为根本的意义。

于家堡金融区位于天津滨海新区九大功能区之一的中心商务区的核心区,因此,天津市以及滨海新区金融生态环境的建设与优化,为于家堡金融区的建设发展提供了良好环境,提高了于家堡的集聚效应。第一,从金融法制环境建设情况看,于家堡完全享用滨海新区在外汇管理法制建设、融资平台法制建设、金融服务平台法制建设方面的成就,建设符合自身金融生态环境发展所需的法制环境,创造贴身保姆式服务。第二,从信用体系建设情况看,于家堡积极推进征信系统建设和评级机构体系发展,提高了金融生态环境的稳健性。第三,从税收制度建设情况看,于家堡充分享受国税和地税优惠政策,提升了金融机构及其他配套产业的集聚能力。第四,从中央制定的税收支持政策来看,主要包括税收优惠、中央财政补助、给予特殊政策和鼓励设立产业基金等方式。第五,从地方财政支持政策来看,主要包括有针对性地加大税收优惠和专项财政补助的力度。第六,于家堡积极打造人文生态环境,依托于家堡论坛、中国企业国际融资洽谈会、天津国际理财投资博览会等品牌活动,努力提升于家堡的国际影响力和人文生态环境水平。

六 促进于家堡金融区建设发展的建议

(一)促进于家堡金融区建设发展的思考

加快建设发展于家堡金融区,是"十二五""十三五"时期天津金融改革创新的重点工作，是滨海新区金融先行先试的重要任务。要深入贯彻党中央国务院关于滨海新区金融先行先试的重要精神，积极落实市委市政府关于于家堡金融服务区建设发展的一系列指示，充分发挥金融区硬性和软性基础设施优势，推动金融体系深化发展，大胆实践金融改革创新，为在2020年基本建成全国领先、国际一流、功能完善、服务健全的金融改革创新基地而不懈奋斗。

1. 依托软硬基础设施优势，培育滨海金融体系生长。首先，顺应京津双城互动趋势，承接北京金融业转移和服务外包；其次，明确金融区功能定位，加快金融及配套产业向于家堡不断集聚；最后，以金融突破性创新发展，高水平实现于家堡金融区功能定位。

2. 加快金融发展方式转变，提高金融服务辐射范围。首先，加快软性基础设施建设，在促进天津创新驱动、内生发展上树立榜样；其次，持续优化地区经济结构，提升金融区的竞争力和影响力；最后，依托地区禀赋优势，确保金融改革创新实现重点突破。

3. 坚持人与环境和谐相处，实现城区低碳示范发展。首先，坚持绿色持续发展理念，搞好APEC首个低碳示范城镇建设；其次，提升城区运营管理水平，不断完善金融区的功能体系建设；最后，坚持以人为本发展观念，提升金融区对各类人才的吸引力。

（二）于家堡金融区建设发展路径

1. 建设发展的路径

2009年，国务院批复《天津滨海新区综合配套改革实验金融创新专项方案》，明确指出要加快天津滨海新区金融创新的进程，努力建设与北方经济中心相适应的现代金融体系和全国金融创新改革基地。于家堡金融区开发建设奋斗目标的实现是艰巨的，历经建设起步期（工程施工阶段）、快速发展期（管理运营阶段）、完善成熟期（功能完善阶段）。

2. 各阶段发展重点

第一阶段：建设起步期。预计2009~2014年5年时间，将于家堡建成滨海新区中心商务区核心区以及天津市核心金融区，完成于家堡起步区基础设施与配套设施建设。

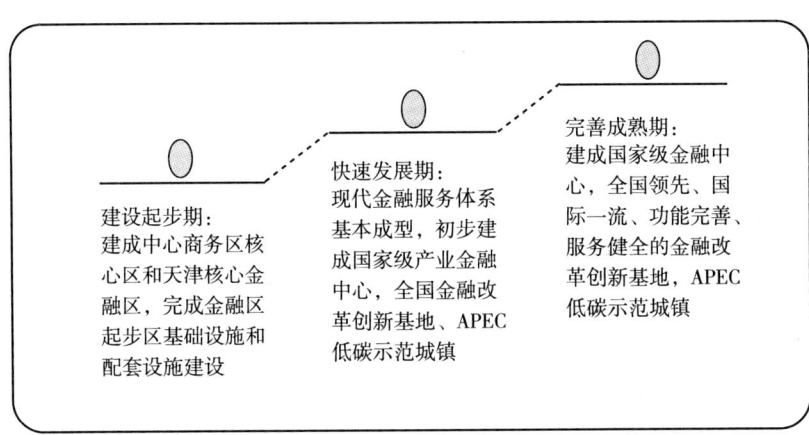

图 10　于家堡金融区的三个发展阶段

资料来源：课题组整理。

第二阶段：快速发展期（管理运营阶段）。预计 2015～2019 年 5 年时间，使于家堡金融区空间建设初具规模，现代金融服务体系基本成型，将于家堡金融区初步建成国家级产业金融中心、全国金融改革创新基地和 APEC 首个低碳示范城镇。

第三阶段：完善成熟期。预计 2020～2024 年 5 年时间，于家堡金融区已经初具规模，金融市场、机构与人才聚集基本形成，力争在这一阶段，将于家堡金融区真正建成全国领先、国际一流、功能完善、服务健全的金融改革创新基地，国家级产业金融中心和 APEC 低碳示范城镇。

（三）促进于家堡金融区建设发展的建议

1. 促进于家堡金融区金融体系发展的建议

于家堡金融区定位于全国领先、国际一流、功能完善、服务健全的金融改革创新基地、国家级产业金融中心和滨海新区中心商务区核心区，其金融主业十分突出。加快于家堡金融机构体系、金融市场体系、金融人才体系、金融产品体系、金融中介服务体系创新发展，将成为于家堡建设发展的重中之重。第一，加快金融机构集聚，促进机构体系生长；第二，加快市场体系建设，完善金融市场功能；第三，汇聚各类专业人才，健全金融人才体系；第四，加快金融业务创新，丰富金融产品体系；第五，支持配套产业发展，完善金融中介服务体系。

2. 完善于家堡金融区金融生态环境的建议

于家堡金融区金融改革创新发展，离不开金融生态环境的支持。于家堡金融区将营造卓越的金融生态环境，为金融改革创新创造条件。第一，依托政策优势，完善金融区法制环境；第二，健全信用体系，打造金融区信用品牌；第三，优化税收政策，推进金融区税制创新；第四，完善金融监管，强化金融区监管体系；第五，构建人文环境，吸引金融及其他专业人才。

B.12 后　记

《滨海新区金融发展报告（2014）》是在中国滨海金融协同创新中心领导专家的指导下完成的。本报告在撰写过程中得到了天津财经大学、南开大学、中央财经大学、中国人民银行金融研究所、中国社会科学院金融研究所、中国银行国际金融研究所、天津市金融服务办公室、天津市滨海新区人民政府和环渤海区域合作市长联席会等协同单位的鼎力帮助。本书在出版过程中得到社会科学文献出版社恽薇主任的大力支持，在此表示真诚感谢。本报告由王爱俭、张锐刚担任主编，负责本报告的组织编写和审定；王憬怡、李向前、刘通午、王文刚、赵峰、于泳、刘宇、马亚明担任副主编，负责报告的撰写和统编。各部分执笔人分别为：总报告（王爱俭、王憬怡），分报告1（张锐刚、李向前、林文浩），分报告2（高晓燕、郭强、刘宇），分报告3（王文刚、邓黎桥、马欣、马娜），分报告4（马亚明、王学龙、刘建鹏、孙刚），分报告5（孟昊、刘旸、孙旭、严斌），分报告6（于泳、杨帆、李熙函、张蒙、林远），分报告7（温博慧、林章悦、徐文琪、梁迪），专题报告1（李健、马亚），专题报告2（刘通午、周永坤），专题报告3（姬孟祥、王爱俭、仙燕明、林文浩）。天津滨海新区金融发展系列年度报告在详尽分析滨海新区金融改革和金融创新活动的基础上，针对金融改革创新中存在的问题，提出了具有前瞻性、针对性的对策建议。我们期望滨海新区金融发展报告的系列出版，能够促使学术界更为关注滨海新区的金融改革和我国区域金融创新，共同为我国的金融改革出谋划策，推动我国金融健康、持续、稳定发展！

中国皮书网
www.pishu.cn

发布皮书研创资讯，传播皮书精彩内容
引领皮书出版潮流，打造皮书服务平台

栏目设置：

- ☐ 资讯：皮书动态、皮书观点、皮书数据、皮书报道、皮书新书发布会、电子期刊
- ☐ 标准：皮书评价、皮书研究、皮书规范、皮书专家、编撰团队
- ☐ 服务：最新皮书、皮书书目、重点推荐、在线购书
- ☐ 链接：皮书数据库、皮书博客、皮书微博、出版社首页、在线书城
- ☐ 搜索：资讯、图书、研究动态
- ☐ 互动：皮书论坛

中国皮书网依托皮书系列"权威、前沿、原创"的优质内容资源，通过文字、图片、音频、视频等多种元素，在皮书研创者、使用者之间搭建了一个成果展示、资源共享的互动平台。

自2005年12月正式上线以来，中国皮书网的IP访问量、PV浏览量与日俱增，受到海内外研究者、公务人员、商务人士以及专业读者的广泛关注。

2008年、2011年中国皮书网均在全国新闻出版业网站荣誉评选中获得"最具商业价值网站"称号。

2012年，中国皮书网在全国新闻出版业网站系列荣誉评选中获得"出版业网站百强"称号。

权威报告　热点资讯　海量资源

当代中国与世界发展的高端智库平台

皮书数据库　www.pishu.com.cn

　　皮书数据库是专业的人文社会科学综合学术资源总库，以大型连续性图书——皮书系列为基础，整合国内外相关资讯构建而成。该数据库包含七大子库，涵盖两百多个主题，囊括了近十几年间中国与世界经济社会发展报告，覆盖经济、社会、政治、文化、教育、国际问题等多个领域。

　　皮书数据库以篇章为基本单位，方便用户对皮书内容的阅读需求。用户可进行全文检索，也可对文献题目、内容提要、作者名称、作者单位、关键字等基本信息进行检索，还可对检索到的篇章再作二次筛选，进行在线阅读或下载阅读。智能多维度导航，可使用户根据自己熟知的分类标准进行分类导航筛选，使查找和检索更高效、便捷。

　　权威的研究报告、独特的调研数据、前沿的热点资讯，皮书数据库已发展成为国内最具影响力的关于中国与世界现实问题研究的成果库和资讯库。

皮书俱乐部会员服务指南

1. 谁能成为皮书俱乐部成员？
- 皮书作者自动成为俱乐部会员
- 购买了皮书产品（纸质皮书、电子书）的个人用户

2. 会员可以享受的增值服务
- 加入皮书俱乐部，免费获赠该纸质图书的电子书
- 免费获赠皮书数据库100元充值卡
- 免费定期获赠皮书电子期刊
- 优先参与各类皮书学术活动
- 优先享受皮书产品的最新优惠

3. 如何享受增值服务？

（1）加入皮书俱乐部，获赠该书的电子书

　　第1步　登录我社官网（www.ssap.com.cn），注册账号；

　　第2步　登录并进入"会员中心"—"皮书俱乐部"，提交加入皮书俱乐部申请；

　　第3步　审核通过后，自动进入俱乐部服务环节，填写相关购书信息即可自动兑换相应电子书。

（2）**免费获赠皮书数据库100元充值卡**

　　100元充值卡只能在皮书数据库中充值和使用

　　第1步　刮开附赠充值的涂层（左下）；

　　第2步　登录皮书数据库网站（www.pishu.com.cn），注册账号；

　　第3步　登录并进入"会员中心"—"在线充值"—"充值卡充值"，充值成功后即可使用。

4. 声明

　　解释权归社会科学文献出版社所有

卡号：347925190653

皮书俱乐部会员可享受社会科学文献出版社其他相关免费增值服务，有任何疑问，均可与我们联系
联系电话：010-59367227　　企业QQ：800045692　　邮箱：pishuclub@ssap.com
欢迎登录社会科学文献出版社官网（www.ssap.com.cn）和中国皮书网（www.pishu.cn）了解更多信息

社会科学文献出版社

皮书系列

"皮书"起源于十七、十八世纪的英国，主要指官方或社会组织正式发表的重要文件或报告，多以"白皮书"命名。在中国，"皮书"这一概念被社会广泛接受，并被成功运作、发展成为一种全新的出版形态，则源于中国社会科学院社会科学文献出版社。

皮书是对中国与世界发展状况和热点问题进行年度监测，以专业的角度、专家的视野和实证研究方法，针对某一领域或区域现状与发展态势展开分析和预测，具备权威性、前沿性、原创性、实证性、时效性等特点的连续性公开出版物，由一系列权威研究报告组成。皮书系列是社会科学文献出版社编辑出版的蓝皮书、绿皮书、黄皮书等的统称。

皮书系列的作者以中国社会科学院、著名高校、地方社会科学院的研究人员为主，多为国内一流研究机构的权威专家学者，他们的看法和观点代表了学界对中国与世界的现实和未来最高水平的解读与分析。

自20世纪90年代末推出以《经济蓝皮书》为开端的皮书系列以来，社会科学文献出版社至今已累计出版皮书千余部，内容涵盖经济、社会、政法、文化传媒、行业、地方发展、国际形势等领域。皮书系列已成为社会科学文献出版社的著名图书品牌和中国社会科学院的知名学术品牌。

皮书系列在数字出版和国际出版方面成就斐然。皮书数据库被评为"2008~2009年度数字出版知名品牌";《经济蓝皮书》《社会蓝皮书》等十几种皮书每年还由国外知名学术出版机构出版英文版、俄文版、韩文版和日文版，面向全球发行。

2011年，皮书系列正式列入"十二五"国家重点出版规划项目；2012年，部分重点皮书列入中国社会科学院承担的国家哲学社会科学创新工程项目；2014年，35种院外皮书使用"中国社会科学院创新工程学术出版项目"标识。

法律声明

"皮书系列"(含蓝皮书、绿皮书、黄皮书)由社会科学文献出版社最早使用并对外推广,现已成为中国图书市场上流行的品牌,是社会科学文献出版社的品牌图书。社会科学文献出版社拥有该系列图书的专有出版权和网络传播权,其LOGO( )与"经济蓝皮书"、"社会蓝皮书"等皮书名称已在中华人民共和国工商行政管理总局商标局登记注册,社会科学文献出版社合法拥有其商标专用权。

未经社会科学文献出版社的授权和许可,任何复制、模仿或以其他方式侵害"皮书系列"和LOGO( )、"经济蓝皮书"、"社会蓝皮书"等皮书名称商标专用权的行为均属于侵权行为,社会科学文献出版社将采取法律手段追究其法律责任,维护合法权益。

欢迎社会各界人士对侵犯社会科学文献出版社上述权利的违法行为进行举报。电话:010-59367121,电子邮箱:fawubu@ssap.cn。

社会科学文献出版社

权威·前沿·原创

社会科学文献出版社

皮书系列

2014年

盘点年度资讯 预测时代前程

社会科学文献出版社 学术传播中心 编制

社长致辞

我们是图书出版者,更是人文社会科学内容资源供应商;

我们背靠中国社会科学院,面向中国与世界人文社会科学界,坚持为人文社会科学的繁荣与发展服务;

我们精心打造权威信息资源整合平台,坚持为中国经济与社会的繁荣与发展提供决策咨询服务;

我们以读者定位自身,立志让爱书人读到好书,让求知者获得知识;

我们精心编辑、设计每一本好书以形成品牌张力,以优秀的品牌形象服务读者,开拓市场;

我们始终坚持"创社科经典,出传世文献"的经营理念,坚持"权威、前沿、原创"的产品特色;

我们"以人为本",提倡阳光下创业,员工与企业共享发展之成果;

我们立足于现实,认真对待我们的优势、劣势,我们更着眼于未来,以不断的学习与创新适应不断变化的世界,以不断的努力提升自己的实力;

我们愿与社会各界友好合作,共享人文社会科学发展之成果,共同推动中国学术出版乃至内容产业的繁荣与发展。

社会科学文献出版社社长
中国社会学会秘书长

2014年1月

社会科学文献出版社　　　　　　　　　　　　皮书系列

"皮书"起源于十七、十八世纪的英国，主要指官方或社会组织正式发表的重要文件或报告，多以"白皮书"命名。在中国，"皮书"这一概念被社会广泛接受，并被成功运作、发展成为一种全新的出版形态，则源于中国社会科学院社会科学文献出版社。

皮书是对中国与世界发展状况和热点问题进行年度监测，以专家和学术的视角，针对某一领域或区域现状与发展态势展开分析和预测，具备权威性、前沿性、原创性、实证性、时效性等特点的连续性公开出版物，由一系列权威研究报告组成。皮书系列是社会科学文献出版社编辑出版的蓝皮书、绿皮书、黄皮书等的统称。

皮书系列的作者以中国社会科学院、著名高校、地方社会科学院的研究人员为主，多为国内一流研究机构的权威专家学者，他们的看法和观点代表了学界对中国与世界的现实和未来最高水平的解读与分析。

自20世纪90年代末推出以经济蓝皮书为开端的皮书系列以来，至今已出版皮书近1000余部，内容涵盖经济、社会、政法、文化传媒、行业、地方发展、国际形势等领域。皮书系列已成为社会科学文献出版社的著名图书品牌和中国社会科学院的知名学术品牌。

皮书系列在数字出版和国际出版方面成就斐然。皮书数据库被评为"2008~2009年度数字出版知名品牌"；经济蓝皮书、社会蓝皮书等十几种皮书每年还由国外知名学术出版机构出版英文版、俄文版、韩文版和日文版，面向全球发行。

2011年，皮书系列正式列入"十二五"国家重点出版规划项目，一年一度的皮书年会升格由中国社会科学院主办；2012年，部分重点皮书列入中国社会科学院承担的国家哲学社会科学创新工程项目。

经济类

经 济 类

经济类皮书涵盖宏观经济、城市经济、大区域经济，
提供权威、前沿的分析与预测

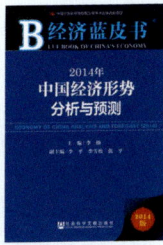

经济蓝皮书
2014年中国经济形势分析与预测

李 扬 / 主编　　2013年12月出版　　定价:69.00元

◆ 本书课题为"总理基金项目"，由著名经济学家李扬领衔，联合数十家科研机构、国家部委和高等院校的专家共同撰写，对2013年中国宏观及微观经济形势，特别是全球金融危机及其对中国经济的影响进行了深入分析，并且提出了2014年经济走势的预测。

世界经济黄皮书
2014年世界经济形势分析与预测

王洛林　张宇燕 / 主编　　2014年1月出版　　定价:69.00元

◆ 2013年的世界经济仍旧行进在坎坷复苏的道路上。发达经济体经济复苏继续巩固，美国和日本经济进入低速增长通道，欧元区结束衰退并呈复苏迹象。本书展望2014年世界经济，预计全球经济增长仍将维持在中低速的水平上。

工业化蓝皮书
中国工业化进程报告（2014）

黄群慧　吕 铁　李晓华 等 / 著　　2014年11月出版　　估价:89.00元

◆ 中国的工业化是事关中华民族复兴的伟大事业，分析跟踪研究中国的工业化进程，无疑具有重大意义。科学评价与客观认识我国的工业化水平，对于我国明确自身发展中的优势和不足，对于经济结构的升级与转型，对于制定经济发展政策，从而提升我国的现代化水平具有重要作用。

皮书系列 重点推荐

经济类

金融蓝皮书

中国金融发展报告（2014）

李扬　王国刚／主编　　2013年12月出版　　定价：65.00元

◆ 由中国社会科学院金融研究所组织编写的《中国金融发展报告（2014）》，概括和分析了2013年中国金融发展和运行中的各方面情况，研讨和评论了2013年发生的主要金融事件。本书由业内专家和青年精英联合编著，有利于读者了解掌握2013年中国的金融状况，把握2014年中国金融的走势。

城市竞争力蓝皮书

中国城市竞争力报告No.12

倪鹏飞／主编　　2014年5月出版　　定价：89.00元

◆ 本书由中国社会科学院城市与竞争力研究中心主任倪鹏飞主持编写，汇集了众多研究城市经济问题的专家学者关于城市竞争力研究的最新成果。本报告构建了一套科学的城市竞争力评价指标体系，采用第一手数据材料，对国内重点城市年度竞争力格局变化进行客观分析和综合比较、排名，对研究城市经济及城市竞争力极具参考价值。

中国省域竞争力蓝皮书

"十二五"中期中国省域经济综合竞争力发展报告

李建平　李闽榕　高燕京／主编　　2014年3月出版　　定价：198.00元

◆ 本书充分运用数理分析、空间分析、规范分析与实证分析相结合、定性分析与定量分析相结合的方法，建立起比较科学完善、符合中国国情的省域经济综合竞争力指标评价体系及数学模型，对2011~2012年中国内地31个省、市、区的经济综合竞争力进行全面、深入、科学的总体评价与比较分析。

农村经济绿皮书

中国农村经济形势分析与预测(2013~2014)

中国社会科学院农村发展研究所　国家统计局农村社会经济调查司／著
2014年4月出版　　定价：69.00元

◆ 本书对2013年中国农业和农村经济运行情况进行了系统的分析和评价，对2014年中国农业和农村经济发展趋势进行了预测，并提出相应的政策建议，专题部分将围绕某个重大的理论和现实问题进行多维、深入、细致的分析和探讨。

权威　前沿　原创

经济类　皮书系列 重点推荐

西部蓝皮书
中国西部发展报告（2014）

姚慧琴　徐璋勇 / 主编　　2014 年 7 月出版　　定价 :89.00 元

◆ 本书由西北大学中国西部经济发展研究中心主编，汇集了源自西部本土以及国内研究西部问题的权威专家的第一手资料，对国家实施西部大开发战略进行年度动态跟踪，并对2014 年西部经济、社会发展态势进行预测和展望。

气候变化绿皮书
应对气候变化报告（2014）

王伟光　郑国光 / 主编　　2014 年 11 月出版　　估价 :79.00 元

◆ 本书由社科院城环所和国家气候中心共同组织编写，各篇报告的作者长期从事气候变化科学问题、社会经济影响，以及国际气候制度等领域的研究工作，密切跟踪国际谈判的进程，参与国家应对气候变化相关政策的咨询，有丰富的理论与实践经验。

就业蓝皮书
2014 年中国大学生就业报告

麦可思研究院 / 编著　王伯庆　周凌波 / 主审
2014 年 6 月出版　　定价 :98.00 元

◆ 本书是迄今为止关于中国应届大学毕业生就业、大学毕业生中期职业发展及高等教育人口流动情况的视野最为宽广、资料最为翔实、分类最为精细的实证调查和定量研究；为我国教育主管部门的教育决策提供了极有价值的参考。

企业社会责任蓝皮书
中国企业社会责任研究报告（2014）

黄群慧　彭华岗　钟宏武　张 蒽 / 编著
2014 年 11 月出版　　估价 :69.00 元

◆ 本书系中国社会科学院经济学部企业社会责任研究中心组织编写的《企业社会责任蓝皮书》2014 年分册。该书在对企业社会责任进行宏观总体研究的基础上，根据 2013 年企业社会责任及相关背景进行了创新研究，在全国企业中观层面对企业健全社会责任管理体系提供了弥足珍贵的丰富信息。

社会政法类

社会政法类皮书聚焦社会发展领域的热点、难点问题，提供权威、原创的资讯与视点

社会蓝皮书
2014年中国社会形势分析与预测

李培林　陈光金　张翼/主编　2013年12月出版　定价:69.00元

◆ 本报告是中国社会科学院"社会形势分析与预测"课题组2014年度分析报告，由中国社会科学院社会学研究所组织研究机构专家、高校学者和政府研究人员撰写。对2013年中国社会发展的各个方面内容进行了权威解读，同时对2014年社会形势发展趋势进行了预测。

法治蓝皮书
中国法治发展报告No.12（2014）

李　林　田　禾/主编　2014年2月出版　定价:98.00元

◆ 本年度法治蓝皮书一如既往秉承关注中国法治发展进程中的焦点问题的特点，回顾总结了2013年度中国法治发展取得的成就和存在的不足，并对2014年中国法治发展形势进行了预测和展望。

民间组织蓝皮书
中国民间组织报告（2014）

黄晓勇/主编　2014年11月出版　估价:69.00元

◆ 本报告是中国社会科学院"民间组织与公共治理研究"课题组推出的第五本民间组织蓝皮书。基于国家权威统计数据、实地调研和广泛搜集的资料，本报告对2013年以来我国民间组织的发展现状、热点专题、改革趋势等问题进行了深入研究，并提出了相应的政策建议。

社会政法类　皮书系列 重点推荐

社会保障绿皮书
中国社会保障发展报告（2014）No.6
王延中 / 主编　2014年9月出版　定价：79.00元

◆ 社会保障是调节收入分配的重要工具，随着社会保障制度的不断建立健全、社会保障覆盖面的不断扩大和社会保障资金的不断增加，社会保障在调节收入分配中的重要性不断提高。本书全面评述了2013年以来社会保障制度各个主要领域的发展情况。

环境绿皮书
中国环境发展报告（2014）
刘鉴强 / 主编　2014年5月出版　定价：79.00元

◆ 本书由民间环保组织"自然之友"组织编写，由特别关注、生态保护、宜居城市、可持续消费以及政策与治理等版块构成，以公共利益的视角记录、审视和思考中国环境状况，呈现2013年中国环境与可持续发展领域的全局态势，用深刻的思考、科学的数据分析2013年的环境热点事件。

教育蓝皮书
中国教育发展报告（2014）
杨东平 / 主编　2014年5月出版　定价：79.00元

◆ 本书站在教育前沿，突出教育中的问题，特别是对当前教育改革中出现的教育公平、高校教育结构调整、义务教育均衡发展等问题进行了深入分析，从教育的内在发展谈教育，又从外部条件来谈教育，具有重要的现实意义，对我国的教育体制的改革与发展具有一定的学术价值和参考意义。

反腐倡廉蓝皮书
中国反腐倡廉建设报告 No.3
李秋芳 / 主编　2014年1月出版　定价：79.00元

◆ 本书抓住了若干社会热点和焦点问题，全面反映了新时期新阶段中国反腐倡廉面对的严峻局面，以及中国共产党反腐倡廉建设的新实践新成果。根据实地调研、问卷调查和舆情分析，梳理了当下社会普遍关注的与反腐败密切相关的热点问题。

行业报告类

行业报告类皮书立足重点行业、新兴行业领域，提供及时、前瞻的数据与信息

房地产蓝皮书
中国房地产发展报告No.11（2014）

魏后凯 李景国/主编　　2014年5月出版　　定价：79.00元

◆ 本书由中国社会科学院城市发展与环境研究所组织编写，秉承客观公正、科学中立的原则，深度解析2013年中国房地产发展的形势和存在的主要矛盾，并预测2014年及未来10年或更长时间的房地产发展大势。观点精辟，数据翔实，对关注房地产市场的各阶层人士极具参考价值。

旅游绿皮书
2013~2014年中国旅游发展分析与预测

宋瑞/主编　　2013年12月出版　　定价：79.00元

◆ 如何从全球的视野理性审视中国旅游，如何在世界旅游版图上客观定位中国，如何积极有效地推进中国旅游的世界化，如何制定中国实现世界旅游强国梦想的线路图？本年度开始，《旅游绿皮书》将围绕"世界与中国"这一主题进行系列研究，以期为推进中国旅游的长远发展提供科学参考和智力支持。

信息化蓝皮书
中国信息化形势分析与预测（2014）

周宏仁/主编　　2014年8月出版　　定价：98.00元

◆ 本书在以中国信息化发展的分析和预测为重点的同时，反映了过去一年间中国信息化关注的重点和热点，视野宽阔，观点新颖，内容丰富，数据翔实，对中国信息化的发展有很强的指导性，可读性很强。

企业蓝皮书

中国企业竞争力报告（2014）

金 碚 / 主编　　2014 年 11 月出版　　估价 :89.00 元

◆ 中国经济正处于新一轮的经济波动中，如何保持稳健的经营心态和经营方式并进一步求发展，对于企业保持并提升核心竞争力至关重要。本书利用上市公司的财务数据，研究上市公司竞争力变化的最新趋势，探索进一步提升中国企业国际竞争力的有效途径，这无论对实践工作者还是理论研究者都具有重大意义。

食品药品蓝皮书

食品药品安全与监管政策研究报告（2014）

唐民皓 / 主编　　2014 年 11 月出版　　估价 :69.00 元

◆ 食品药品安全是当下社会关注的焦点问题之一，如何破解食品药品安全监管重点难点问题是需要以社会合力才能解决的系统工程。本书围绕安全热点问题、监管重点问题和政策焦点问题，注重于对食品药品公共政策和行政监管体制的探索和研究。

流通蓝皮书

中国商业发展报告（2013~2014）

荆林波 / 主编　　2014 年 5 月出版　　定价 :89.00 元

◆ 《中国商业发展报告》是中国社会科学院财经战略研究院与香港利丰研究中心合作的成果，并且在 2010 年开始以中英文版同步在全球发行。蓝皮书从关注中国宏观经济出发，突出中国流通业的宏观背景反映了本年度中国流通业发展的状况。

住房绿皮书

中国住房发展报告（2013~2014）

倪鹏飞 / 主编　　2013 年 12 月出版　　定价 :79.00 元

◆ 本报告从宏观背景、市场主体、市场体系、公共政策和年度主题五个方面，对中国住宅市场体系做了全面系统的分析、预测与评价，并给出了相关政策建议，并在评述 2012~2013 年住房及相关市场走势的基础上，预测了 2013~2014 年住房及相关市场的发展变化。

国别与地区类

国别与地区类皮书关注全球重点国家与地区，提供全面、独特的解读与研究

亚太蓝皮书

亚太地区发展报告（2014）

李向阳 / 主编　　2014年1月出版　　定价:59.00元

◆ 本书是由中国社会科学院亚太与全球战略研究院精心打造的又一品牌皮书，关注时下亚太地区局势发展动向里隐藏的中长趋势，剖析亚太地区政治与安全格局下的区域形势最新动向以及地区关系发展的热点问顾，并对2014年亚太地区重大动态作出前瞻性的分析与预测。

日本蓝皮书

日本研究报告（2014）

李　薇 / 主编　　2014年3月出版　　定价:69.00元

◆ 本书由中华日本学会、中国社会科学院日本研究所合作推出，是以中国社会科学院日本研究所的研究人员为主完成的研究成果。对2013年日本的政治、外交、经济、社会文化作了回顾、分析与展望，并收录了该年度日本大事记。

欧洲蓝皮书

欧洲发展报告(2013~2014)

周　弘 / 主编　　2014年6月出版　　定价:89.00元

◆ 本年度的欧洲发展报告，对欧洲经济、政治、社会、外交等方面的形势进行了跟踪介绍与分析。力求反映作为一个整体的欧盟及30多个欧洲国家在2013年出现的各种变化。

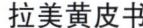 国别与地区类 | 皮书系列 重点推荐

拉美黄皮书

拉丁美洲和加勒比发展报告（2013~2014）

吴白乙 / 主编　2014 年 4 月出版　定价：89.00 元

◆ 本书是中国社会科学院拉丁美洲研究所的第 13 份关于拉丁美洲和加勒比地区发展形势状况的年度报告。本书对 2013 年拉丁美洲和加勒比地区诸国的政治、经济、社会、外交等方面的发展情况做了系统介绍，对该地区相关国家的热点及焦点问题进行了总结和分析，并在此基础上对该地区各国 2014 年的发展前景做出预测。

澳门蓝皮书

澳门经济社会发展报告（2013~2014）

吴志良　郝雨凡 / 主编　2014 年 4 月出版　定价：79.00 元

◆ 本书集中反映 2013 年本澳各个领域的发展动态，总结评价近年澳门政治、经济、社会的总体变化，同时对 2014 年社会经济情况作初步预测。

日本经济蓝皮书

日本经济与中日经贸关系研究报告（2014）

王洛林　张季风 / 主编　2014 年 5 月出版　定价：79.00 元

◆ 本书对当前日本经济以及中日经济合作的发展动态进行了多角度、全景式的深度分析。本报告回顾并展望了 2013~2014 年度日本宏观经济的运行状况。此外，本报告还收录了大量来自于日本政府权威机构的数据图表，具有极高的参考价值。

美国蓝皮书

美国研究报告（2014）

黄平　倪峰 / 主编　2014 年 7 月出版　定价：89.00 元

◆ 本书是由中国社会科学院美国所主持完成的研究成果，它回顾了美国 2013 年的经济、政治形势与外交战略，对 2013 年以来美国内政外交发生的重大事件以及重要政策进行了较为全面的回顾和梳理。

皮书系列 重点推荐　地方发展类

地方发展类

 地方发展类皮书关注大陆各省份、经济区域，提供科学、多元的预判与咨政信息

社会建设蓝皮书
2014年北京社会建设分析报告
宋贵伦　冯　虹/主编　2014年7月出版　　定价：79.00元

◆ 本书依据社会学理论框架和分析方法，对北京市的人口、就业、分配、社会阶层以及城乡关系等社会学基本问题进行了广泛调研与分析，对广受社会关注的住房、教育、医疗、养老、交通等社会热点问题做出了深刻的了解与剖析，对日益显现的征地搬迁、外籍人口管理、群体性心理障碍等内容进行了有益探讨。

温州蓝皮书
2014年温州经济社会形势分析与预测
潘忠强　王春光　金　浩/主编　　2014年4月出版　定价：69.00元

◆ 本书是由中共温州市委党校与中国社会科学院社会学研究所合作推出的第七本"温州经济社会形势分析与预测"年度报告，深入全面分析了2013年温州经济、社会、政治、文化发展的主要特点、经验、成效与不足，提出了相应的政策建议。

上海蓝皮书
上海资源环境发展报告（2014）
周冯琦　汤庆合　任文伟/著　　2014年1月出版　定价：69.00元

◆ 本书在上海所面临资源环境风险的来源、程度、成因、对策等方面作了些有益的探索，希望能对有关部门完善上海的资源环境风险防控工作提供一些有价值的参考，也让普通民众更全面地了解上海资源环境风险及其防控的图景。

地方发展类　　皮书系列 重点推荐

广州蓝皮书
2014年中国广州社会形势分析与预测

张强　陈怡霓　杨秦/主编　2014年5月出版　定价:69.00元

◆ 本书由广州大学与广州市委宣传部、广州市人力资源和社会保障局联合主编，汇集了广州科研团体、高等院校和政府部门诸多社会问题研究专家、学者和实际部门工作者的最新研究成果，是关于广州社会运行情况和相关专题分析与预测的重要参考资料。

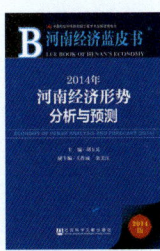

河南经济蓝皮书
2014年河南经济形势分析与预测

胡五岳/主编　2014年3月出版　定价:69.00元

◆ 本书由河南省统计局主持编纂。该分析与展望以2013年最新年度统计数据为基础，科学研判河南经济发展的脉络轨迹、分析年度运行态势;以客观翔实、权威资料为特征，突出科学性、前瞻性和可操作性，服务于科学决策和科学发展。

陕西蓝皮书
陕西社会发展报告（2014）

任宗哲　石英　牛昉/主编　2014年2月出版　定价:65.00元

◆ 本书系统而全面地描述了陕西省2013年社会发展各个领域所取得的成就、存在的问题、面临的挑战及其应对思路，为更好地思考2014年陕西发展前景、政策指向和工作策略等方面提供了一个较为简洁清晰的参考蓝本。

上海蓝皮书
上海经济发展报告（2014）

沈开艳/主编　2014年1月出版　定价:69.00元

◆ 本书系上海社会科学院系列之一，报告对2014年上海经济增长与发展趋势的进行了预测，把握了上海经济发展的脉搏和学术研究的前沿。

广州蓝皮书

广州经济发展报告（2014）

李江涛 朱名宏 / 主编　　2014 年 5 月出版　　定价：69.00 元

◆　本书是由广州市社会科学院主持编写的"广州蓝皮书"系列之一，本报告对广州 2013 年宏观经济运行情况作了深入分析，对 2014 年宏观经济走势进行了合理预测，并在此基础上提出了相应的政策建议。

文化传媒类

 文化传媒类皮书透视文化领域、文化产业，探索文化大繁荣、大发展的路径

新媒体蓝皮书

中国新媒体发展报告 No.4(2013)

唐绪军 / 主编　　2014 年 6 月出版　　定价：79.00 元

◆　本书由中国社会科学院新闻与传播研究所和上海大学合作编写，在构建新媒体发展研究基本框架的基础上，全面梳理 2013 年中国新媒体发展现状，发表最前沿的网络媒体深度调查数据和研究成果，并对新媒体发展的未来趋势做出预测。

舆情蓝皮书

中国社会舆情与危机管理报告（2014）

谢耘耕 / 主编　　2014 年 8 月出版　　定价：98.00 元

◆　本书由上海交通大学舆情研究实验室和危机管理研究中心主编，已被列入教育部人文社会科学研究报告培育项目。本书以新媒体环境下的中国社会为立足点，对 2013 年中国社会舆情、分类舆情等进行了深入系统的研究，并预测了 2014 年社会舆情走势。

经济类

皮书系列 2014全品种

产业蓝皮书
中国产业竞争力报告（2014）No.4
著(编)者:张其仔　2014年11月出版　/　估价:79.00元

长三角蓝皮书
2014年率先基本实现现代化的长三角
著(编)者:刘志彪　2014年11月出版　/　估价:120.00元

城市竞争力蓝皮书
中国城市竞争力报告No.12
著(编)者:倪鹏飞　2014年5月出版　/　定价:89.00元

城市蓝皮书
中国城市发展报告No.7
著(编)者:潘家华　魏后凯　2014年9月出版　/　估价:69.00元

城市群蓝皮书
中国城市群发展指数报告(2014)
著(编)者:刘士林　刘新静　2014年10月出版　/　估价:59.00元

城乡统筹蓝皮书
中国城乡统筹发展报告（2014）
著(编)者:程志强、潘晨光　2014年9月出版　/　估价:59.00元

城乡一体化蓝皮书
中国城乡一体化发展报告（2014）
著(编)者:汝信　付崇兰　2014年11月出版　/　估价:59.00元

城镇化蓝皮书
中国新型城镇化健康发展报告（2014）
著(编)者:张占斌　2014年5月出版　/　定价:79.00元

低碳发展蓝皮书
中国低碳发展报告（2014）
著(编)者:齐晔　2014年3月出版　/　定价:89.00元

低碳经济蓝皮书
中国低碳经济发展报告（2014）
著(编)者:薛进军　赵忠秀　2014年5月出版　/　定价:69.00元

东北蓝皮书
中国东北地区发展报告（2014）
著(编)者:马克　黄文艺　2014年8月出版　/　定价:79.00元

发展和改革蓝皮书
中国经济发展和体制改革报告No.7
著(编)者:邹东涛　2014年11月出版　/　估价:79.00元

工业化蓝皮书
中国工业化进程报告（2014）
著(编)者:黄群慧　吕铁　李晓华　等
2014年11月出版　/　估价:89.00元

工业设计蓝皮书
中国工业设计发展报告（2014）
著(编)者:王晓红　于炜　张立群
2014年9月出版　/　估价:98.00元

国际城市蓝皮书
国际城市发展报告（2014）
著(编)者:屠启宇　2014年1月出版　/　定价:69.00元

国家创新蓝皮书
国家创新发展报告（2014）
著(编)者:陈劲　2014年9月出版　/　定价:59.00元

宏观经济蓝皮书
中国经济增长报告（2014）
著(编)者:张平　刘霞辉　2014年10月出版　/　估价:69.00元

金融蓝皮书
中国金融发展报告（2014）
著(编)者:李扬　王国刚　2013年12月出版　/　定价:65.00元

经济蓝皮书
2014年中国经济形势分析与预测
著(编)者:李扬　2013年12月出版　/　定价:69.00元

经济蓝皮书春季号
2014年中国经济前景分析
著(编)者:李扬　2014年5月出版　/　定价:79.00元

经济蓝皮书夏季号
中国经济增长报告（2013~2014）
著(编)者:李扬　2014年7月出版　/　估价:69.00元

经济信息绿皮书
中国与世界经济发展报告（2014）
著(编)者:杜平　2013年12月出版　/　定价:79.00元

就业蓝皮书
2014年中国大学生就业报告
著(编)者:麦可思研究院　2014年6月出版　/　定价:98.00元

流通蓝皮书
中国商业发展报告（2013~2014）
著(编)者:荆林波　2014年5月出版　/　估价:89.00元

民营经济蓝皮书
中国民营经济发展报告No.10（2013~2014）
著(编)者:黄孟复　2014年9月出版　/　估价:69.00元

民营企业蓝皮书
中国民营企业竞争力报告No.7（2014）
著(编)者:刘迎秋　2014年9月出版　/　估价:79.00元

农村绿皮书
中国农村经济形势分析与预测（2013~2014）
著(编)者:中国社会科学院农村发展研究所
　　　　国家统计局农村社会经济调查司　著
2014年4月出版　/　定价:69.00元

农业应对气候变化蓝皮书
气候变化对中国农业影响评估报告No.1
著(编)者:矫梅燕　2014年8月出版　/　定价:98.00元

企业公民蓝皮书
中国企业公民报告No.4
著(编)者:邹东涛　2014年11月出版　/　估价:69.00元

企业社会责任蓝皮书
中国企业社会责任研究报告（2014）
著(编)者:黄群慧　彭华岗　钟宏武　等
2014年11月出版　/　估价:59.00元

皮书系列 2014全品种

经济类·社会政法类

气候变化绿皮书
应对气候变化报告（2014）
著（编）者：王伟光 郑国光　2014年11月出版 / 估价：79.00元

区域蓝皮书
中国区域经济发展报告（2013~2014）
著（编）者：梁昊光　2014年4月出版 / 定价：79.00元

人口与劳动绿皮书
中国人口与劳动问题报告No.15
著（编）者：蔡昉　2014年11月出版 / 估价：69.00元

生态经济（建设）绿皮书
中国经济（建设）发展报告（2013~2014）
著（编）者：黄浩涛 李周　2014年10月出版 / 估价：69.00元

世界经济黄皮书
2014年世界经济形势分析与预测
著（编）者：王洛林 张宇燕　2014年1月出版 / 定价：69.00元

西北蓝皮书
中国西北发展报告（2014）
著（编）者：张进海 陈冬红 段庆林
2013年12月出版 / 定价：69.00元

西部蓝皮书
中国西部发展报告（2014）
著（编）者：姚慧琴 徐璋勇　2014年7月出版 / 估价：89.00元

新型城镇化蓝皮书
新型城镇化发展报告（2014）
著（编）者：沈体雁 李伟 宋敏　2014年9月出版 / 估价：69.00元

新兴经济体蓝皮书
金砖国家发展报告（2014）
著（编）者：林跃勤 周文　2014年7月出版 / 定价：79.00元

循环经济绿皮书
中国循环经济发展报告（2013~2014）
著（编）者：齐建国　2014年12月出版 / 估价：69.00元

中部竞争力蓝皮书
中国中部经济社会竞争力报告（2014）
著（编）者：教育部人文社会科学重点研究基地
　　　　　南昌大学中国中部经济社会发展研究中心
2014年11月出版 / 估价：59.00元

中部蓝皮书
中国中部地区发展报告（2014）
著（编）者：朱有志　2014年10月出版 / 估价：59.00元

中国省域竞争力蓝皮书
"十二五"中期中国省域经济综合竞争力发展报告
著（编）者：李建平 李闽榕 高燕京　2014年3月出版 / 定价：198.00元

中三角蓝皮书
长江中游城市群发展报告（2013~2014）
著（编）者：秦尊文　2014年11月出版 / 估价：69.00元

中小城市绿皮书
中国中小城市发展报告（2014）
著（编）者：中国城市经济学会中小城市经济发展委员会
　　　　　《中国中小城市发展报告》编纂委员会
2014年10月出版 / 估价：98.00元

中原蓝皮书
中原经济区发展报告（2014）
著（编）者：李英杰　2014年6月出版 / 定价：88.00元

社会政法类

殡葬绿皮书
中国殡葬事业发展报告（2014）
著（编）者：朱勇 副主编 李伯森　2014年9月出版 / 估价：59.00元

城市创新蓝皮书
中国城市创新报告（2014）
著（编）者：周天勇 旷建伟　2014年8月出版 / 定价：69.00元

城市管理蓝皮书
中国城市管理报告2014
著（编）者：谭维克 刘林　2014年11月出版 / 估价：98.00元

城市生活质量蓝皮书
中国城市生活质量指数报告（2014）
著（编）者：张平　2014年11月出版 / 估价：59.00元

城市政府能力蓝皮书
中国城市政府公共服务能力评估报告（2014）
著（编）者：何艳玲　2014年11月出版 / 估价：59.00元

创新蓝皮书
创新型国家建设报告（2013~2014）
著（编）者：詹正茂　2014年5月出版 / 定价：69.00元

慈善蓝皮书
中国慈善发展报告（2014）
著（编）者：杨团　2014年5月出版 / 定价：79.00元

法治蓝皮书
中国法治发展报告No.12（2014）
著（编）者：李林 田禾　2014年2月出版 / 定价：98.00元

反腐倡廉蓝皮书
中国反腐倡廉建设报告No.3
著（编）者：李秋芳　2014年1月出版 / 定价：79.00元

非传统安全蓝皮书
中国非传统安全研究报告（2013~2014）
著（编）者：余潇枫 魏志江　2014年6月出版 / 定价：79.00元

社会政法类

皮书系列 2014全品种

妇女发展蓝皮书
福建省妇女发展报告（2014）
著(编)者：刘群英　2014年10月出版 / 估价:58.00元

妇女发展蓝皮书
中国妇女发展报告No.5
著(编)者：王金玲　2014年9月出版 / 定价:148.00元

妇女教育蓝皮书
中国妇女教育发展报告No.3
著(编)者：张李玺　2014年10月出版 / 估价:69.00元

公共服务满意度蓝皮书
中国城市公共服务评价报告（2014）
著(编)者：胡伟　2014年11月出版 / 估价:69.00元

公共服务蓝皮书
中国城市基本公共服务力评价（2014）
著(编)者：侯惠勤　辛向阳　易定宏
2014年10月出版 / 估价:55.00元

公民科学素质蓝皮书
中国公民科学素质报告（2013~2014）
著(编)者：李群　许佳军　2014年3月出版 / 定价:79.00元

公益蓝皮书
中国公益发展报告（2014）
著(编)者：朱健刚　2014年11月出版 / 估价:78.00元

管理蓝皮书
中国管理发展报告（2014）
著(编)者：张晓东　2014年9月出版 / 估价:79.00元

国际人才蓝皮书
中国国际移民报告（2014）
著(编)者：王辉耀　2014年1月出版 / 估价:79.00元

国际人才蓝皮书
中国海归创业发展报告（2014）No.2
著(编)者：王辉耀　路江涌　2014年10月出版 / 估价:69.00元

国际人才蓝皮书
中国留学发展报告（2014）No.3
著(编)者：王辉耀　2014年9月出版 / 估价:59.00元

国际人才蓝皮书
海外华侨华人专业人士报告（2014）
著(编)者：王辉耀　苗绿　2014年8月出版 / 定价:69.00元

国家安全蓝皮书
中国国家安全研究报告（2014）
著(编)者：刘慧　2014年5月出版 / 定价:98.00元

行政改革蓝皮书
中国行政体制改革报告（2013）No.3
著(编)者：魏礼群　2014年3月出版 / 定价:89.00元

华侨华人蓝皮书
华侨华人研究报告（2014）
著(编)者：丘进　2014年11月出版 / 估价:128.00元

环境竞争力绿皮书
中国省域环境竞争力发展报告（2014）
著(编)者：李建平　李闽榕　王金南
2014年12月出版 / 估价:148.00元

环境绿皮书
中国环境发展报告（2014）
著(编)者：刘鉴强　2014年5月出版 / 定价:79.00元

基金会蓝皮书
中国基金会发展报告（2013）
著(编)者：刘忠祥　2014年6月出版 / 估价:69.00元

基本公共服务蓝皮书
中国省级政府基本公共服务发展报告（2014）
著(编)者：孙德超　2014年3月出版 / 估价:69.00元

基金会透明度蓝皮书
中国基金会透明度发展研究报告（2014）
著(编)者：基金会中心网　清华大学廉政与治理研究中心
2014年9月出版 / 定价:78.00元

教师蓝皮书
中国中小学教师发展报告（2014）
著(编)者：曾晓东　2014年11月出版 / 估价:59.00元

教育蓝皮书
中国教育发展报告（2014）
著(编)者：杨东平　2014年5月出版 / 定价:79.00元

科普蓝皮书
中国科普基础设施发展报告（2014）
著(编)者：任福君　2014年6月出版 / 估价:79.00元

劳动保障蓝皮书
中国劳动保障发展报告（2014）
著(编)者：刘燕斌　2014年9月出版 / 估价:89.00元

老龄蓝皮书
中国老龄事业发展报告（2014）
著(编)者：吴玉韶　2014年9月出版 / 估价:59.00元

连片特困区蓝皮书
中国连片特困区发展报告（2014）
著(编)者：丁建军　冷志明　游俊　2014年9月出版 / 估价:79.00元

民间组织蓝皮书
中国民间组织报告（2014）
著(编)者：黄晓勇　2014年11月出版 / 估价:69.00元

民调蓝皮书
中国民生调查报告（2014）
著(编)者：谢耕耘　2014年5月出版 / 定价:128.00元

皮书系列 2014全品种 社会政法类·行业报告类

民族发展蓝皮书
中国民族区域自治发展报告（2014）
著(编)者：郝时远　2014年11月出版　/　估价：98.00元

女性生活蓝皮书
中国女性生活状况报告No.8（2014）
著(编)者：韩湘景　2014年4月出版　/　定价：79.00元

汽车社会蓝皮书
中国汽车社会发展报告（2014）
著(编)者：王俊秀　2014年9月出版　/　估价：59.00元

青年蓝皮书
中国青年发展报告（2014）No.2
著(编)者：廉思　2014年4月出版　/　定价：59.00元

全球环境竞争力绿皮书
全球环境竞争力发展报告（2014）
著(编)者：李建平　李闽榕　王金南　2014年11月出版　/　估价：69.00元

青少年蓝皮书
中国未成年人新媒体运用报告（2014）
著(编)者：李文革　沈杰　季为民　2014年11月出版　/　估价：69.00元

区域人才蓝皮书
中国区域人才竞争力报告No.2
著(编)者：桂昭明　王辉耀　2014年11月出版　/　估价：69.00元

人才蓝皮书
中国人才发展报告（2014）
著(编)者：黄晓勇　潘晨光　2014年8月出版　/　定价：85.00元

人权蓝皮书
中国人权事业发展报告No.4（2014）
著(编)者：李君如　2014年8月出版　/　定价：99.00元

世界人才蓝皮书
全球人才发展报告No.1
著(编)者：孙学玉　张冠梓　2014年11月出版　/　估价：69.00元

社会保障绿皮书
中国社会保障发展报告（2014）No.6
著(编)者：王延中　2014年6月出版　/　定价：79.00元

社会工作蓝皮书
中国社会工作发展报告（2013~2014）
著(编)者：王杰秀　邹文开　2014年11月出版　/　估价：59.00元

社会管理蓝皮书
中国社会管理创新报告No.3
著(编)者：连玉明　2014年11月出版　/　估价：79.00元

社会蓝皮书
2014年中国社会形势分析与预测
著(编)者：李培林　陈光金　张翼　2013年12月出版　/　定价：69.00元

社会体制蓝皮书
中国社会体制改革报告No.2（2014）
著(编)者：龚维斌　2014年4月出版　/　定价：79.00元

社会心态蓝皮书
2014年中国社会心态研究报告
著(编)者：王俊秀　杨宜音　2014年9月出版　/　估价：59.00元

生态城市绿皮书
中国生态城市建设发展报告（2014）
著(编)者：刘科举　孙伟平　胡文臻　2014年6月出版　/　定价：98.00元

生态文明绿皮书
中国省域生态文明建设评价报告（ECI 2014）
著(编)者：严耕　2014年9月出版　/　估价：98.00元

世界创新竞争力黄皮书
世界创新竞争力发展报告（2014）
著(编)者：李建平　李闽榕　赵新力　2014年11月出版　/　估价：128.00元

水与发展蓝皮书
中国水风险评估报告（2014）
著(编)者：苏杨　2014年11月出版　/　估价：69.00元

土地整治蓝皮书
中国土地整治发展报告No.1
著(编)者：国土资源部土地整治中心　2014年5月出版　/　定价：89.00元

危机管理蓝皮书
中国危机管理报告（2014）
著(编)者：文学国　范正青　2014年11月出版　/　估价：79.00元

形象危机应对蓝皮书
形象危机应对研究报告（2013~2014）
著(编)者：唐钧　2014年6月出版　/　定价：149.00元

行政改革蓝皮书
中国行政体制改革报告（2013）No.3
著(编)者：魏礼群　2014年3月出版　/　定价：89.00元

医疗卫生绿皮书
中国医疗卫生发展报告No.6（2013~2014）
著(编)者：申宝忠　韩玉珍　2014年4月出版　/　定价：75.00元

政治参与蓝皮书
中国政治参与报告（2014）
著(编)者：房宁　2014年7月出版　/　定价：105.00元

政治发展蓝皮书
中国政治发展报告（2014）
著(编)者：房宁　杨海蛟　2014年5月出版　/　定价：88.00元

宗教蓝皮书
中国宗教报告（2014）
著(编)者：金泽　邱永辉　2014年11月出版　/　估价：59.00元

社会组织蓝皮书
中国社会组织评估报告（2014）
著(编)者：徐家良　2014年9月出版　/　估价：69.00元

政府绩效评估蓝皮书
中国地方政府绩效评估报告（2014）
著(编)者：贠杰　2014年9月出版　/　估价：69.00元

行业报告类

保健蓝皮书
中国保健服务产业发展报告No.2
著(编)者：中国保健协会 中共中央党校
2014年11月出版 / 估价:198.00元

保健蓝皮书
中国保健食品产业发展报告No.2
著(编)者：中国保健协会
中国社会科学院食品药品产业发展与监管研究中心
2014年11月出版 / 估价:198.00元

保健蓝皮书
中国保健用品产业发展报告No.2
著(编)者：中国保健协会 2014年9月出版 / 估价:198.00元

保险蓝皮书
中国保险业竞争力报告（2014）
著(编)者：罗忠敏 2014年9月出版 / 估价:98.00元

餐饮产业蓝皮书
中国餐饮产业发展报告（2014）
著(编)者：邢颖 2014年6月出版 / 定价:69.00元

测绘地理信息蓝皮书
中国地理信息产业发展报告（2014）
著(编)者：徐德明 2014年12月出版 / 估价:98.00元

茶业蓝皮书
中国茶产业发展报告（2014）
著(编)者：杨江帆 李闽榕 2014年9月出版 / 估价:79.00元

产权市场蓝皮书
中国产权市场发展报告（2014）
著(编)者：曹和平 2014年9月出版 / 估价:69.00元

产业安全蓝皮书
中国烟草产业安全报告（2014）
著(编)者：李孟刚 杜秀亭 2014年1月出版 / 定价:69.00元

产业安全蓝皮书
中国出版与传媒安全报告（2014）
著(编)者：北京交通大学中国产业安全研究中心
2014年9月出版 / 估价:59.00元

产业安全蓝皮书
中国医疗产业安全报告（2013~2014）
著(编)者：李孟刚 高献书 2014年1月出版 / 定价:59.00元

产业安全蓝皮书
中国文化产业安全蓝皮书(2014)
著(编)者：北京印刷学院文化产业安全研究院
2014年4月出版 / 定价:69.00元

产业安全蓝皮书
中国出版传媒产业安全报告（2014）
著(编)者：北京印刷学院文化产业安全研究院
2014年4月出版 / 估价:89.00元

典当业蓝皮书
中国典当行业发展报告（2013~2014）
著(编)者：黄育华 王力 张红地
2014年10月出版 / 估价:69.00元

电子商务蓝皮书
中国城市电子商务影响力报告（2014）
著(编)者：荆林波 2014年11月出版 / 估价:69.00元

电子政务蓝皮书
中国电子政务发展报告（2014）
著(编)者：洪毅 王长胜 2014年9月出版 / 估价:59.00元

杜仲产业绿皮书
中国杜仲橡胶资源与产业发展报告（2014）
著(编)者：杜红岩 胡文臻 俞瑞
2014年9月出版 / 估价:99.00元

房地产蓝皮书
中国房地产发展报告No.11（2014）
著(编)者：魏后凯 李景国 2014年5月出版 / 定价:79.00元

服务外包蓝皮书
中国服务外包产业发展报告（2014）
著(编)者：王晓红 刘德军 2014年6月出版 / 估价:89.00元

高端消费蓝皮书
中国高端消费市场研究报告
著(编)者：依绍华 王雪峰 2014年9月出版 / 估价:69.00元

会展蓝皮书
中外会展业动态评估年度报告（2014）
著(编)者：张敏 2014年11月出版 / 估价:68.00元

互联网金融蓝皮书
中国互联网金融发展报告（2014）
著(编)者：芮晓武 刘烈宏 2014年8月出版 / 定价:79.00元

基金会绿皮书
中国基金会发展独立研究报告（2014）
著(编)者：基金会中心网 2014年8月出版 / 估价:88.00元

金融监管蓝皮书
中国金融监管报告（2014）
著(编)者：胡滨 2014年5月出版 / 定价:69.00元

金融蓝皮书
中国商业银行竞争力报告（2014）
著(编)者：王松奇 2014年11月出版 / 估价:79.00元

金融蓝皮书
中国金融发展报告（2014）
著(编)者：李扬 王国刚 2013年12月出版 / 定价:65.00元

金融信息服务蓝皮书
金融信息服务业发展报告（2014）
著(编)者：鲁广锦 2014年11月出版 / 估价:69.00元

皮书系列 2014全品种

行业报告类

抗衰老医学蓝皮书
抗衰老医学发展报告（2014）
著(编)者：罗伯特·高德曼 罗纳德·科莱兹 尼尔·布什 朱敏 金大鹏 郭弋
2014年11月出版 / 估价：69.00元

客车蓝皮书
中国客车产业发展报告（2014）
著(编)者：姚蔚 2014年12月出版 / 估价：69.00元

科学传播蓝皮书
中国科学传播报告（2013~2014）
著(编)者：詹正茂 2014年7月出版 / 定价：69.00元

流通蓝皮书
中国商业发展报告（2013~2014）
著(编)者：荆林波 2014年5月出版 / 定价：89.00元

临空经济蓝皮书
中国临空经济发展报告（2014）
著(编)者：连玉明 2014年9月出版 / 估价：69.00元

旅游安全蓝皮书
中国旅游安全报告（2014）
著(编)者：郑向敏 谢朝武 2014年5月出版 / 定价：98.00元

旅游绿皮书
2013~2014年中国旅游发展分析与预测
著(编)者：宋瑞 2014年9月出版 / 定价：79.00元

民营医院蓝皮书
中国民营医院发展报告（2014）
著(编)者：朱幼棣 2014年10月出版 / 估价：69.00元

闽商蓝皮书
闽商发展报告（2014）
著(编)者：李闽榕 王日根 2014年12月出版 / 估价：69.00元

能源蓝皮书
中国能源发展报告（2014）
著(编)者：崔民选 王军生 陈义和
2014年8月出版 / 定价：79.00元

农产品流通蓝皮书
中国农产品流通产业发展报告（2014）
著(编)者：贾敬敦 王炳南 张玉玺 张鹏毅 陈丽华
2014年9月出版 / 估价：89.00元

期货蓝皮书
中国期货市场发展报告（2014）
著(编)者：荆林波 2014年6月出版 / 定价：98.00元

企业蓝皮书
中国企业竞争力报告（2014）
著(编)者：金碚 2014年11月出版 / 估价：89.00元

汽车安全蓝皮书
中国汽车安全发展报告（2014）
著(编)者：中国汽车技术研究中心
2014年4月出版 / 估价：79.00元

汽车蓝皮书
中国汽车产业发展报告（2014）
著(编)者：国务院发展研究中心产业经济研究部 中国汽车工程学会 大众汽车集团（中国）
2014年7月出版 / 定价：128.00元

清洁能源蓝皮书
国际清洁能源发展报告（2014）
著(编)者：国际清洁能源论坛（澳门）
2014年9月出版 / 估价：89.00元

群众体育蓝皮书
中国群众体育发展报告（2014）
著(编)者：刘国永 杨桦 2014年8月出版 / 定价：69.00元

人力资源蓝皮书
中国人力资源发展报告（2014）
著(编)者：吴江 2014年9月出版 / 估价：69.00元

软件和信息服务业蓝皮书
中国软件和信息服务业发展报告（2014）
著(编)者：洪京一 工业和信息化部电子科学技术情报研究所
2014年11月出版 / 估价：98.00元

商会蓝皮书
中国商会发展报告 No.4（2014）
著(编)者：黄孟复 2014年9月出版 / 估价：59.00元

上市公司蓝皮书
中国上市公司非财务信息披露报告（2014）
著(编)者：钟宏武 张旺 张蒽 等
2014年12月出版 / 估价：59.00元

食品药品蓝皮书
食品药品安全与监管政策研究报告（2014）
著(编)者：唐民皓 2014年11月出版 / 估价：69.00元

世界旅游城市绿皮书
世界旅游城市发展报告（2013）（中英文双语）
著(编)者：周正宇 鲁勇 2014年6月出版 / 定价：88.00元

世界能源蓝皮书
世界能源发展报告（2014）
著(编)者：黄晓勇 2014年6月出版 / 定价：99.00元

私募市场蓝皮书
中国私募股权市场发展报告（2014）
著(编)者：曹和平 2014年9月出版 / 估价：69.00元

体育蓝皮书
中国体育产业发展报告（2014）
著(编)者：阮伟 钟秉枢 2014年7月出版 / 估价：69.00元

体育蓝皮书·公共体育服务
中国公共体育服务发展报告（2014）
著(编)者：戴健 2014年12月出版 / 估价：69.00元

投资蓝皮书
中国企业海外投资发展报告（2013~2014）
著(编)者：陈文晖 薛誉华 2014年9月出版 / 估价：69.00元

皮书系列 2014全品种

行业报告类

物联网蓝皮书
中国物联网发展报告（2014）
著(编)者：龚六堂　2014年9月出版 / 估价：59.00元

西部工业蓝皮书
中国西部工业发展报告（2014）
著(编)者：方行明　刘方健　姜凌等
2014年9月出版 / 估价：69.00元

西部金融蓝皮书
中国西部金融发展报告（2013~2014）
著(编)者：李忠民　2014年8月出版 / 定价：75.00元

新能源汽车蓝皮书
中国新能源汽车产业发展报告（2014）
著(编)者：中国汽车技术研究中心
　　　　　日产（中国）投资有限公司
　　　　　东风汽车有限公司
2014年8月出版 / 定价：69.00元

信托蓝皮书
中国信托投资报告（2014）
著(编)者：杨金龙　刘屹　2014年11月出版 / 估价：69.00元

信托市场蓝皮书
中国信托业市场报告（2013~2014）
著(编)者：李旸　2014年1月出版 / 定价：198.00元

信息化蓝皮书
中国信息化形势分析与预测（2014）
著(编)者：周宏仁　2014年8月出版 / 定价：98.00元

信用蓝皮书
中国信用发展报告（2014）
著(编)者：章政　田侃　2014年9月出版 / 估价：69.00元

休闲绿皮书
2014年中国休闲发展报告
著(编)者：刘德谦　唐兵　宋瑞
2014年11月出版 / 估价：59.00元

养老产业蓝皮书
中国养老产业发展报告（2013~2014年）
著(编)者：张车伟　2014年9月出版 / 估价：69.00元

移动互联网蓝皮书
中国移动互联网发展报告（2014）
著(编)者：官建文　2014年6月出版 / 定价：79.00元

医药蓝皮书
中国医药产业园战略发展报告（2013~2014）
著(编)者：裴长洪　房书亭　吴潇心
2014年3月出版 / 定价：89.00元

医药蓝皮书
中国药品市场报告（2014）
著(编)者：程锦锥　朱恒鹏　2014年12月出版 / 估价：79.00元

中国总部经济蓝皮书
中国总部经济发展报告（2013~2014）
著(编)者：赵弘　2014年5月出版 / 定价：79.00元

珠三角流通蓝皮书
珠三角商圈发展研究报告（2014）
著(编)者：王先庆　林至颖　2014年11月出版 / 定价：69.00元

住房绿皮书
中国住房发展报告（2013~2014）
著(编)者：倪鹏飞　2013年12月出版 / 定价：79.00元

资本市场蓝皮书
中国场外交易市场发展报告（2013~2014）
著(编)者：高峦　2014年8月出版 / 定价：79.00元

资产管理蓝皮书
中国资产管理行业发展报告（2014）
著(编)者：郑智　2014年7月出版 / 定价：79.00元

支付清算蓝皮书
中国支付清算发展报告（2014）
著(编)者：杨涛　2014年5月出版 / 定价：45.00元

中国上市公司蓝皮书
中国上市公司发展报告（2014）
著(编)者：许雄斌　张平　2014年9月出版 / 定价：98.00元

文化传媒类

传媒蓝皮书
中国传媒产业发展报告（2014）
著(编)者：崔保国　2014年4月出版 / 定价：98.00元

传媒竞争力蓝皮书
中国传媒国际竞争力研究报告（2014）
著(编)者：李本乾　2014年9月出版 / 估价：69.00元

创意城市蓝皮书
武汉市文化创意产业发展报告（2014）
著(编)者：张京成　黄永林　2014年10月出版 / 估价：69.00元

电视蓝皮书
中国电视产业发展报告（2014）
著(编)者：卢斌　2014年9月出版 / 估价：79.00元

电影蓝皮书
中国电影出版发展报告（2014）
著(编)者：卢斌　2014年9月出版 / 估价：79.00元

动漫蓝皮书
中国动漫产业发展报告（2014）
著(编)者：卢斌　郑玉明　牛兴侦　2014年7月出版 / 定价：79.00元

皮书系列 2014全品种 — 文化传媒类

广电蓝皮书
中国广播电影电视发展报告（2014）
著(编)者：杨明品　2014年7月出版／估价：98.00元

广告主蓝皮书
中国广告主营销传播趋势报告N0.8
著(编)者：中国传媒大学广告主研究所
　　　　　中国广告主营销传播创新研究课题组
　　　　　黄升民　杜国清　邵华冬等
2014年11月出版／估价：98.00元

国际传播蓝皮书
中国国际传播发展报告（2014）
著(编)者：胡正荣　李继东　姬德强
2014年7月出版／定价：89.00元

纪录片蓝皮书
中国纪录片发展报告（2014）
著(编)者：何苏六　2014年10月出版／估价：89.00元

两岸文化蓝皮书
两岸文化产业合作发展报告（2014）
著(编)者：胡惠林　李保宗　2014年7月出版／定价：79.00元

媒介与女性蓝皮书
中国媒介与女性发展报告（2014）
著(编)者：刘利群　2014年11月出版／估价：69.00元

全球传媒蓝皮书
全球传媒产业发展报告（2014）
著(编)者：胡正荣　2014年12月出版／估价：79.00元

视听新媒体蓝皮书
中国视听新媒体发展报告（2014）
著(编)者：庞井君　2014年11月出版／估价：148.00元

文化创新蓝皮书
中国文化创新报告（2014）No.5
著(编)者：于平　傅才武　2014年4月出版／定价：79.00元

文化科技蓝皮书
文化科技融合与创意城市发展报告（2014）
著(编)者：李凤亮　于平　2014年11月出版／估价：79.00元

文化蓝皮书
中国文化产业发展报告（2014）
著(编)者：张晓明　王家新　章建刚
2014年4月出版／定价：79.00元

文化蓝皮书
中国文化产业供需协调增长测评报（2014）
著(编)者：王亚楠　2014年2月出版／估价：79.00元

文化蓝皮书
中国城镇文化消费需求景气评价报告（2014）
著(编)者：王亚南　张晓明　祁述裕
2014年11月出版／估价：79.00元

文化蓝皮书
中国公共文化服务发展报告（2014）
著(编)者：于群　李国新　2014年10月出版／估价：98.00元

文化蓝皮书
中国文化消费需求景气评价报告（2014）
著(编)者：王亚南　张晓明　祁述裕　郝朴宁
2014年11月出版／估价：79.00元

文化蓝皮书
中国乡村文化消费需求景气评价报告（2014）
著(编)者：王亚南　2014年11月出版／估价：79.00元

文化蓝皮书
中国中心城市文化消费需求景气评价报告（2014）
著(编)者：王亚南　2014年11月出版／估价：79.00元

文化蓝皮书
中国少数民族文化发展报告（2014）
著(编)者：武翠英　张晓明　张学进
2014年11月出版／估价：69.00元

文化建设蓝皮书
中国文化发展报告（2013）
著(编)者：江畅　孙伟平　戴茂堂
2014年4月出版／定价：138.00元

文化品牌蓝皮书
中国文化品牌发展报告（2014）
著(编)者：欧阳友权　2014年4月出版／定价：79.00元

文化遗产蓝皮书
中国文化遗产事业发展报告（2014）
著(编)者：刘世锦　2014年9月出版／估价：79.00元

文学蓝皮书
中国文情报告（2013~2014）
著(编)者：白烨　2014年5月出版／定价：49.00元

新媒体蓝皮书
中国新媒体发展报告No.5（2014）
著(编)者：唐绪军　2014年6月出版／估价：79.00元

移动互联网蓝皮书
中国移动互联网发展报告（2014）
著(编)者：官建文　2014年6月出版／估价：79.00元

游戏蓝皮书
中国游戏产业发展报告（2014）
著(编)者：卢斌　2014年9月出版／估价：79.00元

舆情蓝皮书
中国社会舆情与危机管理报告（2014）
著(编)者：谢耘耕　2014年8月出版／定价：98.00元

粤港澳台文化蓝皮书
粤港澳台文化创意产业发展报告（2014）
著(编)者：丁未　2014年9月出版／估价：69.00元

地方发展类

安徽蓝皮书
安徽社会发展报告（2014）
著(编)者：程桦　2014年4月出版 / 定价：79.00元

安徽经济蓝皮书
皖江城市带承接产业转移示范区建设报告（2014）
著(编)者：丁海中　2014年4月出版 / 定价：69.00元

安徽社会建设蓝皮书
安徽社会建设分析报告（2014）
著(编)者：黄家海　王开玉　蔡宪　2014年9月出版 / 估价：69.00元

北京蓝皮书
北京公共服务发展报告（2013~2014）
著(编)者：施昌奎　2014年2月出版 / 定价：69.00元

北京蓝皮书
北京经济发展报告（2013~2014）
著(编)者：杨松　2014年4月出版 / 定价：79.00元

北京蓝皮书
北京社会发展报告（2013~2014）
著(编)者：缪青　2014年5月出版 / 定价：79.00元

北京蓝皮书
北京社会治理发展报告（2013~2014）
著(编)者：殷星辰　2014年4月出版 / 定价：79.00元

北京蓝皮书
中国社区发展报告（2013~2014）
著(编)者：于燕燕　2014年6月出版 / 定价：69.00元

北京蓝皮书
北京文化发展报告（2013~2014）
著(编)者：李建盛　2014年4月出版 / 定价：79.00元

北京旅游绿皮书
北京旅游发展报告（2014）
著(编)者：北京旅游学会　2014年7月出版 / 定价：88.00元

北京律师蓝皮书
北京律师发展报告No.2（2014）
著(编)者：王隽　周塞军　2014年9月出版 / 估价：79.00元

北京人才蓝皮书
北京人才发展报告（2014）
著(编)者：于淼　2014年10月出版 / 估价：89.00元

北京社会心态蓝皮书
北京社会心态分析报告（2013~2014）
著(编)者：北京社会心理研究所
2014年9月出版 / 估价：79.00元

城乡一体化蓝皮书
中国城乡一体化发展报告·北京卷（2014）
著(编)者：张宝秀　黄序　2014年11月出版 / 定价：79.00元

创意城市蓝皮书
北京文化创意产业发展报告（2014）
著(编)者：张京成　王国华　2014年10月出版 / 估价：69.00元

创意城市蓝皮书
重庆创意产业发展报告（2014）
著(编)者：程宁宁　2014年4月出版 / 定价：89.00元

创意城市蓝皮书
青岛文化创意产业发展报告（2013~2014）
著(编)者：马达　张丹妮　2014年6月出版 / 定价：79.00元

创意城市蓝皮书
无锡文化创意产业发展报告（2014）
著(编)者：庄若江　张鸣年　2014年11月出版 / 估价：75.00元

服务业蓝皮书
广东现代服务业发展报告（2014）
著(编)者：祁明　程晓　2014年11月出版 / 定价：69.00元

甘肃蓝皮书
甘肃舆情分析与预测（2014）
著(编)者：陈双梅　郝树声　2014年1月出版 / 定价：69.00元

甘肃蓝皮书
甘肃县域经济综合竞争力报告（2014）
著(编)者：刘进军　2014年1月出版 / 定价：69.00元

甘肃蓝皮书
甘肃县域社会发展评价报告（2014）
著(编)者：魏胜文　2014年9月出版 / 估价：69.00元

甘肃蓝皮书
甘肃经济发展分析与预测（2014）
著(编)者：朱智文　罗哲　2014年1月出版 / 定价：69.00元

甘肃蓝皮书
甘肃社会发展分析与预测（2014）
著(编)者：安文华　包晓霞　2014年1月出版 / 定价：69.00元

甘肃蓝皮书
甘肃文化发展分析与预测（2014）
著(编)者：王福生　周小华　2014年1月出版 / 定价：69.00元

广东蓝皮书
广东省电子商务发展报告（2014）
著(编)者：黄建明　祁明　2014年11月出版 / 定价：69.00元

广东蓝皮书
广东社会工作发展报告（2014）
著(编)者：罗观翠　2014年6月出版 / 定价：89.00元

广东外经贸蓝皮书
广东对外经济贸易发展研究报告（2014）
著(编)者：陈万灵　2014年6月出版 / 定价：79.00元

皮书系列 2014全品种 — 地方发展类

广西北部湾经济区蓝皮书
广西北部湾经济区开放开发报告（2014）
著(编)者：广西北部湾经济区规划建设管理委员会办公室 广西社会科学院 广西北部湾发展研究院
2014年11月出版 / 估价：69.00元

广州蓝皮书
2014年中国广州经济形势分析与预测
著(编)者：庾建设 沈奎 郭志勇 2014年6月出版 / 定价：79.00元

广州蓝皮书
2014年中国广州社会形势分析与预测
著(编)者：张强 陈怡霓 2014年5月出版 / 定价：69.00元

广州蓝皮书
广州城市国际化发展报告（2014）
著(编)者：朱名宏 2014年9月出版 / 估价：59.00元

广州蓝皮书
广州创新型城市发展报告（2014）
著(编)者：李江涛 2014年7月出版 / 定价：69.00元

广州蓝皮书
广州经济发展报告（2014）
著(编)者：李江涛 朱名宏 2014年5月出版 / 定价：69.00元

广州蓝皮书
广州农村发展报告（2014）
著(编)者：李江涛 汤锦华 2014年8月出版 / 定价：69.00元

广州蓝皮书
广州青年发展报告（2014）
著(编)者：魏国华 张强 2014年9月出版 / 定价：65.00元

广州蓝皮书
广州汽车产业发展报告（2014）
著(编)者：李江涛 2014年10月出版 / 估价：69.00元

广州蓝皮书
广州商贸业发展报告（2014）
著(编)者：李江涛 王旭东 荀振英
2014年6月出版 / 定价：69.00元

广州蓝皮书
广州文化创意产业发展报告（2014）
著(编)者：甘新 2014年8月出版 / 定价：79.00元

广州蓝皮书
中国广州城市建设发展报告（2014）
著(编)者：董皞 冼伟雄 李俊夫
2014年11月出版 / 估价：69.00元

广州蓝皮书
中国广州科技和信息化发展报告（2014）
著(编)者：邹采荣 马正勇 冯元 2014年7月出版 / 定价：79.00元

广州蓝皮书
中国广州文化创意产业发展报告（2014）
著(编)者：甘新 2014年10月出版 / 估价：59.00元

广州蓝皮书
中国广州文化发展报告（2014）
著(编)者：徐俊忠 陆志强 顾涧清
2014年6月出版 / 定价：69.00元

广州蓝皮书
中国广州城市建设与管理发展报告（2014）
著(编)者：董皞 冯伟雄 2014年7月出版 / 定价：69.00元

贵州蓝皮书
贵州法治发展报告（2014）
著(编)者：吴大华 2014年3月出版 / 定价：69.00元

贵州蓝皮书
贵州人才发展报告（2014）
著(编)者：于杰 吴大华 2014年3月出版 / 定价：69.00元

贵州蓝皮书
贵州社会发展报告（2014）
著(编)者：王兴骥 2014年3月出版 / 定价：69.00元

贵州蓝皮书
贵州农村扶贫开发报告（2014）
著(编)者：王朝新 宋明 2014年9月出版 / 定价：69.00元

贵州蓝皮书
贵州文化产业发展报告（2014）
著(编)者：李建国 2014年9月出版 / 估价：69.00元

海淀蓝皮书
海淀区文化和科技融合发展报告（2014）
著(编)者：陈名杰 孟景伟 2014年11月出版 / 估价：75.00元

海峡西岸蓝皮书
海峡西岸经济区发展报告（2014）
著(编)者：福建省人民政府发展研究中心
2014年9月出版 / 估价：85.00元

杭州蓝皮书
杭州妇女发展报告（2014）
著(编)者：魏颖 2014年6月出版 / 定价：75.00元

杭州都市圈蓝皮书
杭州都市圈发展报告（2014）
著(编)者：董祖德 沈翔 2014年5月出版 / 定价：89.00元

河北经济蓝皮书
河北省经济发展报告（2014）
著(编)者：马树强 金浩 张贵 2014年4月出版 / 定价：79.00元

河北蓝皮书
河北经济社会发展报告（2014）
著(编)者：周文夫 2014年1月出版 / 定价：69.00元

河南经济蓝皮书
2014年河南经济形势分析与预测
著(编)者：胡五岳 2014年3月出版 / 定价：69.00元

河南蓝皮书

地方发展类 / 皮书系列 2014全品种

2014年河南社会形势分析与预测
著(编)者:刘道兴 牛苏林　2014年1月出版 / 定价:69.00元

河南蓝皮书
河南城市发展报告（2014）
著(编)者:谷建全 王建国　2014年1月出版 / 定价:59.00元

河南蓝皮书
河南法治发展报告（2014）
著(编)者:丁同民 闫德民　2014年3月出版 / 定价:69.00元

河南蓝皮书
河南金融发展报告（2014）
著(编)者:喻新安 谷建全　2014年4月出版 / 定价:69.00元

河南蓝皮书
河南经济发展报告（2014）
著(编)者:喻新安　2013年12月出版 / 定价:69.00元

河南蓝皮书
河南文化发展报告（2014）
著(编)者:卫绍生　2014年1月出版 / 定价:69.00元

河南蓝皮书
河南工业发展报告（2014）
著(编)者:龚绍东　2014年1月出版 / 定价:69.00元

河南蓝皮书
河南商务发展报告（2014）
著(编)者:焦锦淼 穆荣国　2014年5月出版 / 定价:88.00元

黑龙江产业蓝皮书
黑龙江产业发展报告（2014）
著(编)者:于渤　2014年10月出版 / 估价:79.00元

黑龙江蓝皮书
黑龙江经济发展报告（2014）
著(编)者:张新颖　2014年1月出版 / 定价:69.00元

黑龙江蓝皮书
黑龙江社会发展报告（2014）
著(编)者:艾书琴　2014年1月出版 / 定价:69.00元

湖南城市蓝皮书
城市社会管理
著(编)者:罗海藩　2014年10月出版 / 估价:59.00元

湖南蓝皮书
2014年湖南产业发展报告
著(编)者:梁志峰　2014年4月出版 / 定价:128.00元

湖南蓝皮书
2014年湖南电子政务发展报告
著(编)者:梁志峰　2014年4月出版 / 定价:128.00元

湖南蓝皮书
2014年湖南法治发展报告
著(编)者:梁志峰　2014年9月出版 / 定价:79.00元

湖南蓝皮书
2014年湖南经济展望
著(编)者:梁志峰　2014年4月出版 / 定价:128.00元

湖南蓝皮书
2014年湖南两型社会发展报告
著(编)者:梁志峰　2014年4月出版 / 定价:128.00元

湖南蓝皮书
2014年湖南社会发展报告
著(编)者:梁志峰　2014年4月出版 / 定价:128.00元

湖南蓝皮书
2014年湖南县域经济社会发展报告
著(编)者:梁志峰　2014年4月出版 / 定价:128.00元

湖南县域绿皮书
湖南县域发展报告No.2
著(编)者:朱有志 袁准 周小毛　2014年11月出版 / 估价:69.00元

沪港蓝皮书
沪港发展报告（2014）
著(编)者:尤安山　2014年9月出版 / 估价:89.00元

吉林蓝皮书
2014年吉林经济社会形势分析与预测
著(编)者:马克　2014年1月出版 / 定价:79.00元

济源蓝皮书
济源经济社会发展报告（2014）
著(编)者:喻新安　2014年4月出版 / 定价:69.00元

江苏法治蓝皮书
江苏法治发展报告No.3（2014）
著(编)者:李力 龚廷泰　2014年11月出版 / 估价:88.00元

京津冀蓝皮书
京津冀发展报告（2014）
著(编)者:文魁 祝尔娟　2014年3月出版 / 定价:79.00元

经济特区蓝皮书
中国经济特区发展报告（2013）
著(编)者:陶一桃　2014年4月出版 / 定价:89.00元

辽宁蓝皮书
2014年辽宁经济社会形势分析与预测
著(编)者:曹晓峰 张晶　2014年1月出版 / 定价:79.00元

流通蓝皮书
湖南省商贸流通产业发展报告No.2
著(编)者:柳思维　2014年10月出版 / 估价:75.00元

内蒙古蓝皮书
内蒙古反腐倡廉建设报告No.1
著(编)者:张志华 无极　2013年12月出版 / 定价:69.00元

浦东新区蓝皮书
上海浦东经济发展报告（2014）
著(编)者:沈开艳 陆沪根　2014年1月出版 / 估价:59.00元

皮书系列 2014全品种 — 地方发展类

侨乡蓝皮书
中国侨乡发展报告（2014）
著(编)者：郑一省　2014年9月出版 / 估价：69.00元

青海蓝皮书
2014年青海经济社会形势分析与预测
著(编)者：赵宗福　2014年2月出版 / 定价：69.00元

人口与健康蓝皮书
深圳人口与健康发展报告（2014）
著(编)者：陆杰华　江捍平　2014年10月出版 / 估价：98.00元

山东蓝皮书
山东经济形势分析与预测（2014）
著(编)者：张华　唐洲雁　2014年6月出版 / 定价：89.00元

山东蓝皮书
山东社会形势分析与预测（2014）
著(编)者：张华　唐洲雁　2014年6月出版 / 定价：89.00元

山东蓝皮书
山东文化发展报告（2014）
著(编)者：张华　唐洲雁　2014年6月出版 / 定价：98.00元

山西蓝皮书
山西资源型经济转型发展报告（2014）
著(编)者：李志强　2014年5月出版 / 定价：98.00元

陕西蓝皮书
陕西经济发展报告（2014）
著(编)者：任宗哲　石英　裴成荣　2014年2月出版 / 定价：69.00元

陕西蓝皮书
陕西社会发展报告（2014）
著(编)者：任宗哲　石英　牛昉　2014年2月出版 / 定价：65.00元

陕西蓝皮书
陕西文化发展报告（2014）
著(编)者：任宗哲　石英　王长寿　2014年3月出版 / 定价：59.00元

陕西蓝皮书
丝绸之路经济带发展报告（2014）
著(编)者：任宗哲　石英　白宽犁　2014年8月出版 / 定价：79.00元

上海蓝皮书
上海传媒发展报告（2014）
著(编)者：强荧　焦雨虹　2014年1月出版 / 定价：79.00元

上海蓝皮书
上海法治发展报告（2014）
著(编)者：叶青　2014年4月出版 / 定价：69.00元

上海蓝皮书
上海经济发展报告（2014）
著(编)者：沈开艳　2014年1月出版 / 定价：69.00元

上海蓝皮书
上海社会发展报告（2014）
著(编)者：卢汉龙　周海旺　2014年1月出版 / 定价：69.00元

上海蓝皮书
上海文化发展报告（2014）
著(编)者：蒯大申　2014年1月出版 / 定价：69.00元

上海蓝皮书
上海文学发展报告（2014）
著(编)者：陈圣来　2014年1月出版 / 定价：69.00元

上海蓝皮书
上海资源环境发展报告（2014）
著(编)者：周冯琦　汤庆合　任文伟
2014年1月出版 / 定价：69.00元

上饶蓝皮书
上饶发展报告（2013~2014）
著(编)者：朱寅健　2014年3月出版 / 定价：128.00元

社会建设蓝皮书
2014年北京社会建设分析报告
著(编)者：宋贵伦　冯虹　2014年7月出版 / 定价：79.00元

深圳蓝皮书
深圳经济发展报告（2014）
著(编)者：张骁儒　2014年7月出版 / 定价：79.00元

深圳蓝皮书
深圳劳动关系发展报告（2014）
著(编)者：汤庭芬　2014年6月出版 / 定价：75.00元

深圳蓝皮书
深圳社会发展报告（2014）
著(编)者：吴忠　余智晟　2014年11月出版 / 估价：69.00元

深圳蓝皮书
深圳社会建设与发展报告（2014）
著(编)者：叶民辉　张骁儒　2014年7月出版 / 定价：89.00元

四川蓝皮书
四川文化产业发展报告（2014）
著(编)者：侯水平　2014年2月出版 / 定价：69.00元

四川蓝皮书
四川企业社会责任研究报告（2014）
著(编)者：侯水平　盛毅　2014年4月出版 / 定价：79.00元

温州蓝皮书
2014年温州经济社会形势分析与预测
著(编)者：潘忠强　王春光　金浩　2014年4月出版 / 定价：69.00元

温州蓝皮书
浙江温州金融综合改革试验区发展报告（2013~2014）
著(编)者：钱水土　王去非　李义超
2014年9月出版 / 估价：69.00元

地方发展类·国别与地区类　　皮书系列 2014全品种

扬州蓝皮书
扬州经济社会发展报告（2014）
著(编)者：张爱军　　2014年9月出版　　估价：78.00元

义乌蓝皮书
浙江义乌市国际贸易综合改革试验区发展报告（2013~2014）
著(编)者：马淑琴　刘文革　周松强
2014年9月出版　　估价：69.00元

云南蓝皮书
中国面向西南开放重要桥头堡建设发展报告（2014）
著(编)者：刘绍怀　　2014年12月出版　　估价：69.00元

长株潭城市群蓝皮书
长株潭城市群发展报告（2014）
著(编)者：张萍　　2014年10月出版　　估价：69.00元

郑州蓝皮书
2014年郑州文化发展报告
著(编)者：王哲　　2014年11月出版　　估价：69.00元

国别与地区类

G20国家创新竞争力黄皮书
二十国集团（G20）国家创新竞争力发展报告（2014）
著(编)者：李建平　李闽榕　赵新力
2014年9月出版　　估价：118.00元

阿拉伯黄皮书
阿拉伯发展报告（2013~2014）
著(编)者：马晓霖　　2014年4月出版　　定价：79.00元

澳门蓝皮书
澳门经济社会发展报告（2013~2014）
著(编)者：吴志良　郝雨凡　　2014年4月出版　　定价：79.00元

北部湾蓝皮书
泛北部湾合作发展报告（2014）
著(编)者：吕余生　　2014年11月出版　　估价：79.00元

大湄公河次区域蓝皮书
大湄公河次区域合作发展报告（2014）
著(编)者：刘稚　　2014年11月出版　　估价：79.00元

大洋洲蓝皮书
大洋洲发展报告（2013~2014）
著(编)者：喻常森　　2014年8月出版　　定价：89.00元

德国蓝皮书
德国发展报告（2014）
著(编)者：郑春荣　伍慧萍　等　　2014年6月出版　　定价：69.00元

东北亚黄皮书
东北亚地区政治与安全报告（2014）
著(编)者：黄凤志　刘雪莲　　2014年11月出版　　估价：69.00元

东盟黄皮书
东盟发展报告（2013）
著(编)者：崔晓麟　　2014年5月出版　　定价：75.00元

东南亚蓝皮书
东南亚地区发展报告（2013~2014）
著(编)者：王勤　　2014年4月出版　　定价：79.00元

俄罗斯黄皮书
俄罗斯发展报告（2014）
著(编)者：李永全　　2014年7月出版　　估价：79.00元

非洲黄皮书
非洲发展报告No.16（2013~2014）
著(编)者：张宏明　　2014年7月出版　　估价：79.00元

国际形势黄皮书
全球政治与安全报告（2014）
著(编)者：李慎明　张宇燕　　2014年1月出版　　定价：69.00元

韩国蓝皮书
韩国发展报告（2014）
著(编)者：牛林杰　刘宝全　　2014年11月出版　　估价：69.00元

加拿大蓝皮书
加拿大发展报告（2014）
著(编)者：仲伟合　　2014年4月出版　　定价：89.00元

柬埔寨蓝皮书
柬埔寨国情报告（2014）
著(编)者：毕世鸿　　2014年11月出版　　估价：79.00元

拉美黄皮书
拉丁美洲和加勒比发展报告（2013~2014）
著(编)者：吴白乙　　2014年4月出版　　定价：89.00元

老挝蓝皮书
老挝国情报告（2014）
著(编)者：卢光盛　方芸　吕星　　2014年11月出版　　估价：79.00元

国别与地区类

美国蓝皮书
美国研究报告（2014）
著(编)者:黄平 郑秉文　2014年7月出版 / 定价:89.00元

缅甸蓝皮书
缅甸国情报告（2014）
著(编)者:李晨阳　2014年8月出版 / 定价:79.00元

欧洲蓝皮书
欧洲发展报告（2013~2014）
著(编)者:周弘　2014年6月出版 / 定价:89.00元

葡语国家蓝皮书
巴西发展与中巴关系报告2014（中英文）
著(编)者:张曙光　David T. Ritchie
2014年11月出版 / 估价:69.00元

日本经济蓝皮书
日本经济与中日经贸关系研究报告（2014）
著(编)者:王洛林 张季风　2014年5月出版 / 定价:79.00元

日本蓝皮书
日本发展报告（2014）
著(编)者:李薇　2014年3月出版 / 定价:69.00元

上海合作组织黄皮书
上海合作组织发展报告（2014）
著(编)者:李进峰 吴宏伟 李伟　2014年9月出版 / 定价:89.00元

世界创新竞争力黄皮书
世界创新竞争力发展报告（2014）
著(编)者:李建平　2014年9月出版 / 估价:148.00元

世界社会主义黄皮书
世界社会主义跟踪研究报告（2013~2014）
著(编)者:李慎明　2014年3月出版 / 定价:198.00元

泰国蓝皮书
泰国国情报告（2014）
著(编)者:邹春萌　2014年11月出版 / 估价:79.00元

土耳其蓝皮书
土耳其发展报告（2014）
著(编)者:郭长刚 刘义　2014年9月出版 / 定价:89.00元

亚太蓝皮书
亚太地区发展报告（2014）
著(编)者:李向阳　2014年1月出版 / 定价:59.00元

印度蓝皮书
印度国情报告（2012~2013）
著(编)者:吕昭义　2014年5月出版 / 定价:89.00元

印度洋地区蓝皮书
印度洋地区发展报告（2014）
著(编)者:汪戎　2014年3月出版 / 定价:79.00元

中东黄皮书
中东发展报告No.15（2014）
著(编)者:杨光　2014年10月出版 / 估价:59.00元

中欧关系蓝皮书
中欧关系研究报告（2014）
著(编)者:周弘　2013年12月出版 / 定价:98.00元

中亚黄皮书
中亚国家发展报告（2014）
著(编)者:孙力 吴宏伟　2014年9月出版 / 定价:89.00元

皮书系列
2014全品种

皮书大事记

☆ 2014年8月，第十五次全国皮书年会（2014）在贵阳召开，第五届优秀皮书奖颁发，本届开始皮书及报告将同时评选。

☆ 2013年6月，依据《中国社会科学院皮书资助规定（试行）》公布2013年拟资助的40种皮书名单。

☆ 2012年12月，《中国社会科学院皮书资助规定（试行）》由中国社会科学院科研局正式颁布实施。

☆ 2011年，部分重点皮书纳入院创新工程。

☆ 2011年8月，2011年皮书年会在安徽合肥举行，这是皮书年会首次由中国社会科学院主办。

☆ 2011年2月，"2011年全国皮书研讨会"在北京京西宾馆举行。王伟光院长（时任常务副院长）出席并讲话。本次会议标志着皮书及皮书研创出版从一个具体出版单位的出版产品和出版活动上升为由中国社会科学院牵头的国家哲学社会科学智库产品和创新活动。

☆ 2010年9月，"2010年中国经济社会形势报告会暨第十一次全国皮书工作研讨会"在福建福州举行，高全立副院长参加会议并做学术报告。

☆ 2010年9月，皮书学术委员会成立，由我院李扬副院长领衔，并由在各个学科领域有一定的学术影响力、了解皮书编创出版并持续关注皮书品牌的专家学者组成。皮书学术委员会的成立为进一步提高皮书这一品牌的学术质量、为学术界构建一个更大的学术出版与学术推广平台提供了专家支持。

☆ 2009年8月，"2009年中国经济社会形势分析与预测暨第十次皮书工作研讨会"在辽宁丹东举行。李扬副院长参加本次会议，本次会议颁发了首届优秀皮书奖，我院多部皮书获奖。

社会科学文献出版社
SOCIAL SCIENCES ACADEMIC PRESS (CHINA)

社会科学文献出版社成立于1985年,是直属于中国社会科学院的人文社会科学专业学术出版机构。

成立以来,特别是1998年实施第二次创业以来,依托于中国社会科学院丰厚的学术出版和专家学者两大资源,坚持"创社科经典,出传世文献"的出版理念和"权威、前沿、原创"的产品定位,社科文献立足内涵式发展道路,从战略层面推动学术出版的五大能力建设,逐步走上了学术产品的系列化、规模化、数字化、国际化、市场化经营道路。

先后策划出版了著名的图书品牌和学术品牌"皮书"系列、"列国志"、"社科文献精品译库"、"中国史话"、"全球化译丛"、"气候变化与人类发展译丛""近世中国"等一大批既有学术影响又有市场价值的系列图书。形成了较强的学术出版能力和资源整合能力,年发稿3.5亿字,年出版新书1200余种,承印发行中国社科院院属期刊近70种。

2012年,《社会科学文献出版社学术著作出版规范》修订完成。同年10月,社会科学文献出版社参加了由新闻出版总署召开加强学术著作出版规范座谈会,并代表50多家出版社发起实施学术著作出版规范的倡议。2013年,社会科学文献出版社参与新闻出版总署学术著作规范国家标准的起草工作。

依托于雄厚的出版资源整合能力,社会科学文献出版社长期以来一直致力于从内容资源和数字平台两个方面实现传统出版的再造,并先后推出了皮书数据库、列国志数据库、中国田野调查数据库等一系列数字产品。

在国内原创著作、国外名家经典著作大量出版,数字出版突飞猛进的同时,社会科学文献出版社在学术出版国际化方面也取得了不俗的成绩。先后与荷兰博睿等十余家国际出版机构合作面向海外推出了《经济蓝皮书》《社会蓝皮书》等十余种皮书的英文版、俄文版、日文版等。

此外,社会科学文献出版社积极与中央和地方各类媒体合作,联合大型书店、学术书店、机场书店、网络书店、图书馆,逐步构建起了强大的学术图书的内容传播力和社会影响力,学术图书的媒体曝光率居全国之首,图书馆藏率居于全国出版机构前十位。

作为已经开启第三次创业梦想的人文社会科学学术出版机构,社会科学文献出版社结合社会需求、自身的条件以及行业发展,提出了新的创业目标:精心打造人文社会科学成果推广平台,发展成为一家集图书、期刊、声像电子和数字出版物为一体,面向海内外高端读者和客户,具备独特竞争力的人文社会科学内容资源供应商和海内外知名的专业学术出版机构。

中国皮书网

发布皮书研创资讯，传播皮书精彩内容
引领皮书出版潮流，打造皮书服务平台

栏目设置：

☐ 资讯：皮书动态、皮书观点、皮书数据、皮书报道、皮书新书发布会、电子期刊

☐ 标准：皮书评价、皮书研究、皮书规范、皮书专家、编撰团队

☐ 服务：最新皮书、皮书书目、重点推荐、在线购书

☐ 链接：皮书数据库、皮书博客、皮书微博、出版社首页、在线书城

☐ 搜索：资讯、图书、研究动态

☐ 互动：皮书论坛

www.pishu.cn

中国皮书网依托皮书系列"权威、前沿、原创"的优质内容资源，通过文字、图片、音频、视频等多种元素，在皮书研创者、使用者之间搭建了一个成果展示、资源共享的互动平台。

自2005年12月正式上线以来，中国皮书网的IP访问量、PV浏览量与日俱增，受到海内外研究者、公务人员、商务人士以及专业读者的广泛关注。

2008年10月，中国皮书网获得"最具商业价值网站"称号。

2011年全国新闻出版网站年会上，中国皮书网被授予"2011最具商业价值网站"荣誉称号。

权威报告　热点资讯　海量资源

当代中国与世界发展的高端智库平台

皮书数据库 www.pishu.com.cn

　　皮书数据库是专业的人文社会科学综合学术资源总库，以大型连续性图书——皮书系列为基础，整合国内外相关资讯构建而成。包含七大子库，涵盖两百多个主题，囊括了近十几年间中国与世界经济社会发展报告，覆盖经济、社会、政治、文化、教育、国际问题等多个领域。

　　皮书数据库以篇章为基本单位，方便用户对皮书内容的阅读需求。用户可进行全文检索，也可对文献题目、内容提要、作者名称、作者单位、关键字等基本信息进行检索，还可对检索到的篇章再作二次筛选，进行在线阅读或下载阅读。智能多维度导航，可使用户根据自己熟知的分类标准进行分类导航筛选，使查找和检索更高效、便捷。

　　权威的研究报告，独特的调研数据，前沿的热点资讯，皮书数据库已发展成为国内最具影响力的关于中国与世界现实问题研究的成果库和资讯库。

皮书俱乐部会员服务指南

1. 谁能成为皮书俱乐部会员？
● 皮书作者自动成为皮书俱乐部会员；
● 购买皮书产品（纸质图书、电子书、皮书数据库充值卡）的个人用户。

2. 会员可享受的增值服务：
● 免费获赠该纸质图书的电子书；
● 免费获赠皮书数据库100元充值卡；
● 免费定期获赠皮书电子期刊；
● 优先参与各类皮书学术活动；
● 优先享受皮书产品的最新优惠。

阅读卡

3. 如何享受皮书俱乐部会员服务？
（1）如何免费获得整本电子书？
　　购买纸质图书后，将购书信息特别是书后附赠的卡号和密码通过邮件形式发送到pishu@188.com，我们将验证您的信息，通过验证并成功注册后即可获得该本皮书的电子书。

（2）如何获赠皮书数据库100元充值卡？
　　第1步：刮开附赠卡的密码涂层（左下）；
　　第2步：登录皮书数据库网站（www.pishu.com.cn），注册成为皮书数据库用户，注册时请提供您的真实信息，以便您获得皮书俱乐部会员服务；
　　第3步：注册成功后登录，点击进入"会员中心"；
　　第4步：点击"在线充值"，输入正确的卡号和密码即可使用。

皮书俱乐部会员可享受社会科学文献出版社其他相关免费增值服务
您有任何疑问，均可拨打服务电话：010-59367227　QQ:1924151760
欢迎登录社会科学文献出版社官网（www.ssap.com.cn）和中国皮书网（www.pishu.cn）了解更多信息

皮书数据库
www.pishu.com.cn

皮书数据库三期即将上线

- 皮书数据库（SSDB）是社会科学文献出版社整合现有皮书资源开发的在线数字产品，全面收录"皮书系列"的内容资源，并以此为基础整合大量相关资讯构建而成。

- 皮书数据库现有中国经济发展数据库、中国社会发展数据库、世界经济与国际政治数据库等子库，覆盖经济、社会、文化等多个行业、领域，现有报告30000多篇，总字数超过5亿字，并以每年4000多篇的速度不断更新累积。2009年7月，皮书数据库荣获"2008～2009年中国数字出版知名品牌"。

- 2011年3月，皮书数据库二期正式上线，开发了更加灵活便捷的检索系统，可以实现精确查找和模糊匹配，并与纸书发行基本同步，可为读者提供更加广泛的资讯服务。

更多信息请登录

中国皮书网　　　　皮书微博　　　　　　皮书博客　　　　　　　皮书微信
http://www.pishu.cn　http://weibo.com/pishu　http://blog.sina.com.cn/pishu　皮书说

请到各地书店皮书专架/专柜购买，也可办理邮购

咨询/邮购电话：010-59367028　59367070　　　　邮　　箱：duzhe@ssap.cn
邮购地址：北京市西城区北三环中路甲29号院3号楼华龙大厦13层读者服务中心
邮　　编：100029
银行户名：社会科学文献出版社
开户银行：中国工商银行北京北太平庄支行
账　　号：0200010019200365434
网上书店：010-59367070　　qq：1265056568
网　　址：www.ssap.com.cn　　www.pishu.cn